História do Português Brasileiro

VOLUME II

CORPUS DIACRÔNICO DO PORTUGUÊS BRASILEIRO

A publicação teve apoio financeiro da Fundação de Amparo à Pesquisa
do Estado de São Paulo – Fapesp (Processo 2017/14723-5).
As opiniões, hipóteses e conclusões ou recomendações expressas neste material
são de responsabilidade dos autores e não necessariamente refletem a visão da Fapesp.

História do Português Brasileiro

Ataliba T. de Castilho
(coordenador geral)

VOLUME II

CORPUS DIACRÔNICO DO PORTUGUÊS BRASILEIRO

Ataliba T. de Castilho
(coordenador)

editoracontexto

FAPESP

Montagem de capa e diagramação
Gustavo S. Vilas Boas

Preparação de textos
Lilian Aquino

Revisão
Daniela Marini Iwamoto

Dados Internacionais de Catalogação na Publicação (CIP)

História do português brasileiro : *corpus* diacrônico do português brasileiro / coordenador, Ataliba T. de Castilho. – São Paulo : Contexto, 2019.
368 p. (História do português brasileiro ; 2)

Bibliografia
ISBN 978-85-520-0080-8

1. Língua portuguesa – Brasil – História
2. Linguística de *corpus* I. Castilho, Ataliba T. de

18-2052 CDD 469

Angélica Ilacqua CRB-8/7057

Índices para catálogo sistemático:
1. Língua portuguesa – Brasil

2019

EDITORA CONTEXTO
Diretor editorial: *Jaime Pinsky*

Rua Dr. José Elias, 520 – Alto da Lapa
05083-030 – São Paulo – SP
PABX: (11) 3832 5838
contexto@editoracontexto.com.br
www.editoracontexto.com.br

SUMÁRIO

APRESENTAÇÃO

Ataliba T. de Castilho

Este volume 2 da série *História do Português Brasileiro* é dedicado à organização do *corpus* diacrônico desse projeto. Ele compreende oito capítulos.

Os trabalhos reunidos nesta parte se devem, maiormente, à liderança do prof. Afranio Gonçalves Barbosa, da Universidade Federal do Rio de Janeiro, que coordenou a equipe de *corpus* do projeto em seu todo. Para bem desempenhar essas atividades, o prof. Afranio visitou várias equipes regionais, preparando os pesquisadores locais para a edição filológica dos textos.

Ao mesmo tempo, as equipes regionais se dedicaram ao árduo trabalho de identificação e edição dos documentos de interesse para o projeto Para a História do Português Brasileiro. Devem ser lembrados aqui, entre outros pesquisadores, Marcelo Módolo, que escreveu o primeiro trabalho de grau sobre o tema: Módolo (1998).

Para garantir a uniformidade dos materiais, Afranio Barbosa e Marcelo Módolo, entre outros pesquisadores, fixaram as seguintes *Normas de Transcrição de Documentos Manuscritos e Impressos – Edição Semidiplomática*:

1. A transcrição será conservadora.
2. As abreviaturas serão desenvolvidas, marcando-se – em itálico – as letras omitidas e observando-se os seguintes casos:
   a. A norma não se aplica às abreviaturas hoje em uso corrente ou fixadas em dicionários. Exemplos: "etc.", "Sr.", "Sr^{a}", "ltda.", "Cia.", "V. Ex." e "D." permanecem inalteradas.
   b. Respeitar, sempre que possível, a grafia do documento, ainda que manifeste idiossincrasias ortográficas do escriba, como no caso da ocorrência "munto", que leva a abreviatura "m.^{to}" a ser transcrita "munto".

   c. No caso de variação no próprio documento ou em coetâneos, a opção será para a forma atual ou mais próxima da atual, como no caso de ocorrências "Deos" e "Deus", que levam a abreviatura "D^{s}." a ser transcrita "Deus".
3. Não será estabelecida fronteira de palavras que venham escritas juntas, nem se introduzirá hífen ou apóstrofo onde não houver. Exemplos: "epor" "ser"; "aellas"; "daPiedade"; "omninino"; "dosertaõ"; "mostrandoselhe"; "achandose"; "sesegue".
4. A pontuação original será mantida. No caso de espaço maior intervalar deixado pelo escriba será marcado [espaço]. Exemplo: "que podem perjudicar. [espaço] Osdias passaõ eninguemcomparece". Serão observados dois casos especiais:
   a. Em relação a trechos que demandem maior esforço para decodificação, seja pela ausência de sinais de pontuação, seja por estarem sob sistema diverso, o editor incluirá, em nota de rodapé, uma possível interpretação. Exemplo: Na edição teríamos, "Tenho uma criada que | dice que sabia fazer tudo | que eu mandace ella | fazer emtaõ perguntei | e Paõ doce voce sabe fazer | sei emtaõ mando todos | os sabados fazer." Em nota teríamos, "Nota 1: Tenho uma criada que dice que sabia fazer tudo que eu mandace ella fazer. Emtaõ perguntei: E Paõ doce, voce sabe fazer? 'Sei'. Emtaõ mando todos os sabados fazer".
   b. A sinalização [espaço] não se aplica aos espaços em cabeçalhos, títulos e/ou rótulos de seções de periódicos, fórmulas de saudação/encerramento ou na reprodução de diálogos, devendo o editor estabelecer o intervalo conforme o original.
5. A acentuação original será rigorosamente mantida, não se permitindo qualquer alteração. Exemplos: "aRepublica"; "docommercio"; "edemarcando tambem lugar"; "Rey D. Jose"; "oRio Pirahý"; "oexercicio"; "que hé munto conveniente"; "fomos a ele"; "fomos á ele"; "fomos à ele". Os sinais de separação de sílaba ou de linha, usados pelos autores dos diversos documentos, serão mantidos como no original. Exemplos: "atira- | mos" e "atira= | mos".
6. Será respeitado o emprego de maiúsculas e minúsculas como se apresentam no original. No caso de alguma variação física dos sinais gráficos resultar de fatores cursivos, não será considerada relevante. Assim, a comparação do traçado da mesma letra deve propiciar a melhor solução.

7. No caso dos impressos, eventuais erros de composição serão marcados com (*sic*) logo após o vocábulo e remetidos para nota de rodapé, onde se deixará registrada a lição por sua respectiva correção. Exemplo: "Nota 1: Acawado por acamado". Se for inevitável, por limites do editor de textos, o erro será descrito. Exemplo, "Nota 2: A letra <a> inicial de 'affirma' está invertida."
8. No caso dos manuscritos, eventuais grafias diferenciadas serão remetidas para nota de rodapé, onde se registrará(rão) sua(s) variante(s) mais comum(ns) e, quando possível, considerações sobre a variação em si. Exemplos: "Nota 1: 'que eu afamado livro' provavelmente 'que meu afamado livro'. Talvez a escrita de eu por meu possa indicar lapso de escritura ou erro de cópia"; "Nota 2: Pirassocunda possível variante de Pirassununga: talvez a oscilação de grafia indique instabilidade para a escrita de termos Tupi".
9. Inserções do escriba ou do copista, para não conferir à mancha gráfica um aspecto demasiado denso, obedecem aos seguintes critérios:
   a. Se na entrelinha do documento original, entram na edição em alinhamento normal e entre os sinais: < >; <↑>, se na entrelinha superior; <↓>, se na entrelinha inferior. Por exemplo: "em d*ezem*bro recebi <↑todos> os senadores em casa". Se houver palavra(s) riscada(s) abaixo da inserção, deverá haver menção ou, conforme sua legibilidade, transcrição em nota de rodapé. Exemplos: "Nota 1: abaixo de <↑todos> há palavra suprimida"; "Nota 2: abaixo de <↑todos> foi riscado 'dentre'".
   b. Se nas margens superior, laterais ou inferior, entram na edição entre os sinais < >, na localização indicada. Exemplo: <fica definido que olugar convencionado é acasa dePedro nolargo damatriz>. Caso seja necessário, ficará em nota de rodapé a devida descrição da direção de escritura ou quaisquer outras especificidades. Exemplo: "Nota 1: Escrito verticalmente de cima para baixo".
10. Supressões feitas pelo escriba ou pelo copista no original serão tachadas. Exemplos: "todos ~~ninguem~~ dos presentes assignarom; sahiram ~~sahiram~~ aspressas para oadro". No caso de repetição que o escriba ou copista não suprimiu, passa a ser suprimida pelo editor que a coloca entre colchetes duplos. Exemplo: "fugi[[gi]]ram correndo [[correndo]] emdireçaõ opaço".
11. Intervenções de terceiros no documento original devem aparecer em nota de rodapé informando-se a localização. Exemplos: "Nota 1: À

direita do título encontra-se escrito por outro punho: 'copiado'"; "Nota 2: Na margem inferior encontra-se escrito por outro punho: 'página 18'"; "Nota 3: Na margem superior encontra-se o carimbado 'Arquivo Nacional'".

12. Intervenções do editor hão de ser raríssimas, permitindo-se apenas em caso de extrema necessidade, desde que elucidativas a ponto de não deixarem margem à dúvida. Quando ocorrerem, devem vir entre colchetes. Exemplo: "naõ deixe passar neste [registro] de Areas". Quando houver dúvida sobre a decifração de alguma letra, parte de ou vocábulo inteiro, o elemento em questão será posto entre colchetes e em itálico. Exemplos: "ent[*re*]gue o [*rapaz*]"; "faça venda a duas b[*arric*]as de vinho".
13. Letra ou palavra(s) não legíveis por deterioração ou rasura justificam intervenção do editor com a indicação entre colchetes conforme o caso: [.] para letras, [ilegível] para vocábulos e [ilegível. + n linhas] para a extensão de trechos maiores. Exemplos: "É assim pe[.]r."; "É assim [ilegível.] em Java"; "É assim [ilegível + 2 linhas] em Havana." Caso suponha ser extremamente necessário, o editor indica em nota a causa da elegibilidade: corroído, furo, borrão, rasura, etc.
14. Letra ou palavra(s) simplesmente não decifradas, sem deterioração do suporte, justificam intervenção do editor com a indicação entre colchetes conforme o caso: [?] para letras, [*inint.*] para vocábulos e [*inint.* + número de linhas] para a extensão de trechos maiores. Exemplos: "É assim pe[?]r."; "É assim [*inint.*] em Java"; "É assim [*inint.* + 2 linhas] em Havana."
15. A divisão das linhas do documento original será preservada, ao longo do texto, na edição, pela marca de uma barra vertical entre as linhas. A mudança de parágrafo será indicada pela marca de duas barras verticais. Exemplo: "Es- | taes pois muito atrazado, ponde-vos na | pira meu ignorantão. || Seria bonito que todas as."
16. A mudança de fólio ou página receberá a marcação entre colchetes conforme o caso:
    a. Se em documentos manuscritos, com o respectivo número e indicação de frente ou verso. Exemplos: [fol. 1r]; [fol. 1v]; [fol. 2r]; [fol. 2v]; [fol. 3r]; [fol. 3v]; [fol. 16r].
    b. Se em documentos impressos, indicação de página. Exemplos: [p. 1]; [p. 2]; [p. 3]; [p. 19].
17. Na edição, as linhas serão numeradas de cinco em cinco a partir da quinta. Essa numeração será encontrada à margem direita da mancha, à esquerda do leitor. Será feita de maneira contínua por documento.

18. Os sinais públicos, diferentemente das assinaturas e rubricas simples, serão sublinhados e indicados entre colchetes. Exemplos: assinatura simples, Bernardo Jose de Lorena; sinal público, [Bernardo Jose de Lorena].
19. Informações que o editor julgar significativas sobre a diagramação e *layout* do texto em impressos devem aparecer em nota de rodapé.

Essas Normas reproduzem o texto "Normas para transcrição de documentos manuscritos para a história do português do Brasil", publicado em Mattos e Silva (Org. 2001a, tomo 2, pp. 553-555), tendo-se agregado pequenas alterações, resultantes da prática de edição.

Tais Normas vieram encimadas pelas seguintes informações:

> A Comissão de estabelecimento de Normas para transcrição de documentos manuscritos para a História do Português do Brasil, formada pelos pesquisadores César Nardelli Cambraia (USP), Gilvan Muller de Oliveira (UFSC), Heitor Megale (USP), Marcelo Módolo (Mestrando – USP), Permínio Souza Ferreira (UFBA), Sílvio de Almeida Toledo (USP), Tânia C. Freire Lobo (UFBA), Valdemir Klamt (UFSC), após apresentação e discussão dos subsídios colhidos nos trabalhos individuais, levou a plenário um elenco de normas que, submetidas a ampla discussão, tiveram como resultado a aprovação das seguintes *Normas para transcrição de documentos manuscritos para a história do português do Brasil* (texto acima).

Posteriormente, realizou-se em João Pessoa, por ocasião do VIII Seminário Nacional do PHPB uma reunião da Comissão de *Corpus*. A ata respectiva foi transcrita no "Apêndice" deste volume.

*

Seguem-se os resumos dos capítulos.

No primeiro capítulo, "A Plataforma de *corpora* do PHPB: uma apresentação *ad infinitum*", Afranio Gonçalves Barbosa oferece a memória da construção do *corpus* do Projeto Nacional Para a História do português brasileiro (PHPB) de modo a servir como referência de etapas, questões e operacionalidade para outros empreendimentos de construção de *corpora* histórico-linguísticos com grande cobertura diatópica. São apresentadas as opções metodológicas de base que definiram os controles externos na constituição do *corpus mínimo comum* do projeto e do *corpus diferencial*, material contrastivo inserido na *Plataforma de* corpora *do* PHPB na internet, que cataloga o conjunto total de edições organicamente realizadas sob a chancela do PHPB.

No segundo capítulo, "Experiências metodológicas em constituição de *corpora*: pistas para um pesquisador iniciante", Alexandre Xavier Lima, Leonardo Lennertz Marcotulio e Márcia Cristina de Brito Rumeu trazem várias reflexões sobre a árdua tarefa da constituição de *corpora* diacrônicos. Com base na experiência em trabalhos anteriores (Lima, 2010; 2014; Marcotulio, 2010; Rumeu, 2004; 2013), os autores pretendem contribuir para a otimização do trabalho de quem inicia uma pesquisa em arquivos, constituindo um *corpus* para a sua investigação.

No capítulo seguinte, "Tratamento metodológico das *mãos inábeis* em *corpora* diacrônicos", escrito por Huda da Silva Santiago e Zenaide Novais Carneiro, são tratadas questões tais como a identificação da inabilidade em escrita alfabética nos planos supragráfico e paleográfico, da segmentação gráfica, da escriptualidade, da escrita fonética e da repetição lexical. A seguir, são examinadas as cartas de sertanejos no século XX.

Em "Reflexões sobre a constituição de amostras derivadas a partir de um *corpus*", os autores Nei Rocha e Leonardo Lennertz Marcotulio centram-se no *corpus histórico do português*, propondo uma reflexão sobre a constituição de amostras derivadas a partir de uma amostra base, tanto do ponto de vista da disponibilidade e comparabilidade de materiais quanto do ponto de vista estatístico, com o intuito de discutir a possibilidade de obtenção de amostras mínimas significativas que conservem o potencial de representatividade do *corpus*.

O capítulo "O controle indireto de perfis sócio-históricos em *corpora* histórico-diacrônicos: a identificação de graus de letramento pela grafia etimológica do século XIX", escrito por Afranio Gonçalves Barbosa e Alexandre Xavier Lima, oferece caminhos metodológicos para controle indireto de perfis sociais de redatores de manuscritos. Para o século XIX, adotou-se como parâmetro o controle da grafia etimológica em redatores metonímicos (reconhecidos como eruditos) e em textos modelares (jornais e gramáticas). O estabelecimento das *taxas de uso*, *de acerto*, *de abertura à variação*, às *faixas de aplicabilidade* e aos *grupos de consenso entre gramáticos* representa um avanço da reflexão metodológica, na tentativa de se reconhecer, com maior exatidão, cada ponto do contínuo de letramento, podendo, assim, servir como referencial na identificação do perfil de um redator, na ausência de informações biográficas.

No sexto capítulo, "O *corpus* do projeto Para a História do Português Brasileiro: a constituição de *corpora* históricos baseada em critérios de Tradições Discursivas", Verena Kewitz e José da Silva Simões associam o modelo das Tradições Discursivas à Linguística de *Corpus*, mostrando a relevância dessa associação para o PHPB. Refletindo sobre as atividades das equipes regionais na organização do *corpus*, os autores mostram que há uma preocupação geral em documentar as normas popular, culta, cotidiana, entre outras, tendo em vista um trabalho descritivo e histórico que fuja ao enviesamento trazido por materiais pouco representativos da complexidade linguística brasileira. Os autores defendem os seguintes critérios para a caracterização dos documentos: (i) *grau de publicidade do documento* (particular, semiparticular ou público), (ii) *grau de simetria entre emissor e receptor* (ascendente, horizontal ou descendente), (iii) *fixidez temática* (sem fixidez, núcleo temático fixo ou tema altamente fixo), (iv) *dimensões da ação comunicativa ou objetivos do texto* (narrar, exigir, repreender, reclamar, confirmar, agradecer, atacar etc.), (v) *grau de planejamento do texto* (livre, semicontrolado ou altamente controlado). Complementam esses critérios alguns aspectos sócio-históricos, com foco no estado de São Paulo, para colocar melhor a questão da história dos textos paralelamente à história da língua portuguesa no Brasil. Esses critérios e aspectos foram apresentados no VIII Seminário do PHPB, em reunião da Comissão de *Corpus*, tendo-se decidido organizar dois elencos de documentos: o *corpus* mínimo, a ser utilizado por todos os pesquisadores, e o *corpus* diferencial, muitas vezes exclusivo de uma determinada região e/ou época. Em seguida, como forma de ilustrar a aplicação prática dos critérios sugeridos, os autores examinam o desenvolvimento histórico do gênero *carta* sob a óptica da função comunicativa que o gênero exerceu desde suas origens e as transformações decorrentes da necessidade de uso desse gênero em diversos contextos. Esse exercício demonstra a relevância de se levar em conta os entornos comunicativos ligados às questões da história social da língua, dos contatos linguísticos, das normas linguísticas em competição nas diversas sincronias e da difusão de textos escritos (manuscritos e impressos) ao longo da história do Brasil. Mais adiante, os autores apresentam as potencialidades da *carta* e seus subgêneros para estudos de fenômenos linguísticos variados e concluem "*que a análise da história do gênero vai além dos limites da língua particular e que é necessário investigar a gênese dos textos e sua relação com outras línguas e tradições culturais*".

Em "Características e potencialidades dos *corpora* do português paulista", Verena Kewitz e José da Silva Simões descrevem os documentos que compõem os *corpora* do português paulista (editados até 2016) quanto à tipologia textual, às tradições discursivas e às potencialidades de cada conjunto com exemplos de vários fenômenos linguísticos. Os *corpora* dividem-se em (i) mínimo comum manuscrito, composto de cartas e seus subgêneros, atas de câmara, processo-crime e testamentos; (ii) mínimo comum impresso, com anúncios de jornais e revistas, cartas de leitor e de redator de jornais e revistas e notícias de jornais; e (iii) *corpus* diferencial, contendo vários tipos de texto (manuscritos, impressos e orais), com destaque para as memórias históricas, diários de viagem e descrições, além de alguns documentos portugueses, que se justificam pela linha de pesquisa sobre as origens do português brasileiro.

No oitavo e último capítulo, "Reflexões sobre a constituição e análise de *corpora* linguísticos históricos e sobre a identificação de perfis sociais de redatores do passado", Tânia Lobo e Zenaide Novais Carneiro refletem sobre o percurso da equipe baiana do projeto Para a História do Português Brasileiro na organização de *corpora* linguísticos históricos, com destaque para um aspecto: a pesquisa para identificação do perfil social de *quem* escreveu em sincronias passadas da história da língua. Dada a condição tão multiétnica e, no passado, generalizadamente multilíngue da sociedade brasileira, tal questão ganha relevância, indicando a necessidade de os *corpora* distinguirem textos escritos em português como L1 (quer o português europeu que se transplantava em sucessivas vagas, quer o português brasileiro que se constituía) e textos, obviamente mais raros, escritos em português como L2 por índios, africanos e, já na fase pós-colonial, por imigrantes europeus e asiáticos de procedência diversa. Adicionalmente, também se reflete sobre o fato de que, ainda que se atingisse o ideal de responder, para qualquer texto escrito no passado, ao seguinte conjunto mínimo de questões – o *que* foi escrito, *quando* foi escrito, *onde* foi escrito, *quem* escreveu, *para quem* escreveu e *por que* o fez –, um dos problemas centrais da Sintaxe Diacrônica, relativo a *como apreender as mudanças nas gramáticas através da análise dos textos*, ainda exigiria enfrentamento teórico e metodológico por parte do linguista.

Por fim, há um "Apêndice" que traz uma relação dos *corpora* apurados até 2015. Ele foi organizado com base nas informações enviadas pelos coordenadores regionais do PHPB.

Boa leitura!

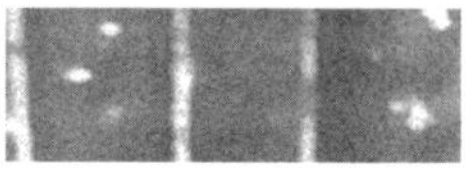

A PLATAFORMA DE *CORPORA* DO PHPB: UMA APRESENTAÇÃO *AD INFINITUM*

Afranio Gonçalves Barbosa

SUMÁRIO

APRESENTAÇÃO

O presente volume da série *História do Português Brasileiro,* intitulado *Corpus diacrônico do português brasileiro,* apresenta aos seus leitores uma fotografia em *close* de uma panorâmica de ideias e materiais construídos desde 1997, e que continuam em andamento. Portanto, falar do estado do *corpus* do Projeto é falar de uma ponta de um *iceberg* que segue crescendo *ad infinitum*, até onde for a necessidade de a Linguística Histórica contar com materiais diversificados e controlados sócio-historicamente. Sem esse controle, os estudos científicos sobre objetos sintáticos, morfológicos, fonéticos, discursivos serão diacrônicos, mas não histórico-diacrônicos. Nossa tarefa, neste capítulo, além de sistematizar experiências de trabalho do Projeto até 2013, é expor critérios de nossa construção e um quadro geral do que denominamos Plataforma de *corpora* do projeto Para a História do Português Brasileiro (PHPB), da qual uma parcela foi disponibilizada na rede mundial de computadores sob rótulo "Prévia do *corpus* mínimo comum do PHPB". Trata-se de um texto dentro do *continuum* sem fim que olha para o feito com vistas ao fazer futuro de usuários e construtores de novos *corpora* históricos. Concentremo-nos em esclarecer qualitativamente certos critérios de construção do *corpus* com vistas a colaborar na preparação de novos pesquisadores.

A PLATAFORMA DE *CORPORA*, O *CORPUS* MÍNIMO COMUM E O *CORPUS* DIFERENCIAL

O *corpus* do PHPB encontra-se catalogado na denominada Plataforma de *corpora*, uma sistematização de **todos** os materiais editados pelos membros do Projeto até o *Censo de corpora do PHPB* em junho de 2010. Por meio de suas categorias de entrada, os pesquisadores poderão ter noção da massa impressionante de edições diplomático-interpretativas lançadas após anos de trabalhos de pesquisadores de várias universidades brasileiras, produzidos tanto sob a chancela do PHPB, como também por colaboradores externos. Façamos uma breve descrição das partes dessa *massa* para, logo em seguida, aprofundarmos nossas questões.

No estágio atual de trabalho, o PHPB disponibiliza – por meio da página https://sites.google.com/site/corporaphpb/ – duas parcelas do material indexado na Plataforma: O *CORPUS* MÍNIMO COMUM e o *CORPUS* DIFERENCIAL. O chamado *corpus mínimo comum* reúne, para controle diatópico, materiais de mesma natureza já levantados pelas 12 equipes. O *corpus diferencial*, por sua vez, compreende *corpora* complementares para controle contrastivo ao *corpus mínimo comum*: textos de portugueses, literários, gêneros textuais diversos etc. Nessa página, poderão ser visualizados e baixados os documentos em formatos .doc ou .pdf, bem como verificada a versão mais atual da Plataforma e a segunda versão das "Normas de Edição do Projeto PHPB".

O *corpus mínimo comum* conta com redatores brasileiros ou de naturalidade não identificada, mas com produção em redes de escrita no Brasil. Os identificados como portugueses passam ao *corpus diferencial*. Sua organização distribui: equipe regional por equipe regional, três rótulos textuais de impressos – cartas de leitores, cartas de editores e anúncios – e dois outros para manuscritos: cartas particulares e cartas de leitores. Cada um desses rótulos constitui uma célula comparativa com o número mínimo de 5 mil palavras para cada metade de século. Todo o potencial comparativo entre esses gêneros de materiais em termos regionais e temporais serão explorados à frente em capítulo específico sobre a questão do tamanho da amostra do PHPB e o tamanho mínimo de amostras para diferentes tipos de pesquisas conforme tipos de fenômenos linguísticos que delas retirem dados.

Se a configuração do *corpus mínimo comum* do PHPB não cobre a totalidade de materiais na dimensão geográfica de todas as equipes regionais, importantes vias de contrastes podem ser feitas cruzando um mínimo de três equipes regionais. São eles:

1. O contraste entre periódicos IMPRESSOS e MANUSCRITOS pessoais na diacronia interna do século XIX.
2. O contraste entre documentos manuscritos OFICIAIS e documentos manuscritos PESSOAIS na diacronia interna do século XVIII.
3. O contraste diacrônico de MANUSCRITOS entre os séculos XVIII, XIX e XX.

Essas três vias de contraste agrupam materiais de forma semelhante ao que se chamou de *corpus compartilhado* entre equipes regionais do famoso Projeto Nacional Norma Urbana Culta (Nurc) na década de 1990: um conjunto menor de fontes tirado do conjunto maior produzido pelo Projeto de modo a disponibilizá-las de modo equilibrado **por local**. No caso do Nurc, cinco capitais compunham a dimensão espacial dos estudos sobre a norma culta do português brasileiro; no caso do *corpus mínimo comum*, 12 equipes regionais recolhem, em acervos locais, fontes primárias para a pesquisa. O controle diatópico acaba sendo o *fio de prumo* dessas fontes em ambos os Projetos. Esse deve ser o primeiro controle a ser discutido.

Os critérios de recorte para a dimensão espacial nos *corpora* do PHPB coincidem com a distribuição geográfica de suas equipes regionais, independentemente de estarem em capitais de seus estados ou não. É o limite do bom senso. Vale, contudo, lembrar dos limites desse controle externo em *corpora escritos* em geral.

A rotulação *Rio de Janeiro* ou *Salvador*, a título de ilustração, para controle extralinguístico de dados levantados em *corpora orais* implica uma metonímia entre o espaço geográfico-administrativo usado como categoria nominal de entrada no *corpus* escolhido (aqui, nesses exemplos, em nível municipal) e o grupo humano sob clara identidade cultural reunido no espaço físico de isoglossas e no espaço abstrato do imaginário social (aqui, nesses exemplos, cariocas e soteropolitanos). Trata-se de identidades culturais conhecidas por toda sociedade e que se traduzem, inclusive, em estereótipos populares bem antes de se escolherem informantes a serem gravados para um *corpus*. Trata-se de identidades culturais que estão na base do pressuposto de haver traços linguísticos comuns entre os membros dessas comunidades de fala em tal ordem de normalidade, que se tornam capturáveis em amostras tratadas sob rigorosos critérios estatísticos. Como já dito em Barbosa (2010: 14):

> No plano da linguagem, de uma identidade reconhecida em outros planos culturais. Sabe-se, de antemão, das identidades baiana e carioca. Sabe-se haver traços linguísticos constantes que se somam e se sobrepõem às variações diafásicas e de redes sociais em que os falantes estão inseridos. Esse conhecimento das identidades é partilhado previamente aos estudos linguísticos.

O contraponto a ser feito é não existir essa tranquila objetividade em relação aos *corpora orais* quando aplicamos o controle extralinguístico diatópico em codificações de dados levantados de *corpora escritos* de sincronias passadas. Que conhecimento prévio podemos ter sobre as identidades culturais no passado para estabelecermos a referida metonímia entre conjunto de textos escritos de um local e os grupos humanos desse local?

Se um dado *corpus* ideal somente contar com naturalidades plenamente identificadas, seus recortes geográficos evidentemente representarão metonímia de normas vernáculas filtradas pela imagem difusa da escrita. Suas representações serão filtradas pelas normas não vernáculas das diferentes redes de escrita em que se inseriam os autores, por tradições discursivas em linguagem especial, dentre outros elementos. As isoglossas pretéritas estão perdidas, os estereótipos vivos no passado, esquecidos na bruma do tempo. É um limite da Linguística Histórica. Como os *corpora* ideais (contando somente com autores plenamente identificados) são exceções, é preciso entender o alcance de nossas afirmações calcadas no controle diatópico proporcionado pelos recortes em *corpora* histórico-diacrônicos reais, com diversos autores não identificados.

Veja-se que, no caso dos *impressos*, cuja maioria dos textos de jornais nem vem assinados, não se sabe se os *anúncios*, *carta de leitores* e *editoriais* publicados em periódicos do Rio de Janeiro foram escritos por cariocas. O jornal é carioca, por isso está no *corpus*, mas quem escreve pode não ser da cidade. A presença do jornal no *corpus* carioca proporciona a pesquisa da linguagem dos textos escritos modelares a segmentos sociais participantes de suas redes de escritura no e a partir do Rio de Janeiro. Proporciona, também, recuperar o principal veículo de gêneros textuais promovidos e promotores da cultura letrada em diferentes fases da história social da escrita no Brasil. Quando se descobre quem eram os autores que assinaram materiais, abre-se a possibilidade de se estudar materiais escritos para um grau máximo de publicidade e, por isso mesmo, escritos sob diferente estado de vigília de seus autores: eles escrevem sem saber quem serão seus leitores. No caso de parte dos *manuscritos* nos *corpora* do PHPB é semelhante a situação. Quando não se sabem dados biográficos de quem assina o documento, a localização *Rio de Janeiro* posta na *carta particular* ou no *documento oficial* é o elemento que a faz ser selecionada e editada pela equipe carioca, mas, na verdade, não se sabe se seu autor era carioca. São limites normais dos *corpora* históricos que não impedem generalizações dos resultados de cada pesquisa, mas exigem maior cuidado em assumi-las com a mesma tranquilidade de quando se trabalha com *corpora orais*.

Como se vê, os resultados estatísticos, em uma dada pesquisa histórico-linguística, do cruzamento de controles internos e o controle diatópico estão, a princípio, mais ligados a explorar o conjunto de papéis em si do que simplesmente assumir o local de escritura expresso nos textos por seus autores. A contextualização histórica é tarefa dos membros do Projeto que editam os textos, bem como dos organizadores dos *corpora*. Mas, a bem da verdade, em grande parte, passa a ser tarefa de investigação a ser realizada pelos usuários dos *corpora*.

Evidente que essa realidade não impede, necessariamente, que os resultados do cruzamento possam ser representativos de costumes linguísticos locais, mas não se pode fazer essa relação diretamente, sem considerar a forte possibilidade de estarem, na verdade, espelhando, por exemplo, as normas linguísticas de grupos sociais/profissionais/de interesse da rede de escrita-leitura dos autores. Além de tantas ressalvas para se evitarem falsas generalizações nas investigações com dados levantados nos *corpora* do PHPB, o que mais o controle externo diatópico permite afirmar? O mesmo que outros *corpora* escritos de mesma natureza:

QUE O CONJUNTO DE TEXTOS REUNIDOS SOB ETIQUETA DE CADA EQUIPE REGIONAL DO PHPB, A CADA 50 ANOS, PODE EXPLICITAR DIFERENTES DISTRIBUIÇÕES DE DADOS LINGUÍSTICOS CAPTURÁVEIS NA AMOSTRA REPRESENTATIVA DE DIFERENTES GRUPOS DE TEXTOS SEPARADOS POR RÓTULOS SOCIOPRAGMÁTICOS GENÉRICOS.

A partir da captura estatística de diferenças patentes na distribuição de variantes linguísticas, a generalização desses resultados é tarefa qualitativa de cada usuário-pesquisador à medida que se possa cruzá-los com resultados de outros trabalhos histórico-sincrônicos sobre os mesmos lugares. São as constantes encontradas pelos pesquisadores nesses contrastes com outros materiais que abrirão, um pouco mais, a fresta por que olhamos a língua usada no passado.

Ao fim e ao cabo, na prática, aqui, são constantes a serem encontradas a partir das três hipóteses de controle resumidas em (1), (2) e (3), pelos os usuários do *corpus mínimo* disponibilizado na internet e, se quiserem, encontradas nas novas possibilidades de controle com quaisquer materiais presentes na Plataforma de *corpora*, solicitados aos coordenadores das equipes regionais via endereços eletrônicos. Por exemplo, pode-se criar uma nova célula comparativa entre manuscritos pessoais do Rio de Janeiro da primeira metade do século XX e dados de mãos inábeis da Bahia da mesma época verificando, assim, um *continuum* mais completo de níveis de escrita alfabética, desde diferentes níveis de inabilidade, passando por redatores hábeis em nível elementar e mediano, chegando a graus maiores de domínio de escrita em redatores letrados. Para isso, bastaria baixar os manuscritos escritos do Rio de Janeiro no *corpus mínimo comum* e solicitar, via e-mail, manuscritos de mãos inábeis de redatores baianos catalogados na Plataforma de *corpora* anexada ao fim deste capítulo.

Estrutura da plataforma de *corpora* do PHPB: as categorias de entrada

DUAS METADES DOS SÉCULOS XVII, XVIII, XIX E XX

A distribuição de células de materiais editados dentro do PHPB, ou seja, as categorias de entrada dispostas em tabelas, revela opções metodológicas prévias à constituição de *corpora*. Quais seriam elas?

O primeiro recorte de qualquer *corpus* linguístico é a dimensão temporal. Sem quaisquer agrupamentos cronológicos a partir das datações expressas nos documentos levantados, não há como caracterizar historicamente o estado sincrônico dos fenômenos em tempos pretéritos. É bem verdade que *corpora* linguísticos podem, por conta de diferentes pontos de vista teóricos e/ou metodológicos, ter outros referenciais de datação, como (i) as datas de nascimento dos redatores ou (ii) eventos histórico-sociais.

No primeiro caso, agrupam-se os textos no *corpus* em células conforme a época de aquisição da linguagem dos autores. No segundo caso, os textos são agrupados em função de mudanças consideradas significativas na estrutura da sociedade que, por hipótese, teriam deixado reflexos na relação social com a escrita e, por conseguinte, na linguagem transparecida nos textos de então. No entanto, são parâmetros a serviço de objetivos e questões de pontos de vista específicos que dificultam a comparabilidade entre *corpora* construídos por diferentes projetos. Se não se perde de vista que a datação e etapas de aquisição de escrita não equivalem às da aquisição de fala, não se perde a noção de que a produção escrita pretérita não permite discernir com clareza que elementos ficaram da fase de aquisição de linguagem em usos mais vernáculos e que elementos nos textos são incorporações de sistemas mais periféricos, ou mesmo quase que uma Língua 2 advinda dos sistemas de uso não vernáculos das Tradições Discursivas (TDs) modelares para os redatores.

Sem perder de vista essas questões, um *corpus* com recortes externos de datação específicos como esse tem comparabilidade imediata com outros de igual base. A recuperação incidental dos usuários para reagrupar os documentos pela data de escritura será *a posteriori*. A experiência nos mostra que essa necessidade nem sempre é percebida por usuários iniciantes no levantamento de dados em *corpora* histórico-diacrônicos. Esse é o caso do Projeto Varport, que optou por contrastar a produção escrita no século XX no Brasil e em Portugal sem paralelo exato no recorte temporal em suas células nominais das tabelas do *corpus* disponibilizados. Enquanto o século XX é dividido em quatro fases no Brasil (dentre as quais a Fase 3 com recorte entre 1950-1974 e a Fase 4 entre 1975-2000), ele vem dividido em cinco fases em Portugal. Em função das mudanças profundas entre o Portugal sob a ditadura política e ainda colonizador em África e o Portugal democrático e subsequente às guerras coloniais, optou-se por já dispor a entrada temporal compreendendo a Fase 3 entre 1950-1960, uma quarta fase entre 1961-1974 e, ainda, uma Fase 5 entre 1975-2000. O usuário pode reuni-las conforme as Fases 3 e 4 pensadas para o Brasil. É uma ação incidente ao *corpus* posterior e conforme os objetivos comparativos dos usuários com outros *corpora*. É semelhante ao que terá de ser feito com quem compara as duas metades do PHPB com outros conjuntos. A questão aqui é de caráter conceitual: um *corpus* construído para atendimento geral, sem focar objetivos específicos deveria deixar o maior número de ações incidentais de reagrupamento para os usuários. A opção de partir das categorias nominais mais externas, como a divisão temporal, com menor neutralidade sempre acaba confundindo usuários mais incipientes e gerando confusões.

Por essa razão, *corpora* que optam pelo caráter aberto, geral, acabam buscando a neutralidade da simples linha cronológica segmentada em décadas, séculos etc. e deixam a recuperação da data de nascimento dos redatores e as informações sobre a sociedade à época como matéria para os cabeçalhos postos em cada fonte neles editada. Dessa forma, são os usuários, se lhes for importante, que organizam a documentação ali disponibilizada conforme suas questões específicas. Esse é o caso dos *corpora* histórico-diacrônicos do PHPB.

Observe-se que, aqui, não se emprega a expressão geral e consagrada *corpus diacrônico* como equivalente a *corpus* linguístico histórico-diacrônico, pois um *corpus* histórico é sempre preparado para entradas sincrônicas, que possibilitam aos usuários estudar propriedades funcionais e/ou fatores favorecedores de variáveis dependentes em um dado momento da história. Uma tese com materiais do século XVIII não é, a rigor, uma tese diacrônica, é uma tese histórica, com a história linguística da sincronia século XVIII. O *corpus* linguístico montado com vários recortes sincrônicos torna-se um *corpus* histórico-diacrônico na abordagem dos dados empreendida pelos usuários. Se ele toma os dados do século XVIII como um todo, em contagem somando todos os dados, sua abordagem é histórico-sincrônica; se ele toma os dados do século XVIII em contagem que separe os mesmos dados entre primeira e segunda metades do século XVIII, sua abordagem é diacrônica, ou seja, compara duas sincronias para avaliar estabilidades ou mudanças de um ponto a outro no tempo. Nesse exemplo, o *ponto no tempo* reúne 50 anos.

Seria melhor confrontar fenômenos linguísticos por meio de entradas temporais de dez em dez anos ao invés de separar a documentação em metades de séculos? Evidente que sim. As linhas que unem os pontos nos gráficos resultantes dos fenômenos cruzados com o eixo temporal apresentam traçados mais fiéis aos movimentos desse mesmo fenômeno na língua em uso quando as categorias de entrada no *corpus* estão mais segmentadas. Mas o que se escolhe como *ponto no tempo* em cada *corpus* depende das possibilidades de avanço orgânico, em parelha, comum das equipes regionais. No caso do PHPB, apesar de se pretender, inicialmente, que cada equipe levantasse sua documentação impressa e manuscrita em três pontos dentro de cada século (sem três pontos não há curva ascendente ou descendente feita dentro do século), só foi possível organizar internamente os séculos em dois pontos, em duas metades. As curvas diacrônicas ficaram para o cotejo de três metades, quando se passa de um século a outro. Na Plataforma, isso poderá ser feito com materiais levantados e editados do século XVII ao século XX, ficando o *núcleo ótimo comparativo*, contudo, entre quatro pontos no tempo: a segunda metade do século XVIII, primeira metade do século XIX, a segunda metade do século XIX e a primeira metade do século XX.

Não por acaso, é a partir do século XIX que se torna maior a concentração de documentação sobrevivente nos arquivos públicos e privados dentro e fora do PHPB. O avanço das instituições que vão estruturando a nação, em especial desde o Império até a República, reflete-se na maior condição de se guardarem textos escritos nos âmbitos administrativos e nas redes de escrita, que se vão tornando mais complexas. Por exemplo, sem as iniciativas de criação de institutos históricos e geográficos em várias cidades brasileiras (no Rio de Janeiro, desde 1838), não teríamos disponíveis hoje, muitas já digitalizadas na internet, as revistas criadas por esses institutos, que trazem à luz textos sob Tradições Discursivas típicas de círculos de leitura e escritura entre acadêmicos. Da mesma forma, sem o avanço dos Correios e Telégrafos por terra, ao longo século XIX, os jornais não teriam tido acesso ao serviço de distribuição de seus exemplares pelo interior e entre capitais para assinantes de diferentes províncias. Tal infraestrutura criou redes de escrita e leitura com provocações e respostas entre leitores de jornais paulistas, mineiros e cariocas. Essas redes aumentam nossa oportunidade, por conta do maior número de exemplares em circulação, de hoje encontrarmos documentação produzida numa cidade e guardada em acervos de outra. Os pesquisadores, em todo o país, podem, portanto, recuperar materiais dessas redes de escrita e leitura mais complexas, formar *corpora* especiais linearizados em sincronias de 50 em 50 anos e cotejá-los aos do PHPB como *corpora diferenciais*. A neutralidade da distribuição de sincronias na simples linha do tempo permitiria essa relação mais direta, ao menos, entre a segunda metade do século XIX e a primeira metade do século XX, três pontos dentro do chamado *núcleo ótimo comparativo* do PHPB.

IMPRESSOS E MANUSCRITOS

Aos olhos de um usuário incipiente de *corpora* linguísticos histórico-diacrônicos, na recolha de dados para sua dissertação de mestrado, por exemplo, talvez pareça óbvio que se deva contrapor *manuscritos* a *impressos*. Se sua inserção no uso social da escrita é anterior aos anos 2010 – quando a popularização das mídias eletrônicas em redes sociais subverte a relação público/privado da escrita na internet –, talvez sua experiência com a oposição manuscrito/impresso lhe sugira sempre algo mais pessoal ou circunscrito a pequenos círculos com manuscritos e algo sempre mais voltado ao público em impressos. Teria sido assim na escrita de cartas, bilhetes, cartões postais, redações e cadernos escolares, por um lado, e na escrita de santinhos de propaganda de rua, jornaizinhos na escola, jornais e livros, por outro. No entanto, na relação histórica entre produtos escritos pelas diferentes sociedades ao longo do tempo, essas fronteiras que se estabelecerem no século XX, agora desfeitas com o quase fim dos manuscritos no século XXI, apresentam diferentes relações nos séculos XVII, XVIII e XIX.

Até o início do século XIX, a sociedade brasileira era uma sociedade manuscrita. Era proibida, por leis coloniais, a impressão de livros, panfletos e jornais no Brasil. A despeito de uma ou outra situação de exceção, somente com a vinda da família real para o Rio de Janeiro é que a difusão de prensas se espalha rapidamente. Em três décadas, multiplicam-se jornais do norte ao sul de modo quase "exponencial". Em 1830, a revista *O Beija-flor*, no

Rio de Janeiro, afirmava que, desde 1827, as publicações periódicas haviam quadruplicado no Brasil, passando de 12 ou 13 para 54. Antes, manuscrever não era, em si, um ato voltado para círculos fechados ou destinatário único. Na colônia, por exemplo, a prática de serem concedidas licenças para livros manuscritos perdura por todos os setecentos. Mesmo na administração pública, a impessoalidade era total na esmagadora maioria de redes de relacionamento entre remetente e destinatário dos documentos. As cartas à rainha, ou a qualquer autoridade portuguesa enviada do Brasil no século XVIII, não seriam lidas pelo destinatário evocado no texto. Eram milhares de mercês que hoje lotam as caixas do Arquivo Histórico Ultramarino de Lisboa. A mudança na história social da escrita no Brasil que se opera no século XIX cria uma nova relação com impressos que os torna lugar da maior publicidade que antes não opunha manuscritos.

Em função dessa mudança na história social da escrita no Brasil, para além de incluir, como categoria de entrada, *impressos versus manuscritos* no século XIX, o recorte externo do *corpus* que controla a maior/menor publicidade teve de opor *manuscritos de circulação na administração pública* versus *manuscritos de circulação privada* para o século XVIII. Os livros impressos que circulavam na colônia poderiam ser postos no século XVIII em oposição a manuscritos tal qual foi feito no *corpus* para o século XIX? Pelo critério genérico de oposição *manuscritos versus impressos* poderia. Mas haveria, nesse caso, uma desconexão com o impacto e valor dos manuscritos em cada século. Os raros impressos no Brasil colônia, objetos merecedores de figurar em inventários, não serviam para tornar públicas as matérias escritas, tampouco valiam de modelos de escrita para seus leitores-redatores da mesma forma que os impressos periódicos o foram ao longo do século XIX. Além disso, a circulação de documentos públicos continua nos séculos XIX e XX, de forma impressa, mas perde para os jornais o caráter que apresentava até o século XVIII: o de textos modelares para os manuscritos pessoais. Esse é o critério de base para as oposições ao longo do tempo na Plataforma e no corpus *mínimo comum* do PHPB: a relação entre textos modeladores e textos modelados em cada sociedade. *Grosso modo* falando, até o avanço, no século XIX, dos impressos, os manuscritos pessoais refletem mais a pluriortografia presente nos documentos burocráticos do que a pluriortografia dos raros impressos disponíveis aos letrados. Com os jornais, a leitura dos impressos aparece refletida nos manuscritos de redatores letrados, que, à semelhança do que ocorre nos impressos, reduzem ou mesmo somem com as grafias mais fonéticas e exacerbam as grafias latinizadas. Se nos impressos e manuscritos até o século XVIII havia uma relação pendular entre grafias fonéticas e latinizadas – consequência, conforme Barbosa (2008: 195), prática da "*pluriortografia: havia diferentes obras ortográficas predicando formas de escrever diferentes*" –, isso se define para o lado etimológico latinizante no XIX. Essa mudança modelar no nível gráfico, no nível do epifenômeno, também deve se fazer sentir no nível dos fenômenos linguísticos. Se, em nível de modelos simbólicos de heróis, analfabetos que ouviam folhetins nas rodas de leitura popularizaram um dos tipos de herói do Romantismo, como não seria no nível de usos linguísticos modelados em variantes mais normais em periódicos impressos? Certamente a atitude discursiva dos redatores de manuscritos imprimia um grau maior de vigília sobre o próprio texto se fosse um manuscrito feito para circular na esfera pública do que se o fosse para uma esfera privada. Da mesma forma, o grau de vigília aumenta no século XIX, mas agora a oposição geral se traduz entre manuscritos e impressos. As tabelas do PHPB traduzem essa tensão historicamente diferenciada nos meios sem desprezar, no âmbito de sua Plataforma, um modo de entrada que permita detalhamentos. Um deles é a proposta de inserir, entre a divisão consagrada *documentação pública/privada*, a documentação produzida fora desses dois escopos, mas igualmente numerosa e variada na história: a administração privada. Por vezes, ainda que com fórmulas e evocações textuais especiais, são espaços de recolha de documentação de variados vernáculos.

Parte-se, portanto, de relações externas amplas, mas com implicações nas atitudes pragmáticas do redator para com seu próprio texto, ficando, no *corpus* construído sem objetivos de estudo ou controles específicos, os rótulos de entrada bem mais reveladores da prática de cada época do que nosso olhar teórico contemporâneo. Essa tarefa é do usuário que recebe material controlado para não enviesar suas generalizações linguísticas por misturar diferentes aproximações a modelos de escrita. Veja-se que, por exemplo, o rótulo *carta* não mistura *carta* no uso sociopragmático de correspondência pessoal com *carta* no sentido neutro de *documento* (em geral mais formulaicos, portanto, menos vernáculos) ainda vivo hoje em, por exemplo, Carta Magna (a Constituição Brasileira) ou *carta de motorista* (em alguns lugares do Brasil equivalente à *carteira de motorista*). O rótulo *carta pessoal* também não mistura as diferentes sintonias de escritura de cartas de fato pessoais, particulares, contudo produzidas em diferentes modos de circulação dentro das esferas pública e privada.

Um ponto importante é compreender os traços internos e externos para reunirmos missivas, correspondências pessoais, sob o rótulo *cartas particulares* no *corpus mínimo comum* ou distingui-las em grupos na Plataforma de *corpora*. O gênero *carta* como correspondência pessoal, *grosso modo*, envolve estrutura geral simples:

Destinatário e fórmulas de saudação, evocação ou atração de benevolência no início (protocolo); o corpo do texto pouco ou não formulaico onde se desenvolve escrita mais livre de fórmulas, ainda que não isenta, e com temática de interesse no eixo remetente-destinatário. Remetente, fórmulas de despedida e de autenticação no fim (escatocolo), tais como datação, localização (por vezes no Protocolo), assinatura, marcas pessoais e *post scriptum* assinalado. Diversas rotulações dessas cartas têm sido moldadas a partir de seus conteúdos temáticos (cartas políticas, cartas de amor etc.), suas relações pessoais imediatas (cartas familiares, cartas de negócios), suas particularidades sociogeográficas (cartas do sertão) ou de circunstâncias de escrituras (cartas da prisão), enfim, múltiplas possibilidades tão numerosas quanto são numerosos os pontos de vista teórico-metodológicos sobre aspectos de forma, de linguagem ou de suas funções sociopragmáticas. Todos válidos, pois nenhum gênero é natural e absoluto, nenhum gênero *brota do chão*; são sempre frutos dos múltiplos olhares da pesquisa acadêmica. Contudo, são rótulos oriundos de questões e interesses muito específicos, espelhos de estudos específicos. Se fôssemos capazes de reunir conjuntos de cartas pessoais conforme cada um desses olhares, escritas do século XVII ao XX, em de cada região brasileira, por homens e mulheres oriundos de pelo menos três níveis socioculturais, então poderíamos ter uma ótima recuperação da diacronia de vários fenômenos linguísticos. Mas não somos capazes disso. Para o *corpus* geral, valerá, como já dito aqui, o caráter geral *grosso modo* descrito anteriormente. Esse é o critério para o *corpus comum mínimo*. Na Plataforma, que visa catalogar uma produção mais ampla do Projeto, mantemos como caráter categórico o modo de circulação dessa correspondência para tentar reunir sob esse critério as marcas da sintonia de escritura evocadas ao redator em função da esfera por onde circulará seu texto e, por conseguinte, por quem poderá ser lido e onde ele poderá ficar guardado. É o critério geral do *corpus* assim distribuído:

I) Categorias de entrada

a. Séculos: XVII, XVIII, XIX e XX;
b. Impressos e manuscritos;
c. Esferas institucional pública, institucional privada e particular;
d. Textos manuscritos mais formulaicos e textos menos formulaicos (correspondências);
e. Rótulos de época usados nos periódicos impressos e livros.

Exemplo:

1. Impressos século XIX
- 1.1 Cartas de leitores
- 1.2 Cartas de redatores/editoriais
- 1.3 Notícias
- 1.4 Anúncios
- 1.5 Textos literários: folhetins e crônicas

2. Manuscritos século XVIII
- 2.1 Manuscritos na esfera privada
  - 2.1.1 Correspondência particular XVIII – **cartas pessoais** em circulação restrita – família, amigos, colegas etc.;
  - 2.1.2 Correspondência institucional privada XVIII – **cartas pessoais** em circulação na esfera administrativa de instituições privadas – casas de comércio, pequenas lojas, ordens religiosas fora da máquina pública, irmandades laicas, hospitais, clubes;
  - 2.1.3 Demais documentação privada – documentação geral da esfera institucional privada – casas de comércio, pequenas lojas, ordens religiosas fora da máquina pública, irmandades laicas, hospitais, clubes.

3. Manuscritos na esfera pública
- 3.1 Correspondência oficial XVIII – **cartas pessoais** em circulação na esfera administrativa de instituições públicas.
- 3.2 Demais documentação oficial – documentação geral da esfera pública – notariais, jurídico, administrativos, relatórios etc.

4. **Manuscritos na esfera literária**

Dessa forma, na Plataforma, as cartas pessoais figuram distribuídas em *circulação restrita, circulação administração institucional privada, circulação administração institucional pública.* Um caráter categórico de base externa às cartas em si talvez mais objetivamente reunindo em um fio condutor o que se multiplica nos olhares da investigação científica.

Corpus diferencial no PHPB

Vários materiais encontram-se, hoje, no *corpus diferencial* em função de não contarmos com exemplares em todas as equipes, e não por uma questão de sua natureza. Dessa forma, permanecem complementares para efeito comparativo, mas passarão ao *corpus mínimo comum* à medida que sejam feitos cronogramas de ampliação dos *corpora* de cada equipe local do PHPB. É o caso, por exemplo, das *notícias* em jornais. No *corpus diferencial, notícias* em jornais do século XX do interior do Pará, de Santarém, e do interior de Minas Gerais, de Ouro Preto cobrem nascimentos locais da mesma forma que em outros periódicos nas capitais um século antes.

(1) [20,2 NJOR PA] *Nascimentos: || Os sr Felipe correia de Castro e sua | digna esposa d. Paquita Teixeira de | Castro tiveram a gentileza de nos par- | ticipar o nascimento de sua filhinha Cléa | Damazia. ocorrido no dia 21 do corrente.|| - O sr. Raimundo* [...].

(2) [20,2 NJOR MG] *NASCIMENTOS || Dia 28 do p. p.,*[1] *no Rio del Janeiro, nasceu e menino Már-l cio, gracioso primogênito dol Dr. Albino Sartori Júnior e del sua Exma. Esposa.// O lar do Dr.l Artur Guimarães Drumond e del sua consorte, D. Maria da Trin-l dade Fortes Drumond foi, dial 30 do passado, enriquecido coml o aparecimento de uma graciosal menina. Aos recém-nascidos, mill votos de felicidades, e parabéns,l que mandamos aos respectivos pais.*

Notícias como essas são um retrato da função pragmático-social dos impressos em comunidades relativamente pequenas no século XX. Ao fazerem correr a notícia de nascimentos ao alcance de sua pequena circulação pelas cercanias rurais em torno do pequeno núcleo urbano, jornais e outros periódicos conferem à família conexão aos círculos socialmente bem colocados. O *status* de estar na rede social escrita à época era forma de mostrar *status* e presença na rede das chamadas *boas famílias*.

Não que inexista esse tipo de cobertura nas capitais no século XX, mas aparecem bem mais em seções onde esse rótulo *notícia* não mais se confunde com o rótulo *annuncios*, e bem menos em seções que intercalem *anúncios* e *notícias*, por tradições que avancem desde o XIX. "Notícia" e "anúncio" são vocábulos que remetem à mesma ação básica contida em *contar*, *relatar*, *anunciar*, *reportar*, *noticiar*, dentre outros. A nominalização dessas ações básicas presentes desde a circulação de manuscritos como em cartas pessoais ou administrativo-oficias quando feitas nos impressos periódicos partem de uma fase de equivalência nas estruturas mais simples no início de cada jornal e chegam a se referir a especializações de seções geograficamente delineadas nas edições. Dessa forma, as nominalizações *notícias* e *annuncios* de escravos fugidos, vapores e mercadorias que chegam ao porto e de eventos na Europa ficam misturadas numa seção única em fases iniciais de *layout* mais simples dos periódicos diários ou semanais (com uma ou duas colunas de texto na página) e, conforme crescem formato e alcance dos jornais via expansão dos Correios, essas mesmas nominalizações vão se especializando. Se, por um lado, *notícias* vão se configurando como uma reportagem de fatos de interesse e impacto mais gerais e assumem lugar claramente setorizado no exemplar dos periódicos, *anúncios* vão se especializando em anúncios sociais e anúncios comerciais, materiais classificados postos, com o tempo, no século XX, numa seção de *classificados*. Esses caminhos evolutivos não são unitemporais e uniformes, mas seguem uma tendência geral nos jornais das maiores cidades já na segunda metade do século XIX. Nesse sentido, a presença de uma *notícia* como reportagem internacional na primeira metade do século XIX não nega a tendência, apenas exemplifica uma das funções ainda amalgamadas numa mesma seção e ainda dependentes das redes manuscritas de circulação como as cartas. Observe-se que, no meio da notícia, são cartas que trazem as notícias para a *notícia* difundida pelo periódico impresso em Pernambuco.

(3) [19,1 NJOR PE] *NOTICIAS DE PORTUGAL, || MARÇO 29. || BADAJOZ. — As noticias desta praça | da nossa fronteira saõ em data de 17 | do corrente: e saõ de pessoa de | cretido. || As cartas de Madrio do dia 9 davaõ | como certa a invasaõ de Portugal, e | tanto assim, que haviaõ sahido da Ca- | pital para reforçar a divisaõ do Tejo e | 3. Brigada composta*

> *de 3.561 homens, | inclusive Artilheria, chegando com ef- | [f]eito esta força a Zebol[l]a junto a Ta-|lavera; o que alegrou muito os após- | tolicos desta praça, que sem pejo fize-| raõ saudes a invasaõ de Portugal, e | marcaraõ já o dia 3 de Abril em que | se devia começar. Porèm as cartas | posteriores, do dia 13, dizem que se | passaraõ ordens para suspender a mar- | cha,* [...].

A esses três materiais com notícias já na página do *corpus diferencial*, somam-se outros da Plataforma de *corpora*, como notícias do Rio de Janeiro, da segunda metade do século XIX em jornais de grande circulação. São materiais contrastivos com o *corpus mínimo comum* por complementariedade. Já os textos escritos por portugueses sempre serão *diferencial*, por natureza, contrastivos devido ao caráter intrínseco para a formação do português brasileiro.

Veja-se o material para o século XVIII com manuscritos pessoais de mercadores portugueses que viviam no Brasil.[2] Trata-se de conjunto de missivas enviadas do Brasil para Antônio Esteves Costa, um abastado comerciante, dono de uma *casa de comércio* que, de Lisboa, por cartas, controlava seus negócios por comissionários espalhados pela Europa e colônias portuguesas. É material editado em Barbosa (1999) e disponibilizado no *corpus* diferencial. Esse conjunto compõe-se de cartas oriundas de várias cidades ao longo da costa brasileira, distribuídas, no acervo de origem, pelas rubricas *particular* e *comercial*. No entanto, no trabalho de edição dos originais, percebe-se não haver diferenças, nem de conteúdo, nem de forma, entre as ditas *particulares* e *comerciais* do século XVIII. Veja-se que, descoberto o fato de esse comerciante espalhar patrícios pelo mundo e, deles, recebia cartas em Lisboa, passamos a contar com 83 cartas de portugueses identificados que viviam, sendo a maior parte, do nordeste brasileiro: 4 cartas escritas no Rio de Janeiro, 13 na Bahia, 31 em Pernambuco, 28 no Maranhão e 7 no Pará. Como afirma Barbosa (1999: 132):

> [...] o conjunto de cartas, guardado na caixa de manuscritos número 224 da seção de reservados da Biblioteca Nacional de Lisboa, reúne um precioso acervo da prosa não-literária em Língua Portuguesa Clássica, construído sob condições particularmente favoráveis à formação de um *corpus*, se não homogêneo em relação às circunstâncias de produção, e fidedigno à escrita distensa de seus autores, pelo menos o mais próximo possível dessas qualidades imprescindíveis para o estudo comparativo entre modalidades dentro da modalidade escrita de uma dada língua.

São redatores em grau mediano de habilidade, ou com marcas de inabilidade de escrita alfabética, que deixam transparecer traços grafofonéticos e fatos do dia a dia do mercado nos portos dessas cidades brasileiras. São redatores que estiveram em contato cotidiano com colonos nascidos no Brasil. É uma fonte de dados do português europeu no Brasil em contato não palaciano com o português do Brasil. Diferencial por natureza. Os usuários de *corpora* históricos podem seguir a trilha de materiais aqui traçada no *diferencial* e buscar outros conjuntos de materiais semelhantes fora do PHPB, comuns no século XVIII como peças avulsas, mas também encontrados em raras coleções. É o caso de material de idêntica natureza administrativo-privada de outra casa de comércio, pertencente a outro megacomerciante sediado em Lisboa com portugueses comissionados em todo o mundo e escrito cinquenta anos antes, na primeira metade do século XVIII. São cartas de mercadores portugueses editadas em Lisanti Filho (1973). Em diálogos de materiais *intra* e *extracorpora* do PHPB, portanto, potencializam-se novos recortes diacrônicos, como esse, dentro do século XVIII.

O *corpus diferencial* vale, nesse e noutros casos, como um mapeamento de filões textuais fora do eixo propositalmente mais restrito do *corpus mínimo comum*, que restringe o leque de materiais a bem do cumprimento do avanço coordenado da construção de *corpora* simultaneamente feito por equipes em diferentes regiões do país. Foi uma decisão metodológica que muito provavelmente será enfrentada por outros projetos nacionais que pretendam comparar dados de diferentes regiões: maior diversidade de gêneros textuais ou maior cobertura na dimensão espacial de um número mais restrito de gêneros. O ideal de unir as duas coisas se faz com gerações de pesquisadores. Para, em cinco anos, se equipararem, em termos de quantidade e qualidade de documentação editada, equipes fundadoras e equipes menos antigas do Projeto que completem o quadro diatópico nacional, é preciso optar. Sempre haverá equipes, fundadoras ou novas, em estados mais avançados de quantidade e variedade de materiais. É uma realidade que depende do número e da experiência (prévia ou inaugural) dos membros locais das equipes para o trabalho em acervos públicos e privados de documentação histórica. É uma proposta tentadora programar a ampliação diatópica do *corpus mínimo comum* para o conjunto de equipes conforme o elenco de Tradições Discursivas (TDs) já editadas pelas equipes mais antigas e/ou pelas equipes com mais pós-graduandos editando materiais para seus trabalhos de conclusão de curso. Mas é uma tentação que se opõe ao trabalho conjunto que faça o *corpus mínimo comum* seguir crescendo organicamente na cobertura do espaço. Se a escolha de anúncios, editoriais, cartas de leitores, manuscritos oficiais e pessoais já deixou lacunas criadas pelas realidades locais, que se impuseram em cada etapa coordenada de ampliação, a opção de propor ao coletivo nacional o estado mais avançado pontual deixaria o *corpus* fadado ao descumprimento e à desproporção irreversível.

O *corpus diferencial*, da mesma forma como no caso dos materiais contrastivos do português europeu potencializados com as cartas de mercadores portugueses do século XVIII, assume o caráter de planeamento de expansões futuras e recortes complementares imediatos a serem feitos com essas parcelas postas na página prévia de *corpora* do PHPB. Essa instrumentalização da configuração atual, em gêneros textuais, do *corpus diferencial* torna a aparente colcha de retalhos de materiais numa sistematização da riqueza documental aberta a novos recortes comparativos a serem feitos pelos usuários. Aos construtores de *corpora* cabe dispor a otimização comparativa nessa separação metodológica de uma parcela da Plataforma de *corpora* em duas realidades, o avanço conjunto do *corpus mínimo comum* e o avanço mapeado da riqueza de materiais e de relações *intra* e *extra*-Projeto no *corpus diferencial*. Neste ponto da história do PHPB, a riqueza do *corpus diferencial* conta com cartas de portugueses identificados, textos teatrais, testamentos, processos-crime, atas de câmaras, memórias, relatos históricos, diários, históricos de viagem, inventários, folhetim, crônica, notícia, demais materiais já editados no PHPB, assim como vínculos eletrônicos para páginas do Projeto Nurc que disponibilizem gravações e transcrições de entrevistas das décadas de 1970 e 1980. Tudo isso pronto para ser baixado.

O PHPB não tem um *corpus* fechado não apenas porque as equipes continuarão editando materiais, mas também porque nele se tem as combinações em aberto à mercê das demandas dos usuários. Se não interessarem contrastes diacrônicos, tem-se a oportunidade de juntar todos os textos da Plataforma de *corpora* (recebendo via internet), ou baixar todos os materiais do *corpus mínimo comparativo* e do *corpus diferencial* para um trabalho em pancronia com uma massa invejável de dados. São decisões *ad hoc* que dependem do objeto, questão e objetivo de cada estudo.

TRADIÇÕES DISCURSIVAS E RÓTULOS FUNCIONAIS PRETÉRITOS EM *CORPORA* GERAIS

Há uma relação de pertinência e não de equivalência entre Tradições Discursivas (doravante TDs) e gêneros textuais: todo gênero textual é uma tradição discursiva, mas nem toda tradição discursiva é um gênero textual. O conceito de Tradição Discursiva prevê que toda habitualização cria uma expectativa de continuidade de modo que o elemento linguístico habitualizado torna-se significável em si. A quebra da expectativa cria estranhamento. A habitualização das marcas que criam nossa percepção que um dado texto se enquadra em um dado gênero textual é a mesma que torna uma fórmula de despedida em cartas pessoais uma tradição discursiva. Portanto, Tradições Discursivas não teoriza sobre gêneros textuais, mas é um conceito para explicar, entre outras questões da linguagem humana, porque em textos reunidos ao longo do tempo podem fornecer dados tanto da diacronia da linguagem usada pela sociedade em cada ponto do tempo coberto pelo conjunto reunido em um *corpus*, como também da linguagem conservada e mudada em diferente compasso nas TDs também ali reunidas. A história da linguagem dos textos não é necessariamente a história da linguagem da sociedade. Isso é demonstrado largamente na bibliografia sobre TDs. Aplicar o conceito de TD aos *corpora* discerne esses dois níveis por exclusão: quando se identifica e se descreve a TD, mapeia-se no mesmo material o que seria, nos textos, reflexo da linguagem dentro de alguma norma da época, fosse vernácula, fosse culta.

Como as TDs criam abstrações das habitualizações, até mesmo as questões grafológicas entre impressos e manuscritos, abordadas no capítulo "O *corpus* do projeto Para a História do Português Brasileiro: a constituição de *corpora* históricos baseada em critérios de tradições discursivas" deste volume, seriam abarcadas nas TDs. Contudo, como os gêneros textuais sempre serão TDs, do ponto de vista metodológico da construção de *corpora* gerais – montados para usuários explorarem toda sorte de fenômenos e não apenas aqueles ligados a TD em si – o uso de um desses rótulos para criar variáveis independentes com TDs/gêneros textuais no controle de uma variável dependente em pesquisa quantitativa não faz diferença epistemológica. De fato, de acordo com o objeto da pesquisa, por vezes a construção de um grupo de fatores de uma variável independente vale-se mais de uma boa teoria de gêneros. Sem se saber quais são os elementos habitualizados em cartas de leitores, os editoriais ou em cartas pessoais por um tempo razoável, a forma de discernir fatores de controle desses rótulos do ponto no tempo coberto pela amostra será mais bem fundada por recortes teóricos genéticos. No âmbito de um *corpus* geral, não direcionado em sua construção para esta ou aquela questão sobre os estudos da própria tipologia da amostra de escrita pretérita, os rótulos *cartas pessoais*, *carta de leitores* ou *carta de editor/editoriais* são rótulos que reproduzem a nomeação dada aos materiais por seus contemporâneos. São rótulos que, para eles, significavam algum papel funcional sociopragmático para lidar com os textos. Os gêneros ali observados sempre dependerão do olhar teórico de gênero que se lhes aplique; a Tradição Discursiva descrita sempre dependerá de um recorte temporal mais amplo para detectar um elemento habitualizado. Com dez exemplares de um jornal não é muito seguro afirmar que uma marca linguística ali constante tenha se tornado significável em si de modo a ser, para os homens *daquela época*, uma Tradição Discursiva. Um suposto mestrando que venha a usar o *corpus* geral do PHPB poderá operacionalizar em seu grupo de fatores de controle baseado na tipologia textual para ver o quanto as variantes sob estudo são favorecidas por aquelas tipos de material sociopragmaticamente vistos como editoriais, cartas de leitores ou cartas pessoais, mas entender as tradições discursivas ou gêneros ou cogêneros ali presentes é um objeto de estudo talvez fora de seus objetivos.

Diante do nosso imenso desconhecimento de quais eram as relações pragmático-discursivas, por exemplo, com os jornais em cada região do Brasil no XIX, fica difícil saber o que, nos valores dados aos rótulos textuais em cada jornal, já era um hibridismo trazido dos jornais ingleses, franceses, portugueses (e desses podem vir, quem sabe, estabilidades genéticas desde seus jornais manuscritos) e o que é hibridismo que vai, na diacronia dentro da própria história dos jornais no Brasil, estabelecendo transmutações ao lado de estabilizações de formas e práticas discursivas que hoje entendemos por/percebemos como/temos expectativa de serem artigos, editoriais etc.

Caso optássemos por tentar transformar em categoria de entrada no nosso *corpus* comum os gêneros distintos montados pela observação de cada diferença mais saliente (seja ela estrutural, comunicativa, de conteúdo, estilo, e tudo mais que nossa inteligência alcançar), nossas tabelas seriam *intermináveis* e nosso trabalho *impraticável*. Mais que isso, perderíamos o registro do que pode haver, a cada época, em cada lugar, às vezes em cada jornal, os significados de cada rótulo apenso aos gêneros ali encaixados. Exemplo emblemático é o trecho do jornal oitocentista *Diário do Rio de Janeiro* na edição de 12 de fevereiro de 1841:

> *A palavra folhetim, adoptada pelo jornal | do commercio para dar ideia dos artigos de | recreio que os francezes chamao feuilleton, | está geralmente recebida: nós, para não | contrariar o uso, substituimos o nosso appen- | dice pelo folhetim. || Publicamos hoje algumas fabulas e uma ode, composição d'um nosso compatriota | o Sr. Doutor J. J. T.: o publico apreciará | seu merecimento [...].* (apud Lima, 2010: 72)

Em seguida a esse trecho do *Diário do Rio de Janeiro*, Lima (2010: 73) comenta que "*a palavra Folhetim, através da repetição, tornou-se essencial para o sucesso do texto a ela submetida. Da repetição, surgiu a ritualização, caracterizada pela localização no jornal (rodapé) e a sua presença, o que legitimou a sua identidade*".

Um jornal na primeira metade dos oitocentos dizendo que passaria a usar *folhetim* a espelho do que fazia o *Jornal do Commercio*, deixando o *appendice* para reunir *fábulas* e *ode*. Rótulo ou TD em transformação? Foi por isso que, na Plataforma de *corpora* do PHPB preferimos sempre indicar o rótulo usado pelo meio de circulação dos textos ao lado de uma visão de gênero do organizador dos *corpora*. Por exemplo, o usuário lê o rótulo *folhetim*, que é o que está no jornal levantado, e ao lado lê, entre parêntesis, ou *romance em folhetim*, ou *romance-folhetim*, ou *crônica*, enfim, que é o olhar contemporâneo que vê nos textos sob aquele rótulo características bem distintas. A Plataforma de *corpora* é a organização **do todo** produzido no âmbito do PHPB sob uma estrutura organizacional baseada em aspectos mais externos exatamente para fugir um pouco da intensa profusão de olhares teóricos possíveis sem deixar de lado a recuperabilidade dessa profusão a partir das categorias nominais de entrada baseadas em práticas e marcas de época. Assim, mesmo com coisas tão distintas, se os editores de um jornal usam um mesmo rótulo funcional, deve ser porque aproveite um traço em comum que, por mais tênue que seja, deve ser, além de mais prático para eles, favorecedor de algum tipo de forma de linguagem. Nem que seja o que vem desde o sentido primeiro de folhetim: "textos de entretenimento localizados no rodapé dos jornais" (o *feuilleton* dos jornais franceses) – um sentido ligado apenas ao *layout* (ou, como gostamos de precisar, a *geografia da página*). Sentido que não se apaga, nem deixa de conviver com os outros pelo menos até 1880. É o que comenta Lima (2014: 99):

> Nós verificamos que não havia linearidade evolutiva nas acepções de folhetim, no Brasil (Lima, 2010, p. 69). No mesmo periódico que encontrávamos romances no folhetim, também se publicavam romances-

folhetim e folhetim histórico ou de costume, que, aos nossos olhos contemporâneos são crônicas. No periódico *Gazeta de Noticias*, era comum a publicação de uma crônica folhetinesca na primeira página e a publicação de um romance-folhetim na segunda página, traduzida e já consagrada pelo público europeu.

Essa prática social de atribuir rótulos operacionais parece um pouco com os rótulos que locadoras e emissoras de televisão usam para classificar filmes em contextos de leitura rápida dos usuários: todos sabemos que *drama*, *aventura*, *ação*, dentre outros, não dão, nem de longe, conta dos entrecruzamentos de gêneros dentro de cada rótulo desses, mas sabemos que são, hoje, rótulos pragmáticos que operam em eficiência suficiente para nossas primeiras escolhas. Quer dizer, são formas vigentes de práticas discursivo-sociais hoje – se não perdemos a rotulação operacional do passado, talvez vejamos um pouco das passadas.

É bem sabido que a Plataforma não é um *corpus* e sim uma *base para corpora*. Assim, o formato de entrada nominal de células (que passarão a grupo de controle para os futuros usuários) deve ser calcado nos traços comuns que nos façam perder menos informações, já que qualquer opção implica perdas. Sempre viveremos uma "escolha de Sofia". Não pensamos em manter o rótulo de época como entrada nominal absoluta, mesmo que fosse mais prático para quem quisesse ver transmutação, hibridismo e conservações a partir dentro de cada rótulo (que é o que geralmente se faz com os rótulos que encontramos para os manuscritos coloniais nas fichas catalográficas: chamamos de carta, ofício, requerimento ou representação alguns tipos de correspondências da máquina colonial porque assim estão catalogados, ainda que percebamos igualdades ou diferenças outras). Se fosse assim, se por um lado veríamos o que vai sendo incluído e o que vai saindo dentro rótulo *anúncio* ao longo do XIX (desde o rótulo inicial *anuncios variados*), por outro, perderíamos seus pontos de contato com *avisos*, *notícias*, *comunicado* etc. quando, a partir de um traço comum preestabelecido para o levantamento de textos, tomamos qualquer um desses rótulos como o recorte de anúncio que queremos estudar numa linha do tempo até o que temos hoje, ponto de vista inevitável de quem já vive as tradições textuais que nos alcançaram. Por isso, o traço "comercial" é um fio condutor que acaba se impondo, ainda que haja outros, para vermos as estabilidades e transmutações dentro desse recorte que denominamos "anúncio" como célula de entrada para gênero no *corpus* mínimo.

É claro que, na "escolha de Sofia" que se nos é imposta pela realidade, perdemos vários tipos de anúncios que não tenham nenhum fundo comercial, de negócios, de economia (por isso valem as aproximações por conjectura que temos feito em anúncios de busca de escravos, ou até em avisos/notícias de partidas de navios e inaugurações de hotéis), mas na verdade, para não perdermos teríamos que ter por objetivo bienal montar *corpora* só de anúncios/avisos/notícias em vários jornais de vários lugares (nesse caso até caberia usar o rótulo como guia absoluto). Esse é um ponto ótimo para todo um projeto de estudo mais aprofundado que deverá ser feito um dia para este e outros grupos textuais impressos e manuscritos hoje mencionados em nossos *corpora*. Serão *corpora* que avançarão confirmando e revendo o que hoje dissermos a partir do que é possível cobrir. Não podemos nos cobrar uma coerência absoluta a cada olhar teórico que a partir de diferenças/igualdades vislumbrem gêneros diferentes dentro de nossos recortes porque assim também o seria em levantamentos exaustivos só de *anúncios* e *notícias*. O importante é manter a coerência ao(s) traço(s) comuns escolhidos para guiar nossos levantamentos e usar o bom senso para adaptações. Assim, se tenho para uma época bem inicial da imprensa no Brasil – geralmente sem muita fartura de alguns gêneros – ou uma época de difícil circulação de informações, um jornal usando uma carta pessoal para noticiar, em sua seção de notícias, esse texto entra sem problema na célula nominal *notícias* na primeira metade do século. Como a opção operacional foi a divisão por metades dos séculos, temos de ter cuidado para não inflacionarmos de materiais das décadas de 1840 e 1850 e deixarmos de cobrir as décadas iniciais.

Pelo que dissemos antes, mesma coisa para *folhetim*: se o traço fosse (porque folhetim não está no *corpus* comum) algo que traduzisse o que fica no eixo de discussão romance-novela-conto da prosa ficcional (estruturada com narrador, personagens, diálogos, vários/poucos núcleos temáticos...), então as crônicas e os artigos que aparecem com frequência sob o rótulo *folhetim* não entrariam na célula nominal *folhetim* em nossas tabelas, e sim em *crônicas e artigos*. Em relação ao exemplo dado na Plataforma, podemos inverter e colocar, ao invés de rótulo e gênero entre parêntesis FOLHETIM (romance em folhetim), FOLHETIM (romance-folhetim) e FOLHETIM (crônica), podemos colocar gênero e rótulo, ou destacar o rótulo de época na ficha que encabeça cada texto em nossos *corpora*: o importante é não perder a informação.

Mesma coisa para editorial: se definirmos como traço para ser um editorial como gênero de entrada em nosso *corpus* ser "a voz, a posição do jornal", não importando se dos próprios editores ou de vozes assumidas de outrem, então, inevitavelmente misturamos editoriais (geralmente um lugar regular na geografia dos exemplares, com ou sem o rótulo expresso) com cartas de editores (a expressão direta do que pensam os editores), que parece ter sido a opção na proposta inicial. Se nosso traço de controle passasse a fazer a distinção, então ou teríamos duas entradas nominais ou, por motivos práticos, passaríamos cartas de editores para o diferencial. Enfim, a solução dada é mais operacional para o *corpus* comum e não impede que quem se dedicar mais de perto à diferença entre editoriais e cartas de editores possa constituir um *corpus* diferencial paralelo para testar as hipóteses genéticas. Construir *corpus* geral para projetos coletivos optando por incluir, desde o início, com um *corpus* diferencial é tão importante quanto os *corpora* comuns, pois são a possibilidade de refino dialético de afirmações que se façam com o trato contrastivo: esmiuçar várias possibilidades de recortes e eixos de diferenças funcionais estruturais, temáticas ou de estilo; marcas salientes nos materiais. Estamos trabalhando do ponto de vista de quem tenta construir *corpora* coerentes e reveladores de realidades em sincronias passadas dentro dos limites de *corpora* comuns mínimos. O esmiuçar de outros recortes fica para o ponto de vista dos futuros usuários, que trabalharão contrastando nossos recortes com outros *corpora* a serem construídos dentro ou fora do PHPB. Para tal, é fundamental haver tanto coerência no recorte de traços comuns claramente estabelecidos para a escolha dos gêneros de entrada reunidos sob os rótulos funcionais das tabelas no *corpus*, quanto garantir a recuperabilidade de traços singularizadores dos materiais do *corpus* mínimo, informações dispostas na ficha-cabeçalho de cada documento.

O TRABALHO CONTÍNUO DE AMPLIAÇÃO DE *CORPORA* HISTÓRICOS: A EXPERIÊNCIA NO PHPB

Ampliar organicamente a cobertura diatópica de um *corpus* é a base da representatividade dos dados dele levantados. Não há comparabilidade garantida quando os esforços desde a definição do que se busca nos arquivos históricos até o caráter das edições da documentação não seguem coordenados. Por ocasião da ampliação do *corpus mínimo comum* (tarefa coletiva empreendia por equipes locais tais como Rio Grande do Norte, Paraíba, Pernambuco, Ceará, Bahia, Alagoas, Rio de Janeiro, São Paulo, Minas Gerais, Paraná, Santa Catarina), seria necessário estabelecer prioridades, prazos e homogeneizar formulários. Contudo, a primeira etapa de avanço precisou ser um verdadeiro censo de materiais organizados desde 2007 sob a chancela do PHPB Nacional. Para avançar, para estabelecer prioridades comuns a todos, era preciso saber de todos os materiais prontos, mas não partilhados nacionalmente. A Plataforma de corpora estava defasada em 2010. Seguindo os Formulários 1 e 2, as equipes puderam informar, de modo padronizado, os resultados dos esforços de produção locais.

I) Formulário 1: guia de perguntas/orientações para *censo de corpora* (para coordenadores regionais)

CENSO DE EDIÇÕES DE FONTES PRIMÁRIAS PARA O *CORPUS* GERAL AMPLIAÇÃO DO *CORPUS* MÍNIMO 1ª FASE (2010)

a) Existem materiais editados que ainda não estão disponíveis (por força de ineditismo de tese, por exemplo), mas poderiam ser noticiados, de forma genérica, sem precisar arquivo ou localização, no *corpus* geral do PHPB? Como cada editor quer citá-las? Por favor, liste-os a seguir e ponha o e-mail do editor para ficar disponível ao contato de prováveis interessados.
b) Existem materiais publicados em livros, mas que, em função de contrato, não poderão ser disponibilizados eletronicamente? Como devemos citá-los no *corpus* geral do PHPB? Como poderão ser adquiridos? Há e-mail para pedidos?
c) Existem materiais publicados em livros cujos arquivos originais em doc ou pdf poderão ser disponibilizados eletronicamente no *corpus* geral do PHPB? Como deverão ser citadas suas publicações em papel?
d) Existem materiais publicados eletronicamente que já podem ser distribuídos ou disponibilizados no *corpus* geral/*corpus* compartilhado/*corpus* do VIII PHPB? Qual o título do CD ou o endereço eletrônico para distribuição? Se já estiverem em uma página na internet, há preferência de apenas incluir um *link* na página do PHPB?

COORDENADOR REGIONAL: se possível, preencha as informações a seguir para agilizar a organização do material para que todos recebam um MAPA GERAL do que me for enviado. Isso ajudará no trânsito de textos para nossas pesquisas.

Equipe Regional PHPB:
Coordenador:
Editor do material:
E-mail do editor:
Telefone do editor:
Título da edição:

Descrição do material editado (manuscrito autógrafo, 1ª edição impressa, publicado em jornal de grande circulação, gênero textual, modo de circulação, especificidades sócio-históricas etc.):

Como citar o material em trabalhos acadêmicos?

e) Só haverá ampliação do *corpus* diferencial SE E SOMENTE SE terminado o *corpus* mínimo da 1ª fase e DO QUE FOR POSSÍVEL de qualquer um dos seguintes materiais (*corpus* diferencial):

II) Formulário 2: tabela a ser preenchida mapeando os materiais já editados para o *corpus* diferencial

Equipe regional:						
CORPUS DIFERENCIAL MANUSCRITO – PHPB	Séc. XVIII 1701-1750	Séc. XVIII 1751-1800	Séc. XIX 1801-1850	Séc. XIX 1851-1900	Séc. XX 1901-1950	Séc. XX 1951-2000
Cartas de portugueses identificados						
Textos teatrais						
Língua falada: Nurc						
Testamentos						
Processos-crime						
Atas de câmaras						
Memórias/relatos históricos/diários históricos de viagens						
Inventários						
Folhetins						
Crônicas						
Demais materiais prontos						
Novos gêneros						
COORDENADOR REGIONAL: uma vez pronta a primeira fase, garantindo células comparativas por tipo de material e por três séculos, passamos à segunda etapa de ampliação. É a fase da macrocategoria administração privada em todas as equipes, nos três séculos.						

Em nome da maior comparabilidade promovida por *corpora* gerais, a ampliação sempre deverá ser pensada em etapas. No caso do PHPB, ainda que não cumprida por todos, o que se conseguiu reunir manteve a garantia de comparabilidade futura porque houve etapas coletivas coordenadas. Mesmo no cumprimento do censo de *corpora* para a Plataforma, já se embutia a reorganização do *corpus mínimo comum*, estabelecendo metas comuns na busca das equipes nos arquivos em suas localidades. É o caso da orientação priorizar o mapeamento de materiais antes de se envidar esforços locais na direção de ampliar do *corpus mínimo*: "*Uma vez pronta a primeira fase, garantindo células comparativas por tipo de material e por três séculos, passamos à segunda etapa de ampliação. É a fase da macrocategoria administração privada em todas as equipes, nos três séculos.*" Mesma coisa em relação ao *corpus* diferencial: "*Só haverá ampliação do corpus diferencial* SE E SOMENTE SE *terminado o corpus mínimo da 1ª fase e* DO QUE FOR POSSÍVEL *de qualquer um dos seguintes materiais (corpus diferencial)*". Essa etapa preliminar à ampliação, o *Censo de edições de fontes primárias para o corpus geral do* PHPB, será etapa de outros projetos com semelhantes ambições. Observar a formatação e condução aqui promovidas pode colaborar como instrumentalização de execução. Veja-se que, somente em relação às fases de ampliação do *corpus mínimo comum*, é preciso observar um detalhe de estratégia: propor a procura de novos tipos de manuscritos somente após o esforço de tentar equalizar o quadro de impressos entre as equipes locais e aumentar a *latitude* comparativa do *corpus* para os usuários. Isso foi mais importante do que partir para a *administração privada*, deixada para uma segunda fase. Começar por impressos foi o caminho natural na fase de construção dos *corpora* do PHPB empreendido pelas equipes originais. Assinalamos o mesmo a projetos que se valham de nossa experiência. E por quê? Porque, para equipes novas, sempre é melhor começar a decodificar textos para transcrição conservadora que não exijam treinamento em paleografia de leitura. Já são dificuldades suficientes para iniciantes enfrentar questões de crítica textual de impressos oitocentistas; enfrentar, de pronto, os manuscritos da administração privada, ou quaisquer outros, atrapalharia o avanço conjunto das equipes. Em geral, o avanço de materiais manuscritos, especialmente do século XVIII para trás, depende do número de trabalhos de conclusão de curso em nível de pós-graduação que envolvam construção de *corpora*. O número de pessoas com semelhante perfil varia de equipe para equipe, de modo a não ser equiparável a capacidade de cada local em cumprir os prazos previstos pelo trabalho coordenado.

O preenchimento periódico de quadros e a resposta a perguntas como essas servem, também, para fazer o *corpus mínimo comum* avançar. A segunda fase, se executada de acordo com nossa experiência, aumentará o quilate de seus materiais. A chamada *administração privada* é espaço privilegiado de diversificação pragmática dos contextos de escritura. Delineada em Barbosa (1999) em relação ao século XVIII, chama a atenção para o fato de o modo de circulação dos documentos abrir um terceiro filão de produção escrita que desfaz o tradicional binômio entre a documentação oficial e particular: entende que a documentação particular, em oposição à pública, na verdade, circulava numa esfera *privada* de duas maneiras: ou dentro de uma administração privada, ou dentro círculos realmente particulares. Assim, diários e cartas pessoais escritos por um dado indivíduo viviam sob diferente sintonia de escritura (grau de vigília sobre a normatização linguística e atendimento a marcas e ritos genético-textuais) em relação ao mesmo indivíduo escrevendo para ter seu texto circulando na esfera administrativa, porém não na pública, e sim na esfera administrativa privada de instituições como ordens religiosas, casas de comércio, hospitais, irmandades laicas, lojas, enfim, uma terceira situação de atendimento a modelos e padrões por vezes mais abertos a usos de uma escrita cotidiana, por vezes mais próximos de usos especiais diferentes dos da documentação oficial (executiva, legislativa, judiciária e cartorial). A produção no âmbito do PHPB acolheu ótimos exemplos desse filão, como as edições de Klebson Oliveira (2006) de escritos produzidos por uma irmandade de negros na Bahia oitocentista, que em muito ampliaram nosso olhar para a complexidade da sociedade de então. A segunda fase de ampliação, no caso do PHPB, não promoveu avanço orgânico entre as equipes em relação à administração privada por conta da priorização de se completar o avanço orgânico nos impressos, deixando-a como já estava, um ponto qualitativo do *corpus diferencial*. No caso de projetos futuros, pode figurar na programação de partida das equipes coordenadas para a cobertura de manuscritos. O que no Formulário 3 do PHPB consta como *2ª fase* seria tabela organizacional de início dos trabalhos coordenados. A fase terceira de ampliação, Formulário 4 no PHPB, será sempre uma fase em aberto na medida em que é reaplicada periodicamente na evolução de materiais que passam do corpus *diferencial* para o corpus *comum* entre todas as equipes. Como dito, o Formulário 4 "*organiza o avanço de todas as equipes por sobre os materiais até então disponíveis no* corpus *diferencial*".

III) Formulário 3: ampliação do *corpus* mínimo 2ª fase – cartas da administração privada (até junho de 2011)

CORPUS MÍNIMO COMUM: MANUSCRITOS						
CORPUS MÍNIMO MANUSCRITO – PHPB	Séc. XVIII 1701-1750	Séc. XVIII 1751-1800	Séc. XIX 1801-1850	Séc. XIX 1851-1900	Séc. XX 1901-1950	Séc. XX 1951-2000
Cartas particulares	Pronto	Pronto	Pronto	Pronto	Pronto	Pronto
Cartas oficiais	Pronto	Pronto	Pronto	Pronto	Pronto	Pronto
Cartas da administração privada	2ª fase	2ª fase	2ª fase	2ª fase	2ª fase	2ª fase
Equipe regional:						
CORPUS MÍNIMO COMUM: IMPRESSOS						
CORPUS MÍNIMO IMPRESSO – PHPB	Séc. XVIII 1701-1750	Séc. XVIII 1751-1800	Séc. XIX 1801-1850	Séc. XIX 1851-1900	Séc. XX 1901-1950	Séc. XX 1951-2000
Cartas de leitores	Pronto	Pronto	Pronto	Pronto	Pronto	Pronto
Cartas de redatores/ editoriais	Pronto	Pronto	Pronto	Pronto	Pronto	Pronto
Anúncios	Pronto	Pronto	Pronto	Pronto	Pronto	Pronto
Cartas da administração privada	Pronto	Pronto	Pronto	Pronto	Pronto	Pronto
Equipe regional:						
COORDENADOR REGIONAL: uma terceira fase de complementação cobre a inevitável falta de paralelo secular entre impressos e organiza o avanço de todas as equipes por sobre os materiais até então disponíveis no *corpus* diferencial. Essa fase não tem final ainda definido em relação ao *corpus* mínimo. Como não atingiremos o ideal de todos os tipos de materiais estarem cobertos por todas as equipes e nos três séculos, será necessário, na terceira fase, discutir prioridades no levantamento coletivo.						

IV) Formulário 4: ampliação do *corpus* mínimo 3ª fase – (a partir de julho de 2011)

COMPLEMENTAÇÃO *CORPUS* MÍNIMO COMUM – PHPB	Séc. XVIII 1701-1750	Séc. XVIII 1751-1800	Séc. XIX 1801-1850	Séc. XIX 1851-1900	Séc. XX 1901-1950	Séc. XX 1951-2000
Textos em prosa não literária em livros impressos no século XVIII	Levantar	Levantar	Levantar	Levantar	Levantar	Levantar
Testamentos Processos-crime Atas de câmara	Completar	Completar	Completar	Completar	Completar	Completar
Prioridades definidas de novos levantamentos em todas as equipes	Levantar	Levantar	Levantar	Levantar	Levantar	Levantar
Equipe regional:						

O Formulário 5 e o Formulário 6 são os fundamentais para tudo já referido no plano organizacional com vistas aos cruzamentos de informações que proporcionarão aos usuários reorganizar o *corpus mínimo comum*, *diferencial* ou materiais da Plataforma em *corpora* específicos para seus objetivos específicos. Seja na reorganização externa da nossa linha neutra de entrada da datação do documento em metades dos séculos numa linha que siga a data de nascimento dos autores, seja por reunião dos gêneros por critérios que sirvam a questões de TDs sob foco, esses cruzamentos serão mais bem potencializados mediante o preenchimento mais bem detalhado. Quem conhece as informações circunstanciais de cada material é quem o edita. O cabeçalho deve ter sua forma padronizada para agilizar aos usuários a recuperabilidade e sistematização de informações. Ele é um bloco de "fontes secundárias" em relação à fonte primária ali disponibilizada. Quando for possível contar com aplicativos de concordância nas páginas do Projeto, essa função cairá de importância. Mas enquanto esse tempo não chega, a sistematização será mais bem executada com cabeçalhos apropriadamente preenchidos. É, portanto, fundamental chamar a atenção dos membros encarregados de construir os *corpora* para que já registrem as informações durante o lidar inicial com a documentação. Isso porque, passada a fase de transcrição/edição dos materiais (quando cada um aprofunda a pesquisa sobre as condições externas de produção e a história social da época e das pessoas que aparecem nos textos), muito dificilmente se voltará a isso. Quem coordena a construção coletiva de equipes distanciadas no espaço não terá como voltar aos arquivos com todos os membros para recuperar informações que enriquecem os itens 7 e 9 do Formulário 6. De fato, é atividade de registro a ser moldada (Formulário 5), exemplificada (Formulário 6) e orientada durante a fase de partida para os acervos. Idealmente falando, seria fase propedêutica à ida aos arquivos. Nesse sentido, o que se escolhe como exemplificação, que no caso da ampliação do PHPB foi o sexto Formulário, terá caráter de exemplo do amplamente discutido via correio eletrônico. Entre o ideal e o real obtido, seja na experiência do PHPB, seja em novas experiências, fica o avanço qualitativo obtido muito maior do que sem semelhante cuidado.

V) Formulário 5: guia de formatação das informações sobre os documentos

MODELO DE CABEÇALHO DE IDENTIFICAÇÃO DE CADA DOCUMENTO
DENTRO DO QUADRO: VERDANA 12; CABEÇALHO EM FONTE VERDANA 10 E SEM ESPAÇO ENTRELINHAS

Projeto Nacional PHPB – Equipe Regional XXX
Século XXX – Tipo de Manuscrito ou Impresso/Rótulo no *Corpus*
Edição: SOBRENOME, Nome

1. Modalidade: língua escrita
2. Tipo de texto:
3. Assunto:
4. Data do documento:
5. Local de origem do documento:
6. Local de depósito do documento:
7. Identificação do autor:
8. Número de palavras:
9. Informações levantadas:
10. Editor do documento:

TEXTO EDITADO: MARGENS 3CM, COM FONTE "VERDANA 9", entrelinhas 1,5

VI) Formulário 6: forma de preenchimento e exemplos de cabeçalhos presentes no início das edições

Projeto Nacional PHPB – Equipe Regional Rio de Janeiro
Século XIX – Jornal Impresso/Notícia
Edição: LIMA, Alexandre Xavier

1. Modalidade: língua escrita.
2. Tipo de texto: (colocar o rótulo de época e, se for o caso, o gênero textual entre parêntesis a seguir, segundo a visão teórica do editor).
   Só colocar o rótulo de época se constar do manuscrito – geralmente repetido na ficha catalográfica dos arquivos – ou se constar dos títulos e das seções internas dos impressos periódicos ou não periódicos. Por exemplo: Editorial (artigo-editorial) do jornal *GAZETA DE NOTICIAS* – Ano III – nº 225. Outro exemplo: Carta pessoal (Carta familiar). Caso o gênero coincida com o rótulo de época, não precisa repeti-lo entre parêntesis. Por exemplo: Carta de editor. Outro exemplo: Notícia.
3. Assunto: (um resumo do conteúdo do texto e, se for o caso, as considerações sobre aspectos temáticos – como seu grau de fixidez, por exemplo: Medidas sanitárias de combate à cólera).
4. Data do documento: (Colocar data de redação e, se for o caso, de publicação do documento sob forma de dia – numérico; mês – por extenso; e ano – numérico. Por exemplo: 7 de janeiro de 1862 ou 7 de janeiro de 1862/publicado em 15 de fevereiro de 1862.)
5. Local de origem do documento: (do geral para o específico. Por exemplo: Brasil – Bahia – Feira de Santana).
6. Local de depósito do documento: (identificação do arquivo público/privado. Por exemplo: Fundação Biblioteca Nacional do Rio de Janeiro – Seção de Periódicos – PRc SPR 61 (5) / C2, 4, 15; ou Biblioteca Nacional de Lisboa – Seção de Manuscritos – caixa mss. 224/133).
7. Identificação do autor: (iniciar com o nome completo – se houver, pois em anúncios, por exemplo, muitas vezes não há autoria indicada – e depois todas as informações coletadas sobre o autor do texto, tais como nome, naturalidade – se estrangeiro português ou de outra origem, se brasileiro nato suas possíveis ascendências: branca europeia portuguesa ou outra, africana, indígena. Informações sobre a região em que nasceu/vivia; sobre filiação, profissão, posição social, formação escolar etc. Por exemplo: Antonio Polycarpo Cabral/Brasileiro natural da Bahia/Nascimento: 1789 etc.).
8. Número de palavras: (total de palavras, contadas no Word, por exemplo: 469).
9. Informações levantadas: (considerações, se for o caso, sobre detalhamentos possíveis, por exemplo, de aspectos significativos do *layout*, como, por exemplo, "Os textos na seção rotulada NOTICIAS, neste jornal, encontram-se sempre na 2ª página". As considerações podem ser de outras naturezas, tais como sobre o grau de planejamento textual, a simetria entre emissor/receptor, o registro em que o texto está escrito, ou quaisquer outras informações sobre o lugar do texto na história social da escrita, como, por exemplo, se modelo de norma culta, se exemplar de normas vernáculas etc.).
10. Editor do documento: (nome do membro do PHPB que assina a edição e, se possível, já sob forma de entrada bibliográfica. Por exemplo: CYRINO, Sonia M. Lazzarini; BARRICHELO, Jerusa; PAULA, Flávia Figueiredo de. Cartas não-oficiais – Curitiba, Paraná. Curitiba: Projeto PHPB/PR, 2004, CD-ROM. Cartas familiares ao Sr. José Lourenço. Carta 1.)

O Globo, interessante diario que se publica nesta | côrte, merece a maior attenção do Correio Paulistano, | ao extractar as noticias de cada mala: sobre todas as | questões e redacção se colloca na altura de quem com- | prehende a missão da imprensa, e muito especialmente | na materia, de que se occupam as minhas cartas. || Na presente apontarei um exemplo do que acabo de | affirmar; mas presto um serviço ao Correio recom- | mendando-lhe em geral aquelles illustrados jorna- | listas [...].

Sempre vale destacar, com vistas à formação de membros que partirão para o trabalho em arquivos, a importância da sistematização de informações do cabeçalho para o caráter qualitativo-metodológico do *corpus geral* do qual eles participam. Por exemplo, se para a pesquisa sobre PB é preciso discriminar dados, na listagem que vai informar materiais editados, devem ser discriminados brasileiros realmente identificados e os textos de redatores não identificados. Sem isso, podem ser enviesados dados com portugueses misturados ou com brasileiros de diferentes regiões que, como é praxe na história da escrita, datam e localizam seus textos onde e quando os escreveram, não onde e quando nasceram. Com essa informação preenchida por quem edita os *corpora*, os usuários poderão rodar cálculos juntando e separando *identificados* e *não identificados* e verificar se há ou não interferência dos dados dos textos de *não identificados*.

Como a entrada de materiais em *corpora* linguísticos gerais usa para a dimensão espacial as informações escritas nos documentos, cartas escritas no Rio de Janeiro são testemunhos dos círculos de escritura que incluem o Rio de Janeiro *intra* ou *extra*fronteiras, mas somente se tornam cartas *cariocas* ou cartas *fluminenses* se a naturalidade de cada redator for identificada. Quando um usuário lança mão de *corpora* criados a partir de, e para cobrir questões/objetivos mais específicos, esse problema pode ser minorado ou resolvido. Se um dado *corpus* for construído somente com cariocas identificados e reunindo três ou quatro tradições discursivas manuscritas e/ou impressas bem identificadas em habitualizações observadas em duzentos anos, seus usuários terão um *nirvana* linguístico-histórico. Mas, nesse caso, responderiam a perguntas e observariam diacronias de fenômenos linguísticos somente para a cidade do Rio de Janeiro. Esperar até que várias equipes regionais cheguem a esse *nirvana* para fazer comparações inter-regionais é contraproducente. Por isso, a opção por um *corpus* geral coordenado, como o do PHPB, que vá antecipando recortes mais gerais, é uma opção metodológica para minorar uma história geral do português brasileiro feita com generalizações a partir de dados só de *cariocas*, ou só de *mineiros*, ou só de *baianos*, enfim, pontos sem parelha.

CONSIDERAÇÕES FINAIS

Algumas considerações feitas neste capítulo inicial voltam aprofundadas, complementadas, e mesmo contrastadas, por outras considerações feitas nos demais capítulos. Não poderia ser diferente, pois o desejo de contar com pontos de vista outros sobre implicações positivas, negativas ou sobre lacunas decorrentes das opções metodológicas na construção coordenada de *corpora* é desejo que já vem incutido desde o convite aos autores do volume. É fruto da consciência de que a tradução em capítulos da complexidade de áreas e de visões distintas em colaboração na construção de *corpora* valerá para o caráter de formação de quadros de pesquisadores que venham a construir ou serem usuários de *corpora* de semelhante natureza histórico-diacrônica. Aprofundar, complementar e contrastar pontos abordados neste capítulo inicial é, no fundo, reflexo do avanço das atividades dentro PHPB na fase subsequente à ampliação coordenada do *corpus* agora contemplado na Plataforma e disponível diretamente aos usuários no *corpus mínimo comum* e *corpus diferencial*. O tom bem próximo do da fase "imatura" das equipes originais do PHPB que relatava coisas como "fomos aos arquivos e fizemos assim" é o tom proposital deste capítulo. É o tom de quem se vir incipiente e enfrentar, com o mesmo idealismo, a tarefa de começar a encontrar na Linguística de *Corpus* caráter central ou complementar em sua formação de pesquisador. É o tom para quem quiser encontrar nas reflexões e opções metodológicas do passado do PHPB caminhos para iniciar suas próprias reflexões e opções que aprofundem, complementem e contrastem este capítulo, o volume 2 como um todo, os outros volumes da *História do Português Brasileiro*.

Que este capítulo cumpra seu caráter inspirado nas duas faces do deus latino *Janus*: uma voltada para trás, para o que passou, outra voltada para frente, para o que virá, marcando fins e começos, transições, passagem do tempo. Que os leitores incipientes nas questões dos *corpora* para pesquisas históricas se sintam aqui motivados, com a energia de quem, olhando o ano que passou, começa o ano novo, como se estivessem sempre no mês de *januarius*.

NOTAS

1 A abreviatura *p.p.* no início da notícia deve se tratar da expressão "próximo passado", para se referir ao mês imediatamente anterior à publicação do jornal.

2 Rotulada na página do *corpus* diferencial como *Administração privada XVIII 2 – cartas de mercadores portugueses* conforme critério para manuscritos pessoais de Barbosa (1999).

ANEXO

PLATAFORMA DE *CORPORA* DO PROJETO NACIONAL PHPB: VERSÃO JUNHO DE 2010

I) **Século XVII**: impressos (importados) e manuscritos públicos, privados e literários.

Manuscritos século XVII
Manuscritos na esfera privada *(Em construção)*
Manuscritos na esfera pública

a) Correspondência oficial – cartas pessoais em circulação na esfera administrativa de instituições públicas.
   - PESSOA, Marlos de Barros. *Cartas do século XVII. Corpus* do Projeto Textos Brasileiros do século XVIII. Recife: Universidade Federal de Pernambuco/PHPB, 2004.
   - MARIOTTO, Lia Carolina Prado Alves; TOLEDO NETTO, Sílvio de Almeida (Orgs.). *Documentos do ouro*: *corpus* dos séculos XVII e XVIII. São Paulo: Fapesp, 2004. Informações por tolnet@osite.com.br ou flc@edu.usp.br.

b) Demais documentação oficial – documentação geral da esfera pública – notariais, jurídico, administrativos, relatórios etc.
   - Três inventários (1698-1703), editados em: CARNEIRO, Zenaide Novais; ALMEIDA, Norma Lucia Fernandes de. *Documentos oficiais (século XVII ao XIX)*: inventários, testamentos e declarações (CD-ROM – Prohpor, 2001/Equipe Feira (1997-1998), coordenado por Ilza Ribeiro no âmbito do projeto PHPB-Bahia, fase 1 (1997-1998).

II) **Século XVIII**: impressos (importados) e manuscritos públicos, privados e literários.

Impressos XVIII *(Em construção)*
Manuscritos XVIII

1. Manuscritos na esfera privada

a. Correspondência particular XVIII – cartas pessoais em circulação restrita – família, amigos, colegas etc.
   - Trinta cartas pessoais do Marquês do Lavradio (português, Vice-Rei do Brasil), editadas em: LENNERTZ MARCOTULIO, Leonardo. *A*

preservação das faces e a construção da imagem no discurso político do Marquês do Lavradio: as formas de tratamento como estratégias de atenuação da polidez linguística. Dissertação de Mestrado – Universidade Federal do Rio de Janeiro/Faculdade de Letras/Programa de Pós-Graduação em Letras Vernáculas, 2008. Disponível em: <http://www.dominiopublico.gov.br/pesquisa/DetalheObraForm.do?select_action=&co_obra=136922>. Acesso em: 25 set. 2018.
- Quinze cartas pessoais editadas em: Rumeu, Márcia Cristina de Brito. *Para uma história do português no Brasil*: formas pronominais e nominais de tratamento em cartas setecentistas e oitocentistas. Dissertação de Mestrado – Universidade Federal do Rio de Janeiro/Faculdade de Letras/Programa de Pós-Graduação em Letras Vernáculas, 2004.

b. Correspondência institucional privada XVIII – cartas pessoais em circulação na esfera administrativa de instituições privadas – casas de comércio, pequenas lojas, ordens religiosas fora da máquina pública, irmandades laicas, hospitais, clubes.
  - Vinte e cinco cartas escritas em São Paulo, com alguns redatores brasileiros identificados, editadas e com fac-símile, em: Simões, José da Silva; Kewitz, Verena. Edição das cartas da capitania de São Paulo: Aldeamento de Índios – Século XVIII e XIX. In: Simões, José da Silva; Kewitz, Verena (Eds.). *Cartas paulistas dos séculos XVIII e XIX*: uma contribuição para os *corpora* do PHPB. São Paulo: Humanitas/FFLCH-USP, 2006. CD-ROM.
  - Vinte e quatro cartas escritas em Minas Gerais para dona Clara Felícia Rosa, em: Ramos, Jânia Martins. *Cartas de Clara Felícia Rosa da Silva Botelho* – 1777-1785. Belo Horizonte: Projeto PHPB/MG, 2004. CD-ROM.
  - Documentos da administração privada: transcrição parcial do Livro de Termos da Irmandade do Rosário dos Pretos, Minas Gerais, século XVIII. Material distribuído eletronicamente por ramosjan@zaz.com.br.
  - Cartas de mercadores portugueses escritas no Brasil editadas em: Barbosa, Afranio. *Para uma história do português colonial*: aspectos linguísticos em cartas de comércio. Tese de Doutorado – Universidade Federal do Rio de Janeiro, 1999.

- Cartas de mercadores portugueses escritas em Portugal e cartas de mercadores portugueses escritas no Brasil, editadas em: PALLADINO NETTO, Luiz. *Uma edição de cartas de mercadores portugueses do século XVIII e o uso variável do artigo diante de possessivo.* Tese de Doutorado – Universidade Federal do Rio de Janeiro/ Programa de Pós-Graduação em Letras Vernáculas, 2010.
- MARIOTTO, Lia Carolina Prado Alves; TOLEDO NETTO, Sílvio de Almeida (Orgs.). *Documentos do ouro*: *corpus* dos séculos XVII e XVIII. São Paulo: FFLCH-USP/Fapesp, 2004. CD-ROM. Informações por tolnet@osite.com.br ou flc@edu.usp.br.

c) Demais documentação privada – documentação geral da esfera institucional privada – casas de comércio, pequenas lojas, ordens religiosas fora da máquina pública, irmandades laicas, hospitais, clubes. *(Em construção.)*

2. Manuscritos na esfera pública
   a. Correspondência oficial XVIII – cartas pessoais em circulação na esfera administrativa de instituições públicas.
      - Cento e vinte e seis cartas oficiais escritas na Bahia, em: LOBO, Tânia (Org.). *Cartas baianas setecentistas.* São Paulo: Humanistas, 2001.
      - Cinquenta cartas do século XVIII e cento e setenta do XIX editadas com fac-símile em: FONSECA, Maria Cristina de Assis Pinto. *Cartas oficiais da Paraíba.* João Pessoa: Ideia, 2004; ou em: FONSECA, Maria Cristina de Assis Pinto. *Caracterização linguística de cartas oficiais da Paraíba.* Tese de Doutorado – Universidade Federal de Pernambuco, 2003.
      - Vinte e quatro cartas oficiais escritas no Rio de Janeiro, editadas em: BARBOSA, Afranio. *Para uma história do português colonial*: aspectos linguísticos em cartas de comércio. Tese de Doutorado – Universidade Federal do Rio de Janeiro, 1999.
      - Cartas oficiais escritas em Pernambuco, editadas em: PESSOA, Marlos de Barros; SANTOS, Marcelo Bernardo dos; FONSECA, Ronaldo de Lima. *Cartas do século XVIII. Corpus* do Projeto Textos Brasileiros dos Séculos XVIII. Recife: UFPE/PHPB, 2004.
      - Quarenta cartas pessoais na esfera pública do Marquês do Lavradio (português, Vice-Rei do Brasil) a diversos governadores e outras autoridades coloniais editadas em: LENNERTZ MARCOTULIO, Leonardo.

A preservação das faces e a construção da imagem no discurso político do Marquês do Lavradio: as formas de tratamento como estratégias de atenuação da polidez linguística. Dissertação de Mestrado – Universidade Federal do Rio de Janeiro/Faculdade de Letras/Programa de Pós-Graduação em Letras Vernáculas, 2008. Disponível em: <http://www.dominiopublico.gov.br/pesquisa/DetalheObraForm.do?select_action=&co_obra=136922>. Acesso em: 25 set. 2018.

- Quinze cartas oficiais editadas em: Rumeu, Márcia Cristina de Brito. *Para uma história do português no Brasil*: formas pronominais e nominais de tratamento em cartas setecentistas e oitocentistas. Dissertação de Mestrado – Universidade Federal do Rio de Janeiro/Faculdade de Letras/Programa de Pós-Graduação em Letras Vernáculas, 2004.

b. Demais documentação oficial – documentação geral da esfera pública – notariais, jurídico, administrativos, relatórios etc.
   - Uma devassa escrita na Bahia, em: Lobo, Tânia (Org.). *Cartas baianas setecentistas*. São Paulo: Humanistas, 2001.
   - Nove documentos oficiais (cartas, certidões e relatórios) da Vila de Antonina (Paraná), em: Aguilera, Wanderci de Andrade; Vasconcelos, Celciane Alves (Orgs.). *Scripturae nas Vilas de São Luiz de Goaratatuba e Antonina*: manuscritos setecentistas e oitocentistas. Londrina: Universidade Estadual de Londrina, 2007.
   - Dezesseis documentos oficiais (cartas, certidões e relatórios) da Vila de São Luiz de Goaratuba (Paraná), em: Aguilera, Wanderci de Andrade; Vasconcelos, Celciane Alves (Orgs.). *Scripturae nas Vilas de São Luiz de Goaratatuba e Antonina*: manuscritos setecentistas e oitocentistas. Londrina: Universidade Estadual de Londrina, 2007.
   - Vinte e quatro cartas oficiais e uma certidão da vila de Pernagoa (Paraná), em: Aguilera, Wanderci de Andrade; Vasconcelos, Celciane Alves (Orgs.). *Scripturae nas Vilas de São Luiz de Goaratatuba e Antonina*: manuscritos setecentistas e oitocentistas. Londrina: Universidade Estadual de Londrina, 2007.
   - Requerimentos e outros documentos formulaicos, editados em: Pessoa, Marlos de Barros; Santos, Marcelo Bernardo dos. *Requerimentos – século* xviii. *Corpus* do Projeto Textos Brasileiros dos Séculos xviii. Recife: ufpe/phpb, 2004.

- Três declarações e um testamento (1746-1793), editadas em: Carneiro, Zenaide Novais; Almeida, Norma Lucia Fernandes de. *Documentos oficiais (século XVII ao XIX)*: inventários, testamentos e declarações (CD-ROM – Prohpor, 2001/Equipe Feira (1997-1998), coordenado por Ilza Ribeiro no âmbito do projeto PHPB-Bahia, fase 1.
- Costa, Renata Ferreira. *Edição semidiplomática de* Memória Histórica da Capitania de São Paulo e todos os seus Memoráveis Sucessos desde o anno de 1531 thé o prezente de 1796, *de Manuel Cardoso de Abreu*. Distribuição feita por modolo@usp.br, marcelomodolo@hotmail.com.
- Fernandes, Nathália Reis. *Edição de processos-crimes dos séculos XVIII, XIX e XX*. Distribuição feita por modolo@usp.br, marcelomodolo@hotmail.com

3. Manuscritos na esfera literária
   - Entremezes portuguesas (peças teatrais): <www.letras.ufrj.br/laborhistorico>.

III) Século XIX: impressos e manuscritos públicos, privados e literários.

Impressos XIX

Cartas de leitores

- Cartas impressas em jornais: cartas de leitores de sete cidades brasileiras. Retiradas de: Barbosa, Afranio G.; Lopes, Célia Regina dos S. *Críticas, queixumes e bajulações na imprensa brasileira do séc. XIX*: cartas de leitores. Rio de Janeiro: UFRJ/Pós-Graduação em Letras Vernáculas/Faperj, 2006.

  Citar esse material por autores regionais separados pelos capítulos:

  Capítulo I - Cartas em jornais oitocentistas da Bahia

  Ilza Ribeiro (Salvador).

  Rosa Virgínia Mattos e Silva (Salvador).

  Zenaide Novais Carneiro e Norma Lucia Fernandes de Almeida (Feira de Santana). Dezenove cartas de leitores na imprensa baiana do século XIX com a colaboração de Hilmara Moura; Aldísia Malafaia e Ana Cristina Santos Farias.

  Capítulo II - Cartas em jornais oitocentistas de Minas Gerais

  Jânia Ramos e Mônica Alkmim.

Capítulo III - Cartas em jornais oitocentistas do Paraná
Sônia M. L. Cyrino.
Capítulo IV - Cartas em jornais oitocentistas de Pernambuco
Marlos de Barros Pessoa.
Capítulo V - Cartas em jornais oitocentistas do Rio de Janeiro
Afranio Barbosa, Célia Lopes e Dinah Callou.
Capítulo VI - Cartas em jornais de oitocentistas São Paulo
Ataliba de Castilho, Marcelo Modolo, Marilza de Oliveira e Verena Kewitz.

- Cartas impressas em jornais: cartas de leitores extraídas de jornais de Santa Catarina – Informações com Izete Lehmkuhl Coelho em izete@linhalivre.net ou izete@cce.ufsc.br.

Cartas de redatores/editoriais

- Cartas impressas em jornais: **cartas de redatores** de sete cidades brasileiras. Retiradas de: BARBOSA, Afranio; LOPES, Célia Regina dos S. *Críticas, queixumes e bajulações na imprensa brasileira do séc.XIX*: cartas de leitores e cartas de redatores. Rio de Janeiro: Projeto PHPB-Rio/Faperj 2004. Edição Eletrônica. (Dessa publicação foram retiradas apenas as cartas de redatores. As cartas de leitores serão retiradas de sua publicação em livro revisada por cada equipe regional.)
- Vinte cartas de Christiano Ottoni (artigos-editoriais) publicadas no *Correio Paulistano* (SP), em 1876. Disponível em: <www.letras.ufrj.br/folhetim>. Acesso em: 25 set. 2018. (Ver *corpora*/textos não literários.)
- JUBRAN, Clélia. *Coleta de* corpus *de A Província/O Estado de São Paulo para o PHPB*. Cartas de Leitores e editoriais do século XIX. Distribuição feita por cleliaj@uol.com.br
- MARQUES, Alexandra de Souza. *Editoriais de jornais do século* XIX. Distribuição feita por modolo@usp.br, marcelomodolo@hotmail.com.
- Cartas do redator/editoriais XIX (de jornais cearenses). Disponível em: <www.tradice.ufc.br>. Acesso em: 25 set. 2018.
- Editoriais em: <www.letras.ufrj.br/varport>. (Correspondem a parte do conteúdo do CD *Críticas, queixumes e bajulações...* (2004))

Notícias

- Notícias do *Diario do Rio de Janeiro* (RJ). Disponível em: <www.letras.ufrj.br/folhetim>. Acesso em: 25 set. 2018.
- Notícias do *Jornal do Commercio* (RJ). Disponível em: <www.letras.ufrj.br/folhetim>. Acesso em: 25 set. 2018. (Atualização 2008.)
- Notícias em: <www.letras.ufrj.br/varport>.

Anúncios

Para o III Seminário Nacional do PHPB (Campinas, 1999), as equipes regionais da Bahia, de Minas Gerais, do Paraná, de Pernambuco, do Rio de Janeiro, de Santa Catarina e de São Paulo editaram *corpora* locais com anúncios publicados em jornais brasileiros do século XIX. Todo esse material, totalizando 1.643 anúncios, foi reunido sob forma de capítulos em:

- Carneiro, Zenaide de Oliveira Novais e Almeida, Norma Lucia (Orgs.), 320 anúncios publicados entre 1808-1900, em Guedes, Marymárcia; Berlink, Rosane de Andrade (Orgs.). *E os preços eram commodos...*: anúncios de jornais brasileiros século XIX São Paulo: Humanitas/Universidade de São Paulo, 2000. 465 p. (Série Diachronica: Fontes para a História da Língua Portuguesa, 2).
- Guedes, Marymárcia; Berlink, Rosane de Andrade (Orgs.). *E os preços eram commodos...*: anúncios de jornais brasileiros século XIX São Paulo: Humanitas/FFLCH/USP, 2000. Série Diachronica: Fontes para a História da Língua Portuguesa, 2.
- Anúncios publicitários dos séculos XIX (de jornais cearenses). Disponível em: <www.tradice.ufc.br>. Acesso em: 25 set. 2018.
- Anúncios em www.letras.ufrj.br/varport
- Três edições completas do *Correio Paulistano* (22/08/1854, 05/09/1854 e 02/04/1875), uma edição de *A Província de S. Paulo* (28/01/1875) e uma edição de *O Estado de São Paulo* (20/02/1901) – no total 62.464 palavras – contando com editorial, folhetim, anúncios, cartas de leitores, notícias, entre outros materiais. Em: Costa, Alessandra Castilho Ferreira da. *Tradições discursivas da mídia impressa dos séculos XIX A XXI do português brasileiro*. São Paulo: PHPP/USP, 2009. Distribuição feita por alessandracastilho@gmx.de.

Textos literários: peças, folhetins e crônicas

- Peça "Sangue Limpo" do teatrólogo paulista Paulo Eiró (1836-1871). Edição edição semidiplomática de Vinícius Gonçalves dos Santos baseada na 1ª edição de 1863, a única em vida do autor. Distribuição: Marcelo Módolo <modolo@usp.br> (Universidade de São Paulo).
- 22 folhetins (crônicas) de França Júnior
- 10 crônicas de "Sílvio Sílvia"

Disponíveis em: www.letras.ufrj.br/folhetim (atualização 2008)

Manuscritos XIX

1. Manuscritos na esfera privada

(a) Correspondência particular séc. XIX – cartas pessoais em circulação restrita – família, amigos, colegas etc.

- CARNEIRO, Zenaide de Oliveira Novais. *Cartas brasileiras (1809-1904):* um estudo linguístico-filológico. Tese (Doutorado em Linguística). Campinas: Unicamp, 2005, volumes 1 e 2. (Volume 2.). Acervo: *Cartas para vários destinatários (1809-1904):* edição fac-similada.
- CARNEIRO, Zenaide de Oliveira Novais (Org.). *1. (Vol. 1) Cartas para vários destinatários (1809-1904): edição fac-similada.* Em: Volume 1 de *Cartas brasileiras (1809-2000):* coletânea de fontes para o estudo do português. 1. ed. Feira de Santana: UEFS Editora, 2011. v. 1. 549p.
- CARNEIRO, Zenaide de Oliveira Novais. *Cartas brasileiras (1809-1904)*: um estudo linguístico-filológico. Tese (Doutorado em Linguística). Campinas: Unicamp, 2005, volumes 1 e 2. (Volume 2.). Acervo: *Cartas para Cícero Dantas Martins, Barão de Jeremoabo (1880-1903)*: edição fac-similada.
- CARNEIRO, Zenaide de Oliveira Novais (Org.). *3. (Vol. 1) Cartas para Cícero Dantas Martins, Barão de Jeremoabo (1880-1903):* edição fac-similada. Em: Volume 1 de *Cartas brasileiras (1809-2000):* coletânea de fontes para o estudo do português . Em: Volume 1 de 1. ed. Feira de Santana: UEFS Editora, 2011. v. 1. 755p.

- 79 cartas escritas em São Paulo e no Rio de Janeiro, com redatores brasileiros identificados, editadas e com fac-símile em: Kewitz, Verena. *Edição da correspondência passiva de Washington Luiz - século XIX*. São Paulo: projeto Para a História do Português Brasileiro – Equipe São Paulo/USP, 2005-2006. Em: SIMÕES, José da Silva; KEWITZ, Verena (Eds.). *Cartas paulistas dos séculos XVIII e XIX*: uma contribuição para os *corpora* do PHPB. São Paulo: Humanitas/ FFLCH/USP, 2006. 1 CD-ROM.
- 19 cartas de paulistas identificados, com fac-símile e editadas em: SIMÕES, José da Silva (Org.); MÓDOLO, Marcelo; ROMERO, Nanci. Edição das *Cartas paulistas* da BNRJ. São Paulo: Projeto Para a História do Português Brasileiro – Equipe São Paulo/USP, 2004-2006. Em: SIMÕES, José da Silva; KEWITZ, Verena (Eds.). *Cartas paulistas dos séculos XVIII e XIX*: uma contribuição para os *corpora* do PHPB. São Paulo: Humanitas/FFLCH/USP, 2006. 1 CD-ROM.
- Conjunto de cerca de 200 cartas particulares de enclausuradas no Convento de Santa Clara do Desterro editadas na tese: LOBO, Tânia Conceição Freire (2001). *Para uma sociolinguística histórica do português no Brasil.* Edição filológica e análise linguística de cartas particulares do Recôncavo da Bahia, século XIX. São Paulo: USP.
- 102 cartas pessoais escritas em Minas Gerais. Em: RAMOS, Jânia Martins; ALKMIM, Mônica G. R.; CHAVES, Elaine. *Cartas pessoais do século XIX* – Acervo Histórico Monsenhor Horta. Mariana: Instituto de Ciências Humanas e Sociais – UFOP/Fapemig/Projeto PHPB/MG, 2002, CD-ROM.
- Cartas pessoais recebidas em Recife e diversas procedências, em: PESSOA, Marlos de Barros; SILVA, Marcio José da. *Cartas pessoais do século XIX. Corpus* do Projeto Textos Brasileiros do Século XVIII. Recife: UFPE/ PHPB, 2004.
- Cartas familiares editadas em: CYRINO, Sonia M. Lazzarini; BARRICHELO, Jerusa; PAULA, Flávia Figueiredo de. *Cartas não-oficiais* – Curitiba, Paraná. Curitiba: Projeto PHPB/PR, 2004, CD-ROM. Cartas Familiares ao Sr. José Lourenço.
- Cartas pessoais editadas por Célia Lopres et al. (familiares, noivos, namorados e afins) em: www.letras.ufrj.br/laborhistorico.
- Edição de 41 cartas pessoais manuscritas de Cristiano B. Ottoni e Bárbara B. Ottoni a seus dois netos Christiano e Mizael no período de 1879 a 1889 e reunidas em: www.letras.ufrj.br/laborhistorico.

- Cartas pessoais a Rui Barbosa editadas por Dinah Callou et al. Disponíveis em: www.letras.ufrj.br/PHPB-rj.
- Cartas pessoais da família Pedreira Ferraz-Magalhães editadas por Márcia Cristina de Brito Rumeu em: *A implementação de 'Você' no português brasileiro oitocentista e novecentista*: um estudo de painel. Rio de Janeiro: UFRJ/Faculdade de Letras / Programa de Pós Graduação em Letras Vernáculas, 2008.
- 15 cartas pessoais editadas por Márcia Cristina de Brito Rumeu em: *Para uma história do português no Brasil*: formas pronominais e nominais de tratamento em cartas setecentistas e oitocentistas. Dissertação de Mestrado. Rio de Janeiro: UFRJ/Faculdade de Letras/Programa de Pós Graduação em Letras Vernáculas, 2004.
- MARQUES, Alexandra de Souza. *Correspondências particulares do Fundo Rafael Tobias de Aguiar* editadas, Museu Paulista. Edição de Alexandra de Souza Marques, Supervisão de Marcelo Módolo. Distribuição feita por modolo@usp.br, marcelomodolo@hotmail.com

(b) Correspondência institucional privada séc. XIX – cartas pessoais em circulação na esfera administrativa de instituições privadas – casas de comércio, pequenas lojas, ordens religiosas fora da máquina pública, irmandades laicas, hospitais, clubes.

- Livros Manuscritos de Fazenda (1755-1832). Em processo de edição por Zenaide de Oliveira Novais Carneiro, Mariana Fagundes de Oliveira, Adilson Silva de Jesus e Elaine Brandão Santos (O arquivo do Sobrado do Brejo, da família Pinheiro Canguçu: Livro do Gado e o Livro de Razão (escritos por português Miguel Lourenço, de 1755 a 1785, seu genro, o brasileiro Antônio Pinheiro Pinto, de 1794 a 1822, e seu neto, também brasileiro, Inocêncio Pinheiro Canguçu, de 1822 a 1832).
- 4 cartas escritas em São Paulo, com alguns redatores brasileiros identificados, editadas e com fac-símile em: SIMÕES, José da Silva; KEWITZ, Verena. *Edição das cartas da capitania de São Paulo:* aldeamento de índios - século XVIII e XIX. São Paulo: Projeto para a História do Português Brasileiro – Equipe São Paulo/Universidade de São Paulo, 2005-2006. Em: SIMÕES, José da Silva; KEWITZ, Verena (Eds.). *Cartas paulistas dos séculos XVIII e XIX*: uma contribuição para os *corpora* do PHPB. São Paulo: Humanitas/FFLCH/USP, 2006. 1 CD-ROM.

- Cartas comerciais endereçadas a pequena loja no Paraná editadas em: Cyrino, Sonia M. Lazzarini; Barrichelo, Jerusa; Paula, Flávia Figueiredo de. *Cartas não oficiais* – Curitiba, Paraná. Curitiba: Projeto PHPB/PR, 2004, CD-ROM. Cartas Familiares ao Sr. José Lourenço.

(c) Demais documentação privada séc. XIX – documentação geral da esfera institucional privada – casas de comércio, pequenas lojas, ordens religiosas fora da máquina pública, irmandades laicas, hospitais, clubes.

- Documentação variada de irmandade laica editada em: Oliveira, Klebson. *Textos escritos por africanos e afro-descendentes na Bahia do século XIX*: fontes do nosso latim vulgar? Salvador, 2003. Dissertação (Mestrado em Letras e Linguística) – Programa de Pós-Graduação do Instituto de Letras da Universidade Federal da Bahia, 2003.
- Documentação variada de irmandade laica editada em: Oliveira, Klebson. *Negros e escrita no Brasil do século* XIX: sócio-história, edição filológica de documentos e estudo linguístico. Salvador, 2006. Tese (Doutorado em Letras e Linguística) – Programa de Pós-Graduação do Instituto de Letras da Universidade Federal da Bahia.
- Edição de documentos de administração privada coordenada por Ilza Maria de Oliveira Ribeiro – *Cartas do Rosário dos Pretos do Pelourinho – Bahia, século XIX*, colaboração de Ana Cristina Farias, Vanesca Bispo, Soraia Rebouças, Maria Margareth Costa. Material distribuído eletronicamente por ilzaribeiro@e-net.com.br.
- Edição de documentos, em sua maioria cartas, da administração privada do Hospital da Santa Casa da Misericórdia da Bahia. Trabalho coordenado por Ilza Maria de Oliveira Ribeiro. Material distribuído eletronicamente por ilzaribeiro@e-net.com.br.

2. Manuscritos na esfera pública séc. XIX

(a) Correspondência oficial séc. XIX – cartas pessoais em circulação na esfera administrativa de instituições públicas.

- Carneiro, Zenaide de Oliveira Novais (Org.). *2. (Vol. 1) Cartas para Severino Vieira, governador da Bahia (1901-1902):* edição facsimilada. Em: Volume 1 de Cartas brasileiras (1809-2000): coletânea de fontes para o estudo do português. 1. ed. Feira de Santana: UEFS Editora, 2011. v. 1.

- Cartas oficiais editadas com fac-símile em *Cartas oficiais da Paraíba*. João Pessoa: Ideia, 2004, 186 p. il., de Maria Cristina de Assis Pinto Fonseca; ou na Tese *Caracterização linguística de cartas oficiais da Paraíba*, 2003, de Maria Cristina de Assis Pinto Fonseca (UFPE) – 50 cartas do séc. XVIII e 170 do XIX.
- 15 cartas oficiais editadas por Márcia Cristina de Brito Rumeu em: *Para uma história do português no Brasil:* formas pronominais e nominais de tratamento em cartas setecentistas e oitocentistas. Dissertação de Mestrado. Rio de Janeiro: UFRJ/Faculdade de Letras / Programa de Pós Graduação em Letras Vernáculas, 2004.

(b) Demais documentação oficial séc. XIX – documentação geral da esfera pública – notariais, jurídico, administrativos, relatórios etc.

- 5 documentos oficiais (cartas, certidões e relatórios) da Vila de Atonina – Paraná – em: AGUILERA, Wanderci de Andrade; VASCONCELOS, Celciane Alves (Orgs.). *Scripturae nas Vilas de São Luiz de Goaratatuba e Antonina*: manuscritos setecentistas e oitocentistas. Londrina: Universidade Estadual de Londrina, 2007.
- 10 testamentos, 2 declarações com teor de testamento e 3 inventários (1802-1881), editadas por Zenaide de Oliveira Novais Carneiro e por Norma Lucia Fernandes de Almeida como parte de um conjunto de *documentos oficiais (século XVII ao XIX)*: inventários, testamentos e declarações (cd-rom - Prohpor, 2001/Equipe Feira, coordenada por Ilza Ribeiro no âmbito do projeto PHPB-Bahia, equipe Feira, fase 1 (1997-1998).

(c) Demais documentação oficial – documentação geral da esfera pública – notariais, jurídico, administrativos, relatórios etc.

- "Autos de querela", século XIX. Edição semidiplomática (Documentos do Arquivo Público do Ceará). Informações www.tradice.ufc.br.
- FERNANDES, Nathália Reis. Edição de Processos Crimes dos Séculos XVIII, XIX e XX. Distribuição feita por modolo@usp.br, marcelomodolo@hotmail.com.

3. Manuscritos na esfera literária

- Entremezes portuguesas (peças teatrais): www.letras.ufrj.br/laborhistorico

IV) Século XX: impressos e manuscritos públicos, privados e literários.

Impressos séc. XX

- CARNEIRO, Zenaide de Oliveira Novais; OLIVEIRA, Mariana Fagundes de (Orgs.) 1. Cartas de leitores e redatores em o Progresso e na Folha do Norte (1908-1997). Em: *Publica-se em Feira de Santana* (1908-2006). 1. ed. Feira de Santana: UEFS Editora, 2012. v. 1. 221p.
- Cartas impressas em jornais: cartas de leitores extraídas de jornais de Santa Catarina – Informações com Izete Lehmkuhl Coelho em izete@linhalivre.net ou izete@cce.ufsc.br.
- Cartas do redator/editoriais XX (de jornais cearenses). Informações www.tradice.ufc.br.
- CARNEIRO, Zenaide de Oliveira Novais; OLIVEIRA, Mariana Fagundes de (Orgs.). CD-ROM 2. Anúncios na Folha do Norte (1910-2006). Em: *Publica-se em Feira de Santana (1908-2006)*. 1. ed. Feira de Santana: UEFS Editora, 2012. v. 1. 224p.
- SEGUNDO, Paulo Roberto Gonçalves. *Editoriais da imprensa paulistana de bairro, séculos XX e XXI*. Distribuição feita por modolo@usp.br, marcelomodolo@hotmail.com ou paulosegundo@uol.com.br
- COSTA, Alessandra Castilho Ferreira da. Textos jornalísticos. Edições de *O Estado de São Paulo* (1901, 1931, 1961 e 1991) e Edições do *Correio Paulistano* (1901, 1931 e 1961). Distribuição feita por alessandracastilho@gmx.de
- JUBRAN, Clélia. Coleta de *corpus* de *A Província/ O Estado de São Paulo* para o PHPP. Cartas de Leitores e editoriais do século XX. Distribuição feita por cleliaj@uol.com.br
- Anúncios publicitários do século XX (de jornais cearenses). Informações www.tradice.ufc.br

- Anúncios em www.letras.ufrj.br/varport
- Editoriais em www.letras.ufrj.br/varport
- Notícias em www.letras.ufrj.br/varport

Manuscritos séc. XX
(a) Correspondência particular séc. XX – cartas pessoais em circulação restrita – família, amigos, colegas etc.

- Cartas pessoais séc. XX editadas por Célia Lopres et al. (familiares, noivos, namorados e afins) em: www.letras.ufrj.br/laborhistorico.
- Cartas pessoais da família Pedreira Ferraz-Magalhães editadas por Márcia Cristina de Brito Rumeu em: *A implementação de 'Você' no português brasileiro oitocentista e novecentista*: um estudo de painel. Tese de Doutorado UFRJ/Faculdade de Letras / Programa de Pós Graduação em Letras Vernáculas, 2008.
- Cartas pessoais da Bahia editadas por Ana Sartori Granda em: *Cartas de amor na Bahia do século XX*: normas linguísticas, práticas de letramento e tradições do discurso epistolar. Dissertação de Mestrado UFBA/Instituto de Letras / Programa de Pós-graduação em Letras e Linguística.
- Carneiro, Zenaide de Oliveira Novais; Oliveira, Mariana Fagundes de; Almeida, N. L. F. (Orgs.). *v 2 (1902-1993)/ Cartas brasileiras (1809-2000): coletânea de fontes para o estudo do português.* 1. ed. Feria de Santana: UEFS Editora, 2011.
- Carneiro, Zenaide de Oliveira Novais (Org.).; Lisboa, Marta Carvalho Ferreira (Org.); Cruz, Mônica Araújo (Org.); Cerqueira, Denise Branco (Org.); Leite, Eliane Santos (Org.). *1. (Vol. 2) Cartas do acervo Dantas Jr. (1902-1962):* edição fac-similada. Em: Volume 2 de *Cartas brasileiras (1809-2000)*: coletânea de fontes para o estudo do português. 1. ed. Feira de Santana: UEFS Editora, 2011. v. 1. 437p.
- Carneiro, Zenaide de Oliveira Novais; Santos, Maria Rosane Passos dos; Batista, Priscila Starline Estrela Tuy; Mascarenhas, Anderléia de Jesus (Orgs.). *2. (Vol. 2) Cartas baianas (1911-1958):* o acervo do João da Costa Pinto Victorio. Em: Volume 2 de *Cartas brasileiras (1809-2000)*: coletânea de fontes para o estudo do português. 1. ed. Feira de Santana: UEFS Editora, 2011. v. 1. 301p.

- Carneiro, Zenaide de Oliveira Novais; Santiago, Huda da Silva; Oliveira, K. (Orgs.) *3 (1906-2000)/Cartas brasileiras (1809-2000):* coletânea de fontes para o estudo do português – V. 3. 1. ed. Feira de Santana: UEFS Editora, 2011.

(b) Correspondência institucional privada séc. XX – cartas pessoais em circulação na esfera administrativa de instituições privadas – casas de comércio, pequenas lojas, ordens religiosas fora da máquina pública, irmandades laicas, hospitais, clubes. (Em construção)

(c) Demais documentação privada séc. XX – documentação geral da esfera institucional privada – casas de comércio, pequenas lojas, ordens religiosas fora da máquina pública, irmandades laicas, hospitais, clubes.

- Prontuários médicos não formulaicos, memorandos, anotações e avaliações médicas, cartas pessoais, dentre outros materiais da primeira metade do século XX editados por Maria Célia Lima-Hernandes (FFLCH-USP). Distribuição: mceliah@usp.br.

(d) Demais documentação oficial – documentação geral da esfera pública – notariais, jurídico, administrativos, relatórios etc.

- Fernandes, Nathália Reis. Edição de processos-crimes dos séculos XVIII, XIX e XX. Distribuição feita por modolo@usp.br, marcelomodolo@hotmail.com.

EXPERIÊNCIAS METODOLÓGICAS EM CONSTITUIÇÃO DE *CORPORA*: PISTAS PARA UM PESQUISADOR INICIANTE

Alexandre Xavier Lima
Leonardo Lennertz Marcotulio
Márcia Cristina de Brito Rumeu

SUMÁRIO

APRESENTAÇÃO

Refletir sobre a relação entre o tema de investigação linguística e as fontes documentais disponíveis nos arquivos conduz o linguista-pesquisador por duas possibilidades de encaminhamento da pesquisa. Uma primeira opção seria a *exploração livre* de uma determinada documentação remanescente de um dado período da história de uma língua, de modo a observar as potencialidades do material e, a partir daí, determinar um objeto de estudo a ser investigado. Por outro lado, uma vez munido de um tema linguístico específico a ser investigado, prossegue o linguista, no interior dos arquivos, a busca pela documentação específica que, por sua vez, está correlacionada às questões teóricas previamente por ele levantadas.

Seguiremos e perseguiremos, neste capítulo, essa segunda possibilidade de encaminhamento de trabalhos científicos no âmbito da Sociolinguística Histórica. Com um tema de analise linguística em mente, uma primeira questão precisa ser resolvida: em que material estudar o fenômeno escolhido? É nesse momento que devemos proceder a uma coleta por documentação remanescente em arquivos. Antes de realizar a busca, o pesquisador deve, no entanto, atentar a uma série de questões metodológicas:

1. Que perguntas prévias temos de fazer antes de buscar o material?
2. Que tipo de material buscar? Em que tipo de acervo pode ser encontrado?
3. A busca do material é direcionada por questões impostas pela natureza do fenômeno linguístico?
4. Uma vez decidido o arquivo a ser explorado, como proceder à busca do material que constituirá o *corpus*? A busca será on-line e/ou presencial? Qual é o alcance e limitação de cada busca?
5. Que critérios serão utilizados para a busca? Que instrumentos estão disponíveis no acervo (on-line e *in loco*)? Em outras palavras, qual é o grau de informatividade sistematizada?
6. Como recuperar a informação não sistematizada?
7. No caso de pesquisas *in loco*, que importância pode ser atribuída aos recursos humanos disponibilizados no acervo?
8. Como entender o nosso próprio material? Como transformar o material coletado em *corpus* para a pesquisa científica? Que critérios utilizar na seleção/recorte do material?

9. Como resgatar os perfis sociais dos nossos informantes? Que informações já estão disponíveis no próprio documento e/ou nos instrumentos do acervo?
10. Em função de nossas questões pessoais, tais informações são suficientes? Se não, como recuperar informações de natureza social?

Trataremos neste capítulo de algumas dessas perguntas a partir do compartilhamento de experiências por nós vivenciadas e levantaremos questões relevantes ao percurso da investigação, destacando problemas encontrados e decisões tomadas. O nosso objetivo não é, no entanto, oferecer ao pesquisador iniciante uma cartilha ou um passo a passo do fazer científico na constituição de *corpora*. Já estaremos satisfeitos se uma ou algumas das questões levantadas tenham sido relevantes para o leitor. Pretendemos, assim, contribuir para a otimização do trabalho de quem inicia uma pesquisa em arquivos, constituindo um *corpus* para a sua investigação. Para tanto, iniciaremos com a apresentação de nossa experiência com impressos, passando, posteriormente, às questões metodológicas que guiaram o nosso trabalho com textos manuscritos, mais especificamente, versando sobre o gênero epistolar.

A EXPERIÊNCIA COM IMPRESSOS

O trabalho com *impressos* deve ser o resultado de decisões previamente traçadas no projeto de pesquisa. A escolha do material só é válida se for a melhor opção para responder às questões suscitadas pelo pesquisador. Dirigir-se ao acervo com esse primeiro recorte permite, dentre outras vantagens, a otimização do tempo. Num acervo como o da Fundação Biblioteca Nacional do Rio de Janeiro (FBN), por exemplo, os documentos manuscritos ficam separados dos documentos impressos, o que já encaminha a busca numa determinada seção da biblioteca. Por isso, antes de iniciar o trabalho nos acervos, o pesquisador precisa ter predefinidos alguns pontos importantes do seu trabalho, como tema, objeto, objetivo, hipótese, justificativa etc. Quem opta por trabalhar com impressos na FBN, por exemplo, ainda deve escolher se trabalhará com periódicos, livros antigos ou livros do século XX em diante, pois existem seções específicas para cada escolha (Periódico, Obras Raras e Catálogo Geral, respectivamente).

A rotina do pesquisador subordina-se à disponibilidade do acervo. Algumas seções da FBN possuem atendimento ao público em horários específicos. Geralmente, as bibliotecas funcionam em horário comercial, durante a semana. Todavia, algumas bibliotecas funcionam também à noite, outras, aos sábados. Há bibliotecas que exigem o agendamento da visita por e-mail, como é o caso da Fundação Casa de Rui Barbosa, também sediada na cidade do Rio de Janeiro. Outras exigem a realização de cadastro, como ocorre na Biblioteca Nacional de Lisboa e na Biblioteca da Academia Brasileira de Letras. Quem trabalha com cartas manuscritas no Rio de Janeiro pode dividir o tempo de investigação entre a FBN e o Arquivo Nacional, por exemplo. Já quem trabalha com periódicos no Rio de Janeiro terá que concentrar sua busca na FBN. Atualmente, tais instituições dispõem de acervo digital. Assim, muitas obras já podem ser consultadas pela internet, o que facilita a logística do pesquisador.

Lima (2014), ao estudar a norma gráfica prescrita e a norma gráfica praticada dos oitocentos, adotou como critério de busca os textos impressos, veiculados em livros (gramáticas) e em periódicos. A amplitude dessa escolha justifica-se pelo fato de o autor querer comparar dois tipos de normas (praticada e predicada)[1] e a influência de cada uma delas no processo de elaboração da norma gráfica da língua portuguesa. No entanto, nada impede que um pesquisador escolha apenas um veículo. Esse mesmo autor, em trabalho anterior, optou por apenas um veículo (jornal), quando seu objetivo era identificar material modelar de erudição gráfica objetiva para o século XIX (Lima, 2010). Nos dois trabalhos está implícita a questão a respeito do que é considerado modelar para a época, ou seja: qual seria o texto que ditava subjetiva ou objetivamente um modelo gráfico de escrita para os redatores considerados eruditos no século XIX?

Outro ponto, não menos importante, é a clarividente consciência do pesquisador no que se refere à(s) variedade(s) do português (português europeu, português brasileiro) com a(s) qual(is) pretende trabalhar. Resultado também das intenções da pesquisa, essa escolha define em quais acervos se concentrará o trabalho. Lima (2014), após investigar em acervos brasileiros a norma gráfica da variedade brasileira, praticada nos periódicos e prescrita nas gramáticas, iniciou o trabalho com a variedade europeia, estudando gramáticas portuguesas do Centro de Linguística da Universidade de Lisboa e da Biblioteca da Faculdade de Letras, também da Universidade de Lisboa. Assim pôde verificar qual *norma predicada* (brasileira ou europeia) mais se aproximava da prática gráfica brasileira. Lima levantou periódicos portugueses conservados em microfilmes na Biblioteca Nacional de Lisboa. Nessa cidade também é possível pesquisar periódicos na Hemeroteca de Lisboa. Embora o trabalho tenha se concentrado em Lisboa, há outros acervos pelo país com jornais regionais. No caso de Évora, além da Biblioteca de Évora, o pesquisador pode visitar o acervo do próprio jornal. Um trabalho que leve em conta essas variedades regionais de Portugal exige a organização do pesquisador para que seja possível cumprir quase sempre em tempo limitado as etapas de cada acervo.

Além da predefinição da pesquisa, é fundamental o estudo do tema antes da visita ao acervo. O estudo pode fornecer pistas sobre onde procurar a documentação. Além disso, torna o olhar do pesquisador mais apurado em relação ao objeto de investigação. Assim, poderá identificar na documentação aspectos que já foram descritos por outros pesquisadores, bem como aspectos que não foram sistematizados ou que relativizam afirmações anteriores. É o caso do rótulo *folhetim*, indicado na literatura como termo que teria evoluído de seção de miscelâneas ao gênero *romance-folhetim* (Meyer, 1996). No entanto, ainda no final do século XIX, encontramos todas as acepções coexistentes, sobretudo com o significado de *crônica*.

Pelo menos três frentes de estudo podem ser estabelecidas: (1) Objeto; (2) Gênero; e (3) Período. Ao estudar a ortografia portuguesa do século XIX, Lima (2014) compreendeu que havia uma *exacerbação etimológica.*[2] As realizações etimológicas variavam com formas não etimológicas. Do mesmo modo, segundo M. F. Gonçalves (2003), as ideias ortográficas, tanto foneticizantes quanto etimologizantes, encontravam defensores e críticos nesse período. Desse processo de elaboração de norma gráfica é que emanam as questões de Lima (2014): se ainda não havia uma norma uniforme, o que de fato era utilizado pelos jornais? O que os gramáticos apontavam como norma? As respostas dessas questões já direcionam a escolha dos textos impressos que formam os *corpora:* jornais e gramáticas.

Dos periódicos diários interessaram à pesquisa as notícias e os folhetins, vinculados à primeira página do jornal. Esses gêneros discursivos permitiriam analisar a oposição entre textos não literários (notícias) e textos literários (folhetins), assim como textos menos autorais (notícias) e textos mais autorais (folhetins). Dessa forma, poderíamos verificar se havia aplicações de normas específicas motivadas por essas distinções da documentação. A escolha por jornais considera a relevância que esse veículo possuía no século XIX. Com o fim da proibição da imprensa brasileira no início do século, centenas de jornais surgiram em terras brasileiras, defendendo e combatendo ideologias, e, principalmente, difundindo valores, dentre eles, a erudição escrita. O periódico *Gazeta de Noticias*, por exemplo, no final da década de 1870 possuía uma tiragem diária de 18 mil exemplares, sinal de que era muito popular na época, uma vez que os índices de alfabetização eram muito baixos. Se o veículo era realmente popular, as chances de ser um modelo objetivo de escrita eram consideráveis.

Por outro lado, havia um grupo de professores (autodidatas) nesse período que procurava atualizar os estudos da língua e adaptá-los à realidade do ensino brasileiro. É esse o perfil dos gramáticos dos últimos 30 anos do século XIX. Entre as gramáticas filosóficas e as científicas[3] havia pelo menos um ponto de contato: as inconsistências das prescrições gráficas. Embora soubessem da limitação das prescrições, apresentavam suas propostas ortográficas. O estudo de Lima (2014) antes do acervo foi identificar na literatura quais as principais gramáticas do período e a qual corrente (filosófica ou científica) representavam, bem como a sua repercussão nas principais instituições de ensino da época.

O estudo do contexto histórico complementa as frentes de estudo anteriores, pois se os textos possuem funções sociopragmáticas, temos de compreender não só os recursos linguísticos empregados para atingir os fins desejados, como também os atores que participam desse processo e os fatos históricos que os motivam. Para Lima (2014), interessou o período em que se intensificam as disputas ortográficas. Esse período coincidiu com o momento de maior instabilidade política no Brasil. O sistema político monárquico do Segundo Reinado perdia o apoio dos cafeicultores do Vale do Paraíba, em decadência. A contenção das revoltas das décadas de 1840 e 1850 e a Guerra do Paraguai deixaram o império fragilizado economicamente. O único setor beneficiado foi o Exército. Vitorioso nos combates, ganhou força política. Na grave instabilidade dos ministérios, buscavam espaço aristocratas decadentes e burgueses sem condições suficientes de orquestrar a industrialização brasileira. Cabia aos jornais promover as ideologias de conservadores e liberais.

Essa etapa de estudo se completa no acervo (biblioteca), onde é possível encontrar revistas, livros, dicionários e enciclopédias que enriqueçam o olhar sobre a documentação que vai sendo encontrada através dos critérios estabelecidos antes da visita ao acervo. Foi o que Lima (2014) pesquisou na Biblioteca Nacional de Lisboa (Portugal). À medida que localizava algum folhetim, buscava na própria biblioteca informações sobre o autor, desde verbetes em dicionário bibliográfico até livros e coletâneas produzidas pelo mesmo autor.

Atualmente a maioria dos acervos dispõe de catálogo on-line. Isso significa que é possível iniciar a busca sem sair de casa. No catálogo on-line da FBN é possível, por exemplo, levantar todos os jornais brasileiros do século XIX e o período em que foram publicados. No entanto, quem trabalha com jornais está geralmente interessado em uma seção em específico. Caso não esteja disponível no acervo digital, apenas com a visita presencial o pesquisador poderá concluir o levantamento. Há catálogos que só podem ser acessados na própria seção da biblioteca. Um conjunto de cartas públicas de Cristiano Ottoni foram localizadas na seção de manuscritos da FBN, através de um banco de dados off-line, na época. Além disso, tanto a seção de Obras Raras quanto a seção Catálogo Geral possuem armários com fichas catalográficas. Em tese, todas as fichas estariam também on-line, porém quando Lima (2010) realizou busca on-line com a palavra "folhetim" não conseguiu localizar a coletânea de *Folhetins* de França Junior publicada em 1878. Esse livro só foi encontrado nas fichas de entradas anteriores à década de 1980.

Ao ter contato com a documentação, o pesquisador precisa reconhecer a relevância, a qualidade e a extensão do material analisado. Em primeiro lugar, é preciso saber se determinado documento tem alguma relevância histórica. A escolha dos folhetins de Joaquim José da França Junior (1835-1890) seguiu essa orientação. França Junior era um autor muito popular nos jornais e no teatro. Ele fez dos jornais um palco semelhante ao utilizado por suas peças que pintavam os tipos da sociedade fluminense, comparando a "nobre aristocracia" e a "cômica burguesia". Em segundo lugar, é importante que o documento esteja em boas condições de leitura, o que nem sempre acontece, pois o papel utilizado para a confecção do jornal era de baixa qualidade. Seções como a dos folhetins, que ficavam nas extremidades da página, quase sempre se perdiam. Nesses casos, o cuidado filológico recomenda que se transcreva, sinalizando a lacuna em que o texto aparece ilegível. No entanto, se a maior parte do texto estiver ilegível, não se poderá tecer comentários linguísticos sobre o material. Em terceiro lugar, convém certificar-se de que a documentação está completa. Essa observação não parece ser muito importante quando o documento é uma carta composta por apenas um único fólio. No entanto, quando se trabalha com folhetim impresso, em que a publicação é seriada, é no mínimo prudente verificar se o folhetim está completo para que a possível edição não fique comprometida com a ausência de um capítulo.

Concomitante à atividade de localização (considerando relevância, qualidade e extensão), temos a identificação de informações que ajudam a compreender a prática de escritura da época ou que apontam para outros textos da mesma rede de leituras. Nas gramáticas, por exemplo, o número da edição revela a repercussão do manual na época; a cidade, o ano de publicação e nomes das instituições de ensino (nas primeiras páginas do livro) indicam a que público destinava-se o material. Alusões e críticas a outros gramáticos da época também recriam as redes sociais de leitura. O gramático Alfredo Gomes algumas vezes retoma a gramática de Julio Ribeiro e propõe outras soluções. É o que acontece em relação ao uso do grafema <ch>, de <sachristia>, para representar o fonema consonantal /k/. Alfredo Gomes rejeita a ideia de Julio Ribeiro de usar o grafema <kh> nesses casos, preferindo o grafema anterior, enquanto Julio Ribeiro opta por essa representação, sob influência de autores europeus, para evitar a ambiguidade. É também Julio Ribeiro (década de 1880) que se refere ao periódico *Gazeta de Noticias* (1878), ao fazer alusão a um artigo que discutia a grafação de <h> no constituinte final das mesóclises. Portanto, não só os leitores comuns, mas os gramáticos também liam a *Gazeta de Noticias*. Nesse periódico, antes da localização dos folhetins de França Junior, Lima (2010) encontrou propaganda a respeito de uma coletânea com cinco folhetins de França Junior Encontrou também uma nota do editor se desculpando com o público pelo fato de o folhetinista não escrever naquela quarta-feira por motivo de doença. Enfim, o próprio veículo pode fornecer informações sobre o material que o pesquisador procura.

É objetivo de muitas pesquisas editar os textos que formam o *corpus*. A boa edição é a que serve não só para quem a fez, mas também para qualquer outro pesquisador que resolva trabalhar com o mesmo *corpus*. O PHPB tem recomendado a edição semidiplomática, em função de seu caráter conservador, pois a fidelidade ao original permite descrever com mais exatidão as normas de determinada sincronia. Para Lima (2014), fidelidade ao original é imprescindível, pois trabalha com a grafia de impressos. Uma edição que desconsidera a importância da grafia das palavras não serve para esse e muitos outros trabalhos. No entanto, dependendo dos fins da edição, convém atualizar a grafia. Foi o que Cafezeiro (1980) fez com as peças de teatro de França Junior. Cafezeiro queria devolvê-las ao Serviço Nacional de Teatro a fim de que fossem utilizadas no teatro. A grafia atualizada com certeza facilitaria a leitura dos atores. Todavia, esse editor tomou o cuidado de anotar no prefácio todas as atualizações gráficas que realizou na edição. César Cambraia tem sugerido em encontros do PHPB que se faça pelo menos duas edições do *corpus*: uma de acordo com as necessidades da pesquisa do editor e outra de acordo com os padrões do PHPB, a fim de que sirva a outros pesquisadores.

A utilização de *corpus* para o trabalho linguístico pressupõe a conclusão do trabalho no acervo. Ler esses textos, levantar e interpretar dados devem ser atividades tão criteriosas quanto os procedimentos executados no acervo. Um dos cuidados deve ser com a interpretação que se faz de textos de outras épocas. Os textos devem ser interpretados sem que se desconsidere a visão de mundo do período de sua produção. Essa habilidade é desenvolvida durante o trabalho no acervo. Para o século XIX, por exemplo, é preciso respeitar o que entendiam por "literário", tão importante para as pesquisas históricas. Segundo Morais e Silva (1789: 231), é o "*que respeita ás lettras, sciencias, estudos, erudições*". Enfim, qualquer trabalho escrito realizado por "*homens doutos*". Essa definição não coincide exatamente com que entendemos hoje em dia. O pesquisador precisa ter esse cuidado, caso contrário pode catalogar muitos textos como não literários para os leitores de hoje em dia, mas considerados literários na época. Outro cuidado deve-se ter com formas textuais ou maneiras particulares de escrever que possuem valor de signo próprio, ou seja, com as Tradições Discursivas (Kabatek, 2006b: 7). Há algumas fórmulas textuais que são evocadas na constituição do texto, garantindo o sucesso do empreendimento discursivo (Lima, 2014). São carregadas de valor histórico, mas não correspondem necessariamente à realidade linguística em que aparecem. Portanto, o olhar do pesquisador deve ser transcendente: parte de suas próprias experiências e conhecimento linguísticos, mas considera a realidade do período estudado e as diversas realidades anteriores ao período estudado.

A EXPERIÊNCIA COM MANUSCRITOS

Apresentamos, agora, as experiências metodológicas com textos manuscritos relativas a dois estudos realizados sobre as formas de tratamento na história do português: Marcotulio (2010) e Rumeu (2013). Ainda que sobre o mesmo fenômeno linguístico (as formas de referência à 2ª pessoa do discurso), devido à especificidade das questões levantadas, esses estudos seguem passos metodológicos distintos, que serão comentados a seguir. Resgataremos aqui não só as questões já apresentadas nas obras citadas, mas também os bastidores do processo de elaboração dos trabalhos. Pretendemos deixar claro que as problematizações específicas de cada pesquisa foram tomando corpo ao longo do processo de contato com o material encontrado.

O trabalho que culmina em Marcotulio (2010) tem como ponto de partida o objetivo de estudar as formas de tratamento em algum estágio da história do português, o mais recuado possível, no âmbito de um projeto de pesquisa que se interessava por investigar os rearranjos operados no quadro das formas de tratamento da 2ª pessoa do singular na história do português brasileiro. Nesse caso, a natureza do fenômeno linguístico condicionou o tipo de material a ser procurado que, por sua vez, condicionou o tipo de acervo a ser explorado.

Encontrar formas de tratamento em textos escritos pressupôs, de início, encontrar materiais que apresentassem uma natureza mais dialógica e interativa, o que fez com que o vasto repertório textual se restringisse a dois tipos de gêneros específicos: cartas ou peças teatrais. De modo a evitar a problemática que os textos literários podem trazer para os estudos de história da língua, uma vez que não se trabalha com amostras reais de língua, o autor optou pelo gênero carta. Novamente, um novo recorte precisou ser feito. Com que tipo de cartas trabalhar? Como, num primeiro momento, o objetivo era contemplar um maior número de estratégias possíveis em algum estilo de escrita que pudesse entremostrar de forma mais satisfatória o tão buscado "vernáculo", Marcotulio escolheu as cartas pessoais, sobretudo as trocadas entre amigos e membros de uma mesma família. Decidido o tipo de material a ser procurado, o passo seguinte foi decidir o tipo de acervo a investigar. Entre o acervo disponível no Arquivo Nacional (AN) e o da FBN, decidiu-se pelo primeiro por acreditar que haveria maior disponibilidade de textos epistolares manuscritos do século XVIII ou inícios do XIX.

Estavam, assim, formalizadas as questões-gatilho da investigação: como as pessoas se tratavam em estágios mais pretéritos da história do português? Como as cartas pessoais poderiam iluminar essa questão? Com as perguntas iniciais em mente, procedeu-se à investigação *in loco* no AN, já que, na altura da investigação, as ferramentas disponíveis para a busca on-line ainda não se encontravam elaboradas tal como hoje em dia.

As primeiras visitas ao AN serviram para que o autor se familiarizasse com os instrumentos de pesquisa: uma estante repleta de encadernações organizadas pelo tipo de material conservado e um armário com inúmeras fichas organizadas por eixos temáticos. Nesse primeiro momento, o auxílio dos funcionários do AN – recursos humanos disponíveis – foi fundamental. Após comentar com os funcionários o tema da pesquisa a ser realizada, a pesquisa pôde ser direcionada em alguns instrumentos específicos. A busca por cartas pessoais mais familiares de pessoas comuns durante o século XVIII ou começos do XIX representaria um problema, uma vez que os instrumentos disponíveis apontavam, na maioria dos casos, para agrupamentos documentais em torno a alguma figura representativa da sociedade brasileira. Cartas pessoais poderiam constar, segundo os funcionários do AN, como parte de algum outro instrumento (processos judiciais, inventários, testamentos etc.).

Uma solução mais imediata seria trabalhar com o material de algum personagem ilustre. Dentre estes, havia um catálogo de documentos relacionados a um personagem português de destaque na história do Brasil: o marquês do Lavradio, vice-rei do Brasil no terceiro quartel do século XVIII. O *Fundo Marquês do Lavradio*,[4] que pertencia ao historiador Marcos Carneiro de Mendonça e que havia sido doado pela Academia Brasileira de Letras ao AN, apresentava a vantagem de se encontrar totalmente microfilmado. No que se refere à informação sistematizada, foi possível verificar que esse fundo guardava uma série de documentos, a saber: correspondências ativas, correspondências passivas, correspondências de terceiros, contabilidade, documentos sobre o desenvolvimento agromanufatureiro, a demarcação e defesa de fronteiras, a legislação, o recenseamento e, por fim, a fiscalização de navegação; além desses documentos, o fundo também contava com dois códices[5] contendo 139 cartas escritas na Bahia, na condição de governador e capitão-general, e 418 cartas escritas no Rio de Janeiro, já na posição de vice-rei do Brasil.

Essas eram todas as informações que constavam da descrição do fundo. A existência de cartas – passivas, ativas, escritas na Bahia e no Rio de Janeiro – já era um bom começo. O passo seguinte foi, exatamente, consultar o material com o intuito de verificar a sua viabilidade para o estudo, isto é, se haveria ou não cartas consideradas pessoais. Como todo o *Fundo Marquês do Lavradio* se encontrava microfilmado, não foi possível obter autorização para consultar os manuscritos que, por questões de preservação, não poderiam ser solicitados pelos utentes do AN. Além disso, as cartas escritas na Bahia e no Rio de Janeiro, por já terem sido transcritas, editadas e publicadas pelo Arquivo Nacional e pelo Instituto Nacional do Livro[6] não poderiam nem mesmo ser consultadas a partir do microfilme. Com o espanto dos funcionários quanto à solicitação, percebeu-se, nesse momento, que tal fato não era muito comum. Por que alguém consultaria o microfilme de cartas que já foram editadas e disponibilizadas? Após explicar o desejo de verificar que tipo de edição foi realizada e se esta conferia com o original, nos moldes de um trabalho filológico rigoroso, foi possível o acesso aos microfilmes. Uma primeira análise do material revelou um interessante conjunto de textos epistolares escritos pelo marquês do Lavradio a diferentes membros da máquina administrativa colonial luso-brasileira e a alguns amigos e membros de sua família.

Encontrar um material dessa natureza representava aspectos positivos e outros a serem reconsiderados. Por um lado, um acervo epistolar de um ilustre escrevendo a membros de maior intimidade (amigos e familiares) no século XVIII constitui uma amostra rica e valiosa para o entendimento da história do tratamento em língua portuguesa. De modo a justificar a utilização de cartas escritas por um único remetente pode-se ressaltar a especificidade do material em análise. No caso de estudo de formas tratamentais, seria possível observar como um mesmo remetente se utilizava de estratégias diferentes em função do tipo de relação estabelecida com diferentes destinatários. Além disso, o fato de partir de um remetente que apresentava comportamento variável em relação ao tratamento seria crucial para observar o valor que a forma assumia e o que determinava a escolha de uma estratégia ou outra. Além disso, analisar a relação de um remetente ilustre para diversos destinatários permitiria controlar mais eficazmente o perfil sociolinguístico do "informante" de sincronias passadas, pois haveria como identificar sua origem, idade, nível sociocultural, papel social etc., assim como observar as redes sociais das quais participava pelo controle dos destinatários de suas cartas (família, amigos, atividade profissional etc.).

Por outro, o personagem em questão era português, o que obrigou o autor a redimensionar o escopo da pesquisa a ser realizada. O objetivo do trabalho deixou de ser a descrição e análise das formas de tratamento em cartas brasileiras para abrir lugar ao estudo do tratamento em cartas escritas por um português, que residia no Brasil, na segunda metade do século XVIII. Em outras palavras, o trabalho centrou-se na descrição do que viria a ser o português *no* Brasil.[7] Uma nova questão, então, se colocava: qual seria a relevância de estudar o português *no* Brasil, uma vez que se desejava contribuir para a reconstituição da história do português brasileiro? Para essa indagação, Barbosa (1999: 15) afirma que este tipo de pesquisa:

> [...] contribui também, indiretamente, para os estudos diacrônicos do Português do Brasil: só se poderá saber o que seria o Português do Brasil naquela época se se souber o que viria a ser o Português no Brasil.

Seguindo a mesma lógica, consoante Rumeu (2006: 822):

> [...] julga-se que, a partir dos textos escritos em terras brasileiras, seja possível contribuir para a análise da face assumida pela língua portuguesa na realidade sócio-histórica colonial e imperial do Brasil. [...] A partir de estudos comparativos entre os traços do português europeu em oposição aos do português brasileiro, seja possível entrever-se, criteriosamente, a expressão brasileira da língua portuguesa.

Numa primeira consulta ao material, pôde-se verificar que as cartas de Lavradio se constituíam como cópias de época. No próprio códice, visualizado através do seu microfilme, podia-se ler que se tratava de um "*Livro copiador das cartas do marquês do Lavradio*". Além disso, o tipo de papel pautado que formava o códice e a disposição das cartas nas páginas, uma após a outra, dividindo, às vezes, a mesma página, indicavam que o texto manuscrito era, assim, um texto apógrafo, ou seja, verificava-se a atuação de um copista.[8] Em relação à estrutura das cartas, eram iniciadas pela sua identificação, apresentando informações como a data, o destinatário e o vínculo estabelecido entre remetente e destinatário. Essa sistematização da informação no próprio documento foi crucial para que se pudesse selecionar as cartas que constituiriam o *corpus* da pesquisa. Optou-se, assim, por cartas ativas de Lavradio endereçadas a diferentes membros da família em distintas posições hierárquicas. De modo a estabelecer uma comparação entre as estratégias utilizadas nos âmbitos privado e público, também foram selecionadas cartas escritas a destinatários que ocupassem algum posto na máquina administrativa colonial portuguesa, como, por exemplo, o secretário de Estado, o secretário colonial e os governadores e capitães-generais, de modo a entender como se estabeleciam as relações em volta do eixo do poder.

Parte das missivas selecionadas, no entanto, não estavam transcritas e editadas como as demais cartas escritas na Bahia e no Rio de Janeiro. Nesse sentido, optou-se por realizar uma nova edição das cartas já publicadas de modo a manter a fidedignidade em relação ao manuscrito original e a uniformidade em relação ao tratamento filológico. Outro fato também contribuiu a pensar que essa seria a melhor solução: o tipo de edição que já havia sido realizado pelo Arquivo Nacional,[9] em 1975, e pelo Instituto Estadual do Livro,[10] em 1978, apresentava alguns problemas.

Na primeira publicação, em 1975, podia-se ler, na apresentação do livro, algumas informações sobre a edição dos documentos:

> Adiante se apresenta a justificação dos critérios seguidos na transcrição dêsses documentos. A transcrição das <<Cartas do Marquês do Lavradio>> para publicação pareceu-nos tarefa bastante complexa no que se refere ao seu aspecto linguístico. Simples <<cartas de amizade>>, sem pretensão literária aparente, de caráter quase sempre afetivo-informativo, escritas entre 1768 e 1769 – 2ª metade do século XVIII – situam-se elas naquela faixa de classificação cronológica a que os mais eminentes lingüistas chamam <<português moderno>>. Se, pela época, se poderia assim considerá-las, do ponto de vista histórico-lingüístico: morfológico, sintático e semântico, aproximam-se elas bem mais dos textos das fases anteriores, quinhentista e seiscentista. Com características de um período de transição e formação da língua, julgamos não nos ser possível, em nosso trabalho, prendermonos aos rigores de uma <<edição diplomática>> – <<reprodução com *absoluta fidedignidade*>> (o grifo é nosso) dos originais manuscritos e nem, tampouco, aos métodos e critérios adotados nas chamadas <<edições críticas>>. Optamos assim, conscientemente, por uma posição intermediária, diríamos melhor por um aproveitamento lúcido dos critérios usados nos dois sistemas, dos que nos parecessem mais ajustados a cada situação concreta que se nos apresentasse. Servindo-nos de <<um crivo crítico>> que, ressalvando os aspectos linguísticos essenciais do original, e liberando-o de <<*deformações extralinguísticas*>>, deformações de escrita, geralmente, procuramos tornar o texto mais acessível e inteligível até a leitores menos acostumados, sem, contudo, nos afastarmos de outras características gráficas, estilísticas e estéticas, específicas da época.

Verifica-se, dessa forma, que as edições das missivas não constituíam exemplos de edições diplomáticas, e sim edições que se situavam em "posição intermediária" que visavam à obtenção de um maior entendimento do leitor. A justificativa que fundamentava tal escolha se baseava no fato de as cartas apresentarem "aspectos de uma língua em transição", que teria, entre outros elementos, características de difícil manipulação e classificação.

Entretanto, sabe-se que, através da Crítica Textual, uma edição diplomática e, por consequência, uma edição semidiplomática podem ser viabilizadas de modo a garantir o respeito da intenção original do autor. No entanto, tal edição não foi provavelmente realizada em virtude da dificuldade de lidar com o trabalho filológico de recuperação de textos, aliada ao fato de que o *Fundo Marquês do Lavradio* seria utilizado, em princípio, por historiadores interessados no conteúdo informativo e temático das cartas. Dessa forma, os documentos foram editados por Marcotulio (2010) a partir das normas de transcrição consideradas rigorosamente conservadoras – com exceção feita ao desenvolvimento das abreviaturas –, fornecendo, assim, dados confiáveis para análises linguísticas em qualquer nível – o grafo-fônico, o mórfico e o sintático. Optou-se, nesse momento, por pensar em uma proposta que abarcasse todos os interesses possíveis que os textos pudessem despertar.

Durante a edição das cartas que constituiriam o *corpus* da pesquisa, o contato com o material foi intensificado. Nesse processo, novas descobertas apontaram para problemas que precisavam ser resolvidos no que se refere à identificação dos perfis sociais dos interlocutores do marquês do Lavradio. Essa discussão já foi apresentada em Lopes et al. (2010) e será aqui retomada brevemente.

Num primeiro momento, pareceu simples a tarefa de selecionar os destinatários da esfera privada, formados por interlocutores do núcleo familiar de Lavradio, já que o grau de parentesco se encontrava explicitamente mencionado na seção de contato inicial de cada carta, como em "Meu Irmaõ, e*Senhor*domeu*Coração*".[11] No entanto, analisando outras cartas "familiares" do *corpus*, o autor verificou que as relações de parentesco indicadas, em muitos casos, não correspondiam à realidade, uma vez que subvertiam e/ou ampliavam os limites dos laços de família da forma como conhecemos hoje.[12] Nesse sentido, era comum chamar *genros* de *filhos*, *sogra* de *mãe* etc., como mostra o seguinte fragmento:

(1) [18,2 CP RJ] *eultimamenteeuRecomendoaVossaExcelência | este negoçio com-aquelle ardor comqueVossaExcelência deve supor | eu meintereço hoje por huns* ***genroz****, ó para melhor dizer* ***filhos*** *| que asestimaveisSerconstançias, que atodoz ouso Repetir dellez, | os fazem ser inseparaveisdomeuCoraçaõ.*[13]

Nesse sentido, foi necessária a elaboração da genealogia dos destinatários do marquês do Lavradio, para que houvesse uma maior fidedignidade na análise das relações. Marcotulio (2010) considerou, assim, como pertencente à mesma família, os destinatários que apresentassem alguma ligação com Lavradio, direta ou indiretamente, sendo a relação formada por laços consanguíneos[14] ou afetivos.[15] Para tanto, de modo a recuperar a informação não sistematizada, foi necessária a consulta de materiais bibliográficos sobre a história do Brasil colônia, assim como enciclopédias e dicionários específicos. Foi possível, então, distribuir os interlocutores de Lavradio, dessa vez com os verdadeiros graus de parentesco, em torno aos eixos sociais que se subdividem em relações simétricas (entre membros de um mesmo grupo social no qual não se verifica uma relação hierárquica) e relações assimétricas (condicionadas pela existência de uma determinada hierarquia entre os interlocutores) ascendentes (de inferior para superior) e descendentes (de superior para inferior).

A consulta bibliográfica também se revelou de extrema importância na identificação dos personagens da esfera pública, selecionada para a realização de um estudo contrastivo, e guiou a tarefa de seleção das cartas que constituiriam o eixo do poder. De antemão, acreditava-se que o rei de Portugal tinha o vice-rei do Brasil como uma figura que representava a extensão do poder régio na Colônia e, por essa razão, esse seria o poder máximo na América Portuguesa. O vice-rei do Estado do Brasil estaria, assim, subordinado somente à Coroa, ao passo que todos os governadores e capitães-generais das capitanias do Brasil estariam, por sua vez, subordinados ao vice-rei. Nesse primeiro momento, pareceu clara a tarefa de alocar o rei de Portugal (ou o primeiro-ministro) em uma relação assimétrica ascendente, partindo da posição de Lavradio, e os demais governadores e capitães-gerais como pertencentes a uma posição inferior em uma relação assimétrica descendente.

No entanto, a consulta a diversos títulos da historiografia luso-brasileira, dentre os quais destacamos Alden (1968), fez com que o autor repensasse essa questão, já que, na prática, não parecia ser assim que o sistema funcionava. Com o intuito de garantir que o poder predominasse no lado europeu do Atlântico, o rei D. José I, representado pela figura do marquês de Pombal, fazia questão de deixar claro que o vice-rei somente seria responsável por sua capitania, no caso o Rio de Janeiro, por essa ser a nova sede da Colônia a partir de 1763, e pelas capitanias subordinadas a essa, deixando para si o controle das demais. Dessa forma, o rei não perdia totalmente o controle da situação, uma vez que não depositava o poder em únicas mãos.

Tanto o vice-rei quanto os governadores e capitães-generais ficavam, assim, subordinados à Coroa.

Assim sendo, a relação do vice-rei com os governadores e capitães-generais de cada capitania se configurava como uma relação simétrica, dado que ambos estavam subordinados ao rei de Portugal, ao passo que os governadores das capitanias de Santa Catarina, Rio Grande de São Pedro e Colônia do Sacramento, chamados de governadores subordinados, estavam condicionados pelas ordens do vice-rei. A partir dessas informações, houve um redimensionamento dos eixos sociais circunscritos à esfera pública do poder.

Todo esse processo de contato com o material, problemas surgidos, estudos em fontes secundárias como a bibliografia sobre o tema, decisões tomadas, fizeram com que, no processo de amadurecimento da pesquisa, a problematização do trabalho fosse mais consistentemente construída.

Passamos à exposição das questões metodológicas que nortearam Rumeu (2013) ao se voltar para a reconstituição da história de inserção do pronome de 2ª pessoa *você* no sistema pronominal do PB. Esse estudo de doutoramento encontra raízes em sua dissertação de mestrado (Rumeu, 2004), visto que, ao analisar as formas nominais e pronominais de referência ao sujeito de 2ª pessoa do discurso com base na edição de sessenta missivas,[16] o fez com base em amostras de missivas cujo grau de intimidade entre os missivistas ainda era reduzido (até mesmo dentre as epístolas pessoais). Assim sendo, a autora passou a perscrutar os acervos públicos e privados em busca de cartas que trouxessem à luz, em sincronias passadas do PB, a história privada de brasileiros através, é claro, de testemunhos escritos numa perspectiva não literária. Movidos por esse intuito, o AN passou a ser alvo constante de visitas em busca de missivas que evidenciassem o menor grau de formalismo possível, movidos por um maior nível de descomprometimento inconsciente do autor com a sua composição estrutural.

Tendo em vista o objetivo de voltar o foco da análise linguística para a história de consolidação do *você* como pronome de 2ª pessoa e o de levantar amostras textuais mais livres da pressão da norma-padrão, Rumeu deixou-se conduzir pelas seguintes indagações: como acompanhar os *passos* da mudança em progresso de inserção do *você* no sistema pronominal através de cartas? Qual seria o subgênero epistolar (carta familiar, carta amorosa ou carta de amizade) que se mostraria mais sensível à expressão variável *tu/você* em sincronias passadas do PB? E qual subgênero de carta pessoal (familiar, amorosa ou entre amigos) faria parte do acervo documental do AN? Guiados por tais questionamentos, a autora partiu ao AN e logo se deparou, dentre os catálogos expostos sobre o balcão de consulta, com a referência ao Acervo Privado da *Coleção Irmã Zélia* (AP 13). Nele constava um breve resumo não só acerca do contexto de doação das cartas pela família Pedreira Ferraz-Magalhães, mas também sobre a composição desse acervo privado basicamente formado por cartas, cartões e fotos. Desde então, foi solicitada aos funcionários do AN, a cada visita, a consulta às mais de duzentas missivas que poderiam ser manuseadas, com a devida proteção, é claro, ao toque das cartas através de luvas a serem usadas pelos utentes. A cada visita ao acervo, e, consequentemente, leitura das missivas, foi possível observar a fluidez do discurso das missivas, tal era o desejo de aproximação (como se estivessem falando entre si) nutrido pelos interlocutores, como é possível visualizar em (2), (3) e (4):

(2) [19,2 CP RJ] [...] *Tal é o cansaço, que me accomette, que devera já estar deitado afim de [ver] si concilio osonno e mesmo porque as 2 horas de amanha pela manhã devo estar já de pé tomando algum alimento e logo apoz descendo a serra da Tijuca, porem* ***o desejo de escrever-te e fingir que estou conversando comtigo*** *são incentivos mais poderosos de que os meios hygienicos para eu não passar tão mal.*[17]

(3) [19,2 CP RJ] [...] *Conhecimento profundo do latim é um instrumento precioso para outros mais altos conhecimentos – Mas é tarde* ***Terei mais occasiões de Contigo Conversar*** *_Sê feliz no santo temor de Deus. Meus respeitosos cumprimentos a meo Compadre o Senhor Padre Superior e a teus mestres e acceita a benção de teo Pae e amigo Jeronymo* [...][18]

(4) [20,1 CP RJ] [...] *Pasei a manhã muito agradável* ***escrevendo a Você parece que estavas aqui***. [...][19]

Acrescente-se a esse desejo de aproximação entre os missivistas o fato de se tratar da ilustre família Pedreira Ferraz-Magalhães da qual era facilmente possível resgatar as informações necessárias à composição de suas fichas biográficas. A relevância desse material reside na real possibilidade de depreensão da história da vida privada de uma família brasileira, nascida no Rio de Janeiro, que se movimentou da capital carioca a outros espaços sociopolíticos e geográficos internos e externos ao Brasil. Um grupo familiar extremamente religioso, composto por padres e freiras, que, apesar dos deslocamentos provenientes da pressão social da vida adulta voltada para a missão apostólica, cultivou a união familiar através das cartas ativas e passivas trocadas entre pais e filhos, tia e sobrinhos, avô e netos, no decorrer das suas vidas.

Em direção ao trabalho de reconstrução da história privada dessa família carioca, Rumeu foi brindada ainda com a consulta a duas obras produzidas por um dos filhos do casal progenitor da família Pedreira Ferraz-Magalhães (Pedreira de Castro, 1943; 1960) que relatavam a história da família. Além disso, também foi possível ratificar, através do confronto, muitas informações biográficas publicadas por Pedreira de Castro (1943; 1960), visto que foram encontradas verdadeiras fichas manuscritas pelas próprias mãos dos missivistas integrantes da família (filhos do casal "Dr. João Pedreira do Couto Ferraz" e "Zélia Pedreira de Abreu Magalhães"), visando não só ao registro de informações religiosas como as datas de batismo, primeira comunhão, crisma, votos perpétuos, mas também ao resgate de origem, filiação e datas de nascimento e falecimento também dos seus pais e demais familiares.

Uma vez conscientes do quão *sui generis* era a amostra em análise, a autora iniciou o trabalho de fotografia, leitura e transcrição das 170 missivas, confeccionadas entre a década de 1870 (1872) e a 1ª metade do século XX (1948) e publicadas em 2013. À proporção que avançava na leitura dos manuscritos, se deparava com mais informações biográficas acerca da história de vida do patriarca da família "Dr. João Pedreira do Couto Ferraz" e também as ratificou, ao consultar outras fontes bibliográficas secundárias, tais como o *Dicionário das famílias brasileiras* (Bueno e Barata, 2001) e o *Diccionario bibliographico brazileiro* (Blake, 1902) que solidificaram as notícias que já se tinha acerca do grau de escolarização e atividades profissionais assumidas pelo progenitor da família, o Dr. João Pedreira do Couto Ferraz.

Tendo em vista o alto nível de apuro na constituição de amostras de missivas familiares confeccionadas por mãos brasileiras, mais especificamente cariocas, Rumeu moveu-se para a confecção de um estudo sociolinguístico. As amostras de cartas levantadas no acervo privado do AN determinaram a especificidade e a produtividade de um estudo sociolinguístico: uma análise de painel, cf. Labov (1994), orientada para sincronias passadas do PB. O linguista-pesquisador que envereda pelos caminhos de análises históricas permanece sempre à mercê das fontes escritas que resistiram a força do tempo na intimidade dos arquivos públicos. Nesse sentido, interpreta-se que a contribuição do refinamento metodológico na composição das amostras de textos antigos incide diretamente não só na identificação de traços peculiares ao vernáculo do PB, mas também no reconhecimento dos traços linguísticos idiossincráticos do autor do manuscrito, cf. discutido por Rumeu (2013: 111). Munidos dessa certeza, voltou-se para o acompanhamento, através da produção escrita de cariocas cultos em distintas faixas etárias (*jovens, adultos* e *idosos*), do processo gradual e paulatino de inserção de *você* no sistema pronominal do PB. Encaminhando por essa expectativa de trabalho que envereda também pela filologia, tendo em vista a coerência das conclusões as quais se deseja alcançar na perspectiva científica de uma análise sociolinguística, a autora organizou os seguintes procedimentos metodológicos: (i) levantamento das 170 missivas familiares da família Pedreira Ferraz-Magalhães; (ii) manutenção da preferência por manuscritos certificadamente autógrafos; (iii) (re)construção do perfil social dos informantes, controlando as categorias sociais *gênero*, *faixa etária*, *nível cultural dos missivistas*; (iv) edição conservadora de tais epístolas familiares, isto é, optou-se por apresentá-las à comunidade acadêmica, com fac-símile no formato de uma edição semidiplomática. Nesse sentido, Rumeu se comprometeu em não modernizá-las em aspecto linguístico algum, respeitando, assim, as opções assumidas pelo missivista em relação à grafia, à pontuação, bem como a todas as práticas textuais peculiares àquelas sincronias passadas (XIX-XX). Apoiou-se, ao assumir tal posicionamento metodológico, na proposta de Spina (1977), adotando, pois, a sua proposta de transcrição semidiplomática.

> [...] a transcrição diplomático-interpretativa (ou semidiplomática) vai mais longe na interpretação do original, pois já representa uma tentativa de melhoramento do texto, com [...] o desdobramento das abreviaturas (trazendo as letras, que não figuram no original, colocadas entre parênteses) [...] (Spina, 1977: 79)

Acrescente-se ainda, considerando a especificidade das cartas familiares, o quinto procedimento metodológico: (v) o necessário controle do grau de parentesco mantido entre os missivistas, o que é viabilizado pelo monitoramento das *díades sociais* concretizadas nas relações familiares entre *pais e filhos*, entre *avô e netos*, entre *irmãos* e entre *tia e sobrinhos* da família Pedreira Ferraz-Magalhães. Pressupondo que o trabalho com textos produzidos em sincronias pretéritas do português pode sugerir entraves, tais como *hipercorreção, mistura dialetal e "erros" do escriba* observados por Labov (1994: 11), é pertinente assumir a relevância da inspeção atenta a questões como a *autoria*, a *autenticidade*, a *validade histórica* e *social* do manuscrito, como discutido por Hernández-Campoy e Schilling (2014: 63-79) no sentido de se esmerar pela reconstrução histórica do contexto de produção do documento escrito. Nesse sentido, Rumeu dialoga também com Lobo (2001b), que, como uma legítima linguista-pesquisadora interessada em processos linguísticos históricos, também se preocupa com (re)construção de uma Sociolinguística Histórica do português brasileiro.

As especificidades das missivas cariocas da família Pedreira Ferraz-Magalhães conduziram necessariamente à discussão dos resultados quantitativos da análise de painel do processo de inserção do *você* no sistema pronominal do PB à luz das seguintes questões linguística e histórico-sociais: (i) a variável social *gênero* representaria um fator de progressão ou de regressão na direção histórica da inserção do *você* no sistema pronominal do PB?; (ii) a opção por *tu* ou por *você* na trajetória linguística de vida dos missivistas estaria correlacionada, em algum nível, com a *função social* assumida por *homens* e *mulheres* religiosos na realidade sócio-histórica do PB oitocentista e novecentista?; (iii) o que é ser um informante *culto*, em fins do século XIX e na 1ª metade do século XX?; (iv) o que é ser um *padre* ou uma *freira* nesse contexto sócio-histórico do Brasil?; (v) qual é a função social da *mulher*, não só a que é mãe e esposa, mas também a *mulher* que é *religiosa*, na sociedade brasileira oitocentista e novecentista? Assim sendo, a autora compartilha da mesma opinião de Labov (2008 [1972]: 326) em relação ao fato de que os fenômenos de variação e mudança podem ser melhor descritos e explicados se a análise for conduzida pela interpretação do contexto histórico-social que imperativamente a determina. Nesse sentido, acredita-se que a contribuição de Rumeu resida justamente na proposta de produção de uma metodologia de trabalho científico que, direcionado a processos históricos, encaminhe-se numa perspectiva linguístico-social.

CONSIDERAÇÕES FINAIS

Neste capítulo, as experiências metodológicas embasadas seja em impressos, seja em manuscritos servem para exemplificar os procedimentos assumidos por nós no que se refere especificamente ao trabalho de constituição de *corpora* confiáveis às investigações científicas no âmbito da Sociolinguística Histórica.

Em síntese, a nossa experiência voltada para o *labor* específico de quem se aventurou e se aventura pelo interior dos acervos históricos nos permite ajustar o trabalho do pesquisador através dos seguintes procedimentos metodológicos: (1º) delimitar, em um primeiro momento, as questões teóricas específicas relacionadas ao seu objeto de investigação; (2º) ajustar os critérios de busca de materiais em função das questões teóricas previamente levantadas; (3º) refinar a busca em relação ao conhecimento sobre tema linguístico em análise antes e durante a visita ao acervo; (4º) realizar buscas digitais e presenciais nos diversos acervos; (5º) selecionar os textos que constituirão o *corpus,* considerando a relevância (histórica, cultural, linguística), a qualidade do material (legibilidade), a extensão da documentação e a viabilidade de uso do material para os fins desejados; (6º) localizar informações relevantes à pesquisa (não só relacionadas à identificação, mas também voltadas ao levantamento da ficha biográfica/social do escrevente do texto em análise independentemente de se tratar de texto impresso ou de texto manuscrito) na própria documentação, em fontes primárias e em fontes secundárias; (7º) editar os textos do *corpus* conservadoramente e, se for o caso, intervir no texto de forma controlada; e (8º) utilizar os conhecimentos adquiridos no acervo para interpretar os dados linguísticos.

Uma vez conscientes de que nem todas as questões metodológicas por nós enfrentadas se aplicarão necessariamente a todas as análises linguísticas que enveredarem pela constituição de *corpora* em arquivos históricos, propusemo-nos, neste capítulo, expor os caminhos metodológicos por nós assumidos em função de nossas questões teóricas específicas e das limitações impostas pelo nosso próprio material ao longo das nossas pesquisas. Esperamos ter minimamente sinalizado a *estrada* a ser percorrida pelos pesquisadores iniciantes que se enveredarem pelo trabalho de constituição de *corpora* históricos.

NOTAS

[1] *Norma praticada* é norma de uso, ou seja, aquela utilizada por redatores modelares. A *Norma predicada* é a norma idealizada como modelo a ser seguido.

[2] Termo utilizado por Barbosa (2005) para se referir ao período em que a etimologia foi o principal princípio ortográfico praticado pelos redatores.

[3] Classificação de periodização da história ortográfica proposta por Cavaliere (2000).

[4] Fundo Marquês do Lavradio: Inventário/Arquivo Nacional. Rio de Janeiro: Arquivo Nacional, 1999.

[5] Fundo Marquês do Lavradio, microfilme 9/2000, códices 1095 e 1096.

[6] LAVRADIO, Marquês do. *Cartas da Bahia (1768 – 1769).* Rio de Janeiro: Arquivo Nacional, 1972; LAVRADIO, Marquês do. *Cartas do Rio de Janeiro. 1769-1776.* Volume I. Rio de Janeiro: Ministério da Justiça/Arquivo Nacional, 1975; LAVRADIO, Marquês do. *Cartas do Rio de Janeiro (1769-1776).* Rio de Janeiro: Instituto Estadual do Livro, 1978.

7 Sobre essa questão, Barbosa (2005: 84-5) afirma que "a situação de luso falantes, no século XVIII, distinguia sociolinguisticamente dois grupos que, visto em vários testemunhos, disputavam espaços políticos: de um lado, os descendentes de portugueses fixados no Brasil, e, de outro, os renóis *brasileiros*, descendentes de portugueses que nunca viram solo europeu. Somem-se a esses grupos os portugueses *transitórios*. [...] A esses dois grupos corresponde, exatamente, o que se define como *português do Brasil* e *português no Brasil*". De modo a pensar sobre os conceitos de português do Brasil e português no Brasil, Rumeu (2006: 819) dialoga com o autor anteriormente citado e assegura que "Barbosa (1999: 14), ao afirmar que '*ao estudo da sociedade americana falante do português enquadra-se a questão do português do Brasil, ao passo que, ao estudo da língua da comunidade europeia, corresponde a questão do português no Brasil*', permite admitir que a discussão acerca do português no Brasil pode se dar tanto em sentido restrito, quanto em sentido lato. Em sentido lato, a noção de português no Brasil é determinada pelo aspecto geográfico, ou seja, privilegia-se a busca por textos produzidos no território brasileiro sem distinção da origem do redator, em virtude da não obtenção de informações precisas acerca da nacionalidade de todos os autores dos textos. Em sentido restrito, a língua portuguesa no Brasil é reflexo da produção escrita de portugueses que residiam no Brasil em convivência com *lusófonos (brasileiros)* na América Portuguesa."

8 Esse sistema de fazer cópias era bastante comum na sociedade do Brasil colônia. Segundo Barbosa (2007: 15), "ao contrário de outras colônias americanas, a sociedade colonial brasileira, em sua última fase, era uma sociedade *manuscrita*, posto que as tipografias permaneceram proibidas até a vinda de D. João VI. A relação com os impressos era feita somente por meio dos livros importados da Europa. Isso significa que a gigantesca máquina burocrática oficial aqui instalada devia pensar em duas ou três cópias de cada documento para comunicar ao reino todos os fatos de interesse público e privado que caíam às mãos dos escrivães".

9 LAVRADIO, Marquês do. *Cartas do Rio de Janeiro. 1769-1776*. Volume I. Rio de Janeiro: Ministério da Justiça/ Arquivo Nacional, 1975.

10 LAVRADIO, Marquês do. *Cartas do Rio de Janeiro. 1769-1776*. Rio de Janeiro: Instituto Estadual do Livro, 1978.

11 Carta destinada ao Conde de São Vicente, em 23 de junho de 1770.

12 Segundo Vainfas (2000: 216), "os dicionários do século XX apontam um significado de família muito ligado ao casamento, à consanguinidade e à coabitação, entendendo por família os pais e os filhos que vivem na mesma casa". Entretanto, de acordo com o autor, para que se possa aplicar esse conceito ao Brasil Colônia, devemos alargar as barreiras da definição de família, adotando o conceito de Morais e Silva, em seu dicionário de 1789, que inclui ao núcleo familiar os parentes e aliados. Assim, "o sentimento de pertencer a uma família ultrapassava, portanto, os laços consanguíneos e se manifestava entre os parentes rituais e aliados".

13 Carta destinada ao seu tio Sr. Principal de Almeida, em 20 de fevereiro de 1770.

14 Relações que não passam pelo binômio de igualdade marido/esposa. São então denominadas *relações de laços consanguíneos de família*, e abarcam parentescos como pai, mãe, irmão, tio, primo, sobrinho, avô, neto, bisavô, bisneto etc.

15 Relações que apresentam a interseção com o binômio de igualdade marido/esposa como uma característica essencial para a sua existência. Essas relações são caracterizadas como *relações de laços afetivos de família* e abrangem categorias como genro, sogro, cunhado, esposa do tio legítimo, parentes distantes etc.

16 Nesse trabalho, Rumeu editou de forma fac-similar semidiplomática sessenta cartas (trinta cartas de circulação pública e mais trinta de circulação privada) manuscritas no Rio de Janeiro, desde a 2ª metade do século XVIII até fins do século XIX. Com base em tais missivas levantadas nos acervos da Fundação Biblioteca Nacional e do Arquivo Nacional, foram analisadas as formas pronominais e nominais de tratamento, atentando também para o processo de pronominalização de *Vossa Mercê > Você* em suas expressões formal (à luz do sistema de traços pensado por Rooryck, 1994, e adaptada ao *a gente* por Lopes, 2003), funcional (à luz dos princípios de gramaticalização propostos por Hopper, 1991) e social (análise das relações de *poder* e de *solidariedade* sedimentadas na sociedade carioca dos séculos XVIII e XIX à luz de Brown e Gilman, 1960).

17 Carta de João Pedreira do Couto Ferraz, com 51 anos, a sua filha Zélia, com 20 anos. RJ, 11.08.1877.

18 Carta de Jerônimo de Castro Abreu Magalhães, com 46 anos, ao seu filho Jerônimo, com 16 anos. Fazenda Santa Fé, RJ, 19.07.1897.

19 Carta de Maria Rosa, com 70 anos, ao irmão PE. Jerônimo, com 67 anos. La Plata, 01.02.1948.

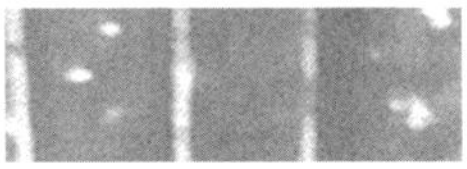

TRATAMENTO METODOLÓGICO DAS *MÃOS INÁBEIS* EM *CORPORA* DIACRÔNICOS

Huda da Silva Santiago
Zenaide Novais Carneiro

SUMÁRIO

APRESENTAÇÃO

O reconhecimento de níveis iniciais de aquisição da escrita em autores de cartas pessoais ou quaisquer outras fontes histórico-linguísticas pode ser realizado pelo controle de algumas marcas de inabilidade em escrita alfabética. Para a Linguística Histórica, a escrita por *mãos inábeis* tem especial relevância, considerando-se a dificuldade de encontrar textos que refletem a escrita cotidiana mais vernacular, produtos de indivíduos com baixo nível de letramento. Segundo Barbosa (2006), é um desafio metodológico para o trabalho da Crítica Textual dos materiais não literários, reunidos em *corpora* histórico-diacrônicos, saber o que se considerava informal nas sincronias passadas, à medida que se conta apenas com uma intuição formada sob os parâmetros atuais de formalidade, sob as concepções contemporâneas de cultura escrita. Ainda segundo esse autor, há algumas estratégias para diminuir o problema, como reunir informações sobre o perfil sociocultural de cada redator; examinar gramáticas e manuais de cada período, para saber da norma culta subjetiva, e identificar redatores inábeis ou pouco hábeis por meio de marcas paleográficas e supragráficas, na esperança de que aos seus índices de oralidade na grafia correspondam usos da oralidade em outros níveis gramaticais. Nessa mesma direção, neste capítulo, procura-se considerar algumas possibilidades para se estabelecer a proposta metodológica de identificação do grau de domínio da técnica de escrita dos redatores, a partir de marcas, em variados níveis, comuns a diferentes grupos de inábeis, de diferentes períodos e espaços.

Essa expressão, *mão inábil*, uma tradução portuguesa para *scripteurs maladroits,* de Claire Blanche-Benveniste, foi usada por Marquilhas (2000) para designar os autores de alguns dos manuscritos portugueses, do século XVII, do arquivo da Inquisição, enquanto falantes estacionados em fase incipiente de aquisição da escrita. Os critérios indicados por Marquilhas (2000) para a identificação desses manuscritos, como produtos gráficos de inábeis, são aplicáveis a outros conjuntos de documentos, como demonstram estudos já realizados no âmbito do projeto Para a História do Português Brasileiro. Do século XVIII, as cartas de comércio, escritas por indivíduos pouco hábeis no Brasil colonial (portugueses radicados no Brasil), documentação editada por Barbosa (1999); do século XIX, as atas escritas por africanos e afrodescendentes na Bahia, localizadas e editadas por Oliveira (2006), e, do século XX, as cartas pessoais de sertanejos baianos, em estudo de Santiago (2012).[1] Nesse sentido, os critérios e os exemplos apresentados ao longo deste capítulo, para compor os parâmetros de inabilidade, são obtidos a partir de estudos em *corpora* de diferentes períodos e busca tratar a caracterização da *mão inábil* não como um conjunto definido de aspectos, mas a partir da ideia de um contínuo de inabilidade em escrita alfabética, cujo nível máximo seria identificável pela incidência do maior conjunto possível de marcas, ao passo que níveis intermediários o seriam pela incidência parcial de marcas e a inabilidade mínima seria reconhecida pela presença de poucas marcas produzidas por redatores nos *corpora*. Essa possibilidade de distribuição é uma tentativa de colaboração para o tratamento mais eficiente da caracterização dos redatores nos *corpora* linguísticos, hoje polarizados entre hábeis e inábeis, sem maiores diferenciações intermediárias. Começar essa diferenciação dentro da categoria *mãos inábeis* é um passo nessa direção.

Pretende-se, portanto, discutir a construção de uma metodologia para orientar o uso de *corpora* de sincronias passadas, atentando à seguinte questão: como se reconhecer um texto escrito por redatores com pouco domínio da técnica de escrita e como se perceber níveis de inabilidade extrema ou parcial? Para isso, comece-se com a descrição de um conjunto de propriedades recorrentes em documentos produzidos por *mãos inábeis*.

PARA A IDENTIFICAÇÃO DA INABILIDADE EM ESCRITA ALFABÉTICA

Os produtos gráficos de redatores inábeis podem ser identificados a partir de sua aparência física, uma possibilidade, segundo Marquilhas (2000), do ponto de vista metodológico, através das características caligráficas e das particularidades do suporte, mas não são raros os casos em que há inversão entre a aparência física do texto e o seu nível ortográfico. Ao comentar sobre isso, Barbosa (1999: 158) lembra que "[...] *nem sempre os aspectos físicos são suficientes para identificarem-se textos de pessoas com pouca habilidade de escrita. Há mesmo o caso de encontrarem-se textos apresentando uma aparência bem cuidada, mas, na verdade, são obras de mão inábil*". Para caracterizar o grau de habilidade dos produtores, os aspectos referentes ao plano da *escriptualidade* são considerados, então, como os que oferecem maior segurança, tais como fenômenos de aquisição da escrita, coocorrendo com atestações grafemáticas de aspectos da oralidade.

Os critérios apresentados por Marquilhas (2000), relacionados à aparência física do texto, são: a) ausência de *cursus*; b) uso de módulo grande; c) ausência de regramento ideal; d) traçado inseguro, aparência desenquadrada das letras, rigidez e falta de leveza do conjunto; e) irregularidade da empaginação, e f) letras monolíticas. Alertando que a presença dessas características não é cumulativa nem equilibrada, a pesquisadora aponta outros aspectos que podem ajudar a detectar a mão inábil, como os de natureza supragráfica (peculiaridades do suporte), a questão da aquisição da escrita segmental e considera, ainda, no nível ortográfico, as grafias para sílabas com consoante líquida e fenômenos de mudança fonética e fonológica (vocalismo e consonantismo).

Barbosa (2017) afirma que a inabilidade na escrita alfabética não é, em si, questão histórica de língua, de oralidade, mas diz respeito a questões de *escriptualidade*, e destaca duas suposições errôneas que circulam entre usuários de *corpora* linguísticos:

> [...] a tentadora ilusão de se supor uma sintaxe mais próxima da fala (em relação a outros tipos de *corpora* linguísticos) por encontrar marcas de oralidade na escrita de um inábil e a que [...] diz respeito à identificação de um inábil ser, apenas e necessariamente, uma questão de se constatarem marcas físicas oriundas da dificuldade motora de execução caligráfica da mão pouco exercitada. (2017: 21)

Diante dessas suposições, o autor estabelece, então, nove dimensões de inabilidade, demonstrando como se dá a independência de algumas delas. Para isso, são redistribuídas as características definidas por Marquilhas (2000) e outras, exemplificadas em Barbosa (1999), Oliveira (2006) e Santiago (2012), acrescentando, ainda, outros aspectos, a partir da experiência do autor na organização dos *corpora* do PHPB. A seguir, as dimensões propostas por Barbosa (2006):

1. da escriptualidade – os *grafismos*;
2. da escrita fonética – *índices grafofonéticos*;
3. da pontuação;
4. lexical – a repetição de vocábulos;
5. lexical – a dificuldade de riqueza na variação e precisão no léxico;

6. dos aspectos sintáticos;
7. das tendências discursivas;
8. da habilidade motora – níveis supragráfico e paleográfico, e
9. da segmentação gráfica – hipersegmentação e hipossegmentação.

A depender do redator, as marcas referentes a cada plano podem ser manifestadas em maior ou menor grau, pois a presença das características, como bem menciona Marquilhas (2000), não é cumulativa nem equilibrada, e assim, algumas *mãos* podem manifestar mais dados para determinada dimensão que outras. Há marcas, presentes em alguns documentos, que são características do inábil, mesmo que o redator mostre-se hábil em outros planos. O cruzamento dessas dimensões pode permitir a oposição entre subgrupos de inábeis, desde uma hipotética inabilidade máxima, até uma mínima. A seguir, são apresentadas algumas dessas marcas, já testadas em *corpora* histórico-diacrônicos, mais especificamente, as dimensões 1, 2, 4, 8 e 9 mencionadas. De início, os aspectos relacionados à dimensão da escriptualidade.

Plano da *escriptualidade*

Ao se indicar os desvios de grafia como um critério para identificação da inabilidade do redator, devem-se considerar, para os textos anteriores ao século XX, as possibilidades de variação ortográfica de épocas em que não havia uma única ortografia. No entanto, alguns aspectos da linguagem escrita oferecem maior dificuldade aos redatores que estão em fase de aquisição, e isso parece ser independente à época, como a *grafia de sílabas complexas* envolvendo as consoantes líquidas, /r/ e /l/, e a sibilante, /s/; a *representação da nasalidade* e a *grafia dos dígrafos*. Nota-se ainda, a presença de *hipercorreções*, percebidas, principalmente, nas grafias irregulares com o <r>. A presença desses aspectos nos *corpora* de diferentes momentos históricos pode ser compreendida como índice de inabilidade.

GRAFIA DE SÍLABAS COMPLEXAS

Os indivíduos em fase de aquisição da escrita apresentam dificuldades em grafar as sílabas que não possuem a estrutura canônica CV, principalmente as sílabas em que há a presença das consoantes líquidas. As irregularidades são frequentes quando se trata de grafias com o /r/ em posição de ataque ramificado (C/r/V) ou em posição de coda (CV/r/). Segundo Oliveira (2006: 269), "[...] *grafias irregulares para sequências silábicas complexas com segmentos líquidos, principalmente o /r/, parecem ser traço atemporal e a-histórico, pelo menos em algumas línguas*". As omissões e deslocamentos de grafemas podem ser uma tentativa para simplificar as sílabas complexas, em um esforço para torná-las CV, como ilustram os dados a seguir.

Exemplos de deslocamentos e omissões de /r/ em ataque ramificado:
[18,2 CC PA] *perzente* por *presente*
[18,2 CC PA] *pertendo* por *pretendo*
[19,2 ATA BA] *Ander* por *André*
[19,1 ATA BA] *Ademinitador* por *administrador*
[20,2 CP BA] *lenbarnsa* por *lembrança*
[20,2 CP BA] *estada* por *estrada*

Exemplos de deslocamentos e omissões de /r/ em posição de coda:
[18,2 CC PE] *intremitente* por *intermitente*
[18,2 CC RJ] *detreminar* por *determinar*
[19,2 ATA BA] *aprate* por *aparte*
[19,2 ATA BA] *achace* por *achar-se*
[20,2 CP BA] *apreto* por *aperto*
[20,2 CP BA] *pedão* por *perdão*

Exemplos de deslocamentos e omissões de /l/:
[20,2 CP BA] *Aberto* por *Alberto*
[20,2 CP BA] *gelra* por *geral*
[20,2 CP BA] *ato* por *alto*
[20,2 CP BA] *almavi* por *amável*

Exemplos de omissões de /s/:
[20,2 CP BA] *avita* por *a vista*
[20,2 CP BA] *eteve* por *esteve*

HIPERCORREÇÕES

A frequência de irregularidades referentes ao acréscimo de <r>, <l> e <s> é um forte indício da pouca intimidade dos redatores com a escrita. Segundo Marquilhas (2000: 237), "[...] *ao produto do inábil preside uma representação 'deslumbrada' da língua escrita, altamente sensível às suas mar-*

cas de prestígio". Isso sugere que nem sempre há uma motivação fonológica por trás dos equívocos ortográficos e o *deslumbramento* faz com que os redatores busquem algumas soluções gráficas distantes das regularidades, incorrendo em hipercorreções.

Exemplos de acréscimo de <r> em ataque ramificado:
[19,2 ATA BA] *Oito Cemtro* por *oitocentos*
[20,2 CP BA] *çanetra* por *caneta*

Exemplos de acréscimo de <r> em posição de coda:
[19,2 ATA BA] *discurtido* por *discutido*
[20,2 CP BA] *dervo* por *devo*
[20,2 CP BA] *pargar* por *pagar*

Exemplos de acréscimo de /l/:
[19,1 ATA BA] *flaltor* por *faltou*
[20,2 CP BA] *salbi* por *sabe*

Exemplos de acréscimo de <s>:
[19,2 ATA BA] *escristo* por *escrito*
[20,2 CP BA] *caspital* por *capital*

O <r> parece ser uma marca propícia a esse *deslumbramento*, dada a frequência das irregularidades envolvendo esse segmento, seja em posição de coda ou de ataque ramificado; é uma espécie de grafema *curinga*, como bem indica Oliveira (2006), por ser um segmento bastante instável, já que pode estar em vários lugares dentro da palavra. Os exemplos em que o <r> é inserido em uma palavra monossilábica reforçam ainda mais essa ideia de uma representação *deslumbrada* da escrita, evidenciando um índice de inabilidade maior.

Exemplos de acréscimo de <r> em posição de coda em monossílabos:
[20,2 CP BA] *jar* por *já*
[20,2 CP BA] *lar* por *lá*

REPRESENTAÇÃO DA NASALIDADE

A representação gráfica da nasalidade, algo complexo para quem está adquirindo a escrita, pode ocorrer nos textos dos inábeis mediante estratégias diferentes das convencionais. Há casos de representação exagerada (com o uso de <nm> ~ <mm> ~ <nn> ~ <m> ~ <n>) e há a ausência de representação, em que a consoante nasal é omitida (<Ø> ~ < m> ~ <n>).

Exemplos de representação exagerada da nasalidade:
[20,2 CP BA] *vanmos* por *vamos*
[20,1 CP BA] *commader* por *comadre*

Exemplos de ausência de representação da nasalidade:
[20,2 CP BA] *Romaci* por *romance*
[20,2 CP BA] *mado* por *mando*

É possível afirmar, a partir dos dados extraídos dos manuscritos dos sertanejos baianos, que há uma sistematicidade no uso dessas estratégias. Isso porque os redatores que mais exageraram na representação da nasalidade[2] foram os que menos omitiram a consoante nasal e vice-versa.

REPRESENTAÇÃO DE DÍGRAFOS

A grafia dos dígrafos pelos inábeis pode ser realizada sob a hipótese de que há uma correspondência biunívoca entre sons da fala e letras do alfabeto, ou seja, cada grafema corresponde a um som e cada som a um grafema. A maior parte dos casos parece obedecer a esse princípio, discutido por Lemle (1991), de relação monogâmica entre letra e som. A seguir, alguns exemplos:

<qu>: [20,2 CP BA] *piqenno* por *pequeno*
<gu>: [20,2 CP BA] *entrege* por *entregue*
<rr>: [20,2 CP BA] *coreios* por *correios*
<ss>: [20,2 CP BA] *nosa* por *nossa*
<sc>: [20,2 CP BA] *nasimento* por *nascimento*
<lh>: [20,2 CP BA] *trabalo* por *trabalho*
<nh>: [20,2 CP BA] *teno* por *tenho*
<ch>: [20,2 CP BA] *Riacão* por *Riachão*

Ocorre, portanto, uma representação dos dígrafos mediante a correspondência, na escrita, do mesmo número de fonemas percebido na fala, como, por exemplo, com a omissão do <u>, na redução dos dígrafos <qu> e <gu>; a substituição de <rr> por <r>, de <ss> por <s> e de <sc> por <s>, e a omissão do <h> na grafia de <nh>, <lh> e <ch>. Há casos em que a dúvida com a transcrição desses dígrafos gera outras possibilidades: a omissão do <l>, como em [20,2 CP

BA] *tarbahi* por *trabalhe* e *sombranseha* por *sombrancelha*; o deslocamento do <l>, no sentido de procurar estabelecer o padrão CV, como em [20,2 CP BA] *oliha* por *olha*; e, nas ocorrências referentes a <nh>, há casos em que se deixa de transcrever o <n>, como na grafia [20,2 CP BA] *diheiro* por *dinheiro*.

Plano da escrita fonética

A transposição de marcas da oralidade para a escrita contribui para irregularidades na grafia dos inábeis. Marquilhas (2000), que identificou esse aspecto nos textos seiscentistas portugueses, indica que a criatividade na aplicação dos princípios do sistema de escrita constitui um dos resultados possíveis de uma exposição ocasional a amostras ortográficas, atestando a hipótese de uma correspondência estável entre símbolos do alfabeto e segmentos consonânticos e vocálicos.

Para os textos de épocas em que convivem mais de uma ortografia, é preciso considerar a variação gráfica normal ao período, pois "*[...] grafar coração ou curaçao, semelhante ou similhante não estava vinculado ao grau de erudição. Tudo isso era normal aos olhos de redatores que não viviam, como nós, sob ortografia única*", como comenta Barbosa (2008: 196). No caso das *cartas de comércio* do século XVIII, Barbosa observa, para além dessa variação gráfica comum ao período colonial, uma pluriortografia que incluía (ao lado de latinismos artificializados) essas "*várias ocorrências de reflexos das características fonéticas no plano gráfico – os chamados índices grafofonéticos*". Isso implica dizer que não é a simples presença de marcas fonéticas ou de aparentes desvios de normas gráficas que caracterizariam uma mão inábil no século XVIII, mas sim o balanço contrastivo de suas distribuições em diferentes materiais da mesma época. Assim sendo, as *cartas de comércio*, como um conjunto, poderiam, então, ser consideradas mais fonéticas que os *documentos oficiais* da mesma época, editados por esse pesquisador. Contudo, dentre essas cartas de comércio, pelo ponto de vista metodológico aqui assumido, alguns redatores poderiam ser inábeis em grau intermediário pela incidência de um plano de inabilidade aqui exposto: maior presença de marcas grafofonéticas e a inversão de <r> em sílaba complexa.

É preciso, então, considerar que esses e outros aspectos apresentam uma frequência maior na escrita de *mãos inábeis* independentemente da época em que aparecem, seja em tempos em que se tem uma ortografia padrão única, como no século XX, seja sob a pluriortografia do século XVIII.

Há, nos textos, algumas marcas grafofonéticas mais gerais, comuns mesmo entre os mais hábeis, como a elevação de vogais médias pretônicas, em [18,2 CC PE] *sintirei* por *sentirei*, *cumforme* por *conforme*, [19,2 ATA BA] *ritirada* por *retirada*, *absuluta* por *absoluta*, [20,2 CP BA] *sigundo* por *segundo* e [20,1 CP BA] *nuvidadi* por *novidade*; a elevação de vogais médias postônicas, como em [19,2 ATA BA] *Alvis* por *Alves*, *Azilu* por *azilo*, [20,1 CP BA] *saudadi* por *saudade* e [20,2 CP BA] *adoru* por *adoro*. Bastante expressiva é a presença, nos manuscritos, da elevação das vogais médias em monossílabos, ilustradas em [18,2 CC PA] *qui* por *que*, *pur* por *por*, [19,2 ATA BA] *lhi* por *lhe*, *du* por *do*, [20,1 CP BA] *lhi* por *lhe* e [20,2 CP BA] *nu* por *no*. Outros fenômenos também comuns, não muito marcados: a apócope, como em [19,2 ATA BA] *auto* por *autor*, [20,2 CP BA] *pusive* por *possível* e *chora* por *chorar*; a redução de ditongos, em [18,2 CC PA] *poco* por *pouco*, [19,2 ATA BA] *Banhero* por *banheiro*, [20,2 CP BA] *importansa* por *importância*, e a ditongação, em [18,2 CC PE] *bolaixa* por *bolacha*, [19,2 ATA BA] *dezeijo* por *desejo* e [20,1 CP BA] *dezeijado* por *desejando*.

Índices como esses podem não se constituir propriamente como marcas de inabilidade, mas podem ser indícios, coocorrendo junto àqueles mais raros, que podem, até mesmo, refletir variantes diatópicas. A seguir, alguns exemplos de fenômenos mais estigmatizados, presentes na escrita daqueles que tiveram pouco letramento.

Abaixamento das vogais altas em posição pretônica:
[18,2 CC PE] *dezer* por *dizer*
[18,2 CC PA] *poder* por *puder*
[19,1 ATA BA] *belhetes* por *bilhetes*
[19,1 ATA BA] *comonicar* por *comunicar*
[20,2 CP BA] *Destinto* por *distinto*
[20,1 CP BA] *corzeiro* por *cruzeiro*

Anteriorização de vogais:
[18,2 CC MA] *exeminado* por *examinado*
[19,2 ATA BA] *Bertholomeu* por *Bartolomeu*
[20,2 CP BA] *esmerinda* por *Almerinda*

Posteriorização de vogais:
[18,2 CC PE] *nogocio* por *negócio*
[19,2 ATA BA] *onivercario* por *aniversário*
[20,2 CP BA] *tombem* por *também*

Nasalização:
[18,2 CC RJ] *muinto* por *muito*
[19,2 ATA BA] *andiantar* por *adiantar*
[20,2 CP BA] *muinta* por *muita*

Palatalização:
[19,2 ATA BA] *aniverçalho* por *aniversário*
[20,2 CP BA] *Brazilha* por *Brasília*

Rotacismo:
[19,2 ATA BA] *apricado* por *aplicado*
[20,2 CP BA] *Dicurpi* por *desculpe*

Lambdacismo:
[19,2 ATA BA] *plauzo* por prazo
[20,2 CP BA] *silvido* por *servido*

Aférese:
[18,2 CC BA] *te* por *até*
[19,2 ATA BA] *cembleia* por *assembleia*
[20,2 CP BA] *duentada* por *adoentada*

Síncope:
[18,2 CC BA] *propia* por *própria*
[19,1 ATA BA] *brigela* por *berinjela*
[20,2 CP BA] *diero* por *dinheiro*
[20,2 CP BA] *nevozo* por *nervoso*
[20,2 CP BA] *pencanno* por *pensando*

Prótese:
[19,1 ATA BA] *enpreenxer* por *preencher*
[20,2 CP BA] *avoar* por *voar*

Epêntese:
[18,2 CC BA] *adevinhar* por *advinhar*
[19,2 ATA BA] *iginorava* por *ignorava*

Há casos de fenômenos que geralmente apresentam pouca representatividade, expressos em poucos dados, como a desnasalização, exemplificada em [20,2 CP BA] *pasaje* por *passagem*; a paragoge, em [19,2 ATA BA] *comcordio* por *concorde,* [20,2 CP BA] *veizi* por *vez,* e a metátese, em [19,1 ATA BA] *porcura* por *procura.*

Plano da repetição lexical

De acordo com Barbosa (2008a: 25), a repetição de vocábulos em sequência na mesma sentença ou em sentenças subsequentes é um "sinal objetivo ligado em direto à oralidade", e pode ser o reflexo "da busca de uma riqueza lexical não apreendida no contato com textos modelares da cultura escrita de sua época". Essa repetição não é aquela com os *termos lado a lado*, ou seja, não são os lapsos próprios da cópia em mais de uma via.

Essa é uma marca presente na escrita de alguns indivíduos em fase de aquisição do código escrito, seja em textos infantis (cf. Dutra, 2003) ou em textos históricos, como nas cartas populares do século XVII[3] (cf. Marquilhas, 2004) e nas cartas dos sertanejos baianos, como ilustram os exemplos (1), (2) e (3). Nos *corpora*, a presença da repetição é mais um indício de que são textos espontâneos, sem planejamento e revisão. O que se tem é a primeira versão de uma escrita ao "calor da hora".

(1) [20,2 CP BA] [...] *conpadi u sinhor| farsa A miha caza| que eu vou sir Deus| quizer Derta que eu| mando u* ***Dinheiro****| ou sirnão condo eu| for eu leivo| u* ***Dinheiro****| nu dia 25 di Agosto| eu vou mandar|* ***Dinheiro*** *Par u sinho| conpar milho i| tonbem farzer A minha| caza|* [...]

(2) [20,1 CP BA] [...] *estiver duente* ***vosmece****| e di saber porem si* ***vosmece*** *tiver| Algumas viajim podi hir que quando|* ***vosmece*** *chegar eu estou desculpi| as prozas que são cauzos di quem não sabi|*

(3) [20,2 CP BA] [...] ***lembrança*** *para voce* ***i lembrança*** *esmerinda|* ***i lembrança*** *Ogusto* ***i lembrança*** *Pedrinho* ***lembrança****| luizinha que é para esmerinda dar a ela i 1 apreto| di mão..* ***lembranca*** *a Anna i angelica manda|* ***lembranca*** *para esmerinda i todos.. i Filomena emvia|* ***lembrança*** *para esmerinda i todos da bôa [.] caza|* [...]

Nas cartas populares, segmentos repetidos, principalmente itens lexicais, têm diversas motivações e podem estar expressando funções[4] semelhantes às da gramática da língua oral, frequentemente usados para estabelecer a coesividade e para facilitar a interatividade com o destinatário.

Plano supragráfico e paleográfico

Os dados supragráficos, traços externos colhidos pela avaliação do suporte físico do texto, podem, segundo Barbosa (1999: 155), "[...] *sugerir aspectos do valor do documento em sua época de uso*". A avaliação do suporte físico dos documentos pode refletir uma escrita rápida, informal e pode indicar a ausência de preocupação, entre os redatores, com a conservação dos produtos gráficos, pela própria ocasionalidade da relação mantida com a escrita. A utilização de um papel comum, algumas vezes apenas um pedaço de papel, a sujidade do suporte, as dobras, os rasgos, são elementos que, unidos a outros aspectos, podem dar pistas da inabilidade da mão que escreveu.

Com relação aos dados paleográficos, é tentador, ao usuário de alguns *corpora*, como no caso daquele constituído pelas cartas do sertão baiano (cf. Santiago, 2012), reconhecer a inabilidade apenas a partir da aparência física dos textos, considerando-se que nos fac-símiles são bem visíveis as características físico-caligráficas estabelecidas por Marquilhas (2000). No entanto, a análise de outras dimensões, como a da *escriptualidade*, faz perceber que outras marcas, associadas ou não ao plano paleográfico, é que são determinantes na definição de alguns redatores como mais inábeis. Barbosa (2017) discute sobre isso e exemplifica o fato de que nem sempre há coincidência entre as dimensões da *escriptualidade* e da escrita fonética com a habilidade motora. Dentre os exemplos apresentados, o fac-símile do documento escrito por um ex-escravo, no século XIX, editado por Oliveira (2006), que apresenta uma *caligrafia segura*, ou seja, é hábil no nível motor, mas com marcas em outros planos, como a inversão de <r> e <l> em sílaba complexa, traço indubitável de inabilidade, para Barbosa.

Dentre os dados paleográficos, a *ausência de cursus* é caracterizada, segundo Marquilhas (2000), pelo desenho autônomo de cada carácter, ou mesmo de traços de cada carácter, devido à falta de agilidade dos músculos da mão.

Percebe-se, em determinadas palavras da Figura 1, que os grafemas foram desenhados um a um, sem ligação entre si, o que pode indicar certa dificuldade do redator em manter o curso natural da escrita. Em alguns casos, essa dificuldade é manifestada também no uso do *módulo grande*, mesmo que isso não seja mantido em todo documento, já que há uma oscilação; o texto apresenta grafemas maiores que outros, principalmente os iniciais de algumas palavras, e até palavras inteiras em proporção maior, gerando certa desproporção ao conjunto. A presença de *letras monolíticas*, caracterizada pelo desenho autônomo dos caracteres, também se relaciona com a falta de cursividade, quando não há uma combinação entre os grafemas de cada palavra, uma vez que estes parecem ser desenhados de forma isolada.

Figura 1 – Carta com características físico-caligráficas de inabilidade [20,2 CP BA]

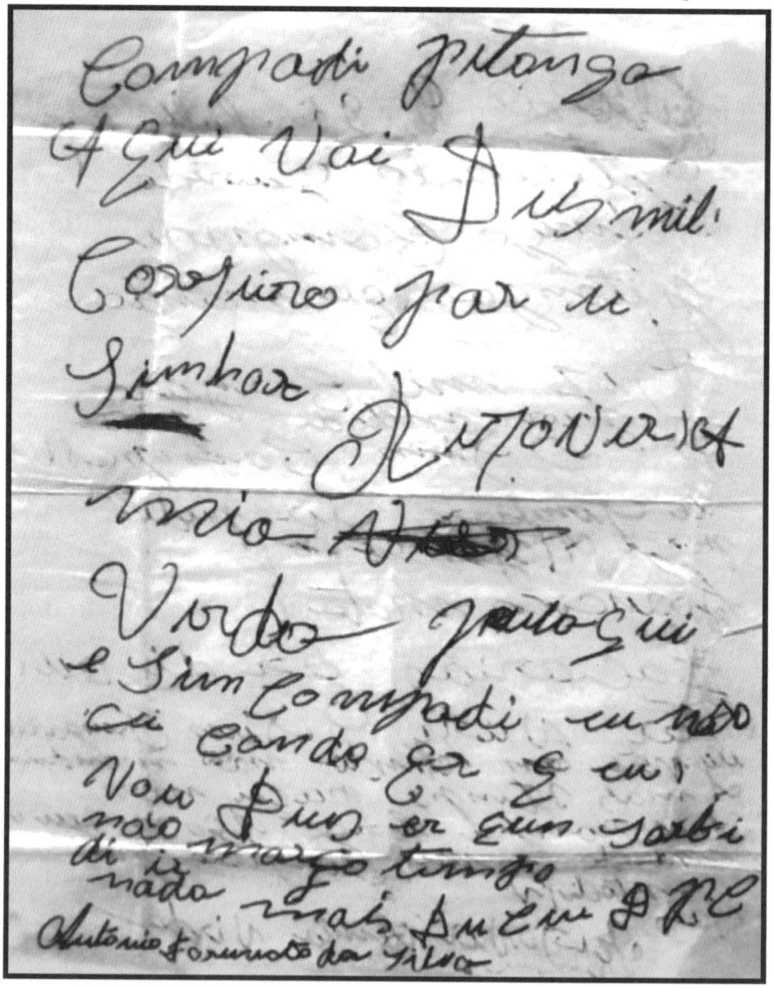

A detecção de um *traçado inseguro*, *letras com aparência desenquadrada*, com *falta de leveza ao conjunto*, aspectos também presentes na Figura 1, é, segundo Marquilhas (2000), bastante subjetiva, já que só o contraste com textos habilmente executados permitiria afirmar que esses aspectos seriam próprios a um principiante. No caso das cartas dos sertanejos baianos, mesmo com certa subjetividade, nota-se, pelo conjunto de propriedades físicas que evidenciam, a pouca habilidade de quem as escreveu.

Marquilhas (2000) refere-se à *ausência de regramento ideal* como a incapacidade de respeitar um pautado mental, o que se manifesta, segundo ela, sobretudo na tendência descendente do alinhamento, ao se aproximar da margem direita da folha, como na Figura 2. Além dessa tendência descendente, há a ascendente, como na Figura 3, que demonstra essa dificuldade em estabelecer o pautamento.

Figura 2 – Fragmento de carta com tendência descendente do alinhamento [20,2 CP BA]

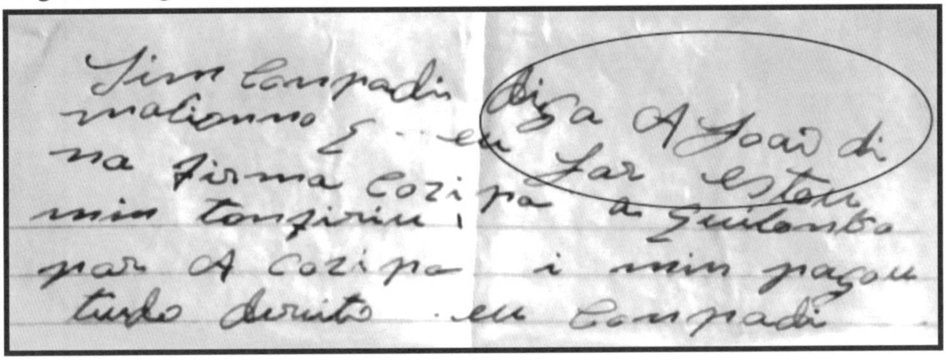

Figura 3 – Fragmento de carta com tendência ascendente do alinhamento [20,2 CP BA]

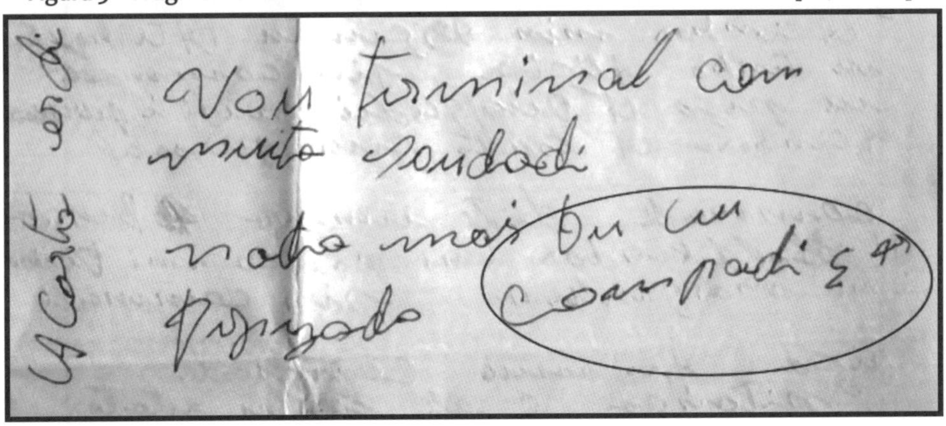

Em textos escritos por inábeis é comum não haver proporção entre as margens e, em alguns casos, a mancha gráfica é estruturada em um extremo da folha, como na Figura 4. Além dessa falta de alinhamento nas margens, ocorre, em alguns documentos, o aproveitamento de todo o espaço do papel, em muitos casos, com o texto escrito nas margens superior e/ou inferior, ou verticalmente, nas margens direita e/ou esquerda. Escrever nas margens não é propriamente uma característica do redator inábil, mas, associada a outros aspectos, pode ser uma marca das manifestações gráficas com indícios de inabilidade.

Figura 4 – Carta com irregularidade da paginação [20,2 CP BA]

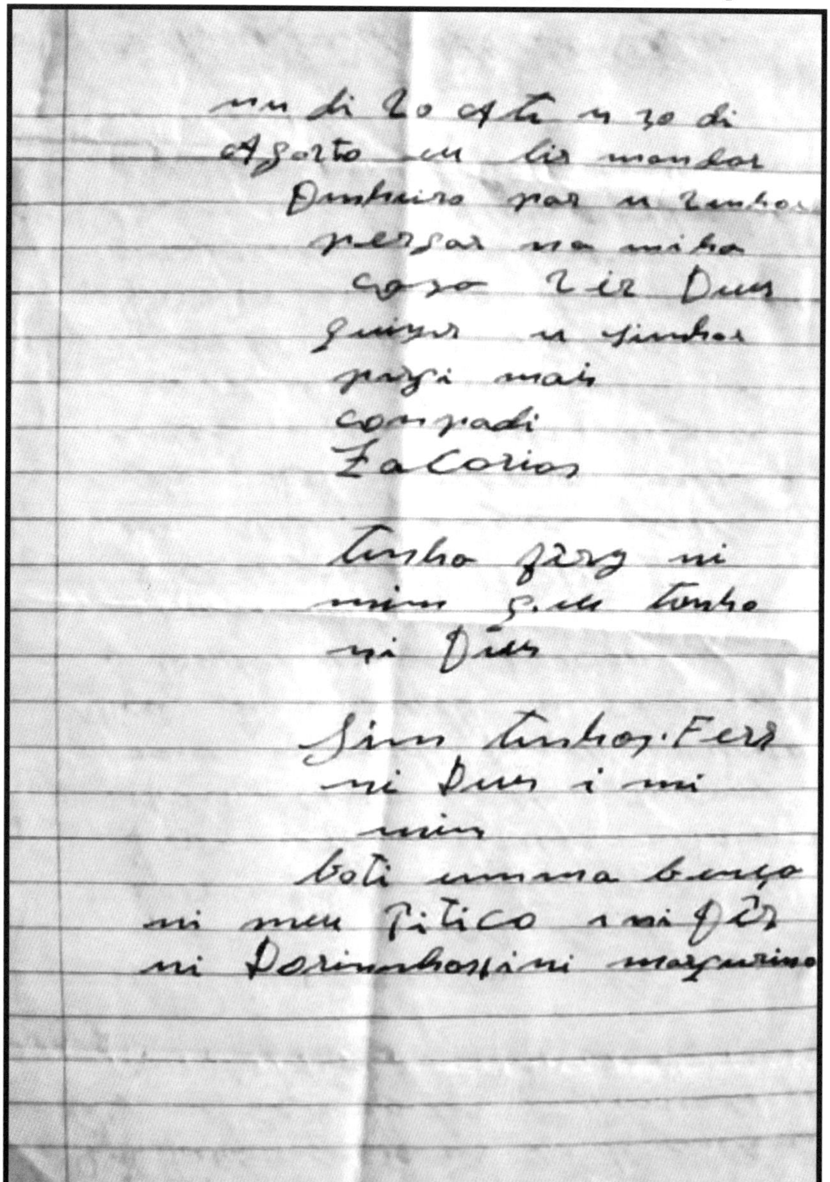

Plano da segmentação gráfica

Interpretar as fronteiras das palavras é uma das dificuldades para os indivíduos em fase de aquisição da escrita, considerando-se que o processo de segmentação gráfica da escrita não coincide com a segmentação da oralidade. Assim como ocorre na escrita infantil, os adultos, cujo contato com a escrita é incipiente, procuram construir suas hipóteses a partir da fala e, também, pelas experiências anteriores com o código escrito, que pode servir de parâmetro para a construção dessas hipóteses. Associando esse aspecto às características caligráficas dos inábeis, Marquilhas (2000: 244) comenta sobre o ritmo forçosamente lento da escrita, decorrente da falta de perícia, que determina também a amplitude do módulo, o desenho autônomo dos caracteres e a insegurança do traço. A identificação desse fenômeno gráfico não deixa, segundo ela, de "[...] *implicar subjectividade, uma vez que é bastante frequente a semelhança entre o espaço que separa duas letras autônomas, mas adjacentes, e o que corresponde a uma fronteira voluntária*".

As segmentações não convencionais correspondem a hipossegmentações, que consiste na grafia contínua de palavras que deveriam ser separadas, como nos exemplos (4) e (5), e hipersegmentações, a inserção do branco entre grupos de letras, que não formam palavras gráficas, como em (6) e (7):

(4) [19,1 ATA BA] *Aos* ***osdizoito*** *dimas* ***domes*** *de Junho* ***demil eoito*** *sen- | tos* ***etrinta*** *e seto estando* ***oProuedor emais*** *meza- | rios* ***danossa*** *de Vocaõ leu-se* ***otermo doque*** *ficou ag- | uiado* ***esiguise aizecuçaõ*** *della* ***inaõ sefes*** *o imuen- | tario por impidimento* [...]

(5) [20,2 CP BA] *perzado queridinho estimado Amigso| pitanga esta Duas linha li Dirzer| procura A nuticia* ***divocer*** *i toudo| seu toudo meu vai commo Deus| quizer commo vai u noso invreno| a qui frais muinto sro nada feizer| não patenmos sin queridinho. p.| compades perdo* ***jasesqueceu*** *di min| não es quecra mande dizer cmmo| vai u sinhor compader eu estinmo|* ***Dilonje*** *Di preto não posso Adeus a| te, se Deus qiuzer* [...]

(6) [19,2 ATA BA] *Resgatar* ***em quanto*** *antes Os me- | ninos filhos de fimados Socios para | recolhemos em Algum estabelicimto | publico que* ***como das*** *condicaõ nos* ***o fereca*** *| segundo o nosso estado para termos | estes*

meninos ***de baxo*** *do nosscos ponto | de vista bem entendido os meninos que | tiverem boa Conduta.*

(7) [20,1 CP BA] *[...] estas tem por fim dezerli| que* ***a chei*** *um [.] lugar que| U Dono vendi uma posse| de terra com uma Pequenna| Caza primcipiada e não* ***a| cabada|*** *um* ***Ser cadinho|*** *e umas 20 a 30 cabeica de| Cabra e o Dono pidimi| [?] mil res, e em vista|* [...] *o terreno e a mema camtia [...]*

As ocorrências de segmentações gráficas não convencionais encontradas nos *corpora* confirmam a ideia de que há certas regularidades nas hipóteses dos adultos em fase de aquisição de escrita. Para segmentar as palavras, podem ter por base a percepção da fala, uma vez que as grafias contínuas de palavras que deveriam ser autônomas parecem estar refletindo grupos de força e, em menor proporção, grupos tonais.[5] As próprias experiências anteriores com a escrita também influenciam na construção das hipóteses, pois no caso da hipersegmentação, a semelhança entre uma parte da palavra e uma forma independente pode ter resultado no uso do espaço em branco: as sílabas iniciais são percebidas como palavras independentes, dada a semelhança com vocábulos gramaticais ou com formas lexicais. Essas são possíveis interpretações;[6] mas, deve-se lembrar, ainda, que a insegurança com a escrita pode gerar uma incerteza da forma adequada, aliada à questão do ritmo da escrita, que pode estar indicando um apoio na soletração, o que justificaria algumas propostas de segmentação.

AS CARTAS DOS SERTANEJOS BAIANOS NO SÉCULO XX: FONTES PARA UMA DEFINIÇÃO DE DIFERENTES GRAUS DE INABILIDADE EM ESCRITA ALFABÉTICA

O conjunto de 91 cartas pessoais, escritas por 43 remetentes de origem rural, do semiárido baiano, pode ser considerado um *corpus* representativo, seja porque foram trocadas em relação de simetria entre sertanejos que fazem parte de um contexto sociocultural semelhante, seja pelo grau de transparência aos usos vernáculos que apresentam. O controle do perfil sociocultural dos redatores, inclusive com informações sobre seus processos de letramento, torna-se possível a partir do contato com os próprios sertanejos, já que, dos 53 remetentes e destinatários, 29 estão vivos. São lavradores, trabalham na agricultura de subsistência e na criação de animais e possuem pouca escolaridade, a maioria teve contato com as primeiras letras em espaços extraescolares, como a própria casa ou a de parentes, considerando-se a ausência e/ou precariedade das escolas e seu funcionamento irregular, na zona rural dessa região da Bahia. Os documentos foram escritos ao longo do século XX, no entanto, a maior parte deles foi escrita nas décadas de 1950, 1960 e 1970. Como escrita cotidiana, as cartas possuem um caráter afetivo, enviadas por amigos, compadres, namorados, parentes em geral, para expressar saudades, obter notícias familiares e fazer pedidos.

Reconhecendo as *mãos inábeis* que escreveram essas cartas, é possível perceber um contínuo de inabilidade, em que, a depender dos índices que apresentam, há alguns redatores mais inábeis em escrita alfabética que outros. A coocorrência de algumas marcas e/ou a incidência maior de marcas de um plano específico podem determinar se uma *mão* reflete um nível máximo de inabilidade, um nível intermediário ou um nível mínimo.

Nas cartas de comércio, por exemplo, Barbosa (2008) informa que levantou 127 ocorrências de índices grafofonéticos, enquanto nos documentos oficiais, editados por ele, só foram localizados 26 casos desse tipo. O pesquisador conclui, então, que as cartas de comércio são mais refratárias ao reflexo de marcas de oralidade na escrita, considerando os redatores como *pouco hábeis*, pela frequência e tipologia dessas marcas, aliadas à simplicidade nas latinizações que empregam. No entanto, os casos de inversão de letras, como na representação de sílabas que fogem ao padrão básico consoante-vogal, por exemplo, aspectos de aquisição de escrita comuns a inábeis de qualquer época, não são frequentes nessas cartas de comércio. Para Barbosa (2008: 198), "*essas cartas não seriam nem oficiais, nem particulares, nem de redatores profissionais, nem de inábeis: um ponto intermédio de relação sob menor estado de vigília – o que é próprio de quem escreve afastado dos modelos de escrita* [...]".

Se as cartas de comércio são consideradas um ponto intermediário em relação ao nível de habilidade de escritura, as cartas dos sertanejos baianos situam-se em um grau maior de inabilidade, já que os redatores estão ainda mais afastados dos modelos de escrita. Ainda que haja certa homogeneidade no conjunto dos documentos, à medida que todos apresentam aspectos de inabilidade, há algumas diferenças, dentro de um possível contínuo.

Os exemplos (8) e (9) são ilustrativos de uma maior inabilidade, enquanto os exemplos (10) e (11) revelam um grau menor.

(8) [20,2 CP BA]
Saudasão 28 di outubro di 19[.]7 |
meu querido Amigo pitanga Estimado Adeus di| lonje que di perto não posso ir querido ieu di|
jeijo saiber Commo vai voicre i toudos ceu|
eu não Esgeisodi voicre Commo vai us [.] 2|
garotão ou [.] ou liage [?] min manda dizre|
Commo vai u seiu peçroar [.] toudos meu| commo Deus qre|
tou commo Deus qisre Maria Jetude manda| dizre As touda Amiguinha Esta Commo Deus qizre| lenbras lenbransa A touda Amiga dera|
pitanga min Reponda E [.]uis Crata| lenbansa A toudos Amigo [.] nada mais du ceu| depezado Amigo|
Antonio frutunato da silva|

(9) [20,2 CP BA]
Salvadro Mata de São João BA - 31-maio-10-1-1|
Saudração|
Em prmero Lugra pegei Netra Çanetra Çoprade| José medis de Almedra dezejo Çei estra duas linha| Liçotre çopefetra caude i felisdrade çoprade zezitro| Ceu Amigo Juão vai Bei de Caude i de felisdrade Agora mado| Cabe Su Cere Vai Be de Caude i de traBalo çoprade| ze[.] zezitro Agora madro caBe comovai u cero vai Bei| de Begria de maçina o lá zezitro Cua grata| xegu ci minha nau mas vou pude [?] dri madro| mas madro dizre Agora Au Cero Josê ipere| ceu Amigro João dos Santos pelo u Cão Juau qi eu| vo parala i u dinha [.] 3 Atre e u dinha 25 eu Apare-| co para A jetre toma uar pigra eu iu cero i coprade| zizegra. zizegra u cere coprade parece [?]| zagrado comigo nau mada dize nadra para ceu| Amigro i Croprade Ju[?] [?]|
madro LeBraca para dona dina i para meu Amigro| [.] zizegra i zezitro i Ramudro|
Coprade zezito faca u piceno favo para ceu| coprade João madra leBraca para [.] Joje i dona| lolitra i para meu Amigro [.] Veveio i Drazi| i u Velo pai mas nadra de Ceu Amigro|
João dos Santos|

No exemplo (8), aspectos no plano da escrita fonética coocorrem com marcas de escriptualidade, como a dificuldade na representação de sílabas complexas com consoante seguida de vogal e de outra consoante, comum a níveis mais extremos de inabilidade. Nas grafias com o /r/ em posição de coda, há casos de deslocamento desse grafema, em *frutunato* por *Fortunato*; *crata* por *carta*; *qisre* e *qizre* por *quiser*; *dizre* por *dizer*; *sinhro* por *senhor*, e *qre* por *quer*, formando grupos ilegítimos em português, como *nhr* e *qr*. Já em *peçroar* por *pessoal*, nota-se a possibilidade de um rotacismo, de modo que a repetição do segmento resultou em uma estrutura inaceitável em português, que é a sequência *çr*. Em *voicre* por *você*, há um acréscimo de <r> em ataque ramificado, e em *reponda* por *responda*, há uma omissão de /s/ em posição de coda. Também são encontradas irregularidades na grafia de dígrafo <qu>, como em *qizre* e *qisre* por *quiser*. Os índices grafofonéticos são manifestados na elevação das vogais médias em monossílabos, em *di* por *de*; *i* por *e*; *du* por *do*, e *us* por *os*; na ditongação com a inserção da semivogal [w], em *toudos* por *todos* e *touda* por *toda*, e na síncope por omissão do /r/ em *Jetude* por *Jertrudes*.

O exemplo (9) ilustra 41 casos de irregularidades gráficas envolvendo o /r/, em casos de deslocamentos, omissões e, principalmente, acréscimos, como em: *çoprade* por *compadre*; *lugra* por *lugar* e *amigro* por *amigo*. Coincidindo com isso há 23 palavras que registram a ausência de representação da nasalidade, como em *madro* por *mando* e *pigra* por *pinga*. Assim como no exemplo (8), nessa carta há grafias irregulares com os dígrafos, em *pegei* por *peguei* e *trabalo* por *trabalho*, e índices grafofonéticos, como nos casos de elevação de vogais médias, em *qi* por *que* e *au* por *ao*; redução de ditongos, em *Almedra* por *Almeida*, e apócope, em *Cabe* por *saber*. Além disso, as segmentações não convencionais podem ser ilustradas nos casos de hipossegmentação, como em *parala* por *para lá* e *çopefetra* por *com perfeita*.

Esses exemplos confirmam a afirmação de Barbosa (2008a) de que um documento com inversão de <r> sempre apresenta vários casos de escrita fonética. E isso ocorreu de forma regular no *corpus*: em todas as cartas em que há essa inversão de <r>, e em todas em que há omissões e acréscimos desse grafema, há a presença de índices grafofonéticos.

Nos exemplos (10) e (11), ainda que apresentem muitas marcas de oralidade, há, comparando-se aos exemplos (8) e (9), menos marcas de escriptualidade:

(10) [20,2 CP BA]
Distito Mairi|
Fazênda Carrancudo Em 24 di Maio 1956|

Quridinha Amiguînha Amerinda|
As minha saudaçãos|

faço voto a Deus quê estas duas linha| vai lhi encontrando gozando perfeita saude| Amerinda as horas...|
siliçioza da minha vida que pêgo| nu meu radio lapes para ti.| ênviar-l as minha noticias i di todos| mêus estamos <↑com> saudê garça nosso bom Jeus| vou treminar enviando <↑lembranças> para voce i tambem| muita lembrança <↑a> Pitanga lêmbrança Ana i| muita lembrança Augusto i tambem a| Pedirnho [.]2 bençao nus meninos|

Roza branca|
da Bahia|
Ramo|
verde|
e sperança|
Aceite|
di sua querida|
saudades|
e muita lembrança|

leta A ê leta|
querida foi a leta que|
Deus Deixou quem não|
ama a leta A não|
ama a nosso sinhor|

Desculpe os eros que tem|
i tambem as falta di saber|

Angelica Pereira da silva|

< Resposte mi esta Carta ja ouviu Destinta|>

(11) [20,2 CP BA]
Fazenda Carrancudo 25 de Maio de 1956|
Destinta ! Amiguinha Amerinda|
Beijo-ti Auzentimente|
Aves çeja deus com-tigo em todos| os momentos da tua vida! que a virjem| Santiszima derramais la do ato do çeu| As maiores felicidade çobre a ti i todos| Que ti sercam!|
Então minha queridinha como passas ben| não e rial eu vou passando como que Jeus| sintindo enumeras as saudades das nossa| palestar formidavel ! Afinal não çei que dia| ti veijo deus e quem çabe... A finalizo| Abarsando todos da Amiguinha|

Sinsera|
Aceite lembarnça minha i de todos meus| enviando lembarnça a pitanga i a ana| e a Augusto i a P pedirnho i tu da| um abarço ni ana 2 bejinho ni Antonio| i 4 ni idebarndo. Sim diga Augusto que deus| e di da a ele uma v noiva bem bonitinha|
Nada Mais da tua|
Amiguinha Filomena pereira Silva|

Angélica Pereira e Filomena Pereira podem ser consideradas redatoras inábeis, no entanto, em um nível menor que Antônio Fortunato e João dos Santos. Há, na carta escrita por Angélica Pereira, no exemplo (10), alguns registros da dificuldade em grafar sílaba complexa envolvendo o /r/, como nos casos de inversão, em *pedirnho* por *Pedrinho*, *garça* por *graças* e *treminar* por *terminar*; e omissão, em *distito* por *distrito* e *leta* por *letra*. Há um exemplo de irregularidade da grafia do dígrafo <rr>, em *eros* por *erros*. A maior parte dos fenômenos correspondem a índices grafofonéticos, como a elevação de vogais médias pretônicas, em *sinhor* por *senhor*, *distito* por *distrito*, *siliçioza* por *silenciosa*; além da elevação das vogais médias em monossílabos (*di*, *i*, *lhi*, *mi*, *ti*, *nu*, *nus*). Há, ainda, o abaixamento de [i] ~ [e], em *destinta* por *distinta* e a síncope, em *amerinda* por *Almerinda*.

Na carta escrita por Filomena Pereira, há alguns casos de deslocamento de grafemas (*lembarnça* por *lembrança*, *abarsando* por *abrasando*), mas a maioria das grafias irregulares refletem marcas de oralidade na escrita, como a redução do ditongo, em *bejinho* por *beijinho*; a síncope, em *Amerinda* por *Almerinda*, e casos de elevação de vogais médias, como *rial* por *real*.

A quantidade significativa de aspectos relacionados à escriptualidade, em coocorrência com os índices grafofonéticos, é o que caracteriza as *mãos* redatoras das cartas exemplificadas em (8) e (9) como mais inábeis que as dos exemplos (10) e (11), cujos redatores, mesmo não deixando de manifestar dificuldades com a grafia de /r/, por exemplo, fazem-no em menor proporção. Na tabela a seguir, sistematiza-se a quantidade de algumas marcas de inabilidade identificadas nessas quatro cartas:

Tabela 1 – Exemplos de níveis de inabilidade

Dimensões de inabilidade		Inabilidade máxima		Inabilidade parcial	
		Redatores/quantidade de ocorrências			
		Antônio Fortunato (106 palavras)	João dos Santos (202 palavras)	Angélica Pereira (146 palavras)	Filomena Pereira (146 palavras)
Escriptualidade	Irregularidades na grafia com /r/ em sílaba complexa	11	13	8	7
	Acréscimos de /r/	3	28	-	-
	Irregularidades na grafia de dígrafo	4	3	1	-
	Irregularidades na representação da nasalidade	6	23	1	-
	Total	24	67	10	7
Escrita fonética	Elevação das vogais médias	9	27	17	16
	Abaixamento de [i] ~ [e]	-	-	1	-
	Centralização	-	-	1	-
	Ditongação	7	2	-	1
	Aférese	1	-	-	-
	Síncope	1	1	2	3
	Apócope	-	4	1	3
	Prótese	1	-	-	-
	Nasalização	2	-	-	1
	Redução de ditongos	-	3	-	1
	Ditongação	-	-	-	1
	Total	21	37	22	26

Esses aspectos também coincidem com a aparência física dos textos (ainda que em outras cartas essa coincidência não ocorra), como é visível na comparação entre a Figuras 5 e 6, os fac-símiles das cartas exemplificadas em (8) e (11). Enquanto a carta de Antonio Fortunato (Figura 5) apresenta maior ausência de *cursus*, traçado inseguro e irregularidade na empaginação, a de Filomena Pereira (Figura 6) apresenta esses aspectos paleográficos em menor evidência.

Figura 5 – Carta com muitas marcas de inabilidade no plano paleográfico [20,2 CP BA]

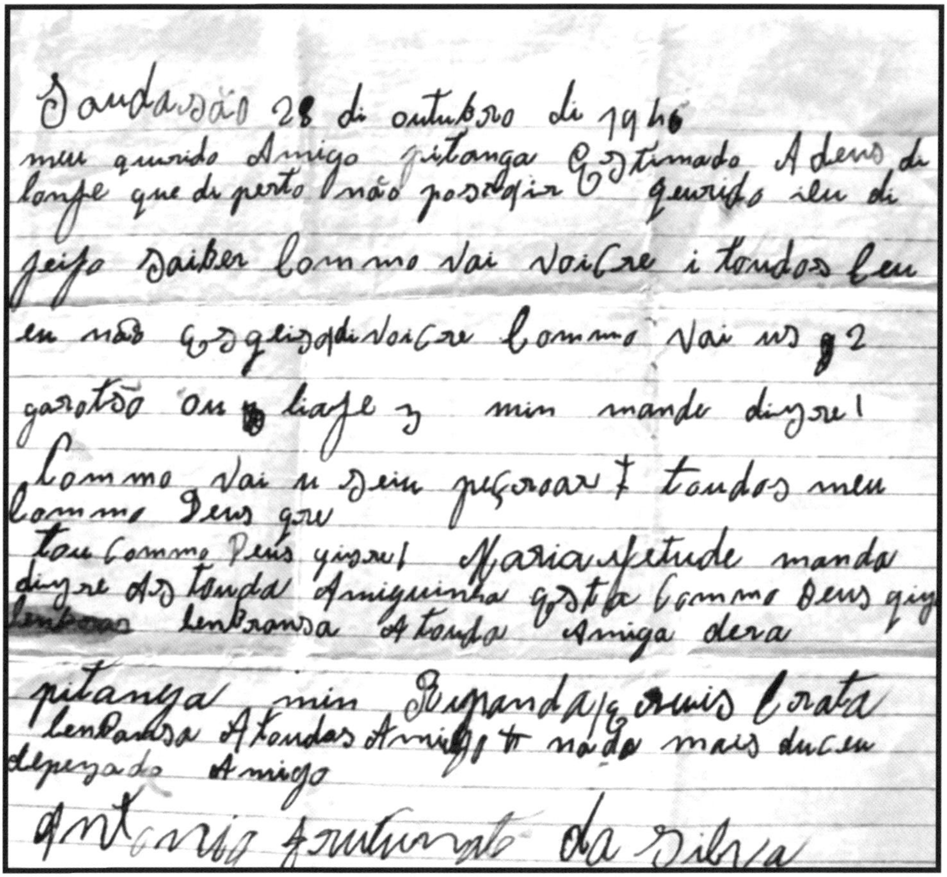
Saudasão 28 di outubro di 1946
meu querido Amigo pitanga Estimado A deus di
lonje que di perto não podir queridos eu di
seijo saiber commo vai voiçre i tondos leu
eu não esqueisdi voiçre commo vai us 2
garotão ou liaje e min mande dizre!
Commo vai u seiu pegosar i tondos meu
commo Deus qre
tou commo Deus qisre! Maria afetude manda
dizre os tonda Amiguinha esta commo Deus qiz
lenbrans lenbransa Atonda Amiga dera
pitanga min Reganda mais carta
lenbransa Atondas Amigos tt nada mais ducen
despesado Amigo
Antonio Fortunato da Silva

Figura 6 – Carta com poucas marcas de inabilidade no plano paleográfico [20,2 CP BA]

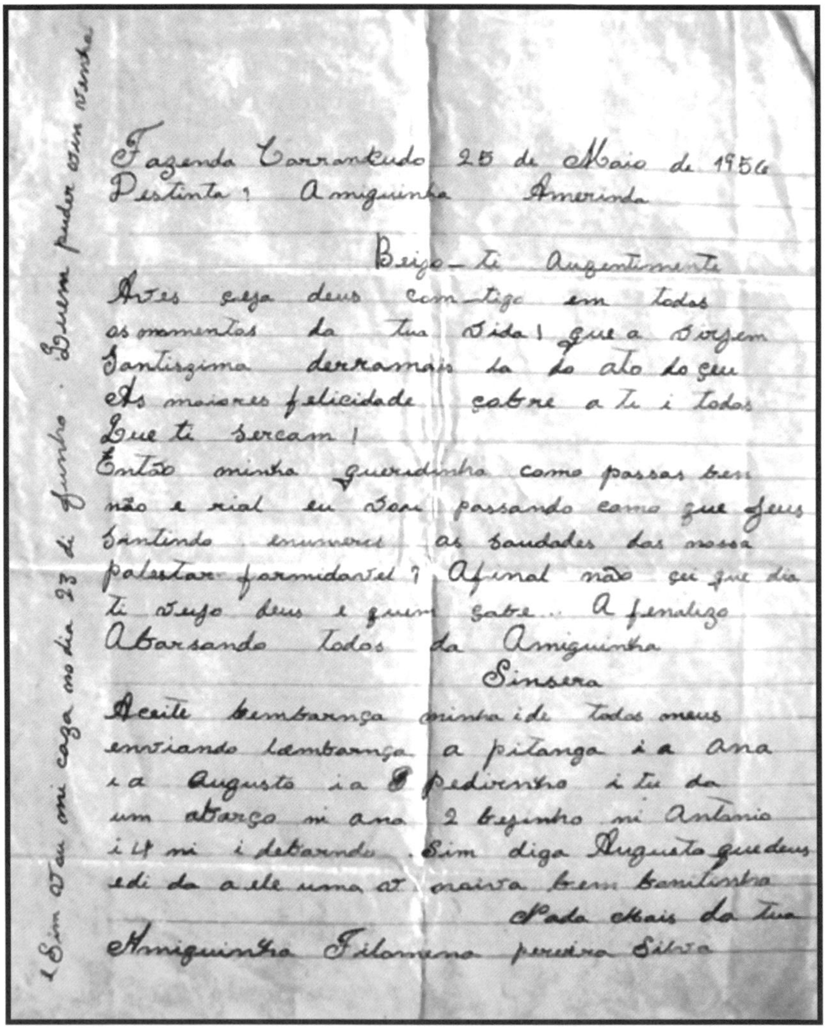
Fazenda Carrankudo 25 de Maio de 1956
Destinta i Amiguinha Amerinda
Beijo-ti Augentemente
Aves seja deus com-tigo em todas
os momentos da tua vida! que a virgem
Santissima derramais da do alto do ceu
As maiores felicidade sobre a ti i todas
que ti sercam!
Então minha queridinha como passas bem
não e rial eu vou passando como que deus
sentindo enumeras as saudades das nossa
palestar formidavel ? afinal não sei que dia
ti vejo deus e quem sabe.. a fenalizo
abarsando todos da Amiguinha
Sinsera
Aceite lembrança minha i de todos meus
enviando lembrança a pitanga i a ana
i a Augusto i a pedrinho i tu da
um abraço ni ana 2 bejinho ni Antonio
i it ni i debarnda . Sim diga Augusto que deus
edi da a ele uma at naiva bem bonitinha
Nada Mais da tua
Amiguinha Filomena pereira Silva
1 Sim vou mi caza no dia 23 di Junho . Quem puder vim venha

Todas essas propriedades podem ser relacionadas à questão do perfil social desses redatores, pois as informações que se referem às práticas de aprendizagem da escrita são indícios para o baixo nível de letramento que apresentam. Em um espaço/tempo em que as escolas eram ausentes ou funcionavam de modo precário, alguns sertanejos tiveram contato com as primeiras letras a partir de uma frequência mínima a escolas rurais, apenas os primeiros anos ou alguns meses e, para outros, esse contato ocorreu em espaços extraescolares, como a própria casa ou a de familiares.

CONSIDERAÇÕES FINAIS

A identificação de índices de inabilidade em *corpora* histórico-diacrônicos, a partir do levantamento de um conjunto de propriedades, contribui para melhor se enfrentar o desafio metodológico no que se refere ao reconhecimento da escrita cotidiana, mais próxima do vernáculo. A coocorrência de marcas e/ou a incidência maior de aspectos de um plano específico podem determinar se uma *mão* reflete um nível máximo de inabilidade, um nível intermediário ou um nível mínimo. Verifica-se que os mais inábeis são os que apresentam mais marcas na dimensão da escriptualidade, como inversões, omissões e/ou acréscimos de /r/. Esses redatores são os que manifestam coocorrência de marcas em praticamente todas as dimensões, sobretudo em relação às que se referem aos índices grafofonéticos e aos aspectos físico-caligráficos.

O *corpus* constituído pelas cartas dos sertanejos baianos, do século XX, é um bom exemplo de como os redatores, estacionados em fase inicial de aquisição de escrita, podem ser distribuídos em um contínuo, em que a maior ou menor inabilidade é evidenciada em propriedades coincidentes nos manuscritos, vinculadas ao controle do perfil social dos que escreveram.[8]

NOTAS

1 A identificação do tipo do documento, nos exemplos, será realizada mediante utilização das siglas CC, para carta de comércio, CP para carta pessoal e ATA.

2 A variação gráfica entre <mm> ~ <nn> ~ <m> ~ <n> nos manuscritos anteriores ao século XX, quando ainda não havia uma ortografia padronizada, pode não ser reflexo de uma representação exagerada da nasalidade, mas sim vestígio de uma grafia etimológica.

3 "*Sua mãe [e] irmã, consoantes nestas* ***cousas****, que todas três trato nesta* ***cousa***". Carta V (cf. Marquilhas, 2004).

4 Para uma abordagem funcional da repetição, cf. Marcuschi (1996).

5 O grupo de força é definido por Câmara Jr. (2004: 132) como um "[...] sintagma de dois ou mais vocábulos que constituem numa frase um conjunto fonético significativo, enunciado sem pausa intercorrente e subordinado a um acento tônico predominante que é o vocábulo mais importante do grupo". O grupo tonal é, segundo Silva (1994: 39), "[...] uma unidade rítmica, entoacional e, portanto, uma unidade de significação", envolvendo palavras autônomas do ponto de vista prosódico.

6 Kajita (2009), ao estudar a segmentação nos textos de *mãos inábeis* do arquivo da Inquisição de Lisboa, séculos XVII e XVIII, relaciona as segmentações não canônicas aos aspectos rítmicos da língua falada.

7 [.] indica rasura.

8 O maior detalhamento da distribuição dos níveis de inabilidade dos redatores das cartas dos sertanejos baianos, assim como a caracterização dos seus perfis de letramento, com o estudo da história da cultura escrita da região, são objetivos da pesquisa de doutorado em curso, de Santiago, pelo Programa de Pós-Graduação em Língua e Cultura da Universidade Federal da Bahia.

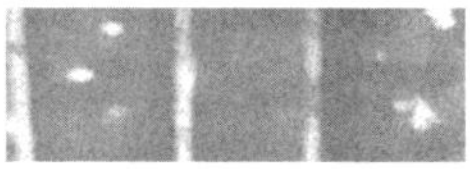

REFLEXÕES SOBRE A CONSTITUIÇÃO DE AMOSTRAS DERIVADAS A PARTIR DE UM *CORPUS*

Nei Rocha
Leonardo Lennertz Marcotulio

SUMÁRIO

APRESENTAÇÃO

A constituição de *corpora* para investigações linguísticas tem sido bastante impulsionada desde as últimas décadas. Como um dos pilares da Linguística de *Corpus*, pesquisadores de distintas universidades somam esforços para reunir, tratar computacionalmente e disponibilizar em rede grandes quantidades de textos de uma determinada língua ou variedade (Berber Sardinha, 2000a).

Não se pode negar a vantagem que um *corpus* disponível on-line representa para o usuário interessado em investigar um determinado fenômeno linguístico. Saltam-se todas as etapas do trabalho de campo – seja no caso de *corpora* históricos que pressupõem o trabalho filológico de edição dos textos, seja no caso de *corpora* orais realizados mediante entrevistas com informantes de uma dada população – e pode-se acessar facilmente os textos e, consequentemente, os dados. Trata-se de um grande avanço, sem a menor dúvida, responsável por viabilizar investigações de naturezas diversas em uma menor quantidade de tempo.

Embora menos representado que línguas como o inglês (Berber Sardinha, 2000a), o português já conta com *corpora* representativos, como o *Corpus* do Português (http://www.corpusdoportugues.org), Berber Sardinha, Kaufmann e Acunzo (2014a, b), o *Corpus* Informatizado do Português Medieval (http://cipm.fcsh.unl.pt), o *Corpus* Histórico do Português Tycho Brahe (http://www.tycho.iel.unicamp.br/corpus/index.html) e o *Corpus* Histórico do Português (CHP) (https://sites.google.com/site/corporaphpb/) que vem sendo constituído por membros do projeto Para uma História do Português Brasileiro (PHPB), o *Corpus* Para a Lexicografia do Português (cf. Kilgarriff, Jakubicek, Berber Sardinha e Whitelock, 2014; Berber Sardinha, Mayer Acunzo e São Bento Ferreira, no prelo), e C-ORAL Brasil (Raso e Mello, 2011), somente para citar alguns exemplos de *corpora* históricos.

Diante de uma plataforma digital de disponibilização de textos, uma questão central se coloca: como selecionar os textos para uma pesquisa? Que critérios utilizar? Em outras palavras, como *transformar* uma plataforma em um *corpus* para uma investigação específica?

Neste capítulo, trataremos desta questão central, bastante frequente para pesquisadores usuários de *corpora*: a constituição de amostras derivadas a partir de um *corpus*, de modo que os nossos interesses de pesquisa sejam atendidos.

De antemão, seria previsível concluir que não há uma resposta única para essa pergunta. Questões teóricas e/ou metodológicas específicas de cada investigação auxiliarão o pesquisador a tomar as decisões mais pertinentes. Temos em mente, no entanto, como público-leitor deste texto, um investigador iniciante que precisa enfrentar essa questão, a quem a reflexão que aqui propomos pode ser de algum interesse.

Para tanto, este capítulo está organizado da seguinte forma. Na primeira seção, apresentamos e caracterizamos o CHP do PHPB, mostrando questões relativas à constituição de *corpora*, dentre as quais destacamos o critério da representatividade da amostra. Na segunda seção, exploramos o CHP a partir das noções de disponibilidade e comparabilidade, com o intuito de refletir sobre as possibilidades do *corpus* e sobre a extração de materiais que atendam as perguntas básicas de um investigador. Por fim, nas três últimas seções, discutimos, com base em um ponto de vista estatístico, a possibilidade de obtenção de amostras derivadas mínimas que mantenham o potencial de representatividade do *corpus*.

O *CORPUS* HISTÓRICO DO PORTUGUÊS DO PHPB

De acordo com Berber Sardinha (2000a), para que um conjunto de textos seja considerado um *corpus*, é necessário que uma série de critérios seja contemplada:

> a) a origem: os dados devem ser autênticos; b) o propósito: o *corpus* deve ter a finalidade de ser um objeto de estudo linguístico; c) a composição: o conteúdo do *corpus* deve ser criteriosamente escolhido; d) a formatação: os dados do *corpus* devem ser legíveis por computador; e) a representatividade: o *corpus* deve ser representativo de uma língua ou variedade; f) a extensão: o *corpus* deve ser vasto para ser representativo. (2000a: 338)

Para o autor, uma definição interessante que dá conta desses critérios seria a de Sanchez:

> Um conjunto de dados linguísticos (pertencentes ao uso oral ou escrito da língua, ou a ambos), sistematizados segundo determinados critérios, suficientemente extensos em amplitude e profundidade, de maneira que sejam representativos da totalidade do uso linguístico ou de algum de seus

> âmbitos, dispostos de tal modo que possam ser processados por computador, com a finalidade de resultados vários e úteis para a descrição e análise. (Sanchez, 1995: 8-9, apud Sardinha, 2000a: 338)

Berber Sardinha (2000a) sintetiza os critérios anteriormente apresentados e descreve quatro pré-requisitos para a formação de um *corpus* computadorizado. Em primeiro lugar, o *corpus* deve ser constituído de textos autênticos (em linguagem natural e não textos criados por linguagem artificial, como a linguagem de programação de computadores). Além disso, os textos devem ser autênticos, no sentido de terem sido produzidos por falantes nativos de uma determinada língua. Em terceiro lugar, o conteúdo do *corpus* deve ser criteriosamente escolhido, de modo que o *corpus* tenha uma certa característica específica. Por fim, o último requisito se refere à representatividade do *corpus*, isto é, o *corpus* precisa ser um conjunto representativo de uma língua ou variedade linguística.

Apliquemos esses requisitos e critérios ao CHP do projeto PHPB, de modo a mostrar que o conjunto de textos disponibilizados pelo CHP pode ser considerado um *corpus* para análises linguísticas.

Hospedado temporariamente em https://sites.google.com/site/corporaphpb/, o CHP se configura como uma plataforma de textos históricos que reúne materiais editados pelas 12 equipes regionais que compõem o projeto PHPB, a saber: Alagoas, Bahia, Ceará, Minas Gerais, Pará, Paraíba, Paraná, Pernambuco, Rio Grande do Norte, Rio de Janeiro, Santa Catarina e São Paulo. A plataforma disponibiliza edições semidiplomáticas elaboradas de acordo com critérios preestabelecidos, ainda que com certa variação entre as equipes. Pretende-se, futuramente, normatizar e organizar os textos de forma definitiva segundo as normas oficiais de edição do projeto PHPB.

Os materiais disponíveis são de distintos gêneros textuais, de três séculos (XVIII, XIX ou XX), classificados em dois tipos de agrupamentos: *corpus mínimo* e *corpus diferencial.*

Na tentativa de disponibilizar para a comunidade científica os materiais que fossem comuns a todas as equipes regionais que fazem parte do PHPB, pensou-se num *corpus comum mínimo* que seria constituído por materiais de mesma natureza, editados pelas equipes regionais, para controle diatópico. Este *corpus* abriga edições de textos impressos e textos manuscritos, distribuídos da seguinte forma, de acordo com o gênero e com o recorte temporal:

Quadro 1 – Mapa geral do *corpus* mínimo comum do PHPB

<table>
<tr><th></th><th>Corpora manuscritos</th><th>Corpora impressos</th></tr>
<tr><td>Séc. 18,1 (1701-1750)</td><td rowspan="6">Cartas Particulares
Cartas Oficiais</td><td rowspan="2"></td></tr>
<tr><td>Séc. 18,2 (1751-1800)</td></tr>
<tr><td>Séc. 19,1 (1801-1850)</td><td rowspan="4">Cartas de Leitores
Cartas de Redatores/Editoriais
Anúncios</td></tr>
<tr><td>Séc. 19,2 (1851-1900)</td></tr>
<tr><td>Séc. 20,1 (1901-1950)</td></tr>
<tr><td>Séc. 20,2 (1951-2000)</td></tr>
</table>

Como se pode ver, os *corpora* manuscritos recobrem o lapso temporal do século XVIII ao XX e são constituídos por cartas particulares e cartas oficiais. Já os *corpora* impressos se restringem aos séculos XIX e XX e são constituídos por cartas de leitores, cartas de redatores/editoriais e por anúncios.

De modo a obter um ponto de comparação e contraste, elaborou-se, também, um *corpus diferencial*, constituído de *corpora* complementares para controle contrastivo com o *corpus comum*. Nele encontram-se materiais escritos por portugueses em território brasileiro, como cartas da administração privada dos séculos XVIII e XIX, assim como textos brasileiros diversos, como peças teatrais, testamentos, notícias etc., dos séculos XIX e XX, não disponíveis, ainda, para todas as localidades. Diferentemente dos materiais escritos por portugueses no Brasil, que permanecerão compondo o *corpus diferencial* para o contraste com o português brasileiro, as demais tipologias textuais passarão a integrar, no futuro, o *corpus* mínimo, à medida que esses materiais forem editados e divulgados pelas equipes regionais.

Resgatando os requisitos apontados por Berber Sardinha (2000a), pode-se dizer que os textos que constituem o CHP são textos históricos autênticos, produzidos por falantes nativos do português (brasileiros e portugueses residentes no Brasil). O *corpus* também apresenta um objetivo concreto e critérios específicos que guiaram a seleção dos textos. Pretende-se, de uma forma geral, permitir a elaboração de investigações científicas sobre o português brasileiro escrito (além de possibilitar o contraste com o português escrito no Brasil por portugueses), nos séculos XVIII, XIX e XX, em distintos gêneros textuais como cartas pessoais, cartas oficiais, cartas de leitores, cartas de redatores, anúncios, testamentos, notícias, obras teatrais etc., em distintas regiões do Brasil. Nesse sentido, a configuração do CHP vai ao encontro das palavras de Berber Sardinha (2000a: 339):

> [...] se o desejo é construir um *corpus* de português brasileiro escrito que represente a língua portuguesa, tal qual ela é escrita no Brasil, em sua totalidade, a coleta deve ser guiada por um conjunto de critérios que garanta, entre outras coisas, que o maior número possível de tipos textuais existentes no português brasileiro esteja representado, que haja uma quantidade aceitável de cada tipo de texto e que a seleção dos textos seja aleatória, a fim de que não se contamine a coleta com variáveis indesejáveis.

Cabe, no entanto, verificar se o CHP, no atual estágio, cumpre ao último dos requisitos: a representatividade. De acordo com Berber Sardinha (2000a: 342-3), a representatividade, ainda que esteja relacionada diretamente à extensão do *corpus*, é bastante difícil de ser medida em termos objetivos:

> O *corpus* é uma amostra de uma população cuja dimensão não se conhece (a linguagem como um todo). Desse modo, não se pode estabelecer qual seria o tamanho ideal da amostra para que ela represente esta população. Uma salvaguarda neste caso é tornar a amostra a maior possível (Sinclair, 1991), a fim de que ela se aproxime o mais possível da população da qual deriva, sendo assim mais representativa.

Até o momento, não contamos com critérios objetivos que possam mensurar a representatividade de um *corpus*. O que significaria ser representativo? Representativo do quê? Representativo para quem? Seguindo as palavras de Berber Sardinha (2000a), para que uma amostra seja representativa, é necessário o conhecimento da dimensão total da população. Entretanto, no caso da linguagem, esse valor é desconhecido, o que nos impediria, num primeiro momento, a aferição de uma amostra que pudesse representar o todo.

Nesse sentido, em Linguística, ao menos, de modo a viabilizar essa discussão, trabalha-se com a ideia de que um *corpus* será mais representativo quanto maior for sua extensão, permitindo o registro dos mais diferentes aspectos linguísticos.

No que se refere ao "representativo do quê?", para se medir a extensão de um *corpus*, Berber Sardinha (2000a) argumenta que é necessário considerar três dimensões: a) o número de palavras: quanto maior for o número de palavras, maior é a probabilidade de encontrar palavras com baixa produtividade; b) o número de textos: quanto maior o número de textos de um determinado gênero, mais representado estará; e, por fim, c) o número de gêneros textuais: quanto maior o número de gêneros textuais, mais representada estará, de modo geral, a língua. Já em relação ao "representativo para quem?", a questão da representatividade é ainda mais discutível, uma vez que utilizamos uma amostra como representativa de uma língua ou variedade (em termos diatópicos, por exemplo) de língua. É preciso cautela para evitar generalizações que, ainda que sejam sustentadas empiricamente por uma amostra, podem não se aplicar à totalidade da população.

Tratando da extensão propriamente dita, segundo Berber Sardinha (2000a), não há critérios mínimos comuns que conduzam a constituição dos *corpora*. Dentro de uma abordagem impressionística, baseada em constatações elaboradas a partir da prática de constituição de *corpora*, os valores variam. Para alguns, como Aston (1997), um *corpus* pequeno teria uma quantidade de 20 a 200 mil palavras e um *corpus* grande, 100 milhões ou mais. Já Leech (apud Berber Sardinha, 2000b) postula o valor de 1 milhão de palavras como o número mínimo que deve conter um *corpus*. Por uma abordagem histórica, fundamentada na observação de *corpora* já existentes, segundo o autor, pode-se utilizar a seguinte classificação: (i) *corpus pequeno*: menos de 80 mil palavras; (ii) *corpus pequeno-médio*: de 80 a 250 mil palavras; (iii) *corpus médio*: de 250 a 1 milhão de palavras; (iv) *corpus médio-grande*: de 1 a 10 milhões de palavras; e, por fim, (v) *corpus grande*: 10 milhões de palavras ou mais.

Além das abordagens impressionística e histórica, tem-se também um terceiro tipo de proposta, baseado em critérios estatísticos. Nessa perspectiva, Biber (1993, apud Berber Sardinha, 2000b), por exemplo, utiliza fórmulas matemáticas para estipular a quantidade mínima de palavras, textos e gêneros, mantendo-se a representatividade da amostra. Dentre as propostas desenvolvidas pela abordagem estatística, apresentamos, aqui, somente uma delas, que nos interessa particularmente neste capítulo, conhecida como vertente *interna*. Nessa perspectiva, parte-se de um *corpus* preexistente, entendido como a população total, e objetiva-se determinar o tamanho mínimo amostral que mantenha estáveis as características da amostra base.

Tomaremos, aqui, a abordagem histórica para verificar como se comportaria o CHP em função de sua extensão. As questões relativas à abordagem estatística serão tratadas nas seções 3, 4 e 5 deste capítulo.

Em virtude dos diversos tipos de dificuldades (recursos humanos, materiais remanescentes nos arquivos locais, trabalho filológico de edição dos documentos já disponíveis), nem todas as equipes regionais do PHPB conseguiram, até o momento, recolher e/ou editar materiais que pudessem preencher todas as células inicialmente pensadas para o CHP. Nesse sentido, de modo a manter uma maior homogeneidade na análise, trabalharemos somente com o *corpus comum mínimo*, e, dentro deste, somente com os *corpora* impressos por já se apresentarem em estágio mais avançado de elaboração. Vale dizer que Alagoas, por exemplo, que consta da lista, ainda não disponibilizou nenhum material, razão pela qual não levaremos em consideração essa localidade. A pergunta que queremos responder é a seguinte: como seria classificada a extensão do *corpus* mínimo de impressos do CHP em função do número de palavras?

Vejamos no quadro a seguir o número de palavras, por recortes temporais, considerando cartas de leitores, cartas de redatores e anúncios em todas as regiões:

Quadro 2 – Número total de palavras (*tokens*) por células: gêneros textuais e recortes temporais

	19,1	19,2	20,1	20,2	Total
Cartas de Leitores	65.567	148.594	58.467	85.744	358.372
Cartas de Redatores	62.063	124.409	46.571	34.336	267.379
Anúncios	94.650	178.203	124.296	69.449	466.598
Total	222.280	451.206	229.334	189.529	1.092.349

Podemos observar uma quantidade de 358.372 palavras em cartas de leitores, 267.379 em cartas de redatores e 466.598 em anúncios, o que perfaz um total de 1.092.349 palavras no *corpus* mínimo de impressos do CHP.[1] Esse valor total nos permite classificá-lo, segundo a abordagem histórica, como um corpus *médio-grande* (de 1 a 10 milhões de palavras).

Em síntese, o CHP cumpre os requisitos básicos para que o conjunto de textos disponibilizados em sua plataforma seja entendido como um *corpus*. Na próxima seção, exploraremos o CHP em outra perspectiva. Pretendemos responder às seguintes perguntas: (i) o que, de fato, se tem à disposição da comunidade acadêmica no *corpus comum mínimo* de impressos do CHP?; (ii) do que se tem, o que é comparável diacrônica e diatopicamente?; (iii) considerando as noções de *hierarquização de critérios*, *disponibilidade* e *comparabilidade*, como gerar amostras derivadas a partir da amostra base do CHP?

DISPONIBILIDADE E COMPARABILIDADE NO *CORPUS* HISTÓRICO DO PORTUGUÊS

Que materiais estão disponíveis no *corpus comum mínimo* de impressos do CHP? Como, a partir do material disponível, selecionar amostras derivadas que constituirão o nosso próprio *corpus* de pesquisa? De modo a discutir essas questões, vejamos o quadro a seguir:

Quadro 3 – Materiais disponíveis no *corpus mínimo comum* do PHPB

	Cartas de Leitores				Cartas de Redatores				Anúncios			
	19,1	19,2	20,1	20,2	19,1	19,2	20,1	20,2	19,1	19,2	20,1	20,2
BA	ok	ok	ok	ok	ok	ok	ok	ok	ok	ok	ok	ok
CE	ok	ok	ok	ok	ok	ok	ok	ok	ok	ok	ok	ok
MG	ok	ok	-	ok	ok	ok	-	-	ok	ok	ok	ok
PA	-	-	ok	-	-	-	ok	-	-	-	ok	-
PB	-	ok	-	-	-	ok	-	-	-	ok	ok	ok
PE	ok	ok	ok	ok	ok	ok	ok	ok	ok	ok	ok	ok
RJ	ok	ok	ok	ok	ok	ok	ok	ok	ok	ok	ok	ok
RN	-	ok	ok	ok	-	ok	ok	ok	-	ok	ok	ok
SC	ok	ok	ok	ok	-	-	-	-	ok	-	ok	ok
SP	ok	ok	-	-	ok	ok	-	-	ok	ok	-	-

O quadro mostra todos os materiais disponíveis na plataforma do PHPB. Em uma apreciação global, nos chama a atenção a grande quantidade de lacunas no *corpus*. A presença de células não preenchidas não apontam, no entanto, para a inexistência de materiais de determinadas tipologias textuais em diferentes localidades. Muitas equipes brasileiras seguem trabalhando na seleção e edição dos documentos históricos e, certamente, em um futuro próximo, o pesquisador que acesse a plataforma encontrará uma realidade menos incompleta. Até o momento, contamos com a presença de materiais em todas as células apenas para as localidades da Bahia, Ceará, Pernambuco e Rio de Janeiro.

Diante de todas essas possibilidades, como selecionar os materiais pertinentes para uma pesquisa linguística? Que gênero textual utilizar? Que localidades investigar? Que recortes temporais considerar? Como transformar essas possibilidades em um *corpus*? De antemão, é importante dizer que não existe uma resposta única a essa pergunta. A seleção de materiais será guiada pelas questões específicas de cada pesquisa. Sem pretender esgotar essa questão, vamos aqui pensar em algumas possibilidades de trabalho, de modo a mostrar que nossas perguntas podem condicionar a forma como enxergamos as possibilidades da plataforma. Trabalhamos, portanto, com as noções de *disponibilidade* e *comparabilidade* em função de alguns propósitos específicos.

a) Parâmetro *tempo*

Comecemos pelo parâmetro *tempo*. Suponhamos que em nosso estudo o fator *tempo* seja o eixo principal que guiará as nossas escolhas. Que materiais estão disponíveis para estudos sincrônicos ou diacrônicos? Dentre esses materiais, o que é, de fato, comparável? É preciso que, nesse momento, o pesquisador, em função de suas perguntas, hierarquize os critérios segundo os quais o *corpus* está organizado.

Se desejamos realizar um estudo cujo fator mais importante seja o *tempo* e o segundo fator de interesse seja o *gênero textual*, isto é, se o nosso objetivo for verificar o comportamento sincrônico ou diacrônico de um determinado fenômeno linguístico considerando a influência dos gêneros em sua realização, a nossa pergunta assume a seguinte configuração: considerando o tempo, o que está disponível em cada gênero textual? Dentro desse grupo, o que é comparável? Para responder a essas perguntas, vejamos o quadro a seguir:

Quadro 4 – Materiais disponíveis e comparáveis em função dos parâmetros *tempo* e *gênero textual* no *corpus* mínimo comum do PHPB

Estudo	Tempo	Materiais disponíveis			Materiais comparáveis
		Carta de leitores	Carta de redatores	Anúncios	Todos os gêneros
Sincrônico	19,1	BA, CE, MG, PE, RJ, SC, SP	BA, CE, MG, PE, RJ, SP	BA, CE, MG, PE, RJ, SC, SP	BA, CE, MG, PE, RJ, SP
	19,2	BA, CE, MG, PB, PE, RJ, RN, SC, SP	BA, CE, MG, PB, PE, RJ, RN, SP	BA, CE, MG, PB, PE, RJ, RN, SP	BA, CE, MG, PB, PE, RJ, RN, SP
	19 (1 e/ ou 2)	BA, CE, MG, PB, PE, RJ, RN, SC, SP	BA, CE, MG, PB, PE, RJ, RN, SP	BA, CE, MG, PB, PE, RJ, RN, SC, SP	BA, CE, MG, PB, PE, RJ, RN, SP
	20,1	BA, CE, PA, PE, RJ, RN, SC	BA, CE, PA, PE, RJ, RN	BA, CE, MG, PA, PB, PE, RJ, RN, SC	BA, CE, PA, PE, RJ, RN
	20,2	BA, CE, MG, PE, RJ, RN, SC	BA, CE, PE, RJ, RN	BA, CE, MG, PB, PE, RJ, RN, SC	BA, CE, PE, RJ, RN
	20 (1 e/ ou 2)	BA, CE, MG, PA, PE, RJ, RN, SC	BA, CE, PA, PE, RJ, RN	BA, CE, MG, PA, PB, PE, RJ, RN, SC	BA, CE, PA, PE, RJ, RN

Diacrônico	**2 pontos**	**19,1-19,2**	BA, CE, MG, PE, RJ, SC, SP	BA, CE, PE, RJ, RN	BA, CE, MG, PE, RJ, SP	BA, CE, PE, RJ
		20,1-20,2	BA, CE, PE, RJ, RN, SC	BA, CE, PE, RJ, RN	BA, CE, MG, PB, PE, RJ, RN, SC	BA, CE, PE, RJ, RN
		19,1-20,1	BA, CE, PE, RJ, SC	BA, CE, PE, RJ	BA, CE, MG, PE, RJ	BA, CE, PE, RJ
		19,1-20,2	BA, CE, MG, PE, RJ, SC	BA, CE, PE, RJ, RN	BA, CE, MG, PE, RJ, SC	BA, CE, PE, RJ
		19,2-20,1	BA, CE, PE, RJ, RN, SC	BA, CE, PE, RJ, RN	BA, CE, MG, PB, PE, RJ, RN	BA, CE, PE, RJ, RN
		19,2-20,2	BA, CE, MG, PE, RJ, RN, SC	BA, CE, PE, RJ, RN	BA, CE, MG, PB, PE, RJ, RN	BA, CE, PE, RJ, RN
		19-20	BA, CE, MG, PE, RJ, RN, SC	BA, CE, MG, PE, RJ, RN	BA, CE, MG, PB, PE, RJ, RN, SC	BA, CE, MG, PE, RJ, RN
	3 pontos	**19,1-19,2-20,1**	BA, CE, PE, RJ, SC	BA, CE, PE, RJ	BA, CE, MG, PE, RJ	BA, CE, PE, RJ
		19,2-20,1-20,2	BA, CE, PE, RJ, RN, SC	BA, CE, PE, RJ, RN	BA, CE, MG, PB, PE, RJ, RN	BA, CE, PE, RJ, RN
	4 pontos	**19,1-19,2-20,1-20,2**	BA, CE, PE, RJ, SC	BA, CE, PE, RJ	BA, CE, MG, PE, RJ	BA, CE, PE, RJ

Como se pode ver, nas duas primeiras colunas do Quadro 4 apresentamos algumas possibilidades de trabalhos sincrônicos e diacrônicos. No plano sincrônico, pode ser relevante para algum pesquisador trabalhar com um período de 50 anos do século XIX ou XX ou, até mesmo, conjugar esses materiais e trabalhar com um recorte que considere todo um século como uma sincronia. Na perspectiva diacrônica, as possibilidades de trabalho são basicamente três: considerar dois pontos no tempo (por metades de séculos ou séculos inteiros), três ou até mesmo quatro pontos, no caso de querermos proceder a um estudo sem lacunas no eixo temporal.

Tomando como exemplo a sincronia 19,1, estão disponíveis para análise cartas de leitores, cartas de redatores e anúncios das seguintes localidades, respectivamente: BA, CE, MG, PE, RJ, SC e SP; BA, CE, MG, PE, RJ e SP; BA, CE, MG, PE, RJ, SC e SP. Se para a investigação o critério diatópico não for relevante, esses seriam todos os materiais que poderiam compor o *corpus* de análise. No entanto, se desejarmos manter certa comparabilidade entre os materiais, isto é, gêneros textuais disponíveis em todas as localidades, a nossa amostra se reduz para BA, CE, MG, PE, RJ e SP. Vê-se, nesse caso, que a localidade de Santa Catarina seria excluída da amostra por não conter cartas de redatores.

Se, no entanto, for de interesse do pesquisador realizar um trabalho na perspectiva diacrônica que considere a transição do século XIX para o XX, seria pertinente focar nas células 19,2-20,1. Como mostrado no Quadro 4, para esse tipo de investigação, estariam disponíveis os seguintes materiais: cartas de leitores (BA, CE, PE, RJ, RN e SC), cartas de redatores (BA, CE, PE, RJ e RN) e anúncios (BA, CE, MG, PB, PE, RJ e RN). A comparabilidade nesse caso nos obrigaria a excluir as amostras de Santa Catarina, Minas Gerais e Paraíba, por não apresentarem materiais de todos os gêneros textuais no recorte temporal considerado. Trabalharíamos, assim, com as seguintes amostras comuns: BA, CE, PE, RJ e RN.

Por fim, se desejamos realizar um estudo sem lacunas no tempo, contaríamos com uma menor quantidade de amostras de cartas de leitores (BA, CE, PE, RJ e SC), cartas de redatores (BA, CE, PE e RJ) e anúncios (BA, CE, MG, PE e RJ). Nesse caso, os materiais comparáveis se restringem a quatro localidades (BA, CE, PE e RJ), excluindo-se, dessa amostra, as localidades de Santa Catarina e Minas Gerais.

Ainda considerando o fator *tempo* como a preocupação central, pensemos em outra situação. Se o nosso objetivo for realizar um estudo sincrônico ou diacrônico cujo fenômeno investigado é sensível ao fator *região*, temos as seguintes possibilidades:

Quadro 5 – Materiais disponíveis em função dos parâmetros *tempo* e *região* no *corpus* mínimo comum do PHPB

Estudo	Tempo	Materiais disponíveis									
		BA	CE	MG	PA	PB	PE	RJ	RN	SC	SP
Sincrônico	19,1	L,[2] R, A	L, R, A	L, R, A	-	-	L, R, A	L, R, A	-	L, A	L, R, A
	19,2	L, R, A	L, R, A	L, R, A	-	L, R, A	L, R, A	L, R, A	L, R, A	L	L, R, A
	19 (1 e/ou 2)	L, R, A	L, R, A	L, R, A	-	L, R, A	L, R, A	L, R, A	L, R, A	L, A	L, R, A
	20,1	L, R, A	L, R, A	A	L, R, A	A	L, R, A	L, R, A	L, R, A	L, A	-
	20,2	L, R, A	L, R, A	L, A	-	A	L, R, A	L, R, A	L, R, A	L, A	-
	20 (1 e/ou 2)	L, R, A	L, R, A	L, A	L, R, A	A	L, R, A	L, R, A	L, R, A	L, A	-

Diacrônico	2 pontos	19,1-19,2	L, R, A	L, R, A	L, R, A	-	-	L, R, A	L, R, A	-	L	L, R, A
		20,1-20,2	L, R, A	L, R, A	A	-	A	L, R, A	L, R, A	L, R, A	L, A	-
		19,1-20,1	L, R, A	L, R, A	A	-	-	L, R, A	L, R, A	-	L, A	-
		19,1-20,2	L, R, A	L, R, A	L, A	-	-	L, R, A	L, R, A	-	L, A	-
		19,2-20,1	L, R, A	L, R, A	A	-	A	L, R, A	L, R, A	L, R, A	L	-
		19,2-20,2	L, R, A	L, R, A	L, A	-	A	L, R, A	L, R, A	L, R, A	L	-
		19-20	L, R, A	L, R, A	L, A	-	A	L, R, A	L, R, A	L, R, A	L, A	-
	3 pontos	19,1-19,2-20,1	L, R, A	L, R, A	A	-	-	L, R, A	L, R, A	-	L	-
		19,2-20,1-20,2	L, R, A	L, R, A	A	-	A	L, R, A	L, R, A	L, R, A	L	-
	4 pontos	19,1-19,2-20,1-20,2	L, R, A	L, R, A	A	-	-	L, R, A	L, R, A	-	L	-

Diferentemente do quadro anterior, aqui, no Quadro 5, o material está organizado considerando o que está disponível, dentre os gêneros textuais, para cada localidade. Um estudo sincrônico que considere a segunda metade do século XIX, por exemplo, contaria com todos os gêneros textuais em quase todas as localidades, à exceção do Pará (em que não há materiais disponíveis para esse recorte temporal) e Santa Catarina (que conta somente com cartas de leitores). Na perspectiva diacrônica, de modo a realizar um estudo sem lacunas no eixo temporal, poderíamos utilizar as amostras BA, CE, PE e RJ (L, R, A); MG (A) e SC (L). Adotar essa forma de organizar os materiais disponíveis não nos permitiria, no entanto, encontrar materiais comparáveis, ou seja, algum gênero textual que estivesse igualmente disponível em todas as localidades. Caberia ao pesquisador, assim, tomar decisões de agrupamentos específicos ou seleção de localidades minimamente comparáveis.

b) Parâmetro *região*

Caso queiramos fazer um estudo sobre um determinado fenômeno linguístico em uma localidade específica, o fator *região* é considerado o determinante para a seleção dos materiais disponíveis. Se o fenômeno em questão é sensível ao gênero textual e em função desse fator desejarmos selecionar o material, temos:

Quadro 6 – Materiais disponíveis e comparáveis em função dos parâmetros *região* e *gênero textual* no *corpus* mínimo comum do PHPB

Região	Materiais disponíveis			Materiais comparáveis
	Carta de leitores	Carta de redatores	Anúncios	Todos os gêneros
BA	19,1, 19,2, 20,1, 20,2	19,1, 19,2, 20,1, 20,2	19,1, 19,2, 20,1, 20,2	19,1, 19,2, 20,1, 20,2
CE	19,1, 19,2, 20,1, 20,2	19,1, 19,2, 20,1, 20,2	19,1, 19,2, 20,1, 20,2	19,1, 19,2, 20,1, 20,2
MG	19,1, 19,2, 20,2	19,1, 19,2	19,1, 19,2, 20,1, 20,2	19,1, 19,2
PA	20,1	20,1	20,1	20,1
PB	19,2	19,2	19,2, 20,1, 20,2	19,2
PE	19,1, 19,2, 20,1, 20,2	19,1, 19,2, 20,1, 20,2	19,1, 19,2, 20,1, 20,2	19,1, 19,2, 20,1, 20,2
RJ	19,1, 19,2, 20,1, 20,2	19,1, 19,2, 20,1, 20,2	19,1, 19,2, 20,1, 20,2	19,1, 19,2, 20,1, 20,2
RN	19,2, 20,1, 20,2	19,2, 20,1, 20,2	19,2, 20,1, 20,2	19,2, 20,1, 20,2
SC	19,1, 19,2, 20,1, 20,2	-	19,1, 20,1, 20,2	-
SP	19,1, 19,2	19,1, 19,2	19,1, 19,2	19,1, 19,2

A partir da leitura do Quadro 6, vemos, por exemplo, que um estudo que considerasse as localidades da Bahia, Ceará, Pernambuco e Rio de Janeiro poderia ser realizado com materiais de todos os gêneros textuais e de todos os recortes temporais. Por outro lado, caso escolhamos a localidade de Minas Gerais, os distintos gêneros textuais não contam com amostras de todos os pontos temporais: cartas de leitores (19,1, 19,2, 20,2), cartas de redatores (19,1, 19,2) e anúncios (19,1, 19,2, 20,1, 20,2). A comparabilidade, nesse caso, abrangeria somente o lapso que cobre as duas metades do século XIX.

Outra possibilidade de trabalho seriam os estudos que desejam focar em alguma localidade em particular e estudá-la diacronicamente. Se quiséssemos estudar algum aspecto linguístico no português escrito em Santa Catarina, que materiais estariam disponíveis? E o que seria comparável? Para responder a essa questão, vejamos o quadro que segue:

Quadro 7 – Materiais disponíveis e comparáveis em função dos parâmetros *região* e *tempo* no *corpus* mínimo comum do PHPB

Região	Materiais disponíveis				Materiais comparáveis
	19,1	19,2	20,1	20,2	19,1, 19,2, 20,1, 20,2
BA	L, R, A	L, R, A	L, R, A	L, R, A	L, R, A
CE	L, R, A	L, R, A	L, R, A	L, R, A	L, R, A
MG	L, R, A	L, R, A	A	L, A	A
PA	-	-	L, R, A	-	-
PB	-	L, R, A	A	A	-
PE	L, R, A	L, R, A	L, R, A	L, R, A	L, R, A
RJ	L, R, A	L, R, A	L, R, A	L, R, A	L, R, A
RN	-	L, R, A	L, R, A	L, R, A	-
SC	L, A	L	L, A	L, A	L
SP	L, R, A	L, R, A	-	-	-

Observamos, através do quadro apresentado, que um estudo diacrônico sobre o português de Santa Catarina poderia contar com os seguintes materiais em função do tempo: cartas de leitores para todos os recortes temporais, sendo este o único gênero textual realmente comparável, e anúncios para 19,1, 20,1 e 20,2. Minas Gerais, por essa perspectiva, contaria com o gênero anúncios como único ponto de comparação ao longo do tempo e, por fim, as localidades da Bahia, Ceará, Pernambuco e Rio de Janeiro poderiam proporcionar estudos sem lacunas no tempo, no espaço e na tipologia textual.

c) Parâmetro *gênero textual*

Consideremos, agora, o nosso último parâmetro: o *gênero textual*. Se desejarmos realizar, por exemplo, um estudo diacrônico sobre algum gênero específico ou sobre alguma tradição discursiva presente em um determinado gênero, as possibilidades seriam estas, sendo a última coluna do quadro dedicada a agrupar os materiais que seriam, de fato, comparáveis:

Quadro 8 – Materiais disponíveis e comparáveis em função dos parâmetros *gênero textual* e *tempo* no *corpus* mínimo comum do PHPB

Gênero	Materiais disponíveis				Material comparável
	19,1	19,2	20,1	20,2	19,1, 19,2, 20,1, 20,2
Carta de leitor	BA, CE, MG, PE, RJ, SC, SP	BA, CE, MG, PB, PE, RJ, RN, SC, SP	BA, CE, PA, PE, RJ, RN, SC	BA, CE, MG, PE, RJ, RN, SC	BA, CE, PE, RJ, SC
Carta de redator	BA, CE, MG, PE, RJ, SP	BA, CE, MG, PB, PE, RJ, RN, SP	BA, CE, PA, PE, RJ, RN	BA, CE, PE, RJ, RN	BA, CE, PE, RJ
Anúncio	BA, CE, MG, PE, RJ, SC, SP	BA, CE, MG, PB, PE, RJ, RN, SP	BA, CE, MG, PA, PB, PE, RJ, RN, SC	BA, CE, MG, PB, PE, RJ, RN, SC	BA, CE, MG, PE, RJ

Por outra parte, mantendo o gênero textual como foco da atenção, mas hierarquizando de forma distinta os outros dois parâmetros, isto é, pensando em estudos sobre algum gênero textual específico em função das distintas localidades do Brasil, os materiais disponíveis se encontram dispostos no quadro a seguir. Diferentemente da situação anterior, não haveria, aqui, materiais mínimos de um determinado recorte temporal presentes em todos os estados, o que justifica a ausência de uma comparabilidade direta. Ficaria a cargo do pesquisador, nesse caso, pensar em novas possibilidades de arranjos ou restringir a amostra às localidades que fossem comparáveis:

Quadro 9 – Materiais disponíveis em função dos parâmetros *gênero textual* e *região* no *corpus* mínimo comum do PHPB

Gênero	Materiais disponíveis									
	BA	CE	MG	PA	PB	PE	RJ	RN	SC	SP
Carta de leitor	19,1, 19,2, 20,1, 20,2	19,1, 19,2, 20,1, 20,2	19,1, 19,2, 20,2	20,1	19,2	19,1, 19,2, 20,1, 20,2	19,1, 19,2, 20,1, 20,2	19,2, 20,1, 20,2	19,1, 19,2, 20,1, 20,2	19,1, 19,2
Carta de redator	19,1, 19,2, 20,1, 20,2	19,1, 19,2, 20,1, 20,2	19,1, 19,2	20,1	19,2	19,1, 19,2, 20,1, 20,2	19,1, 19,2, 20,1, 20,2	19,2, 20,1, 20,2	-	19,1, 19,2
Anúncio	19,1, 19,2, 20,1, 20,2	19,1, 19,2, 20,1, 20,2	19,1, 19,2, 20,1, 20,2	20,1	19,2, 20,1, 20,2	19,1, 19,2, 20,1, 20,2	19,1, 19,2, 20,1, 20,2	19,2, 20,1, 20,2	19,1, 20,1, 20,2	19,1, 19,2

Como se vê, diversas são as possibilidades de selecionar materiais do CHP de modo a compor um *corpus* específico para uma investigação. *Transformar* a plataforma em *corpus* será sempre uma tarefa guiada pelas questões próprias relacionadas ao objetivo de cada pesquisa.

Em síntese, nesta seção, discutimos como obter amostras derivadas levando em consideração as noções de *hierarquização de critérios*, *disponibilidade* e *comparabilidade* guiadas pelos objetivos específicos da pesquisa. Nas próximas seções, endereçamos a seguinte pergunta: seria possível obter amostras derivadas a partir de critérios estatísticos? Seria possível gerar subamostras que mantivessem o potencial de representatividade do *corpus*?

SOBRE O DIMENSIONAMENTO MÍNIMO AMOSTRAL: ABORDAGEM ESTATÍSTICA

Nas seções anteriores, apresentamos o CHP do PHPB e discutimos noções relacionadas à sua representatividade que nos permitiram, com base na abordagem histórica que trata da extensão do *corpus*, classificar o *corpus* mínimo de impressos como um *corpus* médio-grande. Além disso, refletimos também sobre a possibilidade de extrair amostras derivadas a partir das ideias de disponibilidade e comparabilidade, que devem ser sempre guiadas pelas perguntas específicas de cada pesquisador.

Nesta seção, resgatamos a terceira abordagem discutida por Berber Sardinha (2000a) que versa sobre o tamanho do *corpus* por uma perspectiva estatística. Por essa visão, aplicam-se teorias estatísticas que possibilitam a identificação das quantidades mínimas de palavras, textos e gêneros capazes de caracterizar uma amostra como representativa. Dentro dessa perspectiva, trabalhamos exclusivamente com a vertente considerada *interna*: "*Dado um* corpus *preexistente que serve como amostra maior, qual o tamanho mínimo de uma amostra que mantém estáveis as características desta amostra maior?*" (Berber Sardinha, 2000b: 8).

Essa é a perspectiva seguida por Biber (1990, 1993, apud Berber Sardinha, 2000b). Através de uma metodologia baseada na comparação de uma amostra (conjunto de textos) menor com outra maior, uma amostra representativa, para o autor, seria aquela que se assemelha mais a toda a população. Utilizando um *corpus* já existente como população (como representante da linguagem, de uma forma geral), o autor tenta estabelecer o tamanho mínimo de uma amostra que seja representativo desse *corpus* que lhe serviu de base. Assim, para que a amostra derivada e a amostra base sejam "parecidas", elas devem apresentar médias parecidas, que devem diferir no máximo em 5%, que seria o erro tolerável.

De modo a conduzir a discussão, Biber utilizou uma amostra base constituída por 481 textos do inglês britânico escrito e falado, advindos dos *corpora* Brown e London-Lund, além de textos próprios. Para obter uma amostra mínima representativa em função do número de textos, Biber comparou a produtividade de alguns aspectos linguísticos considerados de maior frequência, como por exemplo os substantivos, em amostras de distintos tamanhos, comparando os resultados aos obtidos com a amostra base. Os resultados alcançados apontaram que amostras com dez textos foram capazes de conservar os aspectos linguísticos tal como ocorria na amostra base. Em outro estudo, dessa vez dando atenção a aspectos linguísticos menos frequentes, como as orações condicionais, os resultados obtidos indicaram que a quantidade mínima de textos está diretamente relacionada ao aspecto linguístico considerado, sendo, obviamente, maior do que a quantidade exigida para o registro de aspectos mais frequentes.

O tamanho da amostra é estimado por Biber (1993, apud Berber Sardinha 2000b) a partir dos conceitos de erro padrão e erro tolerável. O primeiro seria a distância da média da amostra (considerando o aspecto linguístico investigado) da média real da população. Já o segundo seria a quantidade de incerteza tolerável na análise do *corpus*. As fórmulas oferecidas por Biber seriam: erro padrão (s_x): $s_x = s/n^{1/2}$ (sendo *s* o desvio padrão e *n* o tamanho dos textos a partir do qual se obteve o desvio padrão); erro tolerável (te): te = 1,96 $*$ s_x. O tamanho da amostra pensando em cada aspecto linguístico seria calculado da seguinte forma: tamanho da amostra (n): $n = s^2 /(te/1,96)^2$.Cabe dizer que o valor 1,96 fixado na fórmula proposta por Biber (mas variável) indica ainda um outro fator não explicitado por ele: o nível de confiabilidade desejado para atender o erro desejado, aqui nesse caso de 95%.

Considerando, por exemplo, na totalidade do *corpus* do qual extraiu sua amostra de 481 textos, a ocorrência de substantivos, Biber observa que essa categoria gramatical ocorre em média 181 vezes por texto. Aplicando as fórmulas mostradas anteriormente, o autor conclui que uma amostra mínima significativa de substantivos deveria conter 59,8 textos (ou 59.800 palavras, uma vez que cada texto tinha 1.000 palavras). Nesse sentido, a sua amostra derivada, que apresentava 481 textos, seria mais do que representativa para o estudo dos substantivos. Por outro lado, no que se refere às orações condicionais, sua amostra derivada não seria viável, já que essas orações ocorrem em média 2,5 vezes por textos, o que exigiria um *corpus* mínimo com um total de 1.190 textos (ou 1.190.000 palavras). Em síntese, a partir do trabalho de Biber, pode-se pensar em quantidades mínimas de textos ou palavras para o estudo de categorias gramaticais individuais.

Cabe dizer que os *corpora* utilizados por Biber para empreender esses estudos estavam etiquetados em categorias gramaticais (substantivos, verbos, preposições etc.). Essa não é, no entanto, a realidade do CHP, o que, em um princípio, nos impediria de realizar esse experimento. Assim, de modo a tornar essa reflexão possível, realizamos, manualmente, uma busca de dados somente nas regiões que se encontravam completas em relação aos gêneros textuais e aos recortes temporais: Bahia, Ceará, Pernambuco e Rio de Janeiro. A exemplificação proposta se dará a partir de dois casos concretos: os advérbios em *-mente* e o advérbio de intensidade *muito*.

De uma forma bastante simplificada, na história do português os advérbios em *-mente* (qualitativos, de tempo, de aspecto etc.) sofreram uma mudança no que se refere à posição que ocupam na sentença, tomando como referência o verbo: a posição pré-verbal, padrão mais produtivo no latim, vai sendo gradualmente substituída pela posição pós-verbal, que passa a ser a posição mais frequente a partir do século XIX (ver Cesario et al., "Os advérbios: aspectos históricos e usos atuais", volume 4 desta coleção, e referências aí citadas).

Obviamente, o assunto é muito mais complexo e há de se levar em consideração a relação entre o aspecto sintático de ordenação e questões semânticas, pragmáticas e discursivo-funcionais dos advérbios. Para tanto, remetemos o leitor ao capítulo de Cesario et al. mencionado, no qual as autoras analisam o comportamento de advérbios em *-mente* e do advérbio intensificador *muito*, no que se refere à ordem ocupada na sentença, em cartas pessoais e cartas de leitores dos séculos XIX e XX, evidenciando reflexos da mudança da posição pré-verbal para a posição pós-verbal.

Suponhamos que queremos contribuir para essa discussão e realizar uma investigação sobre a ordenação dos advérbios em *-mente* e do advérbio de intensidade *muito* a partir do *corpus* mínimo de impressos do CHP.

Considerando todas as amostras em conjunto, temos os seguintes resultados:

Quadro 10 – Número de palavras e de dados dos advérbios *X-mente* e *muito* nas amostras BA, CE, PE e RJ

BA + CE + PE + RJ (cartas de leitores, cartas de redatores e anúncios, em todos os recortes temporais)	Número de palavras	Número de dados	
		X-mente	*muito*
	623.006	2.645	617

Em um universo de 623.006 palavras, foram encontrados 2.645 ocorrências de advérbios terminados em *-mente* e 617 de advérbios de intensidade *muito*. A distribuição desses dados em função da região, do gênero textual e do recorte temporal pode ser visualizada no Quadro 11:

Quadro 11 – Número de palavras e de dados dos advérbios *X-mente* e *muito* em função da região, gênero textual e tempo

Região	Gênero	Tempo	Número de palavras	Número de dados	
				X-mente	*muito*
BA	Leitores	19,1	11.252	44	15
		19,2	28.764	152	41
		20,1	11.592	63	9
		20,2	10.355	70	6
	Redatores	19,1	8.530	38	6
		19,2	16.007	92	22
		20,1	3.580	27	8
		20,2	3.051	33	4
	Anúncios	19,1	5.511	8	10
		19,2	20.062	74	25
		20,1	11.739	75	9
		20,2	3.036	1	0
CE	Leitores	19,1	8.545	25	9
		19,2	6.441	34	10
		20,1	7.323	27	9
		20,2	8.359	32	4
	Redatores	19,1	6.747	13	3
		19,2	6.145	23	4
		20,1	6.571	29	6
		20,2	7.143	40	5
	Anúncios	19,1	12.084	12	25
		19,2	15.147	26	20
		20,1	13.035	17	4
		20,2	14.268	7	5

PE	Leitores	19,1	20.271	101	35
		19,2	28.143	140	31
		20,1	12.805	76	11
		20,2	13.003	65	13
	Redatores	19,1	31.363	161	29
		19,2	66.611	362	33
		20,1	9.183	52	13
		20,2	11.031	64	10
	Anúncios	19,1	16.889	49	32
		19,2	28.001	7	12
		20,1	11.668	20	1
		20,2	12.506	20	5
RJ	Leitores	19,1	9.841	53	15
		19,2	9.697	61	14
		20,1	4.723	21	6
		20,2	23.116	104	26
	Redatores	19,1	6.265	35	7
		19,2	10.218	61	21
		20,1	17.818	109	9
		20,2	8.264	38	12
	Anúncios	19,1	3.421	10	10
		19,2	7.585	30	6
		20,1	9.848	35	5
		20,2	5.449	9	2

Agrupando os resultados pelos fatores tempo, região e gênero textual, temos as seguintes distribuições, respectivamente:

Quadro 12 – Número de palavras e de dados dos advérbios *X-mente* e *muito* em função do tempo

Tempo	Número de palavras	Número de dados	
		X-mente	*muito*
19,1	140.719	549	196
19,2	242.821	1.062	239
20,1	119.885	551	90
20,2	119.581	483	92

Quadro 13 – Número de palavras e de dados dos advérbios *X-mente* e *muito* em função da região

Região	Número de palavras	Número de dados	
		X-mente	*muito*
Bahia	133.479	677	155
Ceará	111.808	285	104
Pernambuco	261.474	1.117	225
Rio de Janeiro	116.245	566	133

Quadro 14 – Número de palavras e de dados dos advérbios *X-mente* e *muito* em função do gênero

Gênero	Número de palavras	Número de dados	
		X-mente	*muito*
Carta de leitores	214.230	1.068	254
Carta de redatores	218.527	1.177	192
Anúncios	190.249	400	171

Partindo dos Quadros 12, 13 e 14, imaginemos quatro situações distintas: (i) um estudo geral em todo o *corpus*; (ii) um estudo que considere somente a segunda metade do século XIX; (iii) um estudo que considere somente os textos de Pernambuco; (iv) um estudo que considere somente o gênero cartas de redatores. Para a realização de tais estudos, qual seria a amostra mínima que refletisse a relação entre o número de palavras e o número de dados da amostra? Dito de outra forma, quantas palavras deve conter uma amostra mínima significativa para o estudo dos advérbios nessas quatro situações? Essas informações são sintetizadas no quadro abaixo:

Quadro 15 – A obtenção de amostras derivadas: síntese das propostas de estudo

Estudos	Amostra base			Amostra derivada
	Número de palavras	Número de dados		Número de palavras
		X-mente	*muito*	
Estudo 1: geral	623.006	2.645	617	?
Estudo 2: 19,2	242.821	1.062	239	?
Estudo 3: Pernambuco	261.474	1.117	225	?
Estudo 4: cartas de redatores	218.527	1.177	192	?

Antes de respondermos a essas perguntas, é mister refletir sobre como se dá um planejamento amostral a depender dos tipos de fatores fundamentais na aferição do tamanho amostral mínimo para atender às especificações de erro e nível de confiabilidade desejados. Feito isso, retomaremos o problema posto à guisa de modelo orientador para novos estudos.

REFLEXÕES SOBRE A METODOLOGIA ESTATÍSTICA PARA DIMENSIONAMENTO AMOSTRAL

Nesta seção, refletiremos sobre aspectos metodológicos para uma boa prática da amostragem probabilística, de maneira a sustentar de forma rigorosa as inferências sobre os parâmetros de interesse num estudo de Linguística de *Corpus*. Adiantamos que, dentro da teoria estatística de amostragem, é inútil se pensar num dimensionamento mínimo amostral que valha para todos os objetivos de estudo, já que a obtenção do tamanho amostral mínimo depende de fatores intrinsicamente associados aos objetivos pretendidos, à natureza da população e de suas unidades amostrais, do erro máximo de estimação e da confiabilidade das conclusões desejados. Assim, vemos com bastante reserva científica a formulação proposta por Biber (1993, apud Berber Sardinha 2000b), já que a fórmula proposta é *ad hoc* e só se verifica para estudos em que o parâmetro de interesse seja a média populacional, em populações garantidamente normais com variância populacional conhecida, e engessada em conclusões com 95% de confiabilidade, não valendo portanto para quaisquer outros cenários de estudos linguísticos a que um bom *corpus* linguístico se presta.

Pretendemos, no entanto, com as reflexões aqui propostas de uma boa prática amostral, não desestimular para uma possível resposta a esse dilema, se se tem em mente os tipos mais ubíquos de estudos linguísticos, uma vez que se poderia (diante da explicitação das múltiplas vertentes de trabalho e constituição dos *corpora*) estabelecer o cálculo dos tamanhos mínimos *ad hoc* e tomar finalmente o máximo dos valores propostos, se estabelecermos previamente o erro máximo da estimação e o nível de significância desejados em todos os estudos. Além disso, retomando o problema posto na seção anterior, veremos ao final desta seção que, tomando-se o *corpus* existente como população alvo da qual se conhece o parâmetro de interesse em estudo, é relativamente simples a obtenção do tamanho mínimo para que a amostra retirada preserve a mesma proporção populacional, a menos de algum erro arbitrado, com um nível de confiabilidade desejado.

Antes, porém, cabe-nos elucidar aos não iniciados em estatística os principais fatores que confluem no cálculo do tamanho amostral mínimo para que se possa entender o porquê de não haver uma teoria geral para esse problema.

Fatores e atores no dimensionamento amostral

Em toda pesquisa quantitativa em que populações de interesse não são completamente acessadas e informações sobre ela nos chegam através de uma célula supostamente representativa, faz-se necessário o uso da estatística e da probabilidade para a validação de-subjetivada de suas conclusões. De início, como já comentado, a questão da representatividade do *corpus* é por si só um problema de difícil caracterização e quase paradoxal, já que uma amostra é representativa se ela for uma microrrepresentação do universo populacional. No entanto, para se ter a certeza de que ela cumpre essa qualidade, deveríamos conhecer o comportamento dessa mesma característica da população, o que implicaria um conhecimento tão profundo que tornaria desnecessária a própria amostra! Portanto, como bem pontua Berber Sardinha (2000a: 343):

> No caso da linguagem, a dimensão da população total é desconhecida. Por isso, não é possível estimar-se qual seria uma amostra representativa da linguagem e, portanto, estritamente falando, não se pode afirmar que um *corpus* qualquer seja representativo. Embora não se possa falar em representatividade em termos absolutos, pode-se tratar da questão em termos relativos. A principal maneira, ou "salvaguarda" (Sinclair, 1991), pela qual se pode garantir maior representatividade é através do aumento da extensão do *corpus*. Um *corpus* maior é em geral mais representativo do que um menor devido ao fato de conter mais instâncias de traços linguísticos raros.

Partiremos, portanto, da premissa de que a crença na representatividade da amostra para o estudo linguístico pretendido é razoavelmente aceita. Outro aspecto a ser considerado é que nos ateremos aqui, após "solucionado" o problema de dimensionamento amostral estatístico, ao planejamento amostral de critério objetivo com procedimento probabilístico, uma vez que outros tipos de amostras são possíveis com pontos fortes e fracos em cada categoria, mas não estão mais necessariamente atrelados ao dimensionamento proposto. O quadro a seguir indica os possíveis planejamentos amostrais pelo cruzamento de dois critérios: o primeiro indica a presença ou não de um mecanismo probabilístico no plano de seleção amostral; enquanto o segundo critério diz respeito à existência ou não de um procedimento objetivo por parte do "amostrista".

Quadro 16 – Tipos de amostras

Critério do "amostrista"	Procedimento de Seleção	
	Probabilístico	**Não Probabilístico**
Objetivo	Amostras Probabilísticas	Amostras Criteriosas
Subjetivo	Amostras Quase Aleatórias	Amostras Intencionais

Entende-se por procedimento objetivo qualquer um cuja estrutura foi inequivocamente descrita, podendo ser replicado por outras pessoas gerando amostras com as mesmas propriedades, embora naturalmente diferentes. Já num procedimento subjetivo o pesquisador faz uso de seus julgamentos ou sentimentos para selecionar uma "boa" amostra. Há também a possibilidade de confluir a subjetividade do pesquisador com um procedimento probabilístico, gerando assim seleção de amostras ditas "quase aleatórias".

Vejamos agora como se dá o diálogo entre os fatores e os atores que norteiam o dimensionamento de amostra para um dado estudo.

De forma emblemática, o que está em jogo em quase toda pesquisa quantitativa de caráter estatístico é a obtenção de informações sobre mensurações específicas de uma população alvo, também denominadas *parâmetros*, por meio de informações parciais, veiculadas por uma amostra convenientemente escolhida da população, compondo os chamados *estimadores*. Na condição de observações parciais vindas de amostras aleatórias, é natural perceber que os estimadores são quantidades aleatórias, diferentemente dos parâmetros, considerados na Estatística Clássica como quantidades fixas e desconhecidas, e, portanto, esses estimadores terão leis de probabilidade univocamente determinadas do ponto de vista estatístico, a depender de sua forma e caracterização, que nos auxiliarão no cálculo do dimensionamento amostral. Vemos, assim, o primeiro fator que nos impossibilita para um dimensionamento único amostral para todo e qualquer estudo linguístico de *corpus*.

Se, num estudo quantitativo de domínio da frequência de categorias linguísticas, nosso parâmetro de interesse é a proporção com que certos traços linguísticos aparecem numa população de registros/gêneros, ou textos, ou mesmo palavras, o estimador não tendencioso para esse parâmetro (isto é, aquele que, obtido de várias amostras, igualará em média ao parâmetro), será dado pela proporção amostral e sua distribuição norteará um tamanho mínimo amostral, condicionado ainda a outros fatores como o erro máximo de estimativa e o nível de confiança, que abordaremos adiante. (Esse é o caso em questão do problema apresentado no final da seção "Sobre o dimensionamento mínimo amostral", em que, tomando-se o *corpus* como população, teremos acesso à proporção populacional e desejamos um tamanho amostral mínimo que nos garanta – com um certo nível de confiabilidade – que a proporção amostral não se afastará da proporção populacional por mais de um determinado erro.)

Se, por outro lado, nosso parâmetro de interesse é a média de alguma mensuração populacional, então a média amostral será um estimador também não tendencioso, com uma distribuição de probabilidade de natureza diferente do exemplo anterior, fornecendo também valor diferente de tamanho mínimo para o estudo que satisfaça um erro máximo de estimativa e um nível de confiança desejados.

Uma vez entendida a primeira condicionante para o cálculo do tamanho amostral mínimo, passemos ao segundo fator de relevância para o problema, a saber, o *erro padrão do estimador*. Como dissemos, todo estimador, por ser uma quantidade obtida por meio de uma amostra aleatória da população, é uma variável aleatória e, portanto, possui uma variabilidade que pode ser mensurada pelo seu desvio padrão (a raiz quadrada de sua variância), medida estatística esta por excelência de quão erráticos são os resultados do estimador nas diferentes amostras possíveis de serem obtidas no planejamento amostral.

Quanto maior for o tamanho amostral, menor será o erro padrão de um estimador, já que amostras de tamanho grande tenderão a diminuir a variabilidade do estimador e vice-versa. Assim, se *a priori* definirmos arbitrariamente um tamanho amostral, teremos de nos contentar com um erro padrão da estimativa específico, o que pode não atender aos nossos propósitos de precisão nas conclusões da pesquisa. Por outro lado, estabelecendo um erro máximo da estimativa E para um dado parâmetro, podemos calcular o tamanho amostral mínimo necessário para que este seja atendido com um nível de confiança estabelecido.

Cabe ressaltar aqui que se entende por erro amostral aquele desvio causado somente pelo processo amostral e não por problemas de mensuração e obtenção de informações. Quando o planejamento é probabilístico, a qualidade das conclusões do estudo se traduz pela estimativa de seu erro padrão. Entretanto, há planos amostrais bastante complexos em que o conhecimento estatístico disponível não é suficiente para fornecer expressões explícitas para esses erros, levando-nos a migrar fórmulas de planejamentos amostrais mais simples para o cálculo do erro padrão de planejamentos amostrais mais complexos, incorrendo-se em "erro técnico". Quando isso é feito, o pesquisador consciencioso deve tornar claro no estudo o tipo de distorção introduzida por essa decisão.

Por outro lado, em planejamentos não probabilísticos (fora de nosso escopo neste trabalho), o maior desafio é o de se estender os resultados amostrais para a população alvo, pior ainda, o de construir uma teoria para a real mensuração do erro cometido. Essas avaliações são, no mais das vezes, integralmente qualitativas e nem sempre livres de questionamentos e controvérsias.

Ainda sobre esse aspecto, cabe-nos ressaltar que desvios na estimação podem ocorrer por fatores independentes do planejamento amostral probabilístico, até mesmo em casos em que toda a população fosse investigada. Esses erros são denominados "não amostrais", podendo se dar em qualquer etapa do planejamento amostral (definições, coleta de dados, classificações, mensurações e análise) e se eles não forem diagnosticados e as possíveis distorções causadas avaliadas, podem comprometer seriamente o planejamento amostral tecnicamente adequado.

Finalmente, o último fator para nossa compreensão das diversas influências no cálculo do tamanho mínimo amostral é o chamado *nível de significância*. O nível de significância é a probabilidade (em geral arbitrada pelo pesquisador) de erro nas aferições veiculadas pela sua conclusão. O complementar dessa probabilidade é denominado *nível de confiança*. Níveis de significância pequenos induzirão a tamanhos de amostras maiores, pois se queremos probabilidades pequenas de erro, a teoria das probabilidades nos forçará a obter amostras de maior magnitude; o caso limite (inviável na prática) seria o de erro nulo, o que nos levaria ao tamanho total da população. Assim, um cálculo de tamanho mínimo amostral, a um nível de significância de 5%, nos garante afirmar as conclusões do estudo por via amostral com 95% de confiabilidade. Se desejássemos diminuir o nível de confiabilidade, digamos 1%, para termos um nível de confiança de 99%, certamente teríamos que aumentar o tamanho da amostra indicado *ad hoc* no estudo pretendido.

Outros fatores, tais como a natureza da população ser finita ou infinita, e a extração da amostra ser com ou sem reposição dos elementos amostrais, também jogam de forma decisiva no cálculo do tamanho amostral. A Tecnologia da Amostragem é, portanto, uma teoria estatística sofisticada, e, para ser conscienciosamente utilizada, há que se ter a congruência entre a fenomenologia da população e dos elementos amostrais e o construto teórico estatístico.

Vemos, portanto, que não é trivial o estabelecimento da dimensão mínima de *corpora* históricos, sem passar no mínimo por esses três fatores fundamentais, embora, a depender da constituição da população, outros fatores possam agenciar a metodologia também.

Assim, qualquer tentativa de estabelecimento de dimensão mínima para casos gerais terá falhas na sua constituição. Isso não quer dizer que não seja possível estabelecer *por excesso* um tamanho mínimo válido para estruturas de estudos usuais em Linguística de *Corpus*, em que parâmetros para esses estudos já estejam univocamente estabelecidos, seus estimadores não tendenciosos já intuídos, fixados alguns valores de erro máximo de estimativa e de níveis de significância, bem como o modo de extração da amostra. Entretanto, qualquer mudança nesses fatores de maneira, por exemplo, a se ter mais precisão e maior confiabilidade nas conclusões poderá exigir amostras maiores que o mínimo estabelecido por excesso nas vertentes comuns de estudo pensadas *a priori*. A boa-nova, no entanto, é que para um estudo bem definido e tendo-se arbitrado o erro e o nível de confiança desejados, o cálculo não impõe maiores dificuldades, mesmo aos neófitos de estatística.

Na próxima seção, sem a pretensão de ser exaustivo, exporemos alguns dos cálculos mais ubíquos em trabalhos estatísticos, que poderão servir ao pesquisador de Linguística de *Corpus* como guias para uma boa condução metodológica no dimensionamento amostral mínimo.

Principais cálculos de dimensionamento mínimo de *corpora* históricos

Como dissemos anteriormente, a formulação proposta por Biber (1993, apud Berber Sardinha, 2000b) não dá conta de todos os fatores que confluem para o cálculo do tamanho mínimo, pois a fórmula veiculada por ele, dada por $n = \frac{s^2}{(te/1{,}96)^2}$, com n o tamanho da amostra, s o desvio padrão amostral, e te o erro tolerável, apenas valida inferências sobre a média de alguma mensuração populacional de interesse, com desvio padrão estimado por uma amostra-piloto maior do que 30 e um nível de significância estabelecido de 5% em amostras com reposição. Qualquer mudança estrutural nesses fatores, o cálculo proposto não será mais conveniente.

Nesta subseção pretendemos, de forma breve, expor alguns métodos de dimensionamento mínimo de amostras aleatórias simples a depender dos parâmetros de interesse, da natureza da população, do tipo de extração e dos demais fatores em jogo no estudo linguístico que contemplamos na seção "Sobre o dimensionamento mínimo amostral" para ilustrar alguns dos métodos mais ubíquos no dimensionamento amostral. A amostragem aleatória simples é o método mais simples e certamente o mais importante para a seleção de uma amostra, daí nossa ênfase nesta subseção. Esse método se caracteriza operacionalmente pelo sorteio com igual probabilidade n unidades experimentais. Nessa medida, esse método é particularmente conveniente se a população alvo é relativamente homogênea, pois caso a população seja dividida em extratos internamente homogêneos, mas heterogêneos entre si, a amostra aleatória simples pode incorrer em unidades não representativas do todo.

TAMANHO MÍNIMO PARA ESTUDOS SOBRE MÉDIAS POPULACIONAIS COM AMOSTRA-PILOTO GRANDE (SUPERIOR A 30 UNIDADES AMOSTRAIS), EXTRAÇÕES COM REPOSIÇÃO

Suponhamos um contexto em que o parâmetro de interesse de uma população seja a média de alguma mensuração, por exemplo, o número médio μ de palavras em períodos textuais num certo tipo de registro de interesse. Então, para uma amostra-piloto $\{x_1, x_2, ..., x_{n_p}\}$ de tamanho n_p, superior ou igual a 30, o estimador de μ será dado pela média da amostra:

$$\bar{X} = \frac{x_1 + x_2 + ... + x_{n_p}}{n_p}$$

e pode-se mostrar (cf. Bolfarine e Bussab, 2005) que o tamanho amostral será dado por

$$n = \left(\frac{S \times z_\alpha}{E}\right)^2$$

com

n: tamanho amostral requerido,

$$S = \sqrt{\frac{(x_1 - \bar{X})^2 + (x_2 - \bar{X})^2 + ... + (x_{n_p} - \bar{X})^2}{n_p - 1}}:$$

o desvio padrão amostral,

E: erro máximo tolerável, e

Nível de Significância α	Z_α
1%	2,58
5%	1,96
10%	1,65

Essa é a prescrição presente em Biber (1993, apud Sardinha 2000b) com o nível de significância de 5%.

TAMANHO MÍNIMO PARA ESTUDOS SOBRE MÉDIAS POPULACIONAIS COM AMOSTRA-PILOTO PEQUENA (INFERIOR A 30 UNIDADES AMOSTRAIS), EXTRAÇÕES COM REPOSIÇÃO

Suponhamos agora um contexto em que o parâmetro de interesse de uma população seja ainda média μ de alguma mensuração, mas a amostra-piloto $\{x_1, x_2, ..., x_{n_p}\}$ é de tamanho n_p, inferior a 30, o estimador de μ também será dado pela média da amostra

$$\bar{X} = \frac{x_1 + x_2 + ... + x_{n_p}}{n_p}.$$

Se a população puder ser considerada normal ou aproximadamente normal, então, pode-se mostrar (cf. Bolfarine e Bussab, 2005) que o tamanho amostral será dado por

$$n = \left(\frac{S \times t_{n_p-1,\alpha}}{E}\right)^2$$

com

n: tamanho amostral requerido,

$$S = \sqrt{\frac{(x_1 - \bar{X})^2 + (x_2 - \bar{X})^2 + ... + (x_{n_p} - \bar{X})^2}{n_p - 1}}:$$

o desvio padrão amostral,

E: erro máximo tolerável,

e $t_{n_p-1,\alpha}$: o valor tabelado da distribuição t-Student com n_p - 1 graus de liberdade e α o nível de significância, conforme a tabela que segue.

$n_p - 1$	α 10%	α 5%	α 1%	$n_p - 1$	α 10%	α 5%	α 1%
01	6,314	12,706	63,657	**16**	1,746	2,120	2,921
02	2,920	4,303	9,925	**17**	1,740	2,110	2,898
03	2,353	3,182	5,541	**18**	1,734	2,101	2,878
04	2,132	2,776	4,604	**19**	1,729	2,093	2,861
05	2,015	2,571	4,032	**20**	1,725	2,086	2,845
06	1,943	2,447	3,707	**21**	1,721	2,080	2,831
07	1,895	2,365	3,499	**22**	1,717	2,074	2,819
08	1,860	2,306	3,355	**23**	1,714	2,069	2,807
09	1,833	2,262	3,250	**24**	1,711	2,064	2,797
10	1,812	2,228	3,169	**25**	1,708	2,060	2,787
11	1,796	2,201	3,106	**26**	1,706	2,056	2,779
12	1,782	2,179	3,055	**27**	1,703	2,052	2,771
13	1,771	2,160	3,012	**28**	1,701	2,048	2,763
14	1,761	2,145	2,977	**29**	1,699	2,045	2,756
15	1,753	2,131	2,947	**30**	1,697	2,042	2,750

TAMANHO MÍNIMO PARA ESTUDOS SOBRE PROPORÇÕES POPULACIONAIS COM AMOSTRA-PILOTO GRANDE (SUPERIOR A 30 UNIDADES AMOSTRAIS), EXTRAÇÕES COM REPOSIÇÃO

Imaginemos um contexto em que o parâmetro de interesse de uma população seja a proporção p de ocorrência de um certo fenômeno linguístico. Dada uma amostra-piloto $\{x_1, x_2, ..., x_{n_p}\}$ de tamanho n_p, superior a 30, o estimador não tendencioso $\hat{p}$ da proporção populacional será dado pela proporção da ocorrência do fenômeno na amostra, isto é,

$$\hat{p} = \frac{X}{n_p}$$

com X o número de elementos na amostra com o atributo em estudo. Pode-se mostrar (cf. Bolfarine e Bussab, 2005) que o tamanho amostral é dado por

$$n = \left(\frac{z_\alpha}{E}\right)^2 \hat{p}(1-\hat{p}),$$

com
n: tamanho amostral requerido,
$\hat{p}$: a proporção amostral,
E: erro máximo tolerável, e

Nível de Significância α	Z_α
1%	2,58
5%	1,96
10%	1,65

TAMANHO MÍNIMO PARA ESTUDOS SOBRE PROPORÇÕES POPULACIONAIS SEM AMOSTRA-PILOTO, EXTRAÇÕES COM REPOSIÇÃO

Pensemos em um contexto em que o parâmetro de interesse de uma população seja de novo a proporção p de ocorrência de um certo fenômeno linguístico. Na ausência de uma amostra-piloto, faz-se uso de um método conservativo e pode-se mostrar (cf. Bolfarine e Bussab, 2005) que o tamanho amostral é dado por

$$n = \left(\frac{z_\alpha}{2E}\right)^2,$$

com
n: tamanho amostral requerido,
E: erro máximo tolerável, e

Nível de Significância α	Z_α
1%	2,58
5%	1,96
10%	1,65

TAMANHO MÍNIMO PARA ESTUDOS SOBRE MÉDIAS POPULACIONAIS COM AMOSTRA-PILOTO GRANDE (SUPERIOR A 30 UNIDADES AMOSTRAIS), EXTRAÇÕES SEM REPOSIÇÃO

Na amostragem aleatória simples sem reposição as amostras são retiradas sorteando-se cada novo elemento, retirando-se da população os elementos já retirados nas etapas anteriores. Assim, supõe-se aqui que se conhece o número N de unidades experimentais da população-alvo, o que é exatamente o caso em que consideramos o *corpus* existente como a população-alvo cujo total nos é conhecido. Entretanto, na ausência dessa informação, deve-se tomar a população como infinita e obter o tamanho mínimo da amostra por meio de algum dos métodos anteriormente discutidos com extração com reposição, se nada desabonar a estrutura. Assim, seja uma amostra-piloto $\{x_1, x_2, ..., x_{n_p}\}$ de tamanho n_p, superior ou igual a 30. Pode-se mostrar (cf. Bolfarine e Bussab, 2005) que o tamanho amostral será dado por

$$n = \frac{1}{\left(\frac{E}{S \times z_\alpha}\right)^2 + \frac{1}{N}}$$

$$\bar{X} = \frac{x_1 + x_2 + ... + x_{n_p}}{n_p}$$

com

n: tamanho amostral requerido,

$\bar{X} = \frac{x_1 + x_2 + ... + x_{n_p}}{n_p}$: a média amostral,

$$S = \sqrt{\frac{(x_1 - \bar{X})^2 + (x_2 - \bar{X})^2 + \ldots + (x_{n_p} - \bar{X})^2}{n_p - 1}}$$: o desvio padrão amostral,

E: erro máximo tolerável, e

Nível de Significância α	Z_α
1%	2,58
5%	1,96
10%	1,65

TAMANHO MÍNIMO PARA ESTUDOS SOBRE PROPORÇÕES POPULACIONAIS COM AMOSTRA-PILOTO GRANDE (SUPERIOR A 30 UNIDADES AMOSTRAIS), EXTRAÇÕES SEM REPOSIÇÃO

Suponhamos um contexto em que o parâmetro de interesse de uma população seja a proporção p de ocorrência de um certo fenômeno linguístico. Dada uma amostra-piloto $\{x_1, x_2, ..., x_{n_p}\}$ de tamanho n_p, superior a 30, o estimador não tendencioso $\hat{p}$ da proporção populacional será dado pela proporção da ocorrência do fenômeno na amostra, isto é,

$$\hat{p} = \frac{X}{n_p}$$

com X o número de elementos na amostra com o atributo em estudo. Pode-se mostrar (cf. Bolfarine e Bussab, 2005) que o tamanho amostral é para amostras sem reposição de uma população com N elementos, e é dado por

$$n = \frac{N}{\frac{(N - 1)E^2}{\hat{p}(1 - \hat{p})\, z_\alpha^2} + 1},$$

com

n: tamanho amostral requerido,
N: tamanho da população,
$\hat{p}$: a proporção amostral,
E: erro máximo tolerável, e

Nível de Significância α	Z_α
1%	2,58
5%	1,96
10%	1,65

Cabe observar que, se a proporção do fenômeno linguístico nos é conhecida, como é o caso do problema posto no final da seção "Sobre o dimensionamento mínimo amostral", então não haverá necessidade de amostra-piloto, sendo apenas necessário substituir $\hat{p}$ por p (a proporção do traço linguístico na população).

TAMANHO MÍNIMO PARA ESTUDOS SOBRE PROPORÇÕES POPULACIONAIS SEM AMOSTRA-PILOTO, EXTRAÇÕES SEM REPOSIÇÃO

Imaginemos um contexto em que o parâmetro de interesse de uma população seja de novo a proporção p de ocorrência de um certo fenômeno linguístico. Na ausência de uma amostra-piloto, faz-se uso de um método conservativo e pode-se mostrar (cf. Bolfarine e Bussab, 2005) que o tamanho amostral é dado por

$$n = \frac{N}{\dfrac{4(N-1)E^2}{z_\alpha^2} + 1},$$

com

n: tamanho amostral requerido,
E: erro máximo tolerável, e

Nível de Significância α	Z_α
1%	2,58
5%	1,96
10%	1,65

Como dissemos anteriormente, a inclusão de alguns dos métodos frequentes de determinação de tamanho de amostra neste capítulo não se pretende exaustivo. A intenção aqui é tão somente reafirmar a tese de que não há qualquer possibilidade de uma teoria unificada para o dimensionamento mínimo de *corpora* históricos, a menos que se restrinja o leque de possibilidades de usufruto dos *corpora*, a fim de determinar o tamanho mínimo por meio do máximo de todos os tamanhos mínimos obtidos pela coleção de possibilidades estabelecida.

AMOSTRAS DERIVADAS: COMO OBTÊ-LAS SEM PERDER O POTENCIAL DE REPRESENTATIVIDADE DO *CORPUS*?

Diante do *corpus* construído, e tomando-o como uma população de interesse, a questão que surge é qual o tamanho amostral adequado para inferências de determinados parâmetros em estudo.

Para ilustrar como deveria ser uma boa prática de usufruto do *corpus* em uma pesquisa quantitativa baseada em amostras probabilísticas, baseadas no erro máximo tolerado e no nível de significância desejado, vejamos como obter uma amostra derivada do *corpus* sem perder o potencial de sua representatividade, retomando o problema posto no final da seção "Sobre o dimensionamento mínimo amostral" de obter o tamanho mínimo para quatro situações distintas, a saber: (i) um estudo geral em todo o *corpus*; (ii) um estudo que considere somente a segunda metade do século XIX; (iii) um estudo que considere somente os textos de Pernambuco; (iv) um estudo que considere somente o gênero cartas de redatores. Resgatando o estudo de caso proposto, repetimos aqui a questão que pretendemos responder: para a realização de tais estudos, qual seria a amostra mínima que refletisse a relação entre o número de palavras e o número de dados da amostra? Dito de outra forma, quantas palavras deve conter uma amostra mínima significativa para o estudo dos advérbios nessas quatro situações?

Para responder a essas perguntas, devemos ter em mente quais são as estruturas subjacentes a esse estudo, isto é, a natureza da população (finita ou infinita?); o parâmetro populacional (proporção? média? variância?); o erro máximo tolerado E; e o nível de significância α arbitrado. A depender das respostas a essas questões seremos forçados a utilizar esta ou aquela metodologia.

Neste caso específico, tomando o *corpus* existente como população, e tendo-se acesso ao seu tamanho, estamos num estudo de população finita. O parâmetro de interesse nas quatro situações propostas é a proporção do traço linguístico no *corpus* estudado. O erro máximo da estimação, enquanto entidade arbitrada, será aqui ilustrado por 20 pontos percentuais da proporção populacional, isto é, desejamos um erro máximo de $0,2 \times p$. Finalmente, arbitraremos o nível de significância α em todas as quatro situações em 5%, isto é, teremos 95% de confiabilidade de que a amostra derivada de tamanho mínimo obtido gerará uma proporção amostral do fenômeno linguístico entre $0,8 \times p$ e $1,2 \times p$.

É fácil reconhecer que a metodologia adequada a esse estudo é aquela tratada em subseção anterior, em que o tamanho amostral mínimo é dado por

$$n = \frac{N}{\dfrac{(N-1)E^2}{\hat{p}(1-\hat{p})\,z_\alpha^2} + 1},$$

com $\hat{p}$ substituído por p (a proporção do traço linguístico no *corpus* existente), e a amostra do *corpus* é retirada sem reposição.

Analisemos agora os quatro estudos considerados, caso a caso.

Estudo 1: geral

O quadro a seguir nos fornece as informações das proporções populacionais do estudo geral que considera a totalidade da amostra, com base no Quadro 15, bem como os outros dois fatores fundamentais no cálculo da dimensão amostral mínima:

Quadro 17 – Proporções populacionais do estudo 1: geral

Estudo 1: geral	Proporção populacional *p*	Erro máximo $E = 0,2 \times p$	Nível de significância $\alpha = 5\%$
X-mente	$p = \frac{2.645}{623.006} \cong 0,0042$	0,000849	$z_\alpha = 1,96$
muito	$p = \frac{617}{623.006} \cong 0,00099$	0,000198	$z_\alpha = 1,96$

Assim para o estudo do advérbio *X-mente*, temos o seguinte tamanho amostral mínimo, por número de palavras, com as especificações dadas:

$$n = \frac{623.006}{\frac{623.005 \times 0{,}000849^2}{0{,}0042x0{,}9958 \times 1{,}96^2} + 1} = \frac{623.006}{28{,}95} \cong 21.520.$$

Já para o advérbio *muito*, temos

$$n = \frac{623.006}{\frac{623.005 \times 0{,}000198^2}{0{,}00099 \times 0{,}99901 \times 1{,}96^2} + 1} = \frac{623.006}{7{,}43} \cong 83.850.$$

Assim temos, para o primeiro estudo, as seguintes dimensões mínimas para as amostras derivadas, a fim de garantir o erro tolerado e o intervalo de confiança com 95%.

Quadro 18 – Dimensões mínimas para amostras derivadas do estudo 1: geral

Estudo 1: geral	Tamanho amostral	Erro máximo $E = 0{,}2 \times p$	Intervalo de confiança de 95%
X-mente	21.520	0,000849	[0,0034; 0,0051]
muito	83.850	0,000198	[0,0008; 0,0011]

A interpretação aqui é que, por exemplo, necessitaríamos de uma amostra de no mínimo 21.520 palavras do *corpus* geral para garantir que a proporção amostral do traço linguístico *X-mente* se situe no intervalo [0,0034; 0,0051] com 95% de confiabilidade, constituindo, portanto, o tamanho mínimo para uma boa "representatividade" desse traço linguístico na amostra, uma vez que o intervalo está centrado na proporção populacional.

Estudo 2: 19,2

O quadro adiante nos fornece as informações das proporções populacionais para o segundo estudo, que considera somente os textos da segunda metade do século XIX, com base no Quadro 15, bem como os outros dois fatores fundamentais no cálculo da dimensão amostral mínima:

Quadro 19 – Proporções populacionais do estudo 2: 19,2

Estudo 2: 19.2	Proporção populacional *p*	Erro máximo $E = 0{,}2 \times p$	Nível de significância $\alpha = 5\%$
X-mente	$p = \frac{1.062}{242.821} \cong 0{,}0044$	0,000875	$z_\alpha = 1{,}96$
muito	$p = \frac{239}{242.821} \cong 0{,}00098$	0,000197	$z_\alpha = 1{,}96$

Assim, para o estudo do advérbio *X-mente*, temos o seguinte tamanho amostral mínimo com as especificações dadas:

$$n = \frac{242.821}{\dfrac{242.820 \times 0{,}000875^2}{0{,}0044 \times 0{,}9956 \times 1{,}96^2} + 1} = \frac{242.821}{12{,}05} \cong 20.151.$$

Já para o advérbio *muito*, temos:

$$n = \frac{242.821}{\dfrac{242.820 \times 0{,}000197^2}{0{,}00098 \times 0{,}99902 \times 1{,}96^2} + 1} = \frac{242.821}{3{,}51} \cong 69.180.$$

Vemos, no quadro a seguir, as dimensões para as amostras derivadas do segundo estudo:

Quadro 20 – Dimensões mínimas para amostras derivadas do estudo 2: 19,2

Estudo 2: 19,2	Tamanho amostral	Erro máximo $E = 0{,}2 \times p$	Intervalo de confiança de 95%
X-mente	20.151	0,000875	[0,0035; 0,0052]
muito	69.180	0,000197	[0,0008; 0,0012]

Estudo 3: Pernambuco

O quadro que segue nos fornece as informações das proporções populacionais para um estudo que considere somente os textos de Pernambuco, com base no Quadro 15, bem como os outros dois fatores fundamentais no cálculo da dimensão amostral mínima:

Quadro 21 – Proporções populacionais do estudo 3: Pernambuco

Estudo 3: Pernambuco	Proporção populacional p	Erro máximo $E = 0{,}2 \times p$	Nível de significância $\alpha = 5\%$
X-mente	$p = \frac{1.117}{261.474} \cong 0{,}0043$	0,000854	$z_\alpha = 1{,}96$
muito	$p = \frac{225}{261.474} \cong 0{,}00086$	0,000172	$z_\alpha = 1{,}96$

Assim, para o estudo do advérbio *X-mente*, temos o seguinte tamanho amostral mínimo com as especificações dadas:

$$n = \frac{261.474}{\frac{261.473 \times 0{,}000854^2}{0{,}0043 \times 0{,}9957 \times 1{,}96^2} + 1} = \frac{261.474}{12{,}59} \cong 20.768.$$

Já para o advérbio *muito*, temos:

$$n = \frac{261.474}{\frac{261.473 \times 0{,}000172^2}{0{,}00086 \times 0{,}99914 \times 1{,}96^2} + 1} = \frac{261.474}{3{,}34} \cong 78.285.$$

O terceiro estudo contaria, assim, com as seguintes dimensões para as amostras derivadas:

Quadro 22 – Dimensões mínimas para amostras derivadas do estudo 3: Pernambuco

Estudo 3: Pernambuco	Tamanho amostral	Erro máximo $E = 0{,}2 \times p$	Intervalo de confiança de 95%
X-mente	20.768	0,000874	[0,0034; 0,0051]
muito	78.285	0,000172	[0,0007; 0,0010]

Estudo 4: cartas de redatores

O quadro abaixo nos fornece as informações das proporções populacionais para o último estudo, sobre as cartas de redatores, com base no Quadro 15, bem como os outros dois fatores fundamentais no cálculo da dimensão amostral mínima:

Quadro 23 – Proporções populacionais do estudo 4: cartas de redatores

Estudo 4: cartas de redatores	Proporção populacional *p*	Erro máximo $E = 0,2 \times p$	Nível de significância $\alpha = 5\%$
X-mente	$p = \frac{1.117}{218.527} \cong 0,0054$	0,001080	$z_\alpha = 1,96$
muito	$p = \frac{192}{218.527} \cong 0,00088$	0,000176	$z_\alpha = 1,96$

Assim, para o estudo do advérbio *X-mente*, temos o seguinte tamanho amostral mínimo com as especificações dadas:

$$n = \frac{218.527}{\dfrac{218.526 \times 0,00108^2}{0,0054 \times 0,9946 \times 1,96^2} + 1} = \frac{218.527}{13,35} \cong 16.369.$$

Já para o advérbio *muito*, temos

$$n = \frac{218.527}{\dfrac{218.526 \times 0,000176^2}{0,00088 \times 0,99912 \times 1,96^2} + 1} = \frac{218.527}{3,00} \cong 72.842.$$

Assim, temos para o quarto estudo as seguintes dimensões para as amostras derivadas.

Quadro 24 – Dimensões mínimas para amostras derivadas do estudo 4: cartas de redatores

Estudo 4: cartas de redatores	Tamanho amostral	Erro máximo $E = 0,2 \times p$	Intervalo de confiança de 95%
X-mente	16.369	0,001080	[0,0043; 0,0065]
muito	72.842	0,000176	[0,0007; 0,0011]

Para terminar, vejamos a síntese dos resultados no quadro a seguir:

Quadro 25 – Dimensões mínimas para amostras derivadas: síntese dos resultados

Estudos	Amostra base			Amostras derivadas	
	Número de palavras	Número de dados		Número de palavras	
		X-mente	*muito*	*X-mente*	*muito*
Estudo 1: geral	623.006	2.645	617	21.520	83.850
Estudo 2: 19,2	242.821	1.062	239	20.151	69.180
Estudo 3: Pernambuco	261.474	1.117	225	20.768	78.285
Estudo 4: cartas de redatores	218.527	1.177	192	16.369	72.842

O Quadro 25 sintetiza o número mínimo de palavras que devem conter as amostras derivadas para os estudos propostos, de modo que se garanta a proporção amostral dos itens linguísticos em análise (advérbios em *-mente* e advérbio de intensidade *muito*), com 95% de confiabilidade, preservando o potencial de representatividade do *corpus*.

Vemos que a menor amostra representativa para os advérbios em *-mente* seria de 16.369 palavras, no caso do estudo dedicado às cartas de redatores. Já no caso do advérbio de intensidade *muito*, o recorte temporal da segunda metade do século XIX permitiria a menor amostra mínima representativa, com 69.180 palavras.

Quanto mais frequente for a produtividade do item linguístico na amostra base, menor será a amostra derivada, como ocorre no caso dos advérbios em *-mente*; por outro lado, como se pode ver no que se refere ao comportamento do advérbio de intensidade *muito*, quanto menos frequente for a forma, maior será a dimensão da amostra derivada.

CONSIDERAÇÕES FINAIS

Contando com uma quantidade representativa de materiais, sendo considerado um *corpus* médio-grande (Berber Sardinha, 2000a), o *corpus* mínimo de impressos do *Corpus* Histórico do Português (CHP), do projeto PHPB, oferece diversas possibilidades ao pesquisador interessado em constituir uma amostra específica para sua investigação.

Com base em perguntas particulares a cada objeto de estudo, o investigador será capaz de trabalhar com os eixos centrais a partir dos quais o *corpus* está desenhado, como *tempo*, *região* e *gênero textual*, hierarquizar esses critérios e, levando em consideração o material disponível, obter amostras derivadas que sejam minimamente comparáveis.

Do ponto de vista estatístico, no que se refere à constituição de amostras que mantenham o potencial de representatividade do *corpus*, a partir das reflexões propostas e da exposição das principais metodologias para o seu dimensionamento, esperamos ter contribuído para uma práxis mais cuidadosa no planejamento amostral de estudos linguísticos de *corpora*. A teoria da amostragem é, por si só, tema de pesquisa avançada em estatística, em especial quando as hipóteses e as estruturas norteadoras dos métodos clássicos expostos aqui não se verificam, e, portanto, não temos a pretensão de responder a todos os casos. Mas estamos certos de que boa parte dos estudos linguísticos recaem normalmente nos métodos comumente utilizados em pesquisa.

Além disso, nunca é demais frisar que os exemplos utilizados partem da premissa de que estamos interessados em um único nicho especificado do *corpus*. Para o uso de mais de um nicho no mesmo estudo, poderíamos adotar a amostragem por estratificação, particionando-se o tamanho amostral especificado em proporções equivalentes às dos nichos estudados.

Como se pode ver, infelizmente, dadas as diversas possibilidades de estudos linguísticos, torna-se inviável considerar todos os casos, com as possíveis escolhas de parâmetros, erro e nível de significância para o dimensionamento amostral, pois o pesquisador é gestor de suas próprias escolhas e deve, portanto, de um ponto de vista estatístico, assumir as consequências por elas.

NOTAS

1 Cabe dizer que o que apresentamos aqui tem como base o material que estava disponível durante a primeira metade do ano de 2015, data da redação deste texto. Novos materiais foram acrescentados posteriormente, o que certamente ofereceria novas fotografias de possibilidades.

2 L (cartas de leitores), R (cartas de redatores), A (anúncios).

O CONTROLE INDIRETO DE PERFIS SÓCIO-HISTÓRICOS EM *CORPORA* HISTÓRICO-DIACRÔNICOS: A IDENTIFICAÇÃO DE GRAUS DE LETRAMENTO PELA GRAFIA ETIMOLÓGICA DO SÉCULO XIX

Afranio Gonçalves Barbosa
Alexandre Xavier Lima

SUMÁRIO

APRESENTAÇÃO

Na relação entre fenômenos linguísticos e sociais, a Sociolinguística Quantitativa Variacionista laboviana cruza, desde sempre, a ponderação relativa entre *variáveis dependentes* linguísticas e *variáveis independentes* externas, sociais. Esse controle do favorecimento ou desfavorecimento de uma dada variante sob estudo tem se traduzido, tradicionalmente, em grupos de fatores *diatópicos* (regiões ou Estados do país; capitais de estados; regiões administrativas de uma cidade etc.), *diacrônicos* (em faixas etárias para operação em *tempo aparente*; pela simples linha do tempo em datas para operação em *tempo real*), *diastráticos* (falantes cultos ou não cultos sob diferentes critérios; nivelamento escolar, classes sociais), *diafásicos* (*formal* ou *informal*, registros de usos de um mesmo indivíduo etc.) e de gênero (homens e mulheres).

O uso continuado, ainda que nem sempre pacífico, desses controles permitiu tamanha comparabilidade entre tantas pesquisas sociolinguísticas, que se estabeleceu relativo consenso de sua aplicação. Mais que isso, foi-se estabelecendo uma aplicação por demais automática, que reduplica diretamente os rótulos das células de entrada nas tabelas dos *corpora* digitais disponibilizados. Assim, por exemplo, a rigor, novos *corpora* para os estudos do português brasileiro deveriam refletir, em suas células de entrada para o controle diacrônico, a mudança social mais recente em relação à terceira idade no Brasil. Se, na década de 1970, o comportamento de um segmento social identificado como *idoso* era perfeitamente coberto numa terceira faixa etária a partir dos 60 anos, neste início do século XXI, diante das profundas mudanças nas práticas sociais da antiga terceira idade, os *corpora* deveriam contar fosse com um avanço da terceira faixa para 70, 75 ou até 80 anos, fosse com a criação de uma quarta faixa etária. Encaixar um *idoso* de 60 anos dos dias de hoje numa faixa etária de um *idoso* de 60 anos da década de 1970 é distorcer a realidade social e enviesar os cruzamentos desse controle externo na ponderação com as variáveis dependentes e independentes linguísticas num dado estudo. Em suma, as questões metodológicas da Linguística de *Corpus* caminham juntas com a qualidade das pesquisas dos usuários dos *corpora* disponíveis à comunidade científica.

Não seria diferente em relação aos desafios metodológicos de uma Sociolinguística Histórica, com agravantes: encontramos enorme dificuldade de controlar fatores externos sob critérios paralelos aos aplicados a *corpora* falados e escritos que mais recentemente se somaram àqueles disponibilizados a partir da década de 1970 no Brasil. No controle de variáveis sociolinguísticas em sincronias passadas, sob efeito de hipérbole, pode-se dizer que todas as considerações sobre os dados analisados devem ser feitas com a consciência dos limites e relatividade das aproximações empreendidas. A construção de categorias mais comuns como *falante culto versus falante não culto* ou *formal versus informal* torna-se problemática em *corpora* histórico-diacrônicos de sincronias passadas. Elas, a rigor, dependem do que se descobre sobre aquilo que teria sido visto como *culto* ou *formal* à época de cada material. O que seria considerado um homem culto no século XVIII ou no fim do século XIX, no Brasil, pelos seus contemporâneos não corresponde à mesma coisa entre si, nem a informante culto sob os critérios do projeto Norma Urbana Culta (Nurc) – formação universitária. Construir e utilizar *corpora* sem considerar essas questões pode tornar as ponderações estatísticas de dados dos séculos XVIII, XIX e XX próprias de um estudo diacrônico sem que seja, propriamente, histórico-social.

São limites que não impedem o trabalho comparativo, mas que deixam suas conclusões menos generalizadoras, e mais sequiosas de aprimoramentos metodológicos que permitam novas comparações. Há mais de três décadas, Romaine (1982) já apontava, apesar de todas as ressalvas, para o cruzamento entre diagnóstico do contínuo de classes sociais em paralelo metodológico ao contínuo estilístico em texto de épocas pretéritas. Possivelmente, usos com distribuições mais patentes, mais generalizadas na sociedade que se distribuíam diferentemente nos grupos de textos que compunham sua amostra. Mas como saber mais? Se a análise de fenômenos linguísticos sob esse controle externo que relacionava tradições textuais e segmentos sociais evidentemente conta com diversidade textual, o que dizer de trabalhos sobre épocas mais antigas de que se dispõe apenas da simples oposição *textos literários* e *textos não literários* (*oficiais*, *notariais*)? Apesar de imensa relativização de seu alcance sobre o controle de maior/menor proximidade de usos do dia a dia, é a abordagem possível. Da década de 1980 até o fim do século XX, muito se avançou na construção de *corpora* histórico-diacrônicos do português. Novos avanços metodológicos na captura de aspectos externos ligados à estratificação social são bem-vindos.

A CONSTRUÇÃO DE PROPOSTAS METODOLÓGICAS: GRAUS DE LETRAMENTO

Este capítulo visa apresentar alguns caminhos metodológicos que podem vir a servir ao controle externo do *nível sociocultural* com maior propriedade a *corpora* histórico-diacrônicos do português brasileiro. Ele envereda pela busca de uma gradiência não calcada na escolaridade do redator, e sim em seu grau de erudição escrita, em certo sentido, no grau de letramento dos redatores dos documentos de um dado *corpus*, o que poderia estar mais próximo dos critérios de escolaridade usados para construir e contrapor *corpora* do século XX. Evidentemente que a identificação direta de informações sociais desses mesmos redatores é o caminho mais preciso. Se soubermos o que em uma dada época seria um homem considerado culto, letrado, em oposição social a um homem de cultura regular, mediana e um homem de cultura elementar (três ou mais níveis que se emparelhem com os níveis superior, médio e primário dos *corpora* atuais), se conseguirmos recolher informações sobre cada redator de cada documento de nossos *corpora*, maravilhoso será. Mas não é esse o caso. Na verdade, quase nunca isso é fato: não sabemos onde, o quanto, nem o que estudou os redatores que assinam cartas pessoais, documentos oficiais ou editoriais veiculados em jornais. Como, com base nesses materiais, controlar fatores externos diastráticos em estudos sociolinguísticos históricos em uma abordagem sincrônica do século XVIII? Como comparar esse mesmo controle em diacronia com o controle escolaridade de *corpora* falados do século XX? Esse veio a ser o objetivo geral de Barbosa (2006) em relação ao fim do século XIX no Brasil, a saber, investigar caminhos metodológicos para uma estratificação de redatores em graus de cultura escrita (graus de letramento) sem depender do levantamento de informações diretas em outras fontes primárias.

No mesmo trabalho, o autor tentava experimentar bases para uma metodologia em construção. Esse se tornou seu objetivo imediato àquela altura, ou seja, aplicar testes-piloto em documentação oitocentista escrita por pessoas identificadas historicamente, cujo lugar social e nível de letramento fosse sabido por fontes diretas, para buscar constantes numéricas (toscamente em percentuais de uso) para usar essas constantes como referência externa para lidar com redatores desconhecidos, de quem nada saibamos. Um teste-piloto de metodologia para controle indireto que partia de uma "redundância obrigatória", taxas percentuais de homens com cultura letrada reconhecida biograficamente passam a servir de parâmetro de aproximação para futuras taxas de redatores com perfil social desconhecido.

Vale dizer que o mais importante dessa etapa preliminar de investigação de Barbosa (2006) foi o estabelecimento de bases metodológicas para outros experimentos com outras épocas além do século XIX, sintetizadas em Barbosa (2009). Qualquer proposta deveria, segundo o autor, ser o resultado das seguintes etapas metodológicas:

1. Identificar valores de erudição específicos da época dos textos pretéritos;
2. Reconhecer os modelos objetivos textuais de padrão culto, modelos de erudição escrita;
3. Definir um referencial epilinguístico (elemento grafo-visual diretamente relacionado a elemento linguístico) indubitavelmente identificado como marca de prestígio na cultura escrita da época e do lugar em questão;
4. Identificar se haveria um padrão quantitativo dessa marca epilinguística que perpassasse os textos-modelo;
5. Testar alguma marca linguística no eixo síntese e análise para controlar a maior/menor proximidade da tendência românica de análise na fala ou;
6. Testar alguma marca linguística que se apresentasse em um eixo *continuum* de propriedades associadas ao eixo do mais ou menos frequente na oralidade.[2]

Por assim seguir, os pesquisadores poderão dimensionar, de século a século, como uma dada prática gráfica deverá ser controlada. Por exemplo, a prática da *etimologização gráfica* existia na escrita portuguesa desde a Idade Média, diferentemente do século XIX, no século XIV, não há normatização gráfica, apenas tradições de *scriptoria*, como os de Toledo e de Alcobaça, e as formas latinizadas convivem com usos grafofonéticos em pé de igualdade. Situação semelhante à do século XVIII, com a diferença de que essa flutuação entre latinismos e índices grafofonéticos é incorporada à normatização das ortografias e praticada nos impressos modelares.[3] No século XIX, os índices grafofonéticos deixam de fazer parte da norma gráfica de textos modelares e da ortografia prescrita. Por isso, nossa proposta, se adaptada ao século XVIII, não levantaria apenas latinismos, mas seguiria observando os padrões variáveis entre grafias fonéticas e latinismos em textos modelares na sociedade (impressos ou manuscritos) e, a partir deles, estabeleceria graus de afastamento/aproximação em manuscritos pessoais para medir o letramento de redatores mediante suas práticas de grafação. Como o controle de letramento não se resume apenas ao nível da escritura, procura-se observar se a gradiência saliente na grafia encontraria correspondência em nível linguístico.[4] Para tal verificação, em Barbosa (2006) ficou demonstrado que a distribuição entre estruturas gerundivas sintéticas e analíticas confirmava a gradiência apontada no plano dos latinismos gráficos. Em Barbosa (2009), é proposta uma representação esquemática desse modelo teórico-metodológico, a seguir reapresentada com detalhamento das dimensões nela consideradas:

Figura 1 – Representação esquemática de gradiência entre textos modelares e escrita pessoal

<table>
<tr><th colspan="3">Modelo Teórico</th></tr>
<tr><td>Texto modelo
da época</td><td>Dimensão grafovisual
(+ literacidade -)
grafologia
pontuação</td><td>Dimensão linguística
(+ literacidade -)
síntese versus análise
marcas flag oralidade</td></tr>
<tr><td>↑↑↑↑↑↑↑↑↑↑↑
↑↑↑↑↑↑↑↑↑↑↑
↑↑↑↑↑↑↑↑↑↑↑
↑↑↑↑↑↑↑↑↑↑↑</td><td colspan="2">Grau 1 de aproximação
Grau 2 de aproximação
Grau 3 de aproximação
Grau 4 de aproximação</td></tr>
<tr><td>Manuscrito
circulação privada
maior afetividade</td><td>Dimensão grafovisual
(+ literacidade -)
grafologia
pontuação</td><td>Dimensão linguística
(+ literacidade -)
síntese versus análise
marcas flag oralidade</td></tr>
</table>

O ponto central dessa proposta teórico-metodologia para o controle indireto dos graus de erudição de redatores tem em sua base a postulação de que:

A TIPOLOGIA DOS CARACTERES GRÁFICOS NA REDAÇÃO MANUSCRITA ESPONTÂNEA REFLETE INDIRETAMENTE O GRAU DE CONTATO COM TEXTOS LIDOS PELOS REDATORES PORQUE A GRAFAÇÃO DE CARACTERES NA ESCRITA ALFABÉTICA É GUARDADA AUTOMATICAMENTE, POR MEMÓRIA VISUAL. ESCREVE-SE DE MODO INCONSCIENTE, SEM PENSAR EM COMO SE ESTÁ ESCREVENDO CADA LETRA, CONFORME O HÁBITO DE LEITURA.

Se um dado leitor quase não lê, ele tende a escrever foneticamente, não importa o século. Se outro leitor está em contato com textos modelares de sua época, como os jornais, ele tende a reproduzir o padrão de escrita desses textos modelares, mesmo que sem estudo sistemático de ortografia na escola. Quanto mais habitual o contato, mais próximo será seu próprio padrão de grafação em relação ao padrão de grafação presente nos textos modelares. Os casos de ortografia predicados em manuais e gramáticas do português podem ser considerados ínfimos quando comparados com os inúmeros casos incorporados na leitura. Ortografia é de fato uma questão de memória visual inconsciente. Por isso, se uma pessoa se alfabetiza no século XIX e somente lê as cartas de seus familiares, sua grafação não refletirá a grafia latinizada dos jornais como o farão seus leitores assíduos. Sob mesmo raciocínio, quanto mais diversos foram os gêneros textuais no ambiente cultural dessa pessoa e/ou até mesmo quanto maior tiver sido o grau de aprendizado de ortografia na escola, mais perto dessas normas praticadas em textos modelares e normas predicadas nos manuais estará a grafação nas cartas pessoais dessa mesma pessoa. Se para atingir esse dado grau de letramento em termos de grafia o redator esteve por um tempo suficiente para desencadear um processo de *habitualização* de leitura, o grau de letramento mensurado no nível da grafação pode, indiretamente, mensurar o grau de letramento em nível de maior/menor aproximação dos conteúdos veiculados no universo da escrita. Um leitor culto, em sua época, reflete a grafação padrão dos gêneros textuais lidos por pessoas cultas em suas sociedades.

Para que essa relação entre o universo de cultura escrita e os sinais gráficos deixados pelas mãos de quem redigia se estabeleça é fundamental que se identifiquem os referenciais modelares de escrita da época sob análise. Aqui no caso brasileiro oitocentista, mormente em sua segunda metade, para além das obras codificadoras da escrita, como dicionários, gramáticas e ortografias, eram os impressos em livros ou nos jornais que serviam de veículos de cultura escrita literária, técnica, política etc., diferentemente da realidade setecentista colonial brasileira, quando os livros e jornais eram proibidos de serem impressos na América portuguesa.

A etimologização (latinização) da grafia usada como o elemento grafovisual do esquema acima é o *referencial epilinguístico*[5] identificado como marca de prestígio na cultura escrita da época. Latinizar era investir o texto de erudição: as marcas grafofonéticas do século XVIII são excluídas dos impressos e das regras ortográficas do século XIX. Desse modo, por ilustração, as grafias <i> e <u> indicadoras de alteamentos na fala, comuns no dicionário de Bluteau (XVIII) somem dos impressos dos oitocentos e sobressaem, neles, os latinismos. Em manuscritos de redatores cultos, esses latinismos confirmam a aplicação do princípio oitocentista *latinizar é investir qualidade à escrita*. Observem-se as grafias latinizadas numa carta de Rui Barbosa, ícone nacional de erudição.

(1) [19,2 CP RJ] *Não a**cc**eito o indulto dos meus perseguidores, daque**ll**es que forjaram a invenção falsa por vingança e dos que a **pp**laudiram, ou a**cc**eitaram, por co**mm**odidade, por indi**ff**erença, ou por inveja. Hão de me fazer justiça algum dia, e eu aguardo esse dia, não para trium**ph**ar como homem politico, porque da politica me considero, felizmente, despedido, mas para poder respirar desafogado em minha patria.* (Grifo nosso) (Rui Barbosa – Cartas inéditas)[6]

A experiência de controle da gradiência de erudição escrita por meio da contagem de latinismos empreendida em Barbosa (2006) estabeleceu dois critérios: *taxa de uso* e *taxa de acerto*, a seguir revisados:

- Taxa de uso (em relação ao total geral de palavras do *corpus*):
  Quanto mais encontremos grafias latinizadas em um autógrafo oitocentista, mais seu autor teria estado em contato com os meios de transmissão de modelos de erudição.
- Taxa de acerto (em relação ao total só das palavras com grafia latinizada no *corpus*):

Quanto mais o referido redator mantiver um paralelo perfeito entre o significante escrito da forma latina clássica e o significante escrito do vocábulo que escreve em português, mais qualificado seria seu grau de conhecimento da *norma culta escrita,* metonímia de seu grau de letramento por contato a universos de leitura variados, por estudo sistemático de ortografia portuguesa, conhecimento de latim.

O controle *taxa de acerto* é o percentual alcançado pelo mapeamento, item a item, da etimologia dos vocábulos latinizados do *corpus* verificando se essa grafia latinizada equivale à grafia desses vocábulos em dicionários de latim. Exemplificados como *verdadeiro*, no quadro a seguir, em oposição às grafias dos manuscritos sem semelhante equivalência, marcadas como *falso*, o número de "acertos" em relação percentual ao total de itens latinizados consiste na *taxa de acerto*.

Tabela 1 – Exemplos de latinismos verdadeiros e falsos

Latim clássico	Dados levantados	Verdadeiro	Falso
*conde**mn**o,are*	*Conde**mn**al-o*	X	
*obje**c**tus,us*	*Objeto*	X	
***C**arus,a,um*	***Ch**aro*		X
*Pi**l**are*	*Pi**ll**ar*		X

Em Barbosa (2006), procurava-se demonstrar a efetividade desses controles na comparação entre dois redatores sabidamente em diferentes graus de erudição, embora de mesmo círculo social. Um ponto fundamental para o sucesso dessa demonstração era a triangulação dos usos gráficos nos manuscritos pessoais com um padrão externo de uso e acerto (nesse caso previamente mensurado pela grafia em jornais, textos considerados modelares à época). Não bastam, para o controle de gradiências entre redatores, padrões de usos entre eles. Qualquer comparação ficará redundante: é o referencial externo ao grupo que estabelece a aproximação ou o afastamento de uma dada norma. Calculadas as *taxas de uso* e *acerto* em jornais, a triangulação tornou-se possível. A norma gráfica praticada em textos literários e não literários veiculados em periódicos cariocas tornou-se um ponto de referência fixo para, a partir dele, escalonar as normas gráficas nos manuscritos pessoais dos redatores escolhidos. Esse contraste entre textos-modelo *versus* cartas em Barbosa (2006) confirmou a eficácia desses controles, exatamente porque demonstra que eles refletem diferenças já patentes entre os redatores, conhecidas diretamente em seus registros biográficos. Observem-se os percentuais dos manuscritos escalonados em comparação com os percentuais dos impressos no primeiro experimento em Barbosa (2006).

Tabela 2 – Taxas grafemáticas de cartas pessoais em relação a jornais do séc. XIX

Etimologização na escrita no fim do século XIX – taxas grafemáticas		
Conjunto de textos	**Taxa de uso** (relação ao total de palavras)	**Taxa de acerto** (relação ao latim clássico)
Texto modelar – Jornais (notícias e folhetins)	3,69%	90,35%
Cartas familiares Cristiano Ottoni (avô/neto)	**2,81%**	**92,15**
Cartas familiares Bárbara Ottoni (avó/neto)	**1,29%**	não se aplica

Coincidências ou co-incidências matemáticas? Uma outra etapa de investigação seria necessária para confirmar se esses **escalonamentos** resistiriam a comparações entre pessoas com maior proximidade de formação e erudição escrita, diferentemente do que se estabelecia entre o casal Ottoni. Aplicando mesma metodologia a novo conjunto de cartas pessoais trocadas entre Rui Barbosa e seu amigo íntimo Carlos de Aguiar, pode-se caminhar nessa direção. Observem-se os resultados:

Tabela 3 – Taxas grafemáticas entre cartas pessoais de erudito *versus* letrado do séc. XIX

Etimologização na escrita fim do séc. XIX – taxas grafemáticas		
Conjunto de textos: Cartas pessoais entre amigos	Taxa de uso (relação ao total de palavras)	Taxa de acerto (relação ao latim clássico)
Cartas Rui Barbosa	3,84%	92,23%
Cartas Carlos de Aguiar (amigo íntimo de Rui Barbosa)	2,83%	81,5%

As taxas do erudito Rui Barbosa aproximam-se das taxas de Christiano Ottoni e dos jornais. As coincidências numéricas continuariam? Pode ser que não. Mesmo com a *matematização* dos dados sob o modelo simples das percentagens, as diferenças reais entre eles foram capturadas no nível da grafação. Um outro aspecto se nos apresenta nessa nova amostra: usar um redator erudito, ícone de cultura em sua época, como referencial ele mesmo, um ponto fixo para estabelecimento de gradiências de outros redatores do mesmo modo como feito com os jornais. Se os jornais (textos-modelo) podem ser referência, se um dicionário pode ser referência, se o prescrito em regras numa gramática pode ser referência (no plano da grafação) para estabelecer gradiência entre redatores desconhecidos, um erudito conhecido também o pode se o tivermos como metonímia de um padrão culto de sua época. Os percentuais colhidos na norma praticada por um erudito como Rui Barbosa podem ser usados para a triangulação externa exatamente como foi feito com os jornais cariocas. Exploremos essa ideia em outras propostas de taxas de controle.

NOVOS CONTROLES DE GRAUS DE ERUDIÇÃO ESCRITA NO SÉCULO XIX: *TYPES* VOCABULARES E ABERTURA À VARIAÇÃO GRÁFICA

Diante dos limites de controle por intermédio da *taxa de uso* e da *taxa de acerto* de latinismos no século XIX, supostamente insuficientes para capturar diferentes graus de erudição quando os padrões de opções gráficas dos redatores não forem bem polarizados, com diferenças patentes em seus usos manuscritos pessoais, vale buscar caminhos mais refinados de controle. A possibilidade de um dado controle que alcance diferenças entre graus intermediários mais próximos entre si é uma necessidade metodológica. As percentagens simples tomadas de textos modelares ou de pessoas escolhidas para funcionarem como referências metonímicas de perfis sociais podem não refletir nuanças de letramento. Em outras palavras, os três ou quatro graus de letramentos[7] identificados podem ficar indistintos na contagem bruta dos percentuais de *uso* e *acerto* de latinismos. Até aqui, ao que parece, funcionaram com escolhidos claramente identificados por informações históricas diretas de seus graus de letramento. Eram quase que extremos da gradiência: um erudito (vovô Ottoni) e uma alfabetizada com prática de leitura-escritura em redes familiares (vovó Ottoni). E o método deve funcionar com extremos semelhantes. Mas e quando tivermos células intermediárias nominalmente como *redator erudito – redator letrado – redator mediano – redator elementar*? Exatamente por questões como essa é que tentamos avançar na metodologia.

Se quisermos assumir os percentuais da tabela com as taxas grafemáticas das cartas pessoais do casal Ottoni aos netos, bem como as de Rui Barbosa e de seu amigo próximo Carlos de Aguiar como valores-referência para uma gradiência "*redator erudito – redator letrado – redator mediano – redator elementar*", elas se tornariam medidas combinadas para servir de referência a conjuntos de cartas pessoais íntimas de desconhecidos. Evidente que entre eles haveria outros níveis a serem discriminados no contínuo das taxas percentuais e combinações entre *uso* e *acerto*. Além disso, ainda não contamos com um redator de cartas pessoais com perfil histórico conhecido entre Carlos Aguiar e Bárbara Ottoni. Tampouco contamos com algum outro com *taxa de uso* como a de Bárbara Ottoni, mas com alguma *taxa de acerto* considerável. Vale lembrar que marcamos como "não se aplica" a *taxa de acerto* de Bárbara Ottoni por serem acertos de um mesmo tipo de geminada em palavra gramatical. Nomeadamente, o pronome *ele* tem taxa altíssima porque não há variação nos casos simples de "*elle*" de que lança mão. Como Carlos de Aguiar tem taxa acima de 80%, e um padrão de uso muito distante do de Bárbara, assumimos simbolicamente que um redator mediano teria até 10% de acerto. Em outros trabalhos que estabeleçam outros redatores-referência para esses quatro níveis, esse valor para *redator elementar* será circunstanciado. Se o valor será de 60% (seguindo um padrão de queda de 10% conforme aqui observado entre *erudito* e *letrado*) ou se ficará em torno de 30%/40%, isso será empiricamente determinado. Talvez com eles pudéssemos ter melhor noção se Bárbara Ottoni seria ela mesma referência para *redator mediano* e outros, ainda que com certa *taxa de acerto*, seriam *redatores elementares* por conta de menor *taxa de uso*. De qualquer modo, com os dados atuais, podemos contar com referências em três níveis ("*redator erudito – redator letrado – redator elementar*") e projetar um "*redator mediano*" para completar o quadro provisório. Assim sendo, articulando os dois controles gráficos dos oitocentos, poderíamos, a caráter experimental, propor a seguinte gradiência para distribuir redatores desconhecidos combinando resultados das taxas de *uso* e *acerto* de latinismos gráficos:

- *Redator erudito* (considerando os resultados de Cristiano Ottoni e de Rui Barbosa)
  - taxa de uso acima de 2,8%
  - taxa de acerto acima de 90%
- *Redator letrado* (considerando os resultados de Carlos de Aguiar e Cristiano Ottoni)
  - taxa de uso acima de 2,8%
  - taxa de acerto entre 80% e 89%
- *Redator mediano* (projeção a partir apenas de Carlos Aguiar)
  - taxa de uso abaixo de 2,8%
  - taxa de acerto abaixo de 80%
- *Redator elementar* (considerando Bárbara Ottoni)
  - taxa de uso na casa do 1%
  - taxa de acerto sem aplicação abaixo de 10%

Se redatores desconhecidos de um grande *corpus* de cartas pessoais na mesma fase histórica tivessem, de forma encaixada, *taxa de uso* e *taxa de acerto* distribuídas, por aproximação, nessa escala aqui apresentada, já se estaria controlando o fator externo *perfil social* em bases objetivas. Seriam perfis de um plano gráfico do letramento.

Enquanto se avança na identificação de grupos, os redatores usados em trabalhos-piloto precisam ter suas identificações o mais completas possível. Ideal seria já contarmos com modelos matemáticos mais adequados que o "grosso modo distributivo" das percentagens brutas. Mas até chegarmos ao estágio de contar com instrumentos matemáticos que traduzam nossas intuições de graus de erudição (letramento) em controles mais seguros, testamos outros caminhos de quantificação para capturarmos diferenças intermediárias entre redatores *eruditos* e *elementares.*

Novos caminhos de taxas qualitativas: *types* e *tokens* de vocábulos latinizados por redator

A tentativa de matematizar a gradiência de letramento por meio da grafação e, assim, controlar como fator externo de perfil social em redatores de sincronias passadas é bem mais, aqui, uma operação de reflexão metodológica do que um modelo pronto para ser aplicado aos *corpora* histórico-diacrônicos. É bem verdade que, desde já, a reflexão sobre a aplicação direta noções anacrônicas de *culto* e *não culto* travestidas em rótulos bipolares como *letrado* e *não letrado* evita assumirem-se paralelos entre dados históricos como uma naturalidade e não como a saída possível diante de um limite real das fontes históricas. Evita, também, afirmações absolutas sobre controles externos aplicados a dados variáveis na diacronia entre séculos. É bem verdade, também, que para além do caráter especulativo, lidar com as gradiências de perfil histórico pelo controle dos caracteres gráficos usando os percentuais simples pode alcançar um patamar mais seguro, tal como o uso de percentuais simples alcançou no controle de fenômenos variáveis na Sociolinguística. Afinal, o quanto já não se afirma sobre fatores externos e internos a favorecer, ou não, variáveis dependentes na Sociolinguística efetivada só por percentagens simples, sem pacotes estatísticos para *pesos relativos*? Alcançar esse patamar, mesmo quando as gradiências gráficas não opuserem tão polarizadamente os redatores a ponto de serem capturadas pelos percentuais brutos, pode depender de tentativas de refinamento do modo de se trabalhar com os referenciais para as percentagens. Sigamos nessa direção.

Na comparação entre redatores, até aqui realizamos um controle geral considerando a taxa de uso, aquela com os 100% da conta referenciados no *total de palavras* do *corpus* e, assim, medir a incidência de latinismos (a taxa de uso de 2,8% de um *erudito* é em relação a 100% das palavras do *corpus* usado, por exemplo). Até aqui, realizamos um controle mais qualitativo, considerando *taxa de acerto* aquela com os 100% da conta referenciados na parcela de palavras latinizadas do *corpus* (os mesmos dados que indicam 2,8% de *taxa de uso* de um *erudito* indicam os 90% de sua *taxa de acerto*). A partir daqui, podemos realizar nova articulação entre controle geral/controle qualitativo e estabelecer novo critério qualitativo: medir a penetração do uso de latinismos na *variedade/riqueza vocabular do redator*. Trata-se de se opor os latinismos dos redatores tanto pela massa geral de ocorrências de vocábulos do *corpus* (*tokens*), a já conhecida *taxa de uso*, quanto pelo total de lexemas (*types*) latinizados em seus textos.

À guisa de ilustração, observem-se os dados: *acceito*, *acceitaram*, *acceitas*, *affectuoso*, *affecto*, *affectuosissimo*. Ao invés de opor percentuais de quando o redator acerta, ou seja, usa uma geminada gráfica ou um <c> mudo espelhando os registros dicionarizados ou dos impressos em sua época (latim científico no século XIX) a quando ele escreve uma geminada ou <c> mudo sem base no latim, a ideia, agora, é mensurar a massa de dados latinizados distinguindo-se se é uma massa da mesma coisa ou se é uma massa de dados de coisas mais variadas. Em outras palavras, se o redator latiniza mais ou menos um elenco mais restrito de vocábulos ou se ele latiniza mais ou menos um elenco mais rico, mais variado de vocábulos. Nessa maior ou menor riqueza vocabular estaria o controle mais fino do grau de erudição do redator que, por memória visual inconsciente da grafia, reproduz o maior ou menor acesso à leitura. Por isso, separamos *tokens* e *types* de latinismos nos exemplos anteriores: os 6 *tokens* ("*acceito, acceitaram, acceitas, affectuoso, affecto, affectuosissimo*" se resumem a 2 *types* de dados: *acceitar* e *afecto*. Dessa forma, se latinizar mais ou menos, por si só, poderia perder graus entre pessoas vistas como *cultas* ou *letradas* (por exemplo, um grau máximo, acima das *letradas*, aqui rotulado de *erudito*), é possível que a associação à riqueza vocabular possa recuperá-los em parte. Esse é nosso caminho alternativo de taxa quantitativa para medir o avanço de latinizações em *corpora* de mesmo tamanho (nichos de +/- 5 mil palavras no caso do PHPB): usar como entrada nominal para a quantificação a variante latinizada como *itens lexicais* (*tokens*) ou como *lexemas* (*types*), quer dizer, palavras de mesma classe morfológica, de mesma base de sentido, diferidas apenas pelos morfemas gramaticais.

Na verdade, quando se usa um *corpus* que mantenha um mesmo número de palavras por célula comparativa, até mesmo o número bruto de dados pode marcar as proporções, pois o número igual de palavras dá a mesma chance de as palavras latinizadas ou não ocorrerem naquele espaço amostral. As percentagens equalizam *corpora*, ainda que vultosos, com diferentes quantidades de documentos. Tomemos os dados brutos de Rui Barbosa e seu amigo Carlos de Aguiar:

Figura 2 – Distribuição de *tokens* e *types* entre erudito e letrado do século XIX

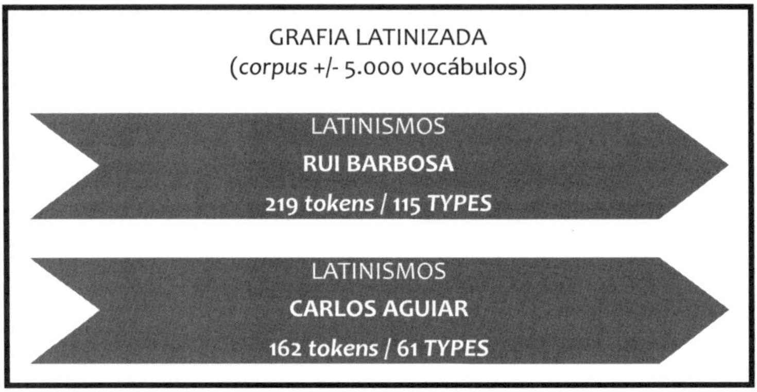

Observe-se que a gradiência entre duas pessoas cuja posição social na história conhecemos fica recuperada, com amostras de igual número de vocábulos (5.000) não só pela proporção bruta de aplicação de latinismos gráficos (219 no *erudito* e 162 no homem *letrado* da elite social carioca), mas também pela difusão desses latinismos numa diversidade maior de vocábulos (115 no *erudito* e 61 no homem *letrado*). Potencialmente, um outro redator letrado perto de Carlos Aguiar, mas não erudito como Rui Barbosa, poderia ter *tokens* perto de Rui, mas *types* perto de Carlos. Variações que refletiriam posições no contínuo de letramento nessa dimensão gráfica. Evidente que a passagem desses números brutos para percentuais do total de vocábulos (aqui, no caso, 5.000) torna as proporções da gradiência entre eles comparáveis a outras pessoas com perfis assemelhados na mesma época e lugar.

Em suma, essa avaliação combinada das proporções de *tokens* e *types* entre pessoas com perfis identificados para os demais rótulos de nossa gradiência (*mediano* e *elementar*) é um caminho de caráter qualitativo (difusão de latinismos em vocabulário mais/menos diverso) alternativo ao caráter qualitativo da *taxa de acerto* usada na primeira fase da pesquisa (o quanto o redator se aproxima de latinismos espelhados no latim clássico ou científico de referências de padrão de escrita). Todos os *tokens* (itens lexicais) de um lado e todos os *types* (lexemas), de outro, podem ser usados para comparar uma pessoa com outra em relação a quanto cada um latiniza, como um todo, a massa visual de grafias em seu texto (o que refletiria a massa visual de grafias latinizadas que lhe ficaram automaticamente na memória pela frequência de leitura dos textos modelares de sua época) e o quanto é diversa a massa vocabular com grafias latinizadas. Essa aplicação da *taxa de uso* a *types* pode ser completada com um outro ponto de vista qualitativo: a *taxa de abertura à variação* de cada redator. Trilhas indiretas para tentar-se saber o quanto um dado redator se aproxima/afasta de latinismos clássicos ou científicos que referenciavam o padrão de escrita àquela fase histórica.

Controle de grau de erudição pela taxa de abertura à variação

O estabelecimento da *taxa de uso* é sempre o primeiro passo operacional. A partir daí, conforme visto, pode-se seguir 1) o caminho qualitativo da *taxa de acerto*, 2) o caminho qualitativo do contraste da *taxa de uso* por *tokens* e por *types* e 3) o caminho qualitativo da *taxa de abertura à variação*. Consideremos esse último.

A *taxa de abertura à variação* verifica o quanto um dado redator variou entre latinizar ou não latinizar as mesmas palavras no texto que escreve. Retomemos os exemplos *acceitaram*, *acceitas*, *affectuoso*, *affecto*, *affectuosissimo*. Abertura à variação significa a possibilidade de a mesma pessoa que escreveu, aqui no caso, as grafias geminadas <cc>, <ff> e o <c> mudo em *acceitaram* e *affectuoso* também escrever *aceitaram*, *aceito* ou *afetuoso* e *afetuosa*, criando variação gráfica no próprio texto. Postulamos, nesse terceiro caminho qualitativo, que seria uma indicação de maior grau de erudição escrita o fato de um redator nunca variar um item que escreva com grafia latinizada com vocábulo igual, porém sem a grafia latinizada; ao passo que, no sentido contrário, seria uma indicação de menor grau de erudição escrita o fato de um redator sempre escrever para cada vocábulo latinizado um par simétrico sem a latinização usada. Entre esses dois polos hipotéticos, estabelece-se a gradiência de os redatores se abrirem à variação gráfica aplicada ao conjunto de dados no qual se materializou o princípio oitocentista "latinizar é investir prestígio à escrita".

Podemos mensurar esse aspecto gradiente. Em termos operacionais, chegamos à *taxa de abertura à variação* no seguinte passo a passo:

1. Primeiro, destacar os itens latinizados pelo redator (definidores da *taxa de uso*);

2. Em seguida, a partir dos *types* desses vocábulos ocorridos, levantar, no restante, itens lexicais sem grafia latinizada apenas os vocábulos que formam pares com os itens latinizados pelo redator;
3. O número total de itens *latinizados* de fato ocorrido no *corpus* é o mesmo número máximo potencial de itens *não latinizados*, ou seja, se o redator só pode escrever pares sem latinização até o mesmo total de ocorrências latinizadas. Exatamente por isso, para efeito de cálculo, os 100% virtuais de itens sem latinização são sempre o mesmo número de itens latinizados que servem de referência na regra de três para definir a proporção percentual da parcela de fato efetivada de itens sem latinização, a abertura à variação entre itens espelhados.

Por ilustração, vejamos os dados latinizados *au**th**entica*, *bo**cc**a*, *calu**mn**ia*, *compro**mm**isso*, *a**nn**o* e ***ex**tranho*. A *taxa de abertura à variação* seria montada na composição:

*au**th**entica* → **sem** variante não latinizada no *corpus*
*bo**cc**a* → **sem** variante não latinizada no *corpus*
*calu**mn**ia* → **sem** variante não latinizada no *corpus*
*compro**mm**isso* → *compro**m**isso* ocorrido no *corpus*
*a**nn**o* → *a**n**o* ocorrido no *corpus*
***ex**tranho* → ***es**tranho* ocorrido no *corpus*

Nessa microamostra ilustrativa, qual a incidência de variação entre a forma latinizada e sua variante não latinizada? Seis dados latinizados na escrita do redator são 100% de dados latinizados e é também o máximo possível de grafação de pares sem a latinização a eles aplicada. Se desse total potencial o redator escreveu três itens sem as latinizações <mm>, <nn>, e <ex> dentre os seis possíveis, temos 50% de *taxa de abertura à variação* sem latinismo. Se houvesse ocorrência de <calúnia>, par sem latinismo de <calumnia>, dentro do cálculo "(4 x 100) ÷ 6 = X", a taxa seria maior: 66,7%. Note-se que são os mesmos 100% de dados antes usados para cálculo da *taxa de acerto*. Vejamos essa abordagem nos dados de Rui Barbosa e Carlos Aguiar.

Figura 3 – Taxa de abertura à variação de *tokens* entre erudito e letrado do século XIX

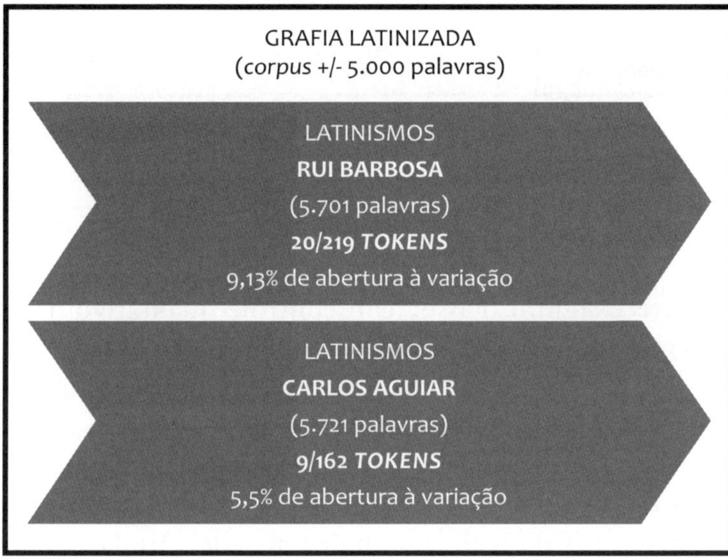

Rui Barbosa escreveu 20 palavras sem latinização que formaram par com palavras que havia latinizado. Isso remonta a 9,13% de abertura à variação, ao passo que Carlos de Aguiar chega a 5,5%. Sinal de que um erudito pode ser mais aberto à variação do que um redator letrado? Pode ser que sim. Pode demonstrar que a aplicação da etimologia latina à grafação torna a ortografia oitocentista variável e não tão homogeneizante como a ortografia do século XX. Os redatores estariam em escala gradiente no uso geral dos latinismos (*taxa de uso*), na precisão da escrita da forma escrita latina clássica (*taxa de acerto*) e na diversidade vocabular onde se aplicam latinismos (*types* dos *tokens*), mas indistintamente abertos a escreverem sem latinização itens que escrevam com latinismos. Se nossos redatores aqui funcionam como metonímias de grupos sociais, é isso que os dados de Rui Barbosa revelam. Contudo, quando calculamos a abertura à variação com os *types* dos itens latinizados, a relação se inverte: Carlos de Aguiar passa a 11,47% de abertura à variação e Rui Barbosa cai para 7,82%.

Tabela 4 – Taxa de abertura à variação de *types* entre erudito e letrado do século XIX

Grafia latinizada (+/- 5.000 palavras)	**Abertura a variantes não latinizadas**
Rui Barbosa 115 *types* latinizados (100%)	Par variante **SEM** LATINIZAÇÃO em 9 *TYPES* → 7,82%
Carlos Aguiar 61 *types* latinizados (100%)	Par variante **SEM** LATINIZAÇÃO em 7 *TYPES* → 11,47%

O que parece significar isso? Um controle qualitativo da variedade vocabular (*type*) aplicado aos itens (*tokens*) em que o redator esteve mais aberto a variar parece revelar um Rui Barbosa (erudito) menos aberto que Carlos de Aguiar (letrado). Assim sendo, a proposta metodológica para esse terceiro controle qualitativo é de se calcularem pelos *types* e não os *tokens*. Uma vantagem, por nossos dados, parece ser uma captura de distinções mais sutis da realidade matematizada. Ainda que muito rudimentarmente representada no nível das percentagens, a co-incidência dos resultados percentuais com o perfil histórico-social bem delineados dos redatores *Carlos* e *Rui* parece tornar a abertura à variação um controle qualitativo a ser explorado. Nesse sentido, nossos *informantes oitocentistas* são fortes candidatos para serem assumidos como redatores metonímicos de seus grupos sociais (*Carlos* e seus cerca de 11% como referência a seus pares sociais e *Rui* com seus cerca de 7% para outros eruditos coevos).

Essas escalas de gradiência estabelecidas na distribuição de cada um deles na aproximação/afastamento em relação ao ponto de referência fixado por redatores metonímicos (ou mesmo na comparação *per si* entre redatores de conjuntos de *corpora* sob investigação – entre seus *tokens*, seus *types*, seus *acertos*, suas *aberturas*) possibilitam aos pesquisadores operar dentro do universo dos manuscritos, sem levar um tempo enorme de construção de *corpora* de modelos de escritura para cada época, ainda que seja esse o ideal. Se na primeira parte deste capítulo a triangulação com textos modelares (jornais) foi realizada a título de teste-piloto para comprovar a possibilidade de ser refletida a gradiência de erudição escrita na grafia de manuscritos, passemos a propostas de controle sob triangulação dos percentuais de cada redator com percentuais tirados de modelos praticados ou predicados para a grafia no fim do século XIX no Brasil.

PARÂMETROS PARA A MEDIÇÃO DE GRAUS DE LETRAMENTO PELA GRAFIA ETIMOLÓGICA: NORMAS MODELARES IMPRESSAS

Um caminho metodológico alternativo aos modelos manuscritos a partir de redator-metonímia de grupo vem a ser a utilização de *corpora* modelares impressos para a identificação padrões gráficos de referência culta a serem seguidos na prática cotidiana de escrita dos leitores e/ou escolarizados. Se até o momento utilizamos redatores como referência metonímica para cada célula do contínuo de erudição, agora passamos a utilizar textos considerados modelares para época. Elencamos duas possibilidades para construção desses *corpora*. A primeira considera o modelo praticado pelos jornais oitocentistas no Brasil. A esse modelo atribuímos o rótulo de *norma gráfica praticada*. Ela é depreendida dos usos que foram efetivamente praticados por grupos sociais capazes de difundir modelos objetivos de erudição escrita. Na primeira parte deste texto,[8] a *norma gráfica praticada* em jornais serviu de *referência fixa* a partir da qual se tornou possível confirmar que a metodologia tinha efeito: os percentuais de latinização apresentaram escalonamento decrescentemente em relação aos percentuais dos jornais. Isso implicou dizer que as percentagens de uso de grafemas dos redatores Christiano e Bárbara Ottoni confirmam, capturam, correspondem aos seus perfis sociais já conhecidos por vias históricas diretas. Comprovada a eficácia do método, agora seria possível usar as taxas dos jornais para escalonar pessoas totalmente desconhecidas. A segunda possibilidade considera o modelo prescrito nas gramáticas escolares do mesmo período. A esse modelo atribuímos o rótulo de *norma gráfica predicada*, ou seja, trata-se de um ideal linguístico descrito e prescrito subjetivamente como modelo a ser seguido por redatores escolarizados ou que tiveram acesso aos textos metalinguísticos do período. Observemos brevemente a primeira e concentremo-nos na segunda.

Normas modelares em jornais oitocentistas

O pesquisador interessado no controle de graus de letramento a partir do primeiro modelo, *norma gráfica praticada* em textos modelares de cada época, já dispõe de *corpora* do século XIX disponibilizados pelo PHPB: os textos modelares para a escrita pessoal dessa fase histórica foram os jornais periódicos publicados em diversas regiões do Brasil oitocentista. Assim sendo, basta proceder à medição das taxas de controle (*taxa de uso* e *taxa de acerto*) e verificar em que ponto do contínuo de latinismo cada autor desconhecido se encaixa. Isso pode ser feito por região de que se compõe os *corpora* do PHPB, pois, a princípio, podemos supor/contar com práticas diferentes na dimensão espacial do *corpus*. O que se praticava na Corte (cidade do Rio de Janeiro) não seria o mesmo na Paraíba.

Mas não é apenas esse o caminho disponível. Conta-se, ainda, com proposta metodológica desenvolvida em Lima (2014: 108), em que, ao descrever a ortografia portuguesa da variedade brasileira, destaca as realizações efetivamente praticadas nos jornais. Nessa análise, foi aplicado o controle já apresentado anteriormente (seção "Novos caminhos de taxas qualitativas: *types* e *tokens* de vocábulos latinizados por redator") pelo qual se distinguem *tokens* e *types*. Com a distinção desses dois controles foi possível avaliar como os grafemas etimológicos projetavam-se nos textos em termos de diversidade e de recorrência lexical. Com esse novo procedimento em relação às *taxas de uso* e *acerto*, aprimorou-se descrição da *norma gráfica praticada* em jornais. Por isso, controlou-se como cada grafema se inseria na prática gráfica, estabelecendo, na relação entre *types* e *tokens, níveis de aplicabilidade* para cada um. O estabelecimento de níveis de aplicabilidade constitui-se do controle da *taxa de uso,* não só de *tokens*, como feito antes, mas agora também as de *types*. Cada controle expressa uma hierarquização: uma representa a diversidade (*types*), a outra a recorrência (*tokens*). A partir da relação entre as hierarquizações de *tokens* e de *types,* é possível estabelecer *níveis de aplicabilidade* de regras de uso para os grafemas etimológicos no periódico oitocentista. Os níveis indicam a colocação ordenada coincidente de *tokens* e *types* dos grafemas. Cada nível combina os pares de faixas de hierarquização semelhantes. Assim, o grafema que ocupa a faixa de *tokens* mais alta combina com a faixa de *types* correspondente. Vejamos a tabela com os níveis de aplicabilidade:

Tabela 5 – Níveis de aplicabilidade dos grafemas etimológicos

Nível 1	ll
Nível 2	ct
Nível 3	h
Nível 4	ff, mm
Nível 5	nn, ph, th
Nível 6	tt, pp, pt, cc [k], cç, cc [s], ch [k], mn
Nível 7	pç, gn
Nível 8	gg, dd, bb, rh, sc, gm, bd, cd, bt, k, w, x, rrh, cqu, sch

O pesquisador pode se apoiar nessa tabela já construída com base em jornais cariocas, como pode utilizar a mesma metodologia para chegar ao seu próprio contínuo de aplicabilidade, a partir de jornais de outros lugares ou de diferentes públicos do mesmo lugar. Quem optar pelo controle da norma gráfica praticada deve aplicar a metodologia nos textos manuscritos estudados e comparar os resultados com os níveis de aplicabilidade dos textos modelares, os famigerados jornais oitocentistas. Quanto maior for a aproximação com tais resultados, maior será a erudição escrita do redator. Pensando num futuro cruzamento entre manuscritos estudados, *norma praticada* nos jornais e *norma predicada* nas gramáticas, convém dizer que nem sempre as normas *praticada* e *predicada* serão coincidentes. Veremos adiante o caso do grafema complexo <ff>, muito frequente na *norma praticada*, mas pouco apresentado na *norma predicada*. Isso não inviabiliza a metodologia. Só demonstra que, para o século XIX, trabalhamos com diversidades de normas. Por isso, para cada objetivo de pesquisa, as escolhas do *modelo* devem ser bem definidas.

Normas modelares em gramáticas escolares oitocentistas

Feitas as considerações a *norma praticada* em jornais, concentremo-nos na utilização da *norma gráfica predicada* como parâmetro de erudição escrita. Não contamos, ainda, com *corpora* de gramáticas escolares disponibilizadas no *corpus* geral do PHPB, tampouco de um caminho metodológico para estabelecer esses *corpora* como referencial à análise da grafia etimológica. São necessidades reais para que se estabeleça alternativa complementar de controle de perfis de letramento.

O estudo de graus de erudição escrita requer *corpus metalinguístico*, amparado por decisões metodológicas que os qualifiquem como confiáveis, para a pesquisa; e representativos, para sua época, região, grupo social etc. Destacamos como crivos de seleção: a identificação do material, recorte temporal, recorte tipológico-gramatical, identificação dos perfis dos redatores e identificação da representatividade da obra. Os critérios estabelecidos podem orientar o pesquisador na construção de seu próprio elenco, considerando o período e a repercussão dos textos estudados. A respeito desses critérios, encontramos uma importante reflexão em Lima (2014: 69). A fim de descrever a ortografia portuguesa predicada nos oitocentos, o autor explicita todas as etapas para a construção de *corpus* metalinguístico.

Para o *corpus* metalinguístico, escolhemos gramáticas escolares utilizadas nas principais escolas da sociedade brasileira da segunda metade do século XIX,[9] de onde saíam os bacharéis, doutores e professores. O primeiro passo foi buscar nos principais acervos do Brasil e de Portugal quais eram as gramáticas oitocentistas disponíveis para consulta.[10] Acrescentamos ao crivo da pesquisa a disponibilidade da gramática em pelo menos três edições, o que nos permitiria verificar se houve alteração no tratamento dado à *ortografia*, ao mesmo tempo em que ratificamos materialmente o sucesso de público da gramática.

Após a localização das gramáticas, analisamos seu texto, na busca por elementos externos ao conteúdo das gramáticas, como local, data de publicação, editora, edição etc., capazes de iluminar o contexto de produção e até mesmo o perfil do gramático estudado. Dessa forma, é possível reconhecer todos os condicionantes contextuais que marcam a produção de cada obra e, por consequência, orientam a proposta gráfica de cada autor. O resultado são as obras dos gramáticos que compõem a tabela a seguir:

Tabela 6 – Gramáticos brasileiros selecionados para compor o *corpus* metalinguístico

Gramáticos brasileiros
Francisco Sotero dos Reis (1870, 1871, 1877)
Manoel Pacheco da Silva Junior e Lameira de Andrade (1877,[11] 1887, 1894, 1913)
Julio Ribeiro (1881, 1885, 1909, 1913)
João Ribeiro (1894, 1897, 1911, 1926)[12]
João Ribeiro (1888, 1898, 1907, 1914)[13]
Alfredo Gomes (1897, 1911, 1920, 1924)

As gramáticas aqui qualificadas fizeram parte de uma rede que envolvia difusão e práticas de ensino, referendadas para o final do século XIX.[14] São gramáticas que mereceram inúmeras reedições, citações e discussões entre eruditos e adoção em várias instituições de ensino. Apresentar essa descrição é elucidar uma série de etapas metodológicas antes da utilização desses autores para o estabelecimento de gradiência a partir de textos modelares.

Proposta metodológica: escala de consenso e graus de letramento

Saber a representatividade das gramáticas transformadas em *corpus* é etapa metodológica sem a qual uma dada proposta de controle de letramento está fadada a não funcionar. Uma vez qualificado o material, vamos investigar a normatização gráfica contida nele. Identificamos como um valor de erudição escrita para época a *etimologização gráfica*, materializada no uso de *grafemas consonantais etimológicos*. Conforme visto na primeira parte deste texto, chamamos de grafemas etimológicos as unidades gráficas mínimas e polivalentes, formadas por um caractere (simples) ou mais caracteres (complexas) que agregam valor etimológico à palavra que formam. Podemos citar, por exemplo, os grafemas etimológicos <ll> de <allegar>, <ph> de <pharmacia>, ou ainda <ct> de <facto>.[15] A descrição da norma predicada consistiu em verificar quais grafemas etimológicos foram prescritos por cada gramática, tornando possível o estabelecimento de um contínuo de prescrição gráfica, desde os grafemas consensuais, predicados por todos os gramáticos, ao grafema que consta na obra de apenas um dentre eles. Isso nos permite verificar a inserção de cada grafema na prescrição gráfica geral à época. A tabela a seguir, após todo investimento de pesquisa feito, representa justamente esse contínuo de prescrição de grafemas etimológicos:

Tabela 7 – Escala de consenso de prescrição dos grafemas etimológicos

Contínuo	Grafemas
Consenso total	ll, ch [k], ph
4 consensos	cc [s] / [k], mm, tt, bb, ct, th,
3 consensos	cç, pp, pt, ps, nn, mn, gm, gn, rh,
2 consensos	cqu, bd, cd, dd, dh, ff, gd, gh, sc, bt, phth, sch, gg
Dissenso total	bh, kh, kkh, sh, zz, rrh, pn, pç

Se considerarmos a quantidade de grafemas apresentados por esses gramáticos (39 grafemas etimológicos prescritos), a co-incidência de modelo ortográfico entre os autores parece ser muito pequena. No entanto, destaca os principais tipos de grafemas que fariam parte do repertório de um redator oitocentista. Levando em consideração os casos unânimes, fazer parte de uma tradição de escrita que se apoia na *etimologização gráfica* significa basicamente usar geminadas e compostos helênicos. Esses casos representam o que indiscutivelmente pertence ao quadro dos grafemas complexos portugueses nos oitocentos. Por outro lado, representam aquilo que é discutível em termos de organização da regra. Sendo grafemas indispensáveis às descrições e possivelmente muito presentes nas práticas gráficas dos redatores, carecem de sistematização por parte das gramáticas.

Nos três casos unânimes, a descrição dos gramáticos encontra limitações. Embora o <ph> não suscite opiniões, nem descrições diferentes entre os gramáticos, limita-se a apontar o uso apenas em casos derivados do grego. O atendimento da regra depende do conhecimento etimológico das palavras. A descrição do grafema <ch> para representar o som [k] também impõe a necessidade do conhecimento etimológico. A geminada <ll> não encontra a mesma abordagem entre os gramáticos. Sotero (1877) a expõe quando se refere às regras gerais das consoantes dobradas. João Ribeiro (1888) faz menção à prática das letras dobradas. Contudo, restringe o assunto aos valores que o grafema teve em outras fases da língua, para justificar a sua frequência. Silva Junior e Andrade apresentam o percurso histórico do grafema latino ao indicar seus três caminhos em português: síncope, abrandamento e conservação. Apenas Júlio Ribeiro e Alfredo Gomes lançam mão de processos de formação de palavras latinas para justificar o emprego de <ll>. Inclusive, em ambos a regra é extensa, envolvendo muitos casos. Mesmo assim tais regras não são suficientes.

Portanto, as geminadas e os grafemas helênicos são a base para a etimologização gráfica nos oitocentos. Os casos que são descritos em todos os gramáticos não representam consenso entre as descrições. Expõem os limites da tentativa de sistematização. Para o trabalho de controle de perfis de erudição escrita a partir das *etimologizações gráficas*, devemos considerar o "erro" compreensível, em função da inconsistência das regras. Já o "uso" deve ser condição mínima para a participação da tradição escrita da época. Assim, o redator que apresenta um conhecimento etimológico básico, fruto do contato com textos modelares, deve realizar minimamente os casos mais consensuais entre os gramáticos.

Apresentados os grafemas que foram consenso total na descrição entre os gramáticos, analisaremos os grafemas que aparecem em quase todos os gramáticos. Os grafemas desse grupo reforçam a afirmação realizada anteriormente sobre a base da etimologização gráfica portuguesa, ao acrescentar mais cinco casos de geminadas e o composto helênico <th>. A novidade nesse quadro é a presença do grafema composto por consoante muda <ct>. O emprego desse grafema expõe outro problema: a dúvida se em determinada palavra o elemento mudo é realmente pronunciado ou não. Dessa dúvida decorrem os debates entre os gramáticos. Alguns acreditam que se deve manter o zelo etimológico; outros sugerem que se mantenha apenas onde haja a relação com a pronúncia; e ainda os que defendem o fim desse grupo consonantal.

Os grafemas só não foram descritos pelos gramáticos que têm como foco expor os casos especiais da ortografia e apresentam um elenco muito restrito (João Ribeiro e Sotero dos Reis). Esses grafemas estão presentes nos gramáticos que procuram sistematizar de forma alfabética ou articulatória seu elenco. Assim, esse agrupamento marca a fronteira através do tipo de exposição.

Quanto ao agrupamento de grafemas presentes no elenco de três gramáticos, constatamos um número significativo de grafemas com consoantes mudas. É claro que há ainda outros grafemas com consoantes mudas, mas os casos desse grupo possivelmente representam aquilo que tem maior consenso entre os gramáticos. As consoantes mudas destacam-se como a terceira força da etimologização gráfica para a prescrição, ficando atrás das geminadas e compostos helênicos por <h>. Novamente aproximamos Sotero dos Reis e João Ribeiro como os dois gramáticos que não descrevem os grafemas desse grupo. A exceção dos grafemas <cç> e <rh> em que Silva Junior e Andrade compartilham, ora com Sotero dos Reis, ora com João Ribeiro, a não descrição em seus elencos. Nesse grupo não é apenas o tipo de exposição que entra em jogo, mas também a dispersão do conteúdo sobre grafia em mais de uma seção da obra, o que ocorre com Silva Jr. e Andrade.

Já os grafemas presentes em apenas dois gramáticos figuram em poucas palavras. Palavras como <subdito> e <adherir> são as únicas realizações desses grafemas. Causa estranhamento ver nesse grupo o grafema <ff>, pois era relativamente frequente nos textos oitocentistas. Isso indica que adoção da *norma praticada* implica o estabelecimento de outra hierarquização, não necessariamente idêntica à *norma predicada*. Esses grafemas não foram apresentados em Sotero dos Reis, Silva Jr. e Andrade, e João Ribeiro. Essa fronteira entre gramáticos separa a *prescrição exaustiva* da *prescrição exemplar*. Enquanto Júlio Ribeiro e Alfredo Gomes procuraram ir a fundo à investigação dos grafemas, os demais abordaram de forma genérica ou apenas exemplar o conteúdo gráfico.

Por fim, há grafemas que fazem parte da descrição de apenas um autor. Quando um grafema aparece em apenas um autor, não se trata apenas das soluções pessoais de cada gramático, mas também fica em evidência quem vai mais adiante no estabelecimento dos grafemas etimológicos portugueses. Como são decisões particulares, a tendência é que sejam ainda mais raros do que o grupo anterior. Observa-se também que Júlio Ribeiro é o gramático que não expõe apenas os casos mais gerais. O autor procura descrever os casos mais específicos. Os grafemas compostos por <h> são a maioria dos casos. Esse tipo de grafema está presente em todos os grupos, porém o que o distingue aqui dos demais é o outro elemento de sua formação <b>, <k>, <kk>, <s> e <rr>. Esses casos são propostas etimológicas para representação de poucas palavras ou com expediente de transcrição de palavras estrangeiras. Um bom exemplo é o grafema <bh>, usado apenas na palavra <abhorrecer> e na transcrição <bhavam>.

Para a metodologia de identificação de perfis, a escala de consenso de prescrição gráfica estabelece valores diferenciados para os grafemas. Da mesma forma, esperamos que os redatores com maior ou menor contato com essas prescrições lancem mão desse recurso e apresentem graus distintos de erudição gráfica. A comparação com a norma predicada ajuda-nos a escaloná-los em um contínuo de erudição, desde aqueles que realmente se aproximam das prescrições até aqueles que apenas esboçam uma noção de uso dos grafemas etimológicos.

Realizamos um primeiro controle simplesmente identificando o percentual de grafemas praticados por cada redator em comparação ao repertório de grafemas etimológicos prescritos nos gramáticos. Dessa forma, retomamos os redatores já apresentados anteriormente cujos perfis sócio-históricos são conhecidos (Rui Barbosa, Carlos Aguiar, Christiano e Bárbara Ottoni), como etapa preliminar de testagem da metodologia. Verificamos percentualmente o quanto cada redator utiliza dos grafemas etimológicos presentes na norma predicada. A tabela a seguir apresenta os resultados:

Tabela 8 – Grafemas praticados em relação à prescrição

Grafemas praticados em relação à prescrição	
Rui Barbosa	46,15%
Christiano Ottoni	41,02%
Carlos Aguiar	35,90%
Bárbara Ottoni	5,13%

Essa primeira análise já é capaz de diferenciar os redatores. Rui Barbosa, por informações extralinguísticas, sociais, considerado *erudito*, é o redator que efetivamente usa um maior elenco de grafemas etimológicos disponibilizados na prescrição gramatical. No outro extremo, encontramos Bárbara Ottoni, que aplica o princípio etimológico, porém sem o mesmo domínio, em função de seu conhecimento *elementar* da cultura escrita. Não queremos dizer que a redatora seja inábil. Ela possui uma habilidade, mas bem abaixo daqueles redatores considerados eruditos.

Identificar os extremos da gradiência já era possível, através dos primeiros controles, apresentados na primeira parte deste capítulo. A vantagem da análise, agora, é a possibilidade de diferenciar redatores em posição intermediária, tendo como referência a norma predicada. Assim, Christiano Ottoni demonstra proximidade ao *status* de *erudito*, pois mesmo em situação informal, escrevendo para seus netos, é capaz de se aproximar dos resultados de Rui Barbosa. Isso revela que há vários níveis intermediários entre o *erudito* e o *letrado*, que devem ou não ser explicitados, dependendo dos critérios do pesquisador. Por outro lado, Carlos Aguiar tem uma prática etimológica considerável, distinguindo-se de Bárbara Ottoni, mas não no mesmo nível que Rui Barbosa e Christiano Ottoni. Através da norma predicada como parâmetro, podemos chegar ao contínuo de graus de erudição gráfica representado a seguir:

Tabela 9 – Escalonamento de redatores no contínuo de erudição escrita por taxa de uso

Contínuo	**Erudito**	**Letrado**	**Mediano**	**Elementar**
	A partir de 40%	De 30% a 39%	De 20% a 29%	Abaixo de 20%
Redator	Rui Barbosa Christiano Ottoni	Carlos Aguiar	-	Bárbara Ottoni

O contínuo anterior estabelece quatro níveis de erudição gráfica. O pesquisador pode criar outros níveis intermediários, a fim de, por exemplo, hierarquizar em subníveis distintos Rui Barbosa e Christiano Ottoni. Vale dizer que a tabela nomeia um grau para o qual ainda não contamos com redator estudado. Apenas efeito de proposta, inserimos entre o *letrado* e o *elementar* um nível intermediário para um grau *mediano*.

Esse caminho se constitui numa primeira proposta de controle de gradiência reaplicáveis por pesquisadores. Se aqui a gradiência de aproximação/afastamento corresponde a 39 (100%) dos grafemas encontrados no elenco de gramáticas de nosso *corpus,* a gradiência de aproximação/afastamento com base em outros *corpora* baseados em outras gramáticas de outras regiões do Brasil pode ter sua referência máxima percentual (os 100%) constituída com base em outro elenco. Podem ser não apenas menos ou mais grafemas do que 39.

Vejamos uma segunda possibilidade de controle da gradiência de erudição escrita por meio da grafia predicada. Podemos também efetuar o controle de uso de grafemas por grupo de consenso entre os gramáticos, ou seja, verificamos se os grafemas utilizados pelo redator limitam-se aos primeiros grupos ou se se distribuem em todos os grupos de consenso. Nesse controle, não medimos apenas o quanto o redator usa em comparação ao predicado, mas a diversidade e o refinamento de seu uso.

Tabela 10 – Grupos de consenso de prescrição entre gramáticos

Contínuo	Grafemas	Controle
Consenso total	ll, ch [k], ph	Grupo 1
4 consensos	cc [s] / [k], mm, tt, bb, ct, th,	Grupo 2
3 consensos	cç, pp, pt, ps, nn, mn, gm, gn, rh,	Grupo 3
2 consensos	cqu, bd, cd, dd, dh, ff, gd, gh, sc, bt, phth, sch, gg,	Grupo 4
Dissenso total	bh, kh, kkh, sh, zz, rrh, pn, pç	Grupo 5

Consoante à descrição dos grafemas presentes na norma predicada, os três primeiros grupos representam o *básico* para a prática gráfica etimológica. À medida que o redator avança aos demais grupos, mais refinado e diversificado é o seu uso. Para ser considerado erudito o redator precisa ter um repertório com grafemas de todos os grupos, revelando não só um conhecimento geral, mas um conhecimento extremamente apurado, próprio do processo de escolarização e do frequente contato com os textos escritos e os modelos de letramento da época. A figura a seguir ilustra, teoricamente, o funcionamento desse controle:

Figura 4 – Ilustração da distribuição hipotética dos graus por inserção nos grupos de consenso

Controle	Erudito	Letrado	Mediano	Elementar
Grupo 1	Ok	Ok	Ok	Ok
Grupo 2	Ok	Ok	Ok	Ok
Grupo 3	Ok	Ok	Ok	Ø
Grupo 4	Ok	Ok	Ø	Ø
Grupo 5	Ok	Ø	Ø	Ø

A figura indica que à medida que a prática gráfica se insere nos grupos de refinamento, mais *erudito* o redator será considerado. Já o redator sem o efetivo domínio do princípio etimológico deve apresentar lacunas entre os grupos e/ou não alcançar os últimos grupos do consenso. Vejamos os resultados da testagem em nossos redatores:

Tabela 11 – Inserção dos redatores nos grupos de consenso

Grafemas por faixas de consenso				
Redator	**R. Barbosa**	**C. Ottoni**	**C. Aguiar**	**B. Ottoni**
Grupo 1 (consenso total)	Ok	Ok	Ok	Ok
Grupo 2 (4 consensos)	Ok	Ok	Ok	ø
Grupo 3 (3 consensos)	Ok	Ok	Ok	Ok
Grupo 4 (2 consensos)	Ok	Ok	Ok	ø
Grupo 5 (dissenso total)	Ok	Ok	ø	ø

A redatora Bárbara Ottoni não pratica grafemas de um grupo considerado *básico* (grupo 2) e não alcança os dois últimos grupos. Ela apenas utiliza o grafema <ll> nas palavras <collegio>, <cabello> e <elle>, e o grafema <nn> na palavra <anno>. A redatora dificilmente vai se desviar da regra, pois se expõe muito pouco, uma vez que seu repertório etimológico é *elementar*, porém não podemos dizer que ela domina o princípio gráfico de erudição. Já Carlos Aguiar utiliza grafemas de quase todos os grupos, deixando de praticar apenas os grafemas do grupo 5. Por isso, diferencia-se não só de Bárbara Ottoni, mas também de um possível redator *mediano*. Embora diversificado, não chega ao apuro de Rui Barbosa e Christiano Ottoni, que praticam grafemas de todos os grupos. Por isso, esses autores são considerados eruditos, conforme apontamos na figura a seguir:

Figura 5 – Escalonamento dos redatores pela inserção nos grupos de consenso

Controle	Erudito	Letrado	Mediano	Elementar
Redatores	Barbosa e C. Ottoni	C. Aguiar	-	B. Ottoni
Grupo 1	Ok	Ok	-	Ok
Grupo 2	Ok	Ok	-	Ø
Grupo 3	Ok	Ok	-	Ok
Grupo 4	Ok	Ok	-	Ø
Grupo 5	Ok	Ø	-	Ø

O pesquisador pode se deparar com casos não tão definidos como os casos aqui apresentados. Um *redator elementar* como Bárbara Ottoni pode ter um percentual geral baixo, mas estar distribuído em todas as faixas. Como distinguir esse redator de outros, como Rui Barbosa e Christiano Ottoni? O refinamento desse controle deve considerar a porcentagem de grafemas praticados em comparação aos grafemas prescritos de cada grupo de consenso. Assim, o total dos grafemas de cada grupo torna-se a referência (100%) dos grafemas desse grupo efetivamente praticados. Desse modo, se o redator utilizar os três grafemas do consenso total, terá 100% nesse primeiro grupo. No entanto, se o redator usar dois ou um grafema, terá 66,67% ou 33,33%, respectivamente. O mesmo princípio vale para os demais grupos. A tabela a seguir registra a inserção percentual dos redatores em cada grupo:

Tabela 12 – Distribuição percentual de cada redator por grupo de consenso

Grafemas por faixas de consenso				
Redator	**R. Barbosa**	**C. Ottoni**	**C. Aguiar**	**B. Ottoni**
Grupo 1	66,67%	100%	33,33%	33,33%
Grupo 2	100%	83,33%	66,67%	0
Grupo 3	66,67%	66,67%	77,78%	11,11%
Grupo 4	23,08%	7,69%	15,38%	0
Grupo 5	12,5%	12,5%	0	0

A distribuição percentual indica o quanto cada redator investiu no uso de cada grupo. Bárbara Ottoni, já escalonada como *elementar* por outros controles, mesmo se não tivesse lacuna, não poderia ser considerada letrada, pois seu uso por grupo não chega sequer a 50%. Já o redator Carlos Aguiar, considerado *letrado* por manter o uso até a penúltima faixa, não é efetivo nos grupos básicos. Está abaixo de 50% no grupo 1. Christiano Ottoni e Rui Barbosa estão acima de 50% nos grupos básicos, chegando, inclusive a 100% nos grupos 1 e 2, respectivamente. São efetivos até nos grupos de apuramento, demonstrando que utilizam grafemas etimológicos não só em termos de quantidade, mas também em termos de diversidade.

Tais informações já são suficientes para estabelecermos propriedades para cada grau de erudição elucidado nesse controle. Dessa forma, a tabela a seguir representa aquilo que se espera de um redator em cada nível de erudição gráfica:

Tabela 13 – Propriedades de cada nível de erudição

Erudito	Letrado	Mediano	Elementar
Taxa de uso geral a partir de 40%	Taxa de uso geral entre 30% e 39%	Taxa de uso geral entre 20% e 29%	Taxa de uso geral abaixo de 20%
Utilizar grafemas dos 5 grupos de consenso	Utilizar grafemas de 4 grupos de consenso	Utilizar grafemas de 3 grupos de consenso	Utilizar grafemas de 2 grupos de consenso
Não apresentar percentual abaixo de 50% nos grupos 1, 2 e 3 (básicos)	Apresentar um percentual abaixo de 50% nos grupos básicos	Apresentar dois percentuais abaixo de 50% nos grupos básicos	Apresentar três percentuais abaixo de 50% nos grupos básicos

A Tabela 13 procura sintetizar os critérios de composição do contínuo de graus de letramento. O redator *erudito* na taxa de uso geral de grafemas etimológicos, estabelecida através da contagem de grafemas em comparação com o repertório da norma predicada, deve ser maior ou igual a 40%. Esse redator deve ser capaz de utilizar grafemas dos 5 grupos de consenso, demonstrando diversidade de uso. O percentual desse uso por grupo de consenso deve ser superior a 50% nos grupos básicos, ou seja, apresentar domínio nos grafemas básicos.

O redator *letrado* deve ter uma taxa de acerto entre 30% e 39%. Seu uso também precisa ser expressivo. Tal efetividade se confirmará na utilização de grafemas de 4 grupos. Apenas no último grupo de apuramento não teríamos grafemas desse redator. Esse redator também se distingue do erudito por ter um percentual abaixo de 50% nos grupos básicos. Já no redator *mediano*, a taxa de uso geral não será tão expressiva, ficando entre 20% e 29%. Seu uso de grafemas concentra-se apenas nos grupos básicos. Desse repertório já limitado em dois grupos o uso não chega a 50%. Por fim, o redator considerado *elementar* apenas esboça uma aplicação de grafemas etimológicos. Assim, sua taxa de uso geral é inferior a 20% (bem provável que não chegue a 10%). Tal porcentagem concentra-se apenas em 2 grupos, com tão poucos grafemas que em nenhum deles o percentual ultrapassa os 50%. É claro que o contato com outros redatores pode apresentar casos em que o redator não se enquadre nos perfis detalhados anteriormente, por isso chamamos de contínuo de erudição. Os subníveis devem ser pensados tendo como referência esses pontos estabelecidos do contínuo. Então, entre o *erudito* e o *letrado*, teremos redatores que não atendam uma das propriedades do erudito. O mesmo acontece entre o *letrado* e o *mediano* e entre o *mediano* e o *elementar*.

Por fim, após a apresentação minuciosa de cada etapa envolvida na construção da metodologia de identificação de perfis, convém sistematizar o passo a passo metodológico a fim de operacionalizar a aplicação desse instrumento pelos pesquisadores interessados:

1. Identificação dos grafemas etimológicos: consiste em localizar as palavras utilizadas pelos redatores que tenham grafemas etimológicos. Para essa etapa, a referência é o repertório de grafemas da *norma predicada*. Convém elaborar tabelas com as palavras com grafemas etimológicos para possíveis consultas.

2. Aplicação da taxa geral de uso: nessa etapa se verifica o quanto o redator se aproxima da tradição gráfica da norma predicada. A referência é o total de grafemas da norma predicada.
3. Hierarquização dos grafemas praticados: a identificação faz-se com auxílio da tabela dos grupos de consenso. A intenção é verificar a quais grupos pertencem os grafemas praticados pelos redatores. Assim, é possível mensurar a diversidade dos grafemas etimológicos praticados pelos dos redatores entre os grupos básicos e de apuramento.
4. Estabelecimento de percentual por grupo: nessa etapa, afere-se o percentual de uso de grafemas praticados por grupo de consenso. A referência é o total de grafemas prescritos por grupo de consenso. A ideia é mensurar a consistência do uso dos redatores por grupo de consenso.
5. Escalonamento do redator no contínuo de erudição: após a identificação da taxa geral de uso e do refinamento a partir dos grupos de consenso, o grau de erudição gráfica do redator oitocentista é definido, tendo como parâmetro as propriedades estabelecidas para *erudito, letrado, mediano* e *elementar.*

CONSIDERAÇÕES FINAIS

Com a intenção de propor uma metodologia para identificação de perfis com base em textos modelares das normas gráficas *praticada* e *predicada*, potencializamos diferentes caminhos para controlar de modo indireto perfis sociais de redatores de manuscritos pessoais sobre os quais não tenhamos dados biográficos. Seja com referenciais de erudição escrita baseados em manuscritos de redatores transformados em metonímias de graus de letramento, seja construindo e descrevendo padrões gráficos de *corpora* de periódicos ou de gramáticas, os leitores encontram aqui alternativas de controle extralinguístico social às categorias polarizadas do tipo *ilustres* versus *não ilustres*, *letrados* versus *não letrados*, *formal* versus *informal*. Gradiências em contínuos de letramento, ao menos tripartidas, tornam-se possíveis. Mesmo àquelas polarizadas, dá-se a chance de serem aplicadas a redatores para os quais a pesquisa direta em arquivos nada descobriu.

Acreditamos que o estabelecimento de graus de erudição tendo como referência as *taxas de uso, de acerto, de abertura à variação*, as *faixas de aplicabilidade* e os *grupos de consenso entre gramáticos* é, ao menos, um esforço de engenho e arte na direção de metodologias a serem consolidadas e aplicadas por muitos a *corpora* escritos da língua portuguesa do século XIX, ou a qualquer outra língua escrita com o mesmo princípio etimológico latinizante, como a língua inglesa do século XXI, que permanece com sua ortografia oitocentista. Para a escrita em português no século XXI, com padrões gráficos homogeneizantes, tanto os jornais quanto os consensos e dissensos em gramáticas seriam bases referenciais seguras para o estabelecimento de gradiências de letramento na dimensão gráfica. Caminhos a seguir. Aqui fica o convite aos pesquisadores interessados no avanço dessa empreitada.

NOTAS

1 Romaine (1982: 121-123).

2 Barbosa (2009: 201)

3 A título de exemplo, ver essa ideia usada, para outra finalidade, em Barbosa (1999).

4 Neste capítulo focamos apenas a *dimensão gráfica*, o que implica tratar de línguas com tradição de escrita historicamente consolidada. A dimensão linguística funcionaria como um paralelo a ser confirmado, ou não, fenômeno a fenômeno. Vale dizer que o *modelo teórico* de aproximação a *textos modelares* pode ser aplicado a línguas ágrafas unicamente na *dimensão linguística*; bastaria identificar que tradição oral de textos memoriais, míticos, jurídicos etc. eram passados e fixados pela tradição oral, funcionando para os indivíduos como textos-modelo.

5 Termo aqui empregado em referência aos sistemas de sinais gráficos usados na escrita alfabética para visualizarmos a fonação na escrita. Mesmo sendo a escrita, portanto, uma representação da fala, e não a fala em si, está intrinsecamente a ela. Nunca será o próprio objeto representado, estará *em torno* (= -epi) da linguagem. Não confundir "epilinguístico" aqui empregado com o sentido hoje mais difundido: "reflexão que quem escreve ou lê faz enquanto escreve ou lê".

6 Conjunto de cartas trocadas entre Rui Barbosa e seu amigo e compadre Carlos de Aguiar. Originais guardados no acervo público da Fundação Casa de Rui Barbosa (RJ).

7 Graus de erudição escrita aqui de fato referindo-se ao processo de letramento e não vinculados à escolaridade dos redatores. Por exemplo, o rótulo *redator elementar* não faz referência às *gramáticas elementares* ou *primárias* da época.

8 Ver Tabela 2.

9 Sobre a importância dos últimos 30 anos do século XIX para a codificação da norma gráfica portuguesa, recomendamos a leitura de Gonçalves (2003) e Kemmler (2001).

10 Os acervos consultados para o levantamento das gramáticas foram a Fundação Biblioteca Nacional do Rio de Janeiro, Real Gabinete Portuguez de Leitura, Biblioteca da Faculdade de Letras da UFRJ, Centro de Linguística da Universidade de Lisboa, Biblioteca da Faculdade de Letras de Lisboa, Biblioteca Nacional de Lisboa, acervo digital da Biblioteca do Congresso Americano (EUA) e acervo digital do Google, além do nosso acervo pessoal.

11 Essa obra foi escrita apenas pelo primeiro autor.

12 Curso primário.

13 Curso superior.

14 Sobre a *gramaticologia* do final do século XIX, recomendamos a leitura de Cavaliere (2000) e Parreira (2011).

15 Sobre a unidade gráfica de estudo, recomendamos a leitura de Catach (1996) e Gonçalves (2003).

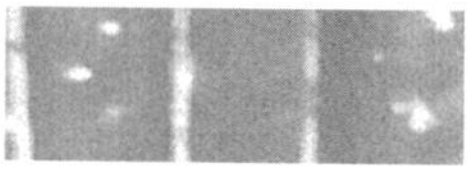

O *CORPUS* DO PROJETO PARA A HISTÓRIA DO PORTUGUÊS BRASILEIRO: A CONSTITUIÇÃO DE *CORPORA* HISTÓRICOS BASEADA EM CRITÉRIOS DE TRADIÇÕES DISCURSIVAS

Verena Kewitz
José da Silva Simões

SUMÁRIO

APRESENTAÇÃO

O presente capítulo trata da associação de pressupostos do modelo de Tradições Discursivas (TD) e dos elementos da Linguística de *Corpus* aplicados à construção de *corpora* diacrônicos do português brasileiro que possam servir de base para um levantamento mais fidedigno das variedades de registro coexistentes nas diferentes sincronias da língua portuguesa no Brasil.

Na primeira seção, retomamos alguns critérios estabelecidos nas primeiras reflexões sobre coleta e edição de documentos interessantes aos estudos de mudança linguística do português brasileiro (PB), os quais envolvem fatores linguísticos e sócio-históricos da produção dos textos. A reorientação desses critérios são colocados como desdobramentos das discussões realizadas entre as equipes regionais do projeto Para a História do Português Brasileiro (PHPB) e que giram em torno dos critérios de constituição de um *corpus* mínimo comum, baseado em critérios regionais, especificidades discursivas dos gêneros textuais e suas tradições discursivas.

Na segunda seção, apresentamos a proposta de constituição de um *corpus* mínimo para o PHPB com base na discussão da seção anterior e nos pressupostos do modelo de Tradições Discursivas. Ressaltamos aqui a importância de se diferenciar a história dos gêneros e a história das línguas.

Por fim, na terceira seção, apresentamos particularmente o gênero *carta* e seus subgêneros. Começamos pela descrição da história desse gênero, para assim chegarmos às suas potencialidades, isto é, como forma de ilustrar quais características desse gênero podem orientar a análise de fenômenos linguísticos de vária sorte (sintaxe, semântica, discurso, morfologia etc.), bem como dos tipos de normas linguísticas ali presentes e eventuais sobreposições.

REDISCUTINDO CRITÉRIOS PARA A CONSTRUÇÃO DE UM *CORPUS* COM BASE NOS PRESSUPOSTOS DAS TRADIÇÕES DISCURSIVAS

Um dos objetivos essenciais do PHPB é reconstituir a história do português brasileiro com base em documentos escritos que ofereçam uma maior proximidade com o vernáculo ou com os falares cotidianos. Acredita-se que as análises linguísticas podem ser tanto baseadas em textos oficiais, e, portanto, mais formulaicos, mas também em textos mais particulares, menos formulaicos e mais próximos da oralidade. Entretanto, é fato que quanto maior for o *"recheio de informalidade"* de um texto, muito mais profícua e menos enviesada será a análise linguística.

Para o *corpus* da equipe paulista do PHPB, os pesquisadores (Kewitz, 2007a; Simões, 2007, 2012 e Simões e Kewitz 2006a, 2006b, 2009a, 2009b e 2009c) procuraram estabelecer um controle dos elementos composicionais dos exemplares de textos para proceder à seleção dos documentos, levando em conta vários critérios não apenas gramaticais, mas também discursivos, tais como a finalidade comunicativa que fez gerar o documento e a própria constituição dos gêneros e seus subgêneros, bem como critérios relacionados à história social e aos espaços comunicativos onde foram produzidos os textos. Nesses trabalhos (Simões e Kewitz, 2006a, 2006b, 2009a, 2009b e 2009c), defendemos que a constituição dos gêneros textuais e os processos de mudança dos elementos composicionais que resultam de acomodações desses mesmos gêneros textuais às comunidades linguísticas nas quais são veiculados são de grande importância para a análise de fenômenos linguísticos, pois acreditamos não ser adequado afirmar se houve algum tipo de mudança gramatical numa língua, levando em conta apenas um gênero textual específico ou um conjunto desordenado de exemplares de textos.

Os romanistas da Alemanha (Schlieben-Lange, 1983; Koch, 1988, 1997, 2008; Koch e Oesterreicher, 1990a; Oesterreicher, 1996, 1997; Kabatek, s/d, 2003/2006a, 2005 e 2008; Coseriu, 1981/1994, entre outros) chamaram a atenção para a problemática que envolve os processos de evocação e atualização de gêneros textuais e de modos de dizer em geral, a partir de conceitos que foram reunidos sob o rótulo de TD, agregando-se, assim, um novo tópico à agenda do PHPB. Esse modelo alia a constituição de *corpora* à análise linguística nos mais variados níveis. Retomaremos esse tópico na subseção "A constituição de *corpora* do PB a partir do modelo de TD" deste capítulo.

Em Simões e Kewitz (2010a, 2010b), procuramos reunir os aspectos relevantes apontados por cada uma das equipes do PHPB, e a partir daí propusemos uma agenda de coleta de um *corpus* mínimo compartilhado. Notou-se que há um consenso em relação à constituição de um *corpus* equilibrado por tipologia textual diversificada, preocupação com os diversos registros das várias sincronias, levando em conta, assim, as diversas normas possíveis de serem detectadas (norma popular, cotidiana, culta etc.). Observou-se ainda ser pertinente articular esses *corpora* em função da história social específica de cada região, pois textos transitam de forma diferente em determinados grupos sociais – alguns mais frequentemente, outros mais esporadicamente. Assim, a proposta que apresentaremos na seção "*Corpus* mínimo comum do PHPB" leva em conta a reflexão coletiva do que pode ser considerado comum a todas as regiões brasileiras do PHPB e o que é específico de cada região e/ou período.

Retomando alguns critérios para a constituição de *corpora* do PB

Em vários trabalhos, Simões e Kewitz (2006a, 2006b, 2009a, 2009b e 2009c) já apontaram para aspectos que devem ser considerados no levantamento desses *corpora*. Na tentativa de identificar as normas inerentes a cada um dos documentos, estabelecemos critérios de coleta e organização de material para a equipe de São Paulo que estão orientados por categorias linguístico-discursivas, entre elas: a) *grau de publicidade do documento* (particular, semiparticular ou público); b) *grau de simetria entre emissor e receptor* (ascendente, horizontal ou descendente); c) *fixidez temática* (sem fixidez, núcleo temático fixo ou tema altamente fixo); d) *dimensões da ação comunicativa* ou objetivos do texto (narrar, exigir, repreender, reclamar, confirmar, agradecer, atacar etc.) e e) *grau de planejamento do texto* (livre, semicontrolado ou altamente controlado).

Essas características estão atreladas, sobretudo, à observação do texto em si. Em Simões e Kewitz (2009b, 2010b), acrescentamos à reflexão sobre a constituição de *corpora* diacrônicos outros aspectos relevantes, dando continuidade às reflexões de Castilho (2001), tais como (a) a história social da língua portuguesa no Brasil; (b) o contato linguístico em diferentes momentos e (c) as normas linguísticas de cada época presentes nos textos. A importância dos conceitos de TD para a constituição dos *corpora* será especificada na seção "A constituição de *corpora* do PB a partir do modelo de TD", com base no que apontamos em Simões e Kewitz (2006a, 2006b, 2009a e 2009b).

A QUESTÃO DA HISTÓRIA SOCIAL

Conhecer como se falava ou escrevia o português em espaços comunicativos específicos do território brasileiro numa determinada época implica estudar a história de seus falantes/escritores em todos os seus aspectos, bem como dos ouvintes/leitores dos textos. Um deles diz respeito à genealogia dos interlocutores, de modo que se conheça sua formação escolar e/ou acadêmica, suas experiências, seu papel social naquela sociedade, sua rede de relações, ao lado das transformações políticas, econômicas, culturais e sociais pelas quais essa sociedade passava.

Além desses aspectos, é preciso levar em conta como se formavam as sociedades paulistas, isto é, como essas sociedades eram organizadas hierarquicamente, quem era responsável por quais atividades, quem detinha poderes administrativos e assim por diante. Esses dados vinculam-se ao grau de simetria entre os interlocutores e, consequentemente, às escolhas linguísticas no momento da produção do texto.

A extensão do território paulista sofreu modificações, fator igualmente relevante para o levantamento de textos. Poderíamos considerar um determinado documento como sendo da capitania de São Paulo entre os séculos XVI e XVIII, de acordo com o mapa a seguir:

Figura 1 – Mapa do Brasil em 1709[1]

No entanto, a partir do momento em que a capitania vai perdendo grande parte de suas terras até a configuração atual, é pertinente associar a coleta de documentos também a esse fator histórico, além dos já bem estudados movimentos em busca de ouro, índios etc. (cf. Oliveira, 2009; Bacellar, 2009).

Por fim, faz-se necessário associar a história dos gêneros à sua inserção no momento histórico em que os documentos foram produzidos. Sabe-se, por exemplo, que o gênero *memória histórica* passou por transformações ao longo do tempo. Em pleno século iluminista, elas cumpriam uma função política específica, caracterizando-se como gênero intermediário entre a carta e a narrativa histórica. No século XIX, esse tipo de texto dá lugar a textos igualmente narrativos, mas agora a preocupação volta-se à identidade na-

pesquisador enfrenta um desafio ainda maior nesse quesito: como identificar norma culta, popular ou comum em textos de sincronias passadas, especialmente aqueles mais distantes de nós no tempo. Aliada a essa questão, está a história social do Brasil Colônia, quando não havia instituições controladoras e formadoras, e do Brasil Império, período em que vão aos poucos surgindo essas instituições (imprensa, cursos jurídicos e escolas). Paralelamente, as primeiras discussões em torno da "língua brasileira", de acordos ortográficos e gramáticas se deram depois de séculos de formação linguística no Brasil. A esse respeito, vale lembrar o que Mattos e Silva (2004) coloca: a formação linguística no Brasil nasce e se desenvolve na diversidade e na oralidade, aliadas à mobilidade da população, aos contatos linguísticos estabelecidos. Isso, consequentemente, está intimamente atrelado à formação de normas (culta, popular, comum, padrão etc.). De todo modo, quando analisamos a linguagem de textos antigos, devemos tomar o cuidado de não estabelecer a norma ali presente somente a partir de nosso olhar de leitores contemporâneos.

Quando dos primeiros textos produzidos no Brasil, já havia algumas gramáticas da língua portuguesa, nas quais podemos nos basear, em parte, para tentar identificar a norma dos textos. Ainda assim, sem os dados de que falamos na subseções anteriores, podemos chegar a afirmações e resultados enviesados dos dados.

A constituição de *corpora* do PB a partir do modelo de TD

Qualquer que seja o objeto de estudo ou o nível de análise linguística que se queira empreender, é preciso atentar para os *corpora* necessários, interessantes, pertinentes, adequados etc. A esse tópico estão associadas: (i) a nossa preocupação como integrantes da comissão que organiza os *corpora* do Projeto Caipira, e também (ii) a crença de que uma seleção adequada e diversificada de fontes segundo critérios associados à tipologia textual é primordial para o sucesso das análises.

A primeira pergunta que fazemos é: que documentos foram produzidos no Brasil em todos os períodos de sua história? A partir daí, de que tratavam esses textos? Para quem e por quem foram escritos? Quem eram essas pessoas, sua origem, meio social etc.? De que maneira esses tantos textos representam a linguagem da época? A representatividade dos textos envolve problemas práticos, filológicos e teóricos, como revela Jacob (2001), além das questões apontadas nas subseções anteriores.

O problema prático refere-se à possibilidade de um determinado item linguístico simplesmente não aparecer no *corpus*, se se levar em conta que determinados textos talvez não proporcionem o seu uso. Isso pode ocorrer por conta de restrições lexicais e gramaticais associadas ao núcleo temático do texto ou a seus objetivos comunicativos, por exemplo.

O problema filológico reside na autenticidade e homogeneidade do texto como testemunho da linguagem de um determinado período. Mesmo que se possa datar precisamente um documento, este não deve ser considerado como um texto que contenha uma linguagem homogênea. Exemplos desse problema podem ser encontrados em inventários e testamentos do século XVII, em que se nota a expressão locativa com o verbo *ser*, como mostra o trecho seguinte:

(1) [17,2 I SP] *Anno do nasimento de nosso sõr jezu xp*^{o} *de mil e seis sentos e sincoenta e tres annos en os vinte e quatro dias do mês de abril da sobredita era nesta vila de santa anna da parnaiba da cap*^{ta} *de são V*^{te} *do estado do brazil Etta nesta dita nas cazas da morada de roque lopes donde o juis ordinario e dos orfãos ant*^{o} *bicudo de britto foi comigo t*^{an} *e o aValiador m*^{el} *pais f*^{a} *p*^{a} *efeito de fazer enventario dos bẽis e fazenda que ficou por morte e falesimento da molher do dito Roque lopes e* ***sendo la*** *logo deu juramento dos santos avangelhos ao dito Roque lopes* [...] *(Inventário de Margarida Gonçalves).*[3]

A mudança envolvendo o uso do verbo *estar* no lugar de *ser* com locativos já estava atestada nos séculos XIV e XV (cf. Mattos e Silva, 2006). Mas os inventários e testamentos são gêneros altamente condicionados a uma tradição discursiva do ponto de vista de sua produção, o que permitia ainda ao longo do século XVII o uso arcaico dessas construções. Isso não significa que o uso do verbo *ser* em expressões locativas estivesse vivo na língua, ou ainda que tivesse voltado, mas apenas que esse gênero, ou ainda qualquer texto da esfera jurídica, tende a conversar usos mais antigos de determinadas expressões linguísticas.

Por fim, o problema teórico refere-se à distinção binária oral/escrito. Segundo Oesterreicher (1997, 1996), não se deve partir dessa distinção, mas sim da multiplicidade complexa de possíveis constelações discursivas, constituída de diversos parâmetros pragmáticos e semióticos, tais como o número de interlocutores, o grau de familiaridade, o conhecimento compartilhado, o grau de espontaneidade etc.[4] A atividade linguística, de acordo com Jacob (2001), se faz por condições pragmáticas particulares vigentes em sua produção e recepção. O autor conclui que o estudo empírico de mudança linguística deve levar em conta a situação pragmática de cada texto e de cada gênero.

Em função dessa problemática, da prática com a seleção e edição de documentos para a análise linguística e da relação entre as características intrínsecas e extrínsecas de cada documento, propusemos as categorias linguístico-discursivas (Simões e Kewitz, 2006, 2009a, 2009b), conforme apontadas na seção "Retomando alguns critérios para a constituição de *corpora* do PB", as quais podem auxiliar na escolha dos textos para análise e proporcionar o entendimento do próprio texto quanto a sua forma e função comunicativa.

A tradição e a inovação dos textos, nos seus mais variados gêneros, revelam alguns (se não todos) aspectos culturais, sociais e históricos, dando margem às inovações ou à manutenção de estruturas linguísticas. A tradição pode ser observada em contextos jurídicos, como vimos no exemplo (1), dada a tendência de repetir estruturas e fórmulas, pois o escrivão tem de seguir determinadas tradições e regras para fazer valer aquele texto enquanto documento oficial e jurídico.

CORPUS MÍNIMO COMUM DO PHPB: EM BUSCA DE CRITÉRIOS SEGUROS PARA A SELEÇÃO DE DOCUMENTOS

Diversos estudos acerca da constituição de *corpora* para o PHPB, como as reflexões de Mattos e Silva (2002a), revelam uma preocupação em editar documentos que contenham elementos mais próximos da oralidade. A tarefa de várias equipes regionais do PHPB insere-se em dois propósitos: a partir de um determinado objeto de estudo, procuram-se textos em que o fenômeno apareça com maior frequência, ou busca-se um conjunto de textos que sobreviveu em acervos sobretudo públicos, e a partir daí verifica-se que fenômenos podem ser estudados.

No primeiro caso, incluem-se, por exemplo, os trabalhos de Lopes (Org. 2005), Lopes e Souza (2012), Rumeu (2004, 2008), Marcotulio (2010), Barbosa (2002), entre outros, os quais se concentram na edição de documentos públicos e privados, especificamente correspondências e peças teatrais dos séculos XVIII a XX, para a análise de pronomes pessoais e formas de tratamento.

De forma um pouco mais ampla, a equipe baiana do PHPB vem coletando e editando documentos escritos por determinadas parcelas da sociedade, como em Lobo et al. (2001), Oliveira (2003, 2006), Oliveira e Lobo (2012), Lobo e Oliveira (2013), Ribeiro (2000), Ribeiro e Lobo (2009), Gandra (2010, 2016), para citar alguns. Esses materiais dão pistas da norma culta e da popular, a exemplo das atas da Sociedade Protetora dos Desvalidos, escritas por ex-escravos africanos e brasileiros no século XIX (cf. Oliveira, 2005).

Como exemplos do segundo caso, encontram-se documentos oficiais da Paraíba dos séculos XVIII e XIX (Fonseca, 2010), bem como os documentos levantados pelo Projeto Filologia Bandeirante (cf. Megale, 2000; Megale e Toledo Neto, 2006; Megale, Toledo Neto e Fachin, 2009), alguns dos quais foram incorporados ao *corpus* da equipe paulista, como testamentos e inquéritos orais.

As demais equipes do PHPB vem trabalhando intensamente na seleção e edição de documentos para historiar o PB, num dos dois propósitos descritos anteriormente. Não é objetivo deste capítulo detalhar as tarefas de cada equipe regional, mas apontar as questões que envolvem a constituição de *corpora* do PHPB, como expusemos nas seções anteriores. Mesmo focando no estado de São Paulo, alguns desafios são comuns a todas as regiões do Brasil.

A primeira questão sobre a constituição de *corpora* do PHPB relacionava-se a textos que fossem comuns a todas as equipes. Por isso, os primeiros textos coletados foram os anúncios de jornais do século XIX (reunidos em Guedes e Berlinck, 2000), em função de todas as capitais de província terem ao menos um jornal em circulação.[5] Dando continuidade a essa empreitada, foram coletadas cartas de leitores e de redatores de jornais também do século XIX (Barbosa e Lopes, 2002 e 2006), cujos textos, como se sabe, não passavam por edição, como ocorre a partir do século XX.

Desde então, a equipe paulista do PHPB vem coletando e editando documentos interessantes para a história da língua portuguesa nessa região.[6] Em sua primeira edição, o Projeto História do Português Paulista – PHPP (Fapesp

Processo 2006/55944-0) editou diversos documentos, voltando a atenção para a diversidade de tipos textuais, com base no modelo de TD. Resultaram dessa primeira fase do PHPP as seguintes edições:

a. Cartas pessoais a Washington Luís da 2ª metade do século XIX (Simões e Kewitz, 2006b).
b. Cartas pessoais em torno de José Bonifácio da 1ª metade do século XIX (Simões e Kewitz, 2006b).
c. Cartas de aldeamentos de índios dos séculos XVIII e XIX (Simões e Kewitz, 2006b).
d. Cartas oficiais e de administração privada dos séculos XVIII e XIX (Simões, 2007).
e. Trechos de processos, como queixas-crime e denúncias dos séculos XIX e XX (Módolo et al., 2010b).
f. Cartas pessoais dos séculos XVIII e XIX depositadas no Museu Paulista (Módolo et al., 2010a).
g. Edição completa de exemplares de jornais paulistanos dos séculos XIX e XX (Castilho da Costa, 2010).
h. Inquéritos orais do português popular em São Paulo (Rodrigues, 2013).

Levando em conta a lição que cada uma das equipes regionais do PHPB tem trazido como contribuição desde 1997, Simões e Kewitz (2010a) apresentaram uma sugestão de *corpus* mínimo compartilhado que foi discutida exaustivamente ainda ao longo do VIII Seminário do PHPB (2010) em João Pessoa/PB. A partir dessas considerações, os participantes da reunião discutiram a viabilidade de distribuir a coleta de materiais respeitando a disponibilidade e representatividade das tipologias textuais em cada uma das regiões que compõem o PHPB. Nesse sentido, a opção foi de compor três conjuntos de textos divididos em: (a) *corpus* comum mínimo de manuscritos, (b) *corpus* mínimo comum de impressos e (c) um *corpus* diferencial, muitas vezes exclusivo de uma determinada região ou época, que tenha sido coletado pelos pesquisadores para o estudo de um fenômeno específico.

A. *CORPUS* COMUM MÍNIMO – MANUSCRITOS
1. Testamentos
2. Processos-crime
3. Atas de câmara

Cartas

4. Cartas pessoais
5. Cartas da administração privada
6. Cartas oficiais

B. *CORPUS* COMUM MÍNIMO – IMPRESSOS

Textos jornalísticos a partir do século XIX

7. Cartas de redatores/editorais
8. Cartas de leitores
9. Anúncios

C. *CORPUS* DIFERENCIAL

10. Inventários
11. Memórias históricas e diários de viagem
12. Entremezes e outros textos teatrais
13. Inquéritos orais

Com base nessa proposta, a segunda fase do PHPP (Fapesp, Processo 2011/51787-5) propôs uma organização mais sistemática dos documentos de forma a incorporar novos gêneros textuais, disponibilizando as edições em sua página na internet (www.PHPP.fflch.USP.br/corpus).[7] O objetivo é preencher todas as células correspondentes a cada um dos três *corpora* (manuscritos, impressos e diferencial) para cada metade de século. Obviamente que estamos diante de desafios vários, de ordem prática, filológica e teórica, como apontamos anteriormente. Além disso, trabalhamos com os dois propósitos (descritos anteriormente) ao mesmo tempo, ou seja, o estudo de determinado fenômeno linguístico motiva a coleta e edição de determinados gêneros textuais, e a disponibilidade de documentos nos acervos públicos alimenta a gama de textos para as análises linguísticas.

Mesmo que tenhamos avançado bastante quanto à seleção, edição e disponibilização de materiais de variada tipologia, estamos longe de dizer que sejam de fato representativos dessa ou daquela variedade (regional) do PB. Nesse sentido, vale lembrar que Kabatek (2003/2006a: 15, tradução nossa) alerta para o risco de se enviesar a análise de mudança linguística, quando não se levam em conta as diferentes tipologias textuais:

> A este problema pode-se responder escolhendo textos da mesma tradição discursiva, mas então o que se investigará não será a história da língua, e sim a história de um gênero concreto, com o risco de que esse gênero contenha elementos praticamente ausentes em outras tradições (pensemos, por exemplo, na história do futuro de subjuntivo e o gênero jurídico castelhano). Se, ao contrário, escolhemos textos de gêneros diferentes, existirá sempre o risco de que a quantidade de elementos varie muito, dadas as características do texto em questão. Se se quer investigar a gramaticalização de perífrases verbais temporais, por exemplo, os resultados obtidos nas crônicas serão, em face dos textos jurídicos, muito variados. A consequência dessas observações poderia ser a perda completa de toda pesquisa sobre a mudança linguística, para além da pesquisa sobre a evolução dos enunciados ou textos. A língua e sua mudança diacrônica seriam ficções construídas por linguistas, e na realidade não haveria mais que textos com suas respectivas tradições, com gramáticas emergentes, ocasionalmente sem história própria alguma.

Mais adiante, o autor (Kabatek, 2003/2006a: 16) enumera as questões que considera centrais na análise dos fenômenos linguísticos na perspectiva diacrônica, se se leva em conta os condicionamentos impostos pelas tradições discursivas: i) o que varia segundo as tradições discursivas em questão e o que não varia, já que além de toda diversidade textual há elementos no sistema de uma língua que se mantêm bastante estáveis através das tradições discursivas?; ii) que elementos variam através das tradições discursivas?; e iii) qual é a possível relação (sincrônica e diacrônica) entre aquilo que é próprio das tradições discursivas e o que é próprio do sistema linguístico?

Num estudo diacrônico de uma forma verbal, por exemplo, é preciso ter em conta a historicidade dos textos analisados. Kabatek retoma Coseriu (1979, apud Kabatek, s/d: 1) que diferencia a historicidade em três níveis: i) a historicidade linguística no sentido próprio (historicidade da língua em particular); ii) a historicidade da tradição (repetição) de determinados textos ou de determinadas formas de textos; e iii) a historicidade genérica no sentido de uma "*Zur-Geschichte-Gehörens*" (pertença à história).

Quando fala da *historicidade da língua em particular*, o autor reflete a respeito do caráter individual que define a alteridade, a transferência de um para o outro do bem comum que é a língua. Isso se daria num nível primário da historicidade. O segundo tipo de historicidade refere-se a todas as demonstrações culturais, inclusive as linguísticas. A repetição de objetos culturais, ao mesmo tempo que mantém esquemas predeterminados, força as mudanças:

> A repetição de formas textuais compreende uma escala contínua de marcas de tradição mínimas – quase como de uma determinada marca textual ou de uma determinada fórmula em um texto ainda não fixado – através de uma contínua organização formal até uma completa fixidez do texto. (Kabatek, s/d: 2)[8]

Isso pode ser entendido como uma forma de interpretar as mudanças linguísticas não só em função de usos individuais e necessidades pragmáticas imediatas, mas também como uma mudança dependente dos contextos em que os fenômenos linguísticos estão inseridos.

> Tradições Discursivas são, como já pontuamos (1.1.), uma representação de historicidade linguística que é independente das línguas em particular. Elas estão ligadas a grupos culturais, que se definem por critérios artísticos, econômicos, entre outros e que, quando muito, coincidem com as comunidades linguísticas (cf. Coseriu 1981,40; Schlieben-Lange 1982, 108s.; Koch 1989). (Koch, 1988: 343)[9]

No entanto, é preciso tomar cuidado com a confusão que correntemente se faz ao se tentar definir o que seriam as TD. Muitos incorrem no erro de defini-las simplesmente no plano da escrita como sendo os próprios gêneros textuais ou suas tipologias internas. Koch (1997: 45, grifos nossos) foi mal interpretado quando em uma nota de rodapé de seu texto afirma:

> A consequência de uma diferenciação entre discurso individual/atual e tradição discursiva histórica ainda não será feita. Não me parece aceitável que se paralelize a relação de gênero discursivo e texto (Discurso) (117) [Cf. Coseriu 1981]: *o "gênero" (definido por mim a partir daqui como "tradição discursiva")* localiza-se no mesmo nível (histórico) que a língua em particular.[10]

O conceito de TD perpassa a noção de gênero, mas não se reduz apenas a este rótulo. O procedimento metodológico proposto nas seções seguintes é, portanto, a tentativa de agregar as contribuições da Romanística alemã para o estudo das TD. Em suma, propõe-se aqui que os critérios de seleção dos *corpora* devem ter em conta (i) a historicidade linguística no sentido próprio (historicidade da língua em particular), (ii) a historicidade da tradição (repetição) dos gêneros (*carta, anúncios, atas, memórias históricas, entremezes* e *peças teatrais* etc.) e (iii) a historicidade genérica dos elementos discursivos constantes desses textos. É, portanto, uma descrição teórica da seleção do *corpus*, pelos critérios expostos aqui.

Segundo Kabatek (2006b: 510), o conceito de TD apresenta alguns traços definidores: (i) um texto estabelece uma relação com outro texto ou textos anteriores em um determinado momento da história. O autor entende a *repetição* como um desses traços definidores da tradição. Alerta, no entanto, que a *repetição* pode referir-se a um ou mais elementos da TD de base; (ii) existem algumas condições para que se entenda um exemplar textual, ou um elemento composicional do mesmo texto, como uma TD:

a. a condição de que uma TD deve ser sempre discursiva, embora haja outros tipos de tradições culturais, tal como descreve Koch (1997);
b. a segunda condição refere-se ao fato de que nem toda repetição forma uma TD. Os elementos constitutivos do nível histórico de uma língua particular como a repetição de artigos ou determinados elementos de coesão (advérbios, conjunções etc.) não podem formar sozinhas uma TD. Por outro lado, determinadas escolhas feitas no nível histórico de uma língua podem compor uma TD, como é o caso da escolha pelas construções passivas em receitas, o uso do futuro do subjuntivo nas orações condicionais presentes em textos jurídicos etc. A repetição pode dar-se na escolha por determinadas estruturas sintáticas: Weinrich (cf. Castilho, comunicação pessoal) já tinha reconhecido que a relação de tempos distingue o esquema textual "comentário" do esquema "narração";
c. a terceira condição está ligada ao conceito de *evocação* e refere-se ao conteúdo dos textos, ou seja, a *evocação* é a repetição dos conteúdos temáticos que são tratados nos textos, isto é, a hierarquia temática da linguagem específica de um texto, como é o caso dos sermões que sempre evocam textos bíblicos e outros textos religiosos, tais como as crônicas de vidas de santos etc.

Na próxima seção, apresentamos alguns elementos que envolvem a história do gênero *carta*, a fim de identificar como podemos apor exemplares de textos de mesma tradição na composição de *corpora* diacrônicos, tentando relacionar aspectos relevantes da história desses gêneros discursivos à história da língua portuguesa no Brasil. A partir dessas evocações de TD, estabelecidas anteriormente em outras comunidades linguísticas, atentamos para o fato de como a sua repetição importa para compreender fenômenos linguísticos de variada sorte.

O MODELO DE TD E O GÊNERO CARTA

Nesta seção apresentamos as potencialidades de análise do gênero *carta*, por ser um dos textos mais procurados e editados por todas as equipes regionais do PHPB. A descrição segue o roteiro de critérios de seleção de documentos interessantes para a história da língua portuguesa no Brasil, entre eles as questões relacionadas a mecanismos de difusão do português no Brasil Colônia, Império e República.

A arte da epistolografia foi cultivada pelas *comuni* do norte e do centro da Itália a partir do século XI e irradiou-se pela Europa, sendo seguida até o advento do Renascimento. Nesse período, difundiram-se as artes *dictandi,* em decorrência de uma demanda provocada pelo desenvolvimento político e econômico. Aumentou, assim, a quantidade e a variedade de documentos oficiais requeridos pelo clero, pela nobreza e pelos cidadãos, como explica Martin Camargo: "*A estabilização dos domínios feudais depois de séculos de tumultos e a emergência dos primeiros estados centralizados modernos conduziam a um volume de correspondência diplomática sem precedentes, registros oficiais e outros*" (Camargo, 1991: 31, apud Tin, 2005: 31). Segundo esse autor, ao final do século XI, com a Controvérsia das Investiduras, houve um estímulo para o estudo da Retórica como modelo para os pronunciamentos orais e para a escrita. O clima intelectual dessa época gerou a criação de novas disciplinas e isso levou a que *modos tradicionais de classificar o conhecimento, como as sete artes liberais* (Tin, 2005) começassem a ser modificados, da mesma forma como as instituições que os haviam perpetuado. Um dos centros mais importantes da *ars dictaminis* foi o convento beneditino de Montecassino.

Ao estudar o processo de escrituralização (textualização) das línguas românicas através da tradição de difusão de textos jurídicos do direito romano, Kabatek (2005: 74) também identificou em Bolonha o centro irradiador de uma Renascença cultural. Além disso, observou que, à parte da grande riqueza e da importância econômica da cidade livre, a escola de artistas local deve ter criado condições propícias a isso.

A *ars dictandi,* que norteava a produção dos documentos da diplomática, prescrevia um rígido código de regras para a constituição dos textos e que era baseado no modelo da Retórica. Essas regras eram o *salutatio,* o *exordium,* o *narratio,* o *petitio,* e o *conclusio.* O *salutatio* deveria ser o lugar em que são apresentadas as pessoas, o propósito e o tema. Nele deveria estar especificado, ao mesmo tempo, o autor da carta e seu destinatário e se estavam no mesmo grau de hierarquia, e se eram amigos ou inimigos. O *exordium* é o espaço em que se pontuam os tropos e as figuras que servem para adornar o discurso e "mover" a audiência (Tin, 2005: 32). Aos poucos, esse esquema rígido foi sendo adaptado às necessidades discursivas a que os textos deviam atender. O produto dessa inovação resulta no surgimento de TD mistas, como o *sermão,* o *aviso*, a *memória*, o *diário* e as *cartas* de toda a sorte (Koch, 1997).

A partir do início do século XII até o final do século XIV, Bologna é o centro da *ars dictaminis*. O professor secular de Bologna, Adalberto Samaritano, foi o autor da obra de *ars dictandi* mais antiga que se conhece. Seus *Praecepta Dictaminium* devem ter sido escritos entre 1111 e 1118. Nesse tratado, Samaritano descreve os vários tipos de saudação, ao lado de uma seleção de modelos de cartas. Esse é o molde da tradição do qual serão retirados os secretários de cartas que se publicaram nos séculos seguintes, modificados ao longo da história, de acordo com a demanda específica de cada comunidade.

A arte de escrever cartas e sua popularização na França

A arte de escrever cartas saiu das muralhas dos palácios e dos palacetes e popularizou-se entre aqueles que viam na carta uma maneira de estabelecer elos com os parentes e os amigos distantes. É nesse contexto que surgem os secretários de cartas, compêndios com modelos de fórmulas de saudação e despedida, coletâneas de cartas, e não raro reúnem inclusive regras de bons modos:[11]

> Roger Chartier (1995), ao discutir sobre a introdução das práticas de escrita na Europa entre os séculos XVI e XVIII, menciona um fenômeno ocorrido na época. *Le Secrétaire à la mode* (O secretário da Moda) de Jean Puget de La Serre, publicado em 1640, é o best-seller de um gênero muito apreciado: as coletâneas de modelos de cartas. Destinado inicialmente aos epistológrafos nobres ou burgueses, esses secretários logo são incluídos no catálogo de editoras, que publicam livros de ampla circulação, como a Bibliothèque Bleue. Segundo o historiador, "é duvidoso que tais modelos eruditos tenham realmente servido aos leitores populares" (p.116), porém a própria posse do livro já aponta para uma popularização do gênero. (Cunha, 2005: 34)

O ciclo da tradição continuou, e à parte as inovações naturais do gênero, os esquemas rígidos de produção das cartas perpetuou-se através da transmissão desse modelo de um país europeu a outro. Um fato que ilustra bem essa ideia é a ampla difusão de uma obra do francês Jean Puget de La Serre (1595-1665), que raramente é citada nos trabalhos que analisam a importância de sua atuação como renomado historiador. O manual epistolar *Le Secrétaire à la Mode* já contava em 1634 com sua nona edição ampliada e revisada, e sua obra foi revisada, ampliada e reeditada em seu próprio nome em dezenas de reimpressões que alcançam o século XIX.[12]

Se a tradição bolonhesa da *ars dictandi* foi a inspiração do *Secrétaire* francês de Puget de la Serre, sua obra faz o caminho inverso e devolve à Itália a sua versão de escrever cartas através das traduções feitas dessa obra para o italiano em 1673 por Livio Alessandri e em 1675 por Girolamo Brusoni.

Nesse vaivém dos tratados de cartas, muito se copiou e se adaptou, nem sempre se fazendo a devida referência ao próprio La Serre, numa prova de que esse tipo de tradição discursiva ultrapassava os limites das línguas francesa e italiana e de que determinadas TD perdem sua "autoria" à medida que são incorporadas a comunidades linguísticas que as adotam e atualizam – lembrando Coseriu: as normas discursivas que regimentam o nível histórico da tradição de um texto podem afetar as normas linguísticas de uma língua particular.

A tradição epistolar em Portugal e seus ecos no Brasil: os secretários de cartas

A tradição de escrever cartas em português começou a ser regulada a partir do século XVII com a publicação do livro *Corte na aldeia* (1619) de Francisco Rodrigues Lobo (1573-1621), um dos primeiros teóricos da epistolografia em Portugal. A partir do século XVIII surgem vários secretários de cartas, manuais com cartas compiladas por autores como Francisco José Freire, cuja obra *O secretario portuguez* (1745) foi publicada ao longo do século XVIII e XIX em várias edições revisadas e ampliadas. Naturalmente, a arte de escrever cartas da tradição latina também passa ao português via outras línguas. Francisco José Freire, por exemplo, toma o autor italiano[13] Isidoro Nardi como modelo para seu secretário de cartas e não deve lhe ter passado despercebida a edição espanhola do secretário espanhol-francês de Sobrino.

Como o próprio autor recomenda na introdução de sua obra, o modelo de produção das cartas toma como base a tradição das línguas latinas, o que já aí prova que a constituição desse gênero era um conhecimento compartilhado pelos autores das línguas românicas e que seguia o canal da tradição epistolar desde os primeiros teóricos do gênero ainda no latim:

> Porèm muy pouco confio nas minhas instrucçoens, se o novo Secretario naõ for dotado de hum vivo engenho, e naõ tiver hum inteiro conhecimento das linguas Latinas, e Materna, e huma larga liçaõ dos melhores, que escreveraõ Cartas, e etrataraõ [sic] do modo como sedevem formar. (Cândido Lusitano/Freire, Francisco José, 1746: introdução)

Na introdução de seu epistolário, Freire simplesmente traduz e adapta as instruções constantes do *Segretario* de Isidoro Nardi, que por sua vez também copiou e adaptou ao italiano aquilo que já fazia parte do *Secretaire* de Puget:

> Para ser tais, requerem-se necessariamente, além da prática, um conhecimento completo da língua latina, uma leitura frequente dos melhores Autores nela acreditados, uma compreensão sólida das Ciências, e uma erudição plena, que os Cardeais Salodetto, Bembo possuíram, e não poucos outros, e aqueles desta honrosa profissão, e receberam sua estima, e ganharam prêmios, e postos de grande dignidade. (Nardi, Isidoro, 1730? [1710]: introdução)[14]

Em sua introdução, Freire trata da constituição do gênero de maneira simples:

> Todas as cartas (reservando as de narraçaõ, e discripçaõ) se dividem em quatro periodos. No primeiro se narra o facto; no segundo se roga a que se agradeça, ou respectivamente se daõ os agradecimentos; no terceiro se offerece o prestimo; e no quarto se desejaõ felicidades. (Cândido Lusitano/Francisco José Freire, 1746: introdução).

Vê-se que também esta lição foi retirada de Isidoro Nardi, como mostra o seguinte trecho:

> Todas as cartas (com exceção das narrativas e descritivas) dividem-se em quatro trechos, embora o quarto deles costume ser encerrado à francesa, isto é, de maneira concisa. No primeiro se menciona o assunto. No segundo se pede gentilmente que [o destinatário] receba [a carta] com benevolência, ou então se agradece. No terceiro se faz insistência sobre as solicitações de parte a parte. No quarto se mandam saudações. (Nardi, Isidoro, 1730? [1710]: introdução).[15]

Ao longo da primeira parte do secretário de cartas de Francisco José Freire, encontramos a transcrição de modelos de cartas que ele compilou de autores da nobreza portuguesa. Freire tinha submetido estas mesmas cartas à apreciação de especialistas e, na segunda parte do seu livro, ele reproduz as respostas que recebeu dessas pessoas como um gênero também a ser seguido, rotulando-as de *cartas discursivas*.

A análise dos secretários de cartas consultados revela características que iremos verificar nas cartas brasileiras coletadas por nós para o período que vai dos séculos XVIII ao XX. Alguns elementos importantes para entender o raciocínio que vimos seguindo aqui são:

i. as cartas pertencem a uma tradição que ultrapassa o domínio epistolar (cf. Koch, 1997);
ii. as cartas dividem-se em subgêneros, de acordo com o grau de intimidade entre os interlocutores;
iii. quanto mais distante o grau de intimidade, tanto maior será a preocupação com a seleção de estruturas linguísticas, o que definirá, assim, o estilo particular de cada uma; e
iv. cartas são uma interface entre a escrita e a oralidade, pois pendulam entre um polo e outro da tensão comunicativa (cf. Koch e Oesterreicher, 1990a), dependendo do grau de intimidade entre os interlocutores.

A grande potencialidade de análise que as cartas oferecem está associada justamente ao grau de variedade de registros que elas podem comportar. Por conta disso, ficou claro para todos os pesquisadores do PHPB que era necessário particularizar os subgêneros das *cartas:* algumas mais próximas do polo da distância comunicativa, como as *cartas oficiais,* e outras dispostas em graus diferenciados do polo da imediatez comunicativa, tais como *cartas de administração privada, cartas particulares, cartas de leitores* e *cartas de redatores de jornal.* Na seção a seguir, discutimos como esses critérios nos ajudam a identificar questões relacionadas às normas do português em diferentes momentos da história do português no Brasil.

Cartas brasileiras dos séculos XVIII a XX

Ao longo de anos de pesquisa e debates em torno da constituição de *corpus*, vimos refletindo e apresentando critérios de seleção de documentos, sobretudo de cartas dos séculos XVIII a XX (Simões e Kewitz, 2006a, 2006b, 2009a, 2009b, 2009c; Simões, 2007, 2012). O trabalho de coleta de manuscritos em acervos públicos demonstram algumas características da epistolografia luso-brasileira. Observamos que, principalmente em relação às cartas, há documentos oficiais com características textuais diversas, que apresentavam índices híbridos de norma (traços da norma culta, misturas à norma popular, ou vice-versa) e de expressões linguísticas prototípicas em termos de condições e estratégias comunicativas da imediatez. Por outras palavras, se de um lado podemos entrever elementos de norma mais controlada, associados tanto à própria tradição epistolar oficial e jurídica, como é o caso das fórmulas de início e de fim, o corpo destas cartas deixava entrever alguns elementos de uma norma considerada mais informal.

A combinatória das categorias discursivas (i) *grau de publicidade* e (ii) *grau de simetria entre os escritores* e, eventualmente, (iv) *grau de planejamento do texto* (registro/níveis de fala) e (v) *dimensões da ação comunicativa* (tipologia dos atos de fala) resulta numa definição mais precisa do documento analisado de forma a assumi-lo como sendo oficial ou não oficial. A *fixidez temática* pode parecer à primeira vista indiferente para a constituição do subgênero, mas aliado ao registro de fala, perceptível através do *grau de planejamento do texto* e à *tarefa comunicativa,* ou *objetivo comunicativo* na acepção de Kabatek (2006), ou *dimensões da ação comunicativa* segundo Allwood (1976), podem evidenciar uma maior ou menor formalidade na produção dos textos escritos.

Nossa proposta inicial procurava aliar o que se conhece do estudo da língua falada ao domínio da escrita. Koch e Oesterreicher (1990a), em seu trabalho de análise sobre o processo de escrituralização das línguas românicas, também falam das *condições comunicativas* de produção dos enunciados escritos e falados e *estratégias comunicativas* utilizadas pelos falantes/escribas durante o ato de elocução. Esses autores observaram que a produção tanto escrita quanto falada se apoia em dois eixos: o eixo *gráfico vs. fônico* e o eixo da *proximidade vs. distância.* No primeiro caso, temos a dicotomia oral *vs.* escrito em termos mediais. Já no segundo caso, qualquer texto só pode ser definido e entendido como um *continuum* em termos conceptuais. Para tanto, os autores propuseram o seguinte esquema:

Figura 2 – A tensão proximidade/distância segundo Koch e Oesterreicher (1990a: 12)[16]

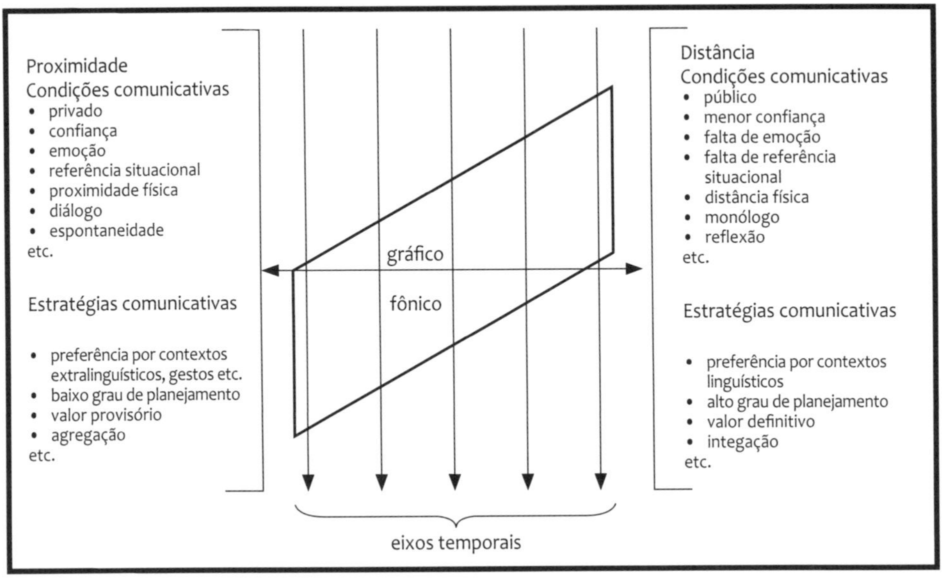

Os autores chamam a atenção para o fato de que determinadas tipologias textuais da oralidade apresentavam características de maior *distância* entre os interlocutores, como é caso do *discurso científico*, enquanto textos escritos podem, por seu lado, apresentar maior *proximidade* comunicativa, se observarmos as *cartas pessoais*. Assim, a tensão proximidade *vs.* distância se dá não só por condições comunicativas, mas também por elementos ligados ao objetivo ou à tarefa a ser executada.

Com base nesses conceitos, selecionamos e editamos manuscritos, procurando identificar os pontos em comum entre eles, de forma a verificar a composicionalidade daqueles gêneros textuais. A ideia inicial era visualizar em que medida as questões ligadas às TD importavam para a análise de mudança linguística e perguntar: de que forma a escolha de um determinado gênero textual condiciona a seleção de fenômenos linguísticos específicos? Ou seja, se num determinado conjunto de dados se verifica alta frequência de relativas cortadoras, estaria isso condicionado à opção do autor/falante por um determinado gênero textual, por exemplo, a carta particular, gênero no qual há simetria entre os interlocutores e que permite um maior relaxamento no planejamento dos textos? Defendíamos, e ainda defendemos, sobretudo que é necessário atentar para a variedade de gêneros textuais e equilibrar os seus subconjuntos para evitar conclusões enviesadas sobre mudança linguística.

Em termos conceptuais, dividimos as cartas em *cartas pessoais* (ou *particulares*), *cartas de administração privada* e *cartas oficiais*. Uma parte do material coletado apresenta claramente os traços definidores de cada subtipo, exemplificados em Simões e Kewitz (2009a). Outra parte, por sua vez, é constituída de traços de um ou outro subtipo, demonstrando certo hibridismo quanto à estrutura da carta em si, às fórmulas usadas, ao grau de planejamento do texto. O exemplo a seguir ilustra bem esse ponto de vista:

(2) [19,1 c sp] Sen*ho*r Joaq*ui*m Joze da Cos*ta* | Meu Sen*ho*r estimarei que estas duas | trite regras aChe av*ossa* m*er*ce em com | panhia da Sinhora Sua Com pa | nhera logrando humafelis Saude | Como eu p*ar*a mim dezejo | Meu am*ig*o e Sen*ho*r Ca resebi a dev*ossa* m*er*ce | dis q*ue* quer q*ue* eu lhefale eu a v*ossa*m*er*ce | naõ lhefalo proque esto rezovi- | do do que falemos v*ossa* m*er*ce bem Sabe | q*ue* o que naõ ser[ve] ma pro bem | nem pro mar pois he aminha | infilisidades e[resgras] [sam] bem sin | to mais <çaõ> CouzaS que suSede pois a- | sim eu mearependese dos meus peCa | dos Como mearependo doq*ue* tem a | vido [espaço] e No mais So de v*ossa* m*er*ce q*ue*m Sen-| per era D*eo*S G*uard*e pro m*ui*to a*nnos* | DeSte Seu Servo eCr*iado* | Manoel Coelho (Simões, 2007)

Nada sabemos sobre o autor da carta, a não ser o que se relata em carta posterior. Nela, o autor (Manoel Eufrásio) descreve o fato pelo depoimento de Joaquim Joze da Costa, a quem Manoel Coelho se dirige na carta exemplificada em (2). Depois de ter abusado "*daSimplicidade daquelle menina [filha do destinatário], eSeduzindoa Com aquellas apparentes, efinjidas promessas [de casamento], Se abalansou aLevala daSua honra, evirgindade;*", Manoel Coelho desapareceu, dirigindo ao futuro sogro "*acarta junta*". Fora desse contexto, em que há sequência de cartas escritas a superiores e por diferentes pessoas, o conteúdo da carta em (2) ficaria, de certa forma, comprometido. De outro lado, é possível entrever o que Marquilhas (2000) chama de "mão inábil", pelas marcas linguísticas deixadas: sentenças truncadas, rotacismo, ausência de concordância etc.

Mesmo que o remetente tivesse prometido se casar com a filha do destinatário, não se pode dizer que há, nesse caso, alto grau de intimidade, dentre outras condições da imediatez comunicativa. Por outras palavras, a carta no exemplo (2) caracteriza-se pelo baixo planejamento do texto, certo grau de emoção, num contexto quase privado, mas com pouca intimidade, grau médio de dialogicidade, embora não esperasse necessariamente uma resposta, já que fugiu, pelo traçado das letras no manuscrito, dentre outros aspectos.

Exemplos como (2) não são abundantes, especialmente quando os documentos estão depositados em acervos públicos. Reproduzimos a seguir outra carta, escrita por uma mulher, algo raro para a época em questão (século XVIII):

(3) [18,2 C SP] S*enho*r Alferes D*omingo*s Leme do pr*ad*o | M*inh*a Irman Maria pariu de meu | pai tirou huã filha dele que esta em | caza de catharina cardoza <mai de Ign*aci*a Gomes> criando se to | do o mundo sabe esa he a Rezam por | onde minha irman Ant*oni*a saiu do po | der dele por se uer persiguida dele por | hesa Rezam sahi da comp*anhi*a dele e meu | Irmao seba*stia*m [pu]c[h]ou me de faca por que | rer se intender commigo esa foi a Re | zam porque eu sahi da comp*anhi*a dele e meu | pai querer dormir cummigo eles naõ Re | zeruam Irmãms nen subrinhas nen nada | levam tudo a talho aBerto q*ue* meu Irmaõ | Ant*oni*o [d]o[r]me com huã hegoa S*an*to Ant*oni*o | e tamem [[e tamen]] pilou hũ de barro e | Qua[si] Matou [[matou]] a m*ulh*er por andar aman | seuado com a cunhada agora andam me | iurando a pelia por querer me matar e AN | dam dizendo que naõ ei de escapar mesmo | e asim quero q*ue* prendam esta gente que | naõ tom[b]em mais para esta terra ese he | o mutiuo porque tenho pasado minhas | mizerias mui boas com Receo dizendo | ou mata a menha mata sam hũã gente maus | e asim que quero que fasam o que quizerem | dele que eu naõ poso uiuer mais a Receoza | deles peso a u*ossa* me*r*ce de gr*an*de fauor q*ue* aRume os ho | lhos nisto [...] ele he meu pai e corda de meu corasam mais com | o ele tem feito estrepulia pur iso lhe faco a u*ossa* me*r*ce sab | edor de tudo e asim ele foi a cauza de as filhas | botarem se ao mundo e com isto D*eus* G*uard*e a v*ossa* me*r*ce | m*uito*s a*nos* p*ar*a amparo dos pobres hoie 16 de março | de 1765 a*nos* [espaço] De u*ossa* me*r*ce | Serua e Cr*iad*a | Anna [M] aria Car<dosa> ...] (Monte, 2015: 347-349)

Conforme Monte (2015: 80), a denúncia de crimes perfaz 47% da temática das cartas que editou. A maioria de autoria de militares ou a eles destinadas, esses documentos representam o cotidiano da capitania de São Paulo durante o governo de Morgado de Mateus (1765-1775). A seleção cuidadosa dos diversos documentos da coleção tinha como critérios o tema (questões administrativas locais) e a caracterização socioprofissional dos interlocutores (militares, eclesiásticos, administradores locais e moradores) que propiciassem entrever variação no uso de formas de tratamento. Vale lembrar que o governo de Morgado de Mateus representou, em certa medida, grandes mudanças políticas e econômicas na capitania de São Paulo, após a intervenção de Pombal no Brasil Colônia. Ainda segundo Monte (2015: 75);

> Nas missivas dos habitantes da capitania de São Paulo, são testemunhados diversos desafios impostos aos militares no plano da administração das vilas e cidades; os indícios de uma rede de intrigas que permeava a administração do Mogado de Mateus [...]); as súplicas daqueles que queriam ver seus parentes apadrinhados livres do serviço militar; a rigorosa manutenção da ordem e da lei, por meio da denúncia de crimes [...], entre outros temas.

Num primeiro momento, poderíamos classificar a carta em (3) como *de administração privada*, tanto pelos critérios da autora (tema e profissão), quanto pela relação hierárquica entre os interlocutores. No entanto, veem-se elementos mais próximos da oralidade conceptual em várias cartas desse conjunto, sendo o exemplo (3) um dos mais representativos do que vimos argumentando. O alto grau de emoção da missivista ao relatar o crime cometido pelo pai, ao alferes, "*sem pontuação, sem margens, ocupando inteiramente o fólio; com uma grafia descuidada*" (Monte, 2015: 80) demonstram a pressa na escrita da carta e a oralidade conceptual, característica também de uma "*mão pouco hábil*" (Monte, 2015: 80).

Na atualidade, talvez seja menos penoso, por assim dizer, encontrar e definir a habilidade ou inabilidade na escrita. Por isso é que se fala em "pistas da oralidade" em documentos de sincronias passadas, sobretudo aqueles produzidos numa época sem instituições formadoras e controladoras da linguagem culta, como os exemplos (2) e (3), ao que acrescentamos outro escrito também por uma mulher:

(4) [19,1 c sp] S*enho*r Alferes Joaõ deol*iveir*a Leme | Por este vou aos pes de v*ossa*m*er*ce vaLerme doSeo patroSinio **por q*ue* aConte | Se** Manoel f*ilh*o dadefunta getrusdes daCosta este temesta | do em*i-nh*a Caza portenSiozam*en*tes Com maõ pro Sedim*en*to egover | nar Como f*o*r por mever_Ser humaviuva pobre edezempa | rada e Cau-zado desta Criatura eCa estou Com m*inh*a f*ilh*a mal | faLada este Sup*lican*te Bemmostra Ser davida_Era da p*o*r | q*ue* Costa naõ Seter CofeSado a Coatro ou SinCoAnos | e So Balentias epor tanto Rogo a v*ossa*m*er*ce pelo amor dede | os qûeirame fazer esta esmoLa fazer Como S*enho*r Cap*it*am Mor | p*orque* este Seie prezo e dispuLSado Nazare novede8*outu*bro1813 | De v*ossa*m*er*ce veneradora E Criada | Margarida Leite (Simões, 2007: 61, grifo nosso)

Levando-se em conta a prática comum, até pelo menos a Independência do Brasil, de reportar crimes e assuntos da esfera privada a pessoas responsáveis por solucioná-los (alferes, vigários, juízes etc.), como bem se vê nesta carta e em (3), documentos *de administração privada* tendem a pendular entre os polos da oralidade conceptual, sobretudo quando escritos por pessoas comuns (do povo), e da escrituralidade, dadas as fórmulas de abertura e fechamento da carta, a relação assimétrica (de inferior para superior), o tema altamente fixo por tratar de um único assunto etc.

Textos como os apresentados nos exemplos (2) a (4) representam o que poderíamos chamar de "a galinha dos ovos de ouro" dos pesquisadores em Linguística Histórica, ainda que sejam esporádicos e frutos de verdadeira garimpagem em acervos. Como vimos afirmando neste capítulo, escolhas linguísticas de toda sorte estão atreladas a cada condição e estratégia comunicativas, bem como às questões sócio-históricas descritas na primeira seção.

As características linguístico-discursivas das *cartas oficiais, cartas de administração privada* e das *cartas particulares* descritas anteriormente também aplicam-se às *cartas de leitores e redatores de jornal* do século xix. Vale notar, no entanto, que estas últimas estão condicionadas a fatores específicos que se aplicam mais particularmente a este subgênero:

i. Tanto as *cartas de leitores* como as *cartas de redatores* estão submetidas a um controle de publicidade muito maior que as outras, o que promove maior foco por parte dos autores nas formulações, passíveis de revisão e reformulação antes de sua publicação, aproximando-se mais da norma culta;

ii. As *cartas de redatores* são, na maioria das vezes, retratações a respeito de alguma reclamação feita por algum leitor ou representam algum tipo de crítica a algum evento local, o que as aproxima do gênero jornalístico editorial; outras são simples avisos aos leitores quanto ao pagamento das assinaturas do jornal.

iii. As *cartas de leitores* têm finalidade distinta, podendo dividir-se em subgêneros: carta de reclamação endereçada ao redator, carta pessoal fictícia, possivelmente produzidas por algum jornalista com o objetivo de criticar algum fato local, ou ainda uma forma de correspondência pessoal, sendo jornal literalmente o veículo, entre outras possibilidades. O tom emocional perpassa todas essas cartas, o que afeta tanto a escolha do léxico, como as estratégias de argumentação e de registro, como se vê em (5):

(5) [19,2 CL SP] Nho Bento Sapo | Me diga uma cousa nho Bento Sapo. E´ verdade, | que mecê está de quebra coco com o Doutô Ramo? | Estou sim. O que tem isso? Tirei 3 escravo delle: | está tirado. Elle não é mió do que os outro. Hê... | nho Sapo !... Mecê não sabe, com quem bulio.... | Elle sabe entrá e sahi. Elle já andou nos campo | gerá. Elle, quando encontra um chucro congotudo | como mecê, corre a chinela do subaco até as viria. | Mecê já achou quem lhe fizesse crocoviá como | elle? | [...] Vá pro diabo, que não quero séca. Nho Sapo. | Mecê me tóca, eu vou. Só digo, que mecê é muito | burro. Chingou todo o mundo no seu jorná tiguéra. | Os macoteiro está com elle. O que mecê pode fazê | com meia duzia de gato pingado? Pegue no seu va- | quiano, no seu picuá com revirado, e na sua espin- | garda e vamo cassá tatú, que é mió. | Adeo rapasiada até outra vista. | *São* Paulo, 24 de Agosto de 87 | Manduca Varú | Eu vorto memo. (*Correio Paulistano*, 25/08/1887, edição 09294, disponível em www.memoria.bn.br, acesso em 01 abr. 2016)

Os elementos discursivos apontados nesta seção são pressupostos primordiais para que se analisem, sincrônica e diacronicamente, questões como norma e inovação, e para que se identifique o percurso empreendido por determinados itens da fala para a escrita ou vice-versa. Dessa forma, poderemos entrever índices da oralidade em sincronias distintas e ampliar o leque de traços definidores de normas específicas. A identificação dessas normas era restrita à análise da escolha lexical empreendida e aos desvios da norma culta. Tradicionalmente os textos literários têm sido largamente utilizados pelos gramáticos normativos em seus exemplos para referendar a constituição de uma norma tida como culta.

Através dessa análise, procuramos (Simões e Kewitz 2006a, 2006b, 2009a, 2009b e 2009c) estabelecer alguns critérios que nos ajudassem a identificar a homogeneidade dos conjuntos dessas cartas com o objetivo de utilizar estes *corpora* para as análises linguísticas específicas de cada domínio da língua, seja ele a morfologia, a sintaxe, a fonologia, o léxico ou o próprio discurso. Mas estamos atentos também à possibilidade de serem *corpora* heterogêneos intra e extralinguisticamente. Tendo em mente os critérios que aqui expusemos, pode-se construir um quadro mais detalhado da história social da linguagem de cada período e região brasileira e, ao levar em conta todos esses aspectos, promover um estudo mais apurado da história do PB a partir dos documentos levantados e editados.

As potencialidades das cartas para os estudos linguísticos

O gênero *carta* talvez seja, de longe, o mais usado em pesquisas sincrônicas e diacrônicas. Mas o que esse gênero tem que os demais não apresentam? A resposta parece óbvia. No entanto, como expusemos na seção anterior, essa tipologia dá margem ao aparecimento da oralidade conceptual, seja pelas condições de imediatez comunicativa, seja pela mescla de elementos dos dois polos da tensão *imediatez – distância* (cf. Koch e Oesterreicher, 1990a). Partindo de um determinado fenômeno linguístico, a exemplo dos estudos empreendidos por Lopes (2005) e sua equipe sobre os pronomes pessoais, é nas cartas que se encontram os elementos a serem analisados, além de peças teatrais e inquéritos orais.

Seguindo essa tendência, Simões (2007) buscou em cartas, dentre outros documentos, de que forma e com que funções sintáticas, semânticas e discursivas se apresentam as orações de gerúndio entre os séculos XVIII e XX. Resumidamente, os dados revelaram um número decrescente de orações gerundiais adverbiais e de orações absolutas de gerúndio, por um lado, e um número crescente de perífrases de gerúndio, por outro. Os quantitativos apurados diferem conforme se passa de um gênero a outro.

Kewitz (2007a), por sua vez, encontrou justamente em cartas pessoais da segunda metade do século XX resultados divergentes da tendência para o uso da preposição *para* em documentos de mesma tipologia de períodos anteriores (século XIX e primeira metade do século XX). Por outras palavras, a autora encontrou maior índice de uso da preposição *a*, nos mesmos contextos de *para*, num período em que se esperaria o contrário, como já se constatava em inquéritos orais (cf. Ilari et al., 2015). Uma possível explicação relaciona-se a um fator sociocultural dos missivistas das cartas da segunda metade do XX: todos estavam terminando o ensino médio ou prestando exames vestibulares. É nesse momento que a prescrição da gramática da tradicional se faz mais presente na vida dos estudantes em geral, mesmo que sua cartas estivessem recheadas de marcadores discursivos típicos da oralidade (como *né?*, *sabe?*, *olha* etc.) e fenômenos variáveis (como o uso concomitante de *nós* e *a gente*, concordância e não concordância nominal e verbal, relativas não padrão, construções de tópico etc.). Os fenômenos mais recorrentes são ilustrados no Quadro 1 a seguir:

Quadro 1 – Principais fenômenos nas cartas pessoais entre fãs (Kewitz e Berto, 2016)

Fenômeno	Exemplos
Expressão do sujeito	(i) ...passou o *Fã-Clube* para mim tomar conta...
Expressão do objeto direto	(i) Se você puder me xerocar elas eu juro como te agradeço de *coração*. (ii) Quanto a sua fita, eu vou enviá-la semana que vem, tá? (iii) Sobre o meu tão sonhado Maverick, acho que vai demorar um pouco pra tornar-lo realidade... (iv) Tudo ok? Ea 'caxumba'? Está melhor? Eu torço *para* que sim. Eu tive_ com 4 anos e sei como é chato.
Construção de tópico	(i) Ultimamente os meus fins de semana eu saio para refrescar a cabeça, pois eu ando meio cansada...
Relativa cortadora	(i) Eu fiquei até azul a hora _ que eu li que você tinha'The Killing Moon', gravada em *São Paulo*.
Paralelismo	(i) Ah! Se você quizer as letras do 'Songs...' eu arrumo pra você, tá? Bem fico por aqui e pode acreditar que te achei super legal t*am*bém. E espero que sejamos ótimas amigas *para* o que der e vier. Qu*al*quer coisa é só contar com a gente, álias, comigo! Ré, ré, ré ... Te cuida! (ii) Acho super legal a amizade da gente pois temos gostos parecidos e nos damos super bem.

Redução silábica	*pra* (para), *tá* (está)
Marcadores discursivos	ah!, sabe, tá?, né?, Pô!, Ah! Deixa eu te contar um negócio!, Acredita?, Já viu, né?, eita nóis!
Gírias e outras marcas de oralidade	(i) Ah! E sou filha de italianos, por isso sou tão tagarela e tarada por pizza e Lasanha, ré, ré, ré ... (ii) Atrazou todo o zine. Eu estou 'prostituta da vida" com essas greves que atrapalham a vida de todo mundo... (iii) Ah! Sua Jaca! Você vem aqui p*ara São Paulo* e nem passa por aqui né? Se você repetir isso de novo eu te mando uma "carta-bomba", ouviu? Eu esguelo você! Te mato a sangue frio! Bem, além disso eu ficarei profundamente magoada com você, ré, ré, ré ... Ah! Tem uma fita minha indo junto com a sua, ok? Me dá uma gravada, por gentileza, nas suas 'piratarias' por aí, tá?
Correção com marcador	Qu*al*quer coisa é só contar com a gente, álias, comigo! Ré, ré, ré ...
Digressão	... Mas tudo bem, o que importa é que eu vou descolar o autografo dele que obviamente eu vou 'foto-copiar' pra te mandar, né? (Ah! Você gosta de 'Ice-House'? Tá passando 'No pro- misse', é linda!) E o 3° era nada *mais*, nada *menos* que...
Retomada de tópico discursivo e digressão	Bem, mas voltando ao nosso assunto predileto ... [a remetente estava ouvindo rádio] **'Never stop ... measure by measure drop by drop ...' eita nóis!** Deixa eu te contar algumas coisinhas que vão te deixar 'cor-de-abóbora', ré, ré, ré ... **Ai! 'Fate, up against your Will, throught the thick and him ...' É hoje que eu tenho um troço!** Bem, vamos lá: 1°) O S*enh*or McCulloch está morando em 'Orange (na França)...

Numa carta de 1903, escrita pela tia da sogra de Washington Luís, encontramos vários fenômenos que representam a oralidade conceptual (cf. Koch e Oesterreicher, 1990a), dentre os quais a ausência de sinais de pontuação típicos da escrita, presença de sinal de interrogação para marcar pausas (além da sua função convencional), concordância zero, *mais* adversativo e uma considerável quantidade de marcadores discursivos da oralidade (*ah*, *ouvio?*, *não é?*, *sim?*):

(6) [20,1 CP SP] Minha Estimadissima Subrinha, | **A`h** luz´ do espirito | santo que lhe os conceda toda a feliçi´ = | dade e bôa saude e o que sua tia lhe | deseja de coração, e ha toda nossa | familia? que em quanto eu estou só com= | prindo com a vontade de Deus | e esperando findar meus dias para | que ´ mais eu sirvo o meu triste corpo

| não tem mais o menor movimento | esta só numa posição meu corpo esta | todo ferido sò passo soffrendo **dores | horrivel** pela amizade que conheço que | tendes se me visse terias dò e compai | xão de mim? não posso mais fazer | mais nada porque não tenho mais | forças de trabalhar, e com tudo isto | **tenha ha bondade de Virar** | [p.2] eu tenho saudade de te ver **mais** | isto não é <mais> pra mim o que se ade fazer | **não é** e só ha comformidade com | ha vontade de Deus **não e?** eu não | tenho mandado ninguem lhe ver por |<não> ter uma coisinha para lhe mandar | e tanbem ja não tenho mais nha Lu | çia nosso senhor ja levou elle tanbem | quer o que é bom **não e?** e ella nos faz | muita falta que nem tem conta | eu tenho uma lembrançinha da festa | do Espirito S*an*to para lhe manda | r que arranjei um bom portador | mas quero saber se esta <em casa> para te | mandar **ouvio?** e com esta disponh | a se algums minutos a meu respeito | **ssim?** e acceita um abraço bem a per | tado desta sua tia que muito lhe | estima. Maria Luiza. | São Paulo 2–6–1903 (Kewitz, 2016: 58, grifos nossos)

Estas e outras marcas de oralidade podem ser encontradas também em cartas de administração privada, como no exemplo (7):

(7) [20,2 CAP SP] [...] Prezado irmão em Cristo, a paz de | Senhor seja comvosco juntamente com os | seus familiares | Recebi sua carta, estou chegando de | **viaje ou melhor digo**, ainda estou viajando. | Peço mandar os couros **logo possivel** e | **quanto o** feijão ainda tem muito para | venderem . mas não na cidade, **nos arredor** | **os feijão são bom**, e o preço é de $50,_{00}$ | mais ou menos, **Quanto arreio** logo enviarei | pois o Xavierzinho está indo comigo para | me ajudar, se enteressar o feijão, eu tenho | um freguez que tem uns 40 sacos para vender | feijão branco muito bom, e **lá** no Barreiro | com o tempo bom o carro vai **lá**; | tambem não esqueci das botinas só não | fiz por falta de vaqueta boa. | Termino com os meus melhores votos de | Saúde e felicidade na graça de Deus. | e Abraço do amigo e irmão em Cristo Jesus. [...] (Carta recebida por um comerciante do Vale do Ribeira, SP, 03/08/1972. Araújo e Kewitz, 2015, grifos nossos).

No exemplo (7) veem-se algumas estratégias que podem ser caracterizadas como pertencentes ao polo da imediatez comunicativa: a pontuação, sobretudo vírgulas, para marcar pausas; concordância zero (nos *arredor, os feijão*), redobramento (*lá no Barreiro...o carro vai lá*), apagamento de juntores (*quanto o feijão, logo possivel, Quanto arreio*), desnasalização (*viaje*), correção (*ou melhor digo*), entre outras. Reunindo os fenômenos linguísticos mais recorrentes nesse conjunto de cartas, datadas de 1945 a 1979, temos o seguinte quadro:

Quadro 2 – Principais fenômenos nas cartas de um comerciante do Vale do Ribeira (Araújo e Kewitz, 2015)

1. Concordância nominal e verbal zero
(a) si tiver cal peso mandar *50 sesto* (b) os coitados dos passageiros ficão *amoladisimo* (c) os meus *agradesimento* (d) devido os meus *comprumisso ser grande* (e) Outra *segue* mas 20 sacos de arroz
2. Uso de marcadores discursivos típicos da oralidade
(a) *Outra* segue mas 20 sacos de arroz [marcador discursivo de introdução de novo tópico discursivo] (b) ... de me ter avisado pelo fato ocorrido do estado de embriagues do motorista Sebastião Andrade. *Pois* eu chamei a atensão ao mesmo, sobre o asunto referido elle me confirmou que... (c) ... ser obrigado pernoitar na viage por conviniensia dos tripilantes *não acha?*
3. Mescla de elementos da escrituralidade e da oralidade
(a) *Solesito-vos* ter recebido a sua carta... (b) si não quiser os camaradas que vendão (c) A carga é os camaradas que tirão (d) ... e os coitados dos passageiros ficão amoladisimo (e) ... tenho de estar ospedando ospedes dando camas, refeisoes, a ums 10 ospdes, como da forma do costume não cobro nada, *e* os coitados dos passageiros ficão amoladisimo, *e* presiso ver si mehoramos ese asunto, quando escapa do poso ser aqui, e no Poço Grande na casa do cuihado, [...], *ora* e desagradaver para os pasgeiros, ser obrigado pernoitar na viage por conviniensia dos tripilantes *não acha?* sem mas renovo os meus agradesimento firmo-me com estima e destinta consideração. (f) espricou ao Se*nhor* J.C. que não presisava ver a mulla que elle ja conhesia a mesma, ficou tudo resorvido o negosio, o quar nada tenho que ver sobre o asunto que elle se refere pois a mula que fartou nese momento eu mesmo que emtreguei, digo mandei os meus camaradas emtregar.

4. Uso de pronome relativo por hipercorreção
(a) Solesito-vos ter recebido a sua carta, *o quar* fico muito grato por sua gentilesa... (b) ... *o quar quem* esta sendo projudicado sou eu, ...
5. Troca do fonema [l] por [ɻ] ('r' caipira") em posição de ataque e de coda silábicos: *quar, combustiver, Litorar, posíver, normar, farta, desagradaver, espricou, resorvido*
6. Desnasalização: *orde, ordes, viage/viagi, tirage* etc.
7. Inserção / redução silábica: *justar* (contas), *iguinoro* etc.

Os fenômenos descritos aqui representam algumas das potencialidades de análise de cartas em seus três subgêneros, mas outros fenômenos podem ser encontrados, a exemplo da análise dos processos constitutivos desses textos empreendida por Jubran et al (2011). Mais ainda, não só cartas, mas todos os documentos do espólio de qualquer língua trazem elementos que atestam suas mudanças ou permanência de fenômenos, como mostra a análise de Moraes de Castilho (2011) sobre a concordância em inventários e testamentos paulistas dos primeiros séculos.

CONSIDERAÇÕES FINAIS

Iniciamos este capítulo expondo a preocupação técnica de organizar um *corpus* devidamente equilibrado pela distribuição de gêneros e seus subgêneros e pela quantidade de texto. Essa metodologia apoiou-se nos pressupostos teóricos do modelo de Tradições Discursivas, que alia o estudo das tipologias textuais à análise de fenômenos linguísticos específicos. Retomamos alguns conceitos e critérios analisados em Simões e Kewitz (2006a, 2009a, 2009b, 2009c, 2010a, 2010b), aliados às condições e estratégias comunicativas propostas por Koch e Oesterreicher (1990a), para a constituição de um *corpus* mínimo do PHPB. Acrescentem-se aos fatores textuais aspectos da história social do lugar em que os documentos foram produzidos e seu entorno, uma vez que estamos lidando com textos de períodos anteriores a nós na qualidade de leitores do século XX/XXI. As mudanças na organização social auxiliam o pesquisador a compreender as mudanças nos processos comunicativos.

Nossa proposta de formação de *corpus* do PHPB leva em conta três grandes conjuntos: manuscritos, impressos e diferencial. Para cada um, elencamos os textos que são comuns a todas as regiões brasileiras, como *cartas, testamentos, atas, processos, jornais* e textos que são específicos de determinadas regiões (como as *memórias históricas* paulistas) e determinadas épocas (*inquéritos orais*, por exemplo).

A análise da história do gênero vai além dos limites da língua particular, sendo portanto necessário investigar a gênese dos textos e sua relação com outras línguas e tradições culturais, como apresentamos em relação aos secretários de cartas em francês, italiano e português. Isso é relevante na medida em que há textos que dão margem ao aparecimento de certos fenômenos e não outros por motivos variados (tema, relação entre escritor – leitor, função comunicativa etc.).

As reflexões desenvolvidas neste capítulo também serviram como roteiro para a tarefa de indexação dos *corpora* do PHPB, a exemplo do que se tem feito para o PHPP (cf. Simões e Kewitz, 2009b), segundo os fatores histórico-sociais aqui relatados. Parte-se da ideia de que é possível obter resultados de análise bastante expressivos quando se aliam estes aos demais fatores definidos pelos linguistas, proporcionando, assim, uma visão mais clara do seu objeto de análise. Em outras palavras, a organização dos *corpora* por estes critérios pode a) fornecer elementos de caráter qualitativo para a análise quantitativa dos dados, tornando os resultados estatísticos mais confiáveis e b) possibilitar uma interpretação mais homogênea da produção linguística de determinados grupos sociais nas distintas sincronias. Reforça-se assim a ideia de que a escolha de um *corpus* organizado segundo os pressupostos das TD pode oferecer subsídios valiosos não só para aqueles que lidam com análises quantitativas de fenômenos linguísticos em seu processo de mudança, mas também para aqueles que se dedicam à interpretação qualitativa dos produtos.

NOTAS

1 Adaptado de Shadowxfox – obra própria, baseada em: "Brazil, Administrative Divisions (States)"; *Atlas histórico escolar do Ministério da Educação/IBGE*; *Evolução da Divisão Territorial do Brasil 1872-2010*; *Origens das fronteiras do Brasil (Terras e Tratados – 1532/1909)*; *Tratado firmado en Madrid, a 13 de enero de 1750, para determinar los límites de los Estados pertenecientes a las coronas de España y Portugal, en Asia y América*; *Tratado de San Ildefonso entre España y Portugal – 1777*; *Primeiro Tratado de Santo Ildefonso*. CC BY-SA 4.0. Disponível em: <https://commons.wikimedia.org/w/index.php?curid=45409630>.

2 O conhecimento dessas variedades foi impulsionado sobretudo pelo advento do gravador, seguido do uso de diferentes tecnologias analógicas e digitais.

3 Em Divisão de Arquivo do Estado (1998), *Inventários e testamentos*, v. 46, São Paulo: Secretaria da Cultura, Departamento de Museus e Arquivos, Divisão de Arquivo do Estado, p. 161.

4 Cf. também Koch e Oesterreicher (2006 [1990]).

[5] Além desse critério, o fato de os jornais do século XIX serem conservados em diversos arquivos públicos pelo Brasil impulsionou essa etapa de coleta de documentos nos primeiros anos do PHPB.

[6] Uma descrição mais detalhada do *Corpus* Histórico do Português Paulista encontram-se no capítulo "Características e potencialidades dos *corpora* do português paulista", neste volume.

[7] Trataremos mais detalhadamente da formação do *corpus* do português paulista (fase II do PHPP) no capítulo "Características e potencialidades dos *corpora* do português paulista" deste volume.

[8] "*Die Wiederholbarkeit von Textformen umfasst eine kontinuierliche Skala von minimalen Traditionsmarkierungen – etwa einer bestimmten Textbezeichnung oder einer bestimmten Formel in einem ansonsten nicht fixierten Text – über die durchgehende formale Organisation bis hin zur kompletten Fixierung des Textes.*"

[9] "*Diskurstraditionen sind, wie schon betont (1.1.); eine einzelsprachunabhängige Ausprägung sprachlicher Historizität. Sie sind an kulturelle Gruppen gebunden, die sich nach künstlerischen, wirtschaftlichen u. a. Kriterien definieren und sich allenfalls zufällig mit Sprachgemeinschaften decken.*"

[10] "*Die Konsequenz einer Unterscheidung zwischen individuell/aktuellem Diskurs und historischer Diskurstradition wird jedoch noch nicht gezogen. Nicht akzeptabel ercheint es mir, wenn das Verhältnis von Sprachtyp und Einzelsprache mit dem Verhältnis von Textsorte und Text (Diskurs) parallelisiert wird (117) [Cf. Coseriu 1981]: die,*Textsorte' (von mir im folgenden als,Diskurstradition' bezeichnet) *steht ja gerade auf derselben (historischen) Ebene wie die Einzelsprache.*"

[11] Uma das obras de epistolografia que traz regras de bons modos é o *Il Secretario di Corte* de Jean Puget de la Serre, traduzido para o italiano por Girolamo Brusoni em 1675.

[12] Christian Leroy (2002: 250) aponta reedições do *Secrétaire* de Puget de la Serre em 1633, 1640, 1641, 1644, 1650, 1651, 1655, 1659, 1666, 1680 e 1695. José Simões encontrou na Biblioteca Pública de Viseu (Portugal) e na Unibibliothek de Tübingen (Alemanha) outras edições datadas de 1634, 1654, 1671, 1739 e 1747.

[13] "Hum dos melhores Authores; e dos mais modernos he o Academico Arcade Isidoro Nardi, a quem sigo nesta Instrucçaõ Preliminar" Freire (1746, introdução).

[14] "*Per essere adunque tale, si richiedono necessariamente, oltre la pratica, una intiera cognizione della lingua Latina, una frequente lettura de' migliori Autori accreditati in essa, una solida intelligenza delle Scienze, ed una piena erudizione, che possederono i Cardinali Salodetto, Bembo, ed altri non pochi, i quali da questa decorosa professione, e riceveron la loro estimazione, e ritrattero premj, e posti di dignità eminenti.*"

[15] "*Tutte le lettere (alla riserva delle Narrative, e Descritive) si dividono in quatro periodi, anchorchè il quarto periodo soglia terminarsi alla Francese concisamente. Nel primo período si dice el fatto. Nel secondo si prega a gradire, o respettivamente si ringrazia. Nel terzo si fa litanza de' comandi scambievoli. Nel quarto si saluta.*" Tradução de Rodolfo Ilari.

[16] Tradução de Alessandra Castilho F. da Costa feita a partir do original em alemão publicado em 1990.

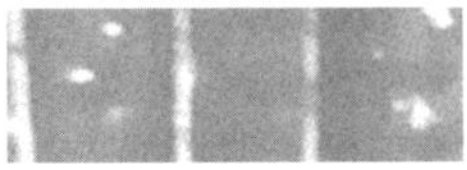

CARACTERÍSTICAS E POTENCIALIDADES DOS *CORPORA* DO PORTUGUÊS PAULISTA

Verena Kewitz
José da Silva Simões

SUMÁRIO

APRESENTAÇÃO

Neste capítulo descrevemos os documentos selecionados, coletados e editados para a formação de *corpora* do português paulista, que tem como base o modelo de Tradições Discursivas (TD), mais detalhadamente examinado no capítulo anterior. Nesse mesmo capítulo, apresentamos a proposta de divisão dos textos em três grandes conjuntos – *corpus* mínimo manuscrito, mínimo impresso e diferencial, que comportam a diversidade de tipologia textual para os estudos linguísticos nos mais diversos níveis de análise.

No presente capítulo seguiremos essa ordem para descrição de cada tipo de texto, acrescentando-se uma descrição mais detalhada de cada um e de suas potencialidades para os estudos linguísticos. Ressalta-se, no entanto, que tanto a descrição quanto os fenômenos exemplificados não se esgotam neste capítulo, pois procuramos dar conta do que foi editado e disponibilizado até 2016 e as principais pesquisas decorrentes e/ou baseadas nesses materiais.

Convém mencionar que os documentos editados foram consultados e digitalizados (em grande parte) nos seguintes arquivos brasileiros e portugueses, aos quais faremos eventuais referências pelas respectivas siglas: Arquivo Público do Estado de São Paulo (Apesp); Museu Republicano de Itu (MRI); Instituto de Estudos Brasileiros da Universidade de São Paulo (IEB - USP); Museu Paulista da Universidade de São Paulo (MP - USP); Biblioteca Nacional do Rio de Janeiro (BNRJ); Biblioteca Nacional de Lisboa, renomeada para Biblioteca Nacional de Portugal (BNL/BNP); Arquivo Nacional da Torre do Tombo (ANTT – Portugal); Centro de Memórias de Jundiaí (SP); Arquivo Histórico Municipal Félix Guisard Filho (Taubaté, SP); Arquivo Histórico Municipal Historiador Isaac Grinberg (Mogi das Cruzes, SP); Museu e Arquivo Histórico Municipal de Itu (SP).

Além desses acervos, alguns documentos provêm de coleções particulares e outros foram obtidos em páginas na internet. Vale lembrar também que estamos levando em conta a extensão de São Paulo (capitania, província e estado) ao longo de sua história, como mencionamos no capítulo anterior.

Grande parte das edições dos materiais descritos neste capítulo foi disponibilizada na página de *corpus* do Projeto História do Português Paulista (PHPP [1]): http://phpp.fflch.usp.br/corpus.

CORPUS COMUM MÍNIMO MANUSCRITO DO PHPP

Desde o início do projeto Para a História do Português Brasileiro (PHPB), *cartas* vêm sendo coletadas e usadas como *corpus* ideal, por assim dizer, para encontrar pistas de oralidade conceptual. No capítulo "O *corpus* do projeto Para a História do Português Brasileiro", descrevemos algumas potencialidades dessa tipologia, considerando seus subgêneros e tradições discursivas. Nesta seção, tratamos de todos os documentos que compõem o *corpus* mínimo manuscrito, começando pelas *cartas*, por razões óbvias. A descrição engloba a documentação levantada e editada de 2006 a 2016.

Além das *cartas*, os materiais que compõem o *corpus* comum mínimo manuscrito dividem-se da seguinte forma: *atas*, particularmente atas de câmara do século XVII, *processos-crime* e documentos judiciais afins e *testamentos*. Dedicaremos uma subseção a cada uma dessas tipologias.

Cartas

No capítulo anterior, apresentamos alguns aspectos do gênero *carta* no que diz respeito às Tradições Discursivas (TD) e à divisão desse gênero em três tipos (carta pessoal, de administração privada e oficial). Para a formação de *corpus* do português paulista, as cartas sempre estiveram na agenda de coleta e edição, com especial atenção às cartas pessoais. No entanto, em arquivos públicos nem sempre se encontram cartas pessoais, ou ainda cartas que contenham as chamadas pistas de oralidade ou textos em norma popular, até mesmo em função de ser delicado definir o que era norma popular em séculos anteriores ao XX.

As cartas pessoais encontradas em arquivos públicos provêm geralmente dos acervos pessoais de alguma pessoa ilustre, como políticos, escritores, jornalistas etc., cuja doação é mais recente (do século XIX para cá). No Arquivo Público do Estado de São Paulo, por exemplo, estão depositados os acervos de Washington Luís, Júlio Prestes, Altino Arantes, entre outros. Acervos pessoais anteriores ao século XIX são raros ou inexistentes. Encontram-se, em grande parte, documentos relacionados à esfera jurídica e administrativa, dentre os quais cartas oficiais e de administração privada.

A carta oficial pode ser caracterizada prototipicamente pelas seguintes categorias: é um documento público; remetente e destinatário têm relação assimétrica (ascendente ou descendente); o tema é altamente fixo; as dimensões da ação comunicativa limitam-se a *requerer, ordenar, recriminar, obedecer, relatar*; e o texto é altamente controlado, com a presença de fórmulas que seguem uma determinada tradição discursiva (cf. Simões e Kewitz, 2009b: 488). Bellotto (2002: 52, grifos nossos), no entanto, diferencia *carta (oficial)* de *ofício* por ser este sempre descendente. Em suas palavras,

> Na administração colonial: correspondência enviada por autoridade subalterna/delegada ou súdito ao Rei, diferindo do requerimento ou petição pela natureza do teor documental, já que estes últimos destinam-se a solicitar mercês, privilégios ou direitos de existência consolidada, desde que preenchidos os requisitos necessários. Questões de caráter oficial ou particular que se desejasse expor ao Rei, quaisquer que fossem os assuntos, desde que não de caráter peditório, eram-lhe dirigidas por meio de carta. Assim, tem sido confundida com ofício, correspondência entre as autoridades do Reino (que não o Rei) e as subalternas/delegadas em serviço no Ultramar ou entre elas. Em alguns instrumentos de pesquisa, feitos atualmente no Brasil e em Portugal, a identificação dessas duas formas é exatamente o oposto da prática burocrática do Antigo Regime. *Tal prática generalizou-se em muitos arquivos porque, na concepção moderna, a carta é particular e o ofício é oficial e, ainda, a carta é ascendente, mesmo na área oficial e o ofício é sempre descendente.*

Para o *corpus* do português paulista, decidiu-se não diferenciar *ofício* de *carta oficial*, ainda que a autora apresente o grau de simetria entre os interlocutores como uma das distinções entre essas espécies documentais. Mesmo que seja possível identificar os interlocutores das cartas e sua relação, o conteúdo do texto e suas formas são o foco das pesquisas em Linguística Histórica. Assim, é possível identificar os traços prototítpicos dos três subgêneros de cartas, como se vê no quadro a seguir, mas devemos contar com a possibilidade de haver sobreposição de traços de um e de outro subgênero.

Quadro 1 – Características prototípicas dos três subgêneros de cartas (adaptado de Koch e Oesterreicher, 1990b, e Simões e Kewitz, 2009b)

privado				público
intimidade / familiaridade	◄	───	►	distanciamento
simétrico				ascendente/ descendente
emoção	Carta pessoal	Carta de administração privada	Carta oficial	não emoção
diálogo				menos dialógico
espontaneidade				não espontaneidade
tema livre				tema altamente fixo
texto menos controlado				texto altamente controlado

Ainda que seja uma proposta mais refinada de caracterização de documentos como cartas, ela não deve ser vista como algo estanque, mas sim como uma escala de possibilidades.

Dentre as *cartas oficiais* mais prototípicas encontram-se sobretudo os ofícios de Capivari do século XIX (Garcia, 2012) e algumas cartas dos séculos XVIII e XIX editadas em Simões (2007). No primeiro conjunto, encontram-se documentos escritos por membros da Câmara Municipal ou pessoas com cargos administrativos (coletor, inspetor etc.) dirigidas, em sua maioria, ao presidente da província de São Paulo (grau ascendente). No segundo conjunto, inserem-se cartas de militares, eclesiásticos e moradores de várias vilas e municípios paulistas destinadas a superiores, portanto com grau ascendente, o que caracteriza igualmente o conjunto de cartas editadas por Monte (2015). Nem todas as cartas rotuladas como *oficiais* apresentam as condições e estratégias prototípicas desse subgênero, pois algumas tratam de mais de um tema, e o texto pode apresentar, por vezes, grau médio de controle.

Conforme descrevemos em Simões e Kewitz (2009b: 490), uma *carta de administração privada* (Barbosa, 1999) prototípica apresenta grau de publicidade semiparticular; relação assimétrica entre remetente e destinatário; núcleo temático fixo; dimensões da ação comunicativa mais ampla (que da carta oficial), como *requerer, relatar, recriminar, reclamar, opor-se, ordenar, obedecer* etc.; planejamento semicontrolado do texto, ainda que apresente domínio de fórmulas de abertura e de fechamento.

O grau médio de emotividade pode ser encontrado em algumas cartas de administração privada, como se vê no trecho a seguir:

(1) [18,1 CAP SP AI, Carta 19] [...] Sendo aCauza, deter admoestado aod*it*o Tenente pusesse cobro nosSeos f*ilh*os eescravos | por Serem estes perturbadores das Almas da d*it*a aldeia, vindo aella de noute ededia; efazendo as In- | dias hirem aSua fazenda, como mediceraõ duas, q*ue* as achey de noute fora hindo correr ad*it*a Aldeia com | oCap*ita*m della, mais outro Indio. Vendo pois osd*it*os moSsos queixavame Eu destes desturbios, enaõ | Menos apertava as Indias na doutrina sobre amesma materia, tendo hido od*it*o Seo Pay p*ar*a a | Villa cómeSsaraõ aendusir aos Indios, eIndias p*ar*a menaõ obedecerem; deSorte q*ue* nem quem mecozin= | haSse quiseraõ tiveSse, enem hu' Indio q*ue* tinha vindo defora, eRecolhido ácozinha athê eSse momandaraõ | indusir pello Capp*ita*m, emepuseraõ deSomana sem ter q*ue*m medê nada, esperando por algu' paSageiro | p*ar*a medar alguã agoa elenha. Com estas desatençoens', edescortesias estou aquy por naõ dar a | minima molestia ao Tenente. [...] Nestes termos posto oq*ue* fas admirar atodos, tenho feito tençaó feichar | aIgreja, emehir para omeo Convento; porem como obediente Subdito naõ oquero fazer Sem dar parte aV*ossa* | Excellencia. [...] Dia da Ascençaó de Chri[st]o estando detarde na Igreja emcómendandome a | Deos, [...] vy ao P*adr*e Companh*ei*ro comvozes alteradas naporta da Caza, aoq*ue* | acodindo pregunteilhe oq*ue* tinha, ou oq*ue* hera Socedido ? DiSseme od*it*o P*adr*e, P*adr*e Subprior, vamonos embora, | feichemos aporta pois aquy nosnaó querem; Etornandolhe apreguntar acauza ? MediSse, agora mediSse | hua India, q*ue* o Cap*ita*m da aldeia tinhá ordem do S*enho*r Joseph p*ar*a vegiar as Indias, q*ue* entraSsem dentro | desta Casa alevar alguâ couza, compena de Serem a Soutadas, / Sendo q*ue* athê agora, meo S*enho*r, Sempre | foi uzo, ehê emtodas as Aldeias /. Acómodei ao P*adr*e dizendo: tiveSse paciencia athê avisar aV*ossa* Exce-| lencia; eComo acolera do P*adr*e ainda estava alterada, cómeSsou agritar contra o Capp*ita*m e achamarlhe | alguns' nomes, q*ue* hê odezafogo, q*ue* podemos ter, por nesta aldeia nem tronco, nem prizaó hav[er] eSer | oq*ue* mais metem des obedecido semfazer cazo algum doq*ue* lhedezia acerca da Aldeia .

> Neste cómenos | appareceo elle d*ito* Cap*ita*m comdous paos delenha por d[es]farce, ecom huá faca deponta boa na maõ pi<o>s jun | to doP*adr*e oq*ue* vendo Eu griteilhe eoP*adr*e entrou aSella [a]buscar hu' faconete sem ponta, como setem vis | to p*ar*a Sedefender; eapegando tambem noP*adr*e, naõ p*ara* q*ue* imaginaSse Eu offend[e]ria ao Indio como se | colhe daboa Rezaõ, Senaó p*ara* q*ue* naó chegaSse o Indio aofendello; ainda contudo isto, Seavançou ahu | pao dehu' paSageiro dizendo hera p*ar*a Sedefender.Vendo elle isto, eoq*ue* lhediSse havia dar Cont[a] | aV*ossa* Excelencia, pois já metinha entrado em caza com amesmafaca entre hu' gibaõ, tendo mandado | apegar emhuá India para [ac]astig[a]r, efoi visto do Companh*ei*ro, [...] Aldeinha 12 de | Maio de1736 | [...] Fr*ei* Callisto deS*an*ta Elena (Simões e Kewitz, 2006b).

A possibilidade de haver emoção nessas cartas está diretamente relacionada à função do missivista em prestar contas do cotidiano das aldeias paulistas, mesmo antes do Diretório dos Índios (1755). São várias as cartas em que se entrevê certo desabafo do eclesiástico ou capitão responsável pelas aldeias, o que permite maior relaxamento da escrita, a princípio.

Cartas pessoais apresentam prototipicamente as seguintes categorias: o documento é particular; os interlocutores têm relação simétrica; o tema é variado e livre; as dimensões da ação comunicativa são ainda mais amplas (*narrar, agradecer, reclamar, desejar, pedir, opinar, desabafar* etc.), e o grau de planejamento é, em geral, semicontrolado ou livre (cf. Simões e Kewitz, 2009b: 492). Inserem-se nessa perspectiva (i) as cartas pessoais destinadas a Washington Luís entre o final do século XIX (Simões e Kewitz, 2006b) e ao longo da primeira metade do século XX (Kewitz, 2016), escritas por membros de uma família paulista tradicional, (ii) cartas entre primas de três cidades paulistas (Ubatuba, Barretos e São Paulo) escritas entre os anos 1970 e 1990 (Kewitz, 2016) e (iii) cartas de uma garota paulistana, escritas na década de 1990, a outra garota (Kewitz e Berto, 2016). Ressalta-se que, nesse último caso, embora as interlocutoras não se conhecessem pessoalmente, as cartas revelam alto grau de intimidade tanto em função da idade (18 e 16 anos respectivamente) quanto pelo assunto que fez surgir a troca de cartas entre elas (música e temas relacionados), como se vê no exemplo (2):

(2) [20,2 CP SP] [...] O que você pediu eu só posso fazer com | a maior vontade possível, o mínimo | p*ara* com você, tá? Você é super legal e | amiga comigo, p*or*q*ue* ficar com essa | história de incômodo? Daqui p*ara* frente | sem essa, ok girl?!? [...] Q*uan*do eu | enviar a fita, você pode gravá-lo todo | menos 'Rescue', ok? Ah! Esqueci de te | contar! Nós compramos um CD Disc- | player! X, que som que tem aquele | troço!!! O nosso 1º CD ~~a gente~~ <nós> (eu e o | meu irmão) compramos hoje, o im- | portado do 'Soft Cell' – The singles. [...] O vídeo | a gente compra depois pois lá é bem | em conta t*am*bém e assim vai ... Ah! | Eu passei lá na Galeria e tá 2000,00 | cada vídeo p*ara* gravar e acho que is- | so é independente de tempo, tá? [...] (09/11/1990, Kewitz e Berto, 2016: 28-9)

O exemplo (2) figura no polo da imediatez comunicativa, ainda que remetente e destinatária não se conhecessem pessoalmente. O conjunto de cartas dessa remetente dispõe de núcleo temático fixo (música), eventualmente outros temas são inseridos e/ou comentados. O grau de planejamento é baixo, considerando-se as várias características de oralidade, como marcadores discursivos e gírias, bem como as rasuras, correções e inserções posteriores. Mas é também possível encontrar o uso do clítico acusativo e da preposição *a* (em lugar de *para*), o que pode ser explicado, em parte, pelo momento em que as interlocutoras se situavam na época: a destinatária estava terminando o ensino médio, e a remetente estava começando curso superior, tendo recém-prestado vestibular, conforme expusemos no capítulo anterior.

Em vários outros conjuntos de cartas paulistas é possível observar a sobreposição de traços do que se caracteriza prototipicamente como carta pessoal e carta de administração privada. Exemplificam essa perspectiva os seguintes conjuntos de cartas:

i. Cartas em torno da figura de José Bonifácio (primeira metade do XIX), de vários remetentes (Simões e Kewitz, 2006b).
ii. *Cartas Andradinas (1820-1828)*, escritas por José Bonifácio e Martim Francisco destinadas a Antônio de Menezes Vasconcellos de Drummond e José Joaquim da Rocha (Simões, Oliveira e Lopes, 2015).

iii. Cartas de Fernando Prestes e Júlio Prestes a Washington Luís, primeira metade do XX, editadas por Albuquerque, Ferreira e Kewitz (2015)
iv. Cartas de um comerciante do Vale do Ribeira (primeira e segunda metades do XX), editadas por Araújo e Kewitz (2015).

Para finalizar esta subseção, vários estudos apontam as cartas como o lugar mais favorável ao aparecimento de pronomes pessoais e de tratamento, justamente pela característica dialógica desse gênero (cf. Lopes, 2005; Lopes e Rumeu, 2006, entre outros). O uso concomitante das formas de *tu* e *você* e de *nós* e *a gente*, como no trecho da carta em (2), é frequente em cartas pessoais, como se vê nos exemplos (3) e (4) a seguir:

(3) [19,2 CP SP] Desejo que **Você** e Sophia estejam de boa saúde. [...] Nesse interim chegou-me ás mãos a tua carta do dia 10, [...] **Fallas**-me de economia rigorosa; como é possivel ser ella feita si não permaneço em minha casa com os meus? **Comprehendes** que **a gente** estando fóra, inda mais em cidade, augmentam assustadoramente os extra; Tenho plena certeza que si aqui **ficassemos** um anno sem sahir, **nossas** finanças melhorariam muito e muito; [...] (Carta de Everardo Vallim Pereira de Souza ao primo Washington Luís, 17/10/1900, Simões e Kewitz, 2006b: 36, grifos nossos)

(4) [20,1 C SP/RJ[2]] Depois de deixar-**te** tive | longa palestra com o D*outo*r | Aloysio de Castro, [...] | **Tem<s>** **~~você~~** o dever de fazer essa | viagem, .. já iniciada e | combinada, **deves** pois, rea_| lizal-a, e o **podes** fazer | com tranquilidade, [...] | Só aguardamos a **tua** | resolução. ||] O D*outo*r Aloysio de Castro irá | hoje ao Jaceguay, bem | cedo para combinar o | que **~~voce~~** **resolver<es>**. | Qualquer cousa, seja qual | for, que a **tua** familia | deseje, ou venha a precisar, | encontrará em mim e na | minha familia toda a | vontade em servil-a. | Assim **deve<s>** **~~você~~** previ_ || nil-a. [...] (Carta de Washington Luís a Julio Prestes, 24/05/1930, inédita, Apesp, Acervo Julio Prestes de Albuquerque, grifos nossos)

No exemplo (3), estão presentes as formas de *você* e *tu* para o mesmo referente, assim como as formas de *a gente* e *nós*. Já no exemplo (4), vemos marcas de correção de *você* para *tu*, o que ocorre nas sete páginas da carta, com tema altamente fixo (a saúde da esposa de Julio Prestes). Dado que o remetente já havia começado a missiva com o pronome *tu* (*deixar-te*), supomos que tenha se controlado para manter a regra de não misturar as formas de *tu* e *você*, mesmo deixando rastros de correção. Vale ressaltar que ambos os interlocutores oscilam no uso de *tu* e *você*, levando-se em conta todas as cartas trocadas, não necessariamente numa mesma carta.

Outros conjuntos de cartas das três categorias que vimos descrevendo aqui e no capítulo anterior poderão vir a ser encontrados em acervos públicos e privados e editados para fins de pesquisa linguística. De todo modo, continuamos atrás das chamadas "futricas", dos desabafos etc., ao lado de textos com alto grau de controle e demais condições e estratégias do polo da escrituralidade conceptual (cf. Koch e Oesterreicher, 1990b).

Atas de câmara

Consideramos as atas de câmara um documento comum a todas as vilas e municípios brasileiros, já que compõem, geralmente, os primeiros textos oficiais/administrativos de qualquer comunidade. Por outras palavras, quando um povoado era elevado a vila (no período colonial), criava-se sua câmara, em que os membros deveriam discutir, decidir e agir pelo bem comum de todos, resultando na produção de atas, que tinham, até pelo menos a Independência do Brasil, peso de lei (cf. Morais, 2014, Morais e Kewitz, no prelo). Bellotto (2002: 48) descreve a espécie documental ata da seguinte forma:

> ATA – documento diplomático testemunhal de assentamento. Registro resumido das ocorrências de uma reunião, assembleia ou sessão, assim como das decisões tomadas por seus membros. Se for de eleição, resume o seu desenrolar. Geralmente é lavrada em livro próprio. **Protocolo inicial**: número da ata e nome da entidade subscritora da reunião. Data cronológica, inclusive designação da hora, do local, com endereço. Nome das pessoas presentes, sua qualificação e declaração de abertura da sessão pelo presidente e secretário. **Texto**: assuntos discutidos, em obediência ou não a uma ordem do dia ou pauta. **Protocolo final**: fecho: "nada mais havendo a tratar... eu... secretário lavrei a presente..." Assinaturas do presidente e do secretário.

Há poucos estudos linguísticos que tomam como base ou como objeto de estudo atas de uma forma geral. Destacam-se, por exemplo, Souza

(2011), Santana e Queiroz (2011) e Moura (2011), que editaram e analisaram atas de câmara de Botucatu (SP), Tucano (BA) e Conde, Independência, Campina Grande e João Pessoa (PB), respectivamente datadas dos séculos XIX e XX.

Mesmo que todas as vilas e cidades brasileiras tenham produzido atas de câmara, nem sempre são facilmente encontradas em acervos, ora porque não foram conservadas, ora porque se encontram em delicado estado de conservação, a exemplo das atas da câmara de São Paulo, depositadas no Arquivo Municipal Washington Luís, talvez as mais antigas do Brasil.

Num primeiro momento, esse tipo de documento pode parecer bastante formulaico e repleto de repetições, em função da própria estrutura e do grau de publicidade do texto. No entanto, como expusemos no capítulo anterior, a diversidade de documentos para a história do PB não pode desconsiderar os textos que mais se aproximem no polo da escrituralidade, como os documentos jurídicos e administrativos de forma geral.

Os primeiros documentos paulistas dessa tipologia datam do século XVII e foram produzidos nas vilas de Jundiaí e de Mogi das Cruzes, umas das mais antigas da capitania de São Paulo. Os primeiros foram editados por Morais (2014), contendo 63 atas datadas entre 1663 e 1669. As atas de Mogi das Cruzes foram editadas por Ferreira (2007) e revisadas por Morais (2015), tendo assim sido incorporadas ao *corpus* do PHPP. Trata-se de dois cadernos de atas datadas de 1612 a 1646, num total de 100 atas de câmara, dentre outros documentos ali inseridos (como provisões, carta régia etc.).

Esses documentos são, de fato, bastante formulaicos no sentido de que há a repetição das fórmulas do *protocolo inicial* e *final* e em algumas passagens do próprio *texto*, considerando a estrutura geral proposta por Bellotto (2002), ao que se acrescenta o *preâmbulo*, contendo o nome e cargo dos membros da câmara. No entanto, Morais e Kewitz (no prelo) identificaram algumas diferenças entre as atas da Câmara de Jundiaí e de Mogi das Cruzes no que diz respeito à hierarquia tópica do texto, com base nos estudos de Jubran (2006) e Jubran et al. (2011). Assumindo como supertópico a motivação das reuniões da câmara municipal, isto é, *o bem comum do povo da vila*, os tópicos se dividem basicamente em *nada a requerer* e *algo a requerer*. A este último vinculam-se outros tantos subtópicos, como conserto de pontes, nomeação de pessoas a algum cargo, aplicação de multas etc. Nessa parte das atas (*texto*) observam-se menor ou nenhum uso de fórmulas fixas e maior flexibilidade no desenvolvimento do assunto por parte do escrivão.

As atas da Câmara de Mogi das Cruzes apresentam dois tipos básicos de estruturação: uma em que constam *protocolo inicial, preâmbulo, texto* e *protocolo final*, nessa ordem (microestrutura 1), e outra em que o *texto*, com o tópico principal, é inserido após o *protocolo final* e introduzido pela fórmula *Elogo na mesma Camara* (macroestrutura 2). Essa macroestrutura é mais recorrente nas atas da Câmara de Mogi das Cruzes, mesmo quando não há nada a requerer.

Nas atas da Câmara de Jundiaí, por sua vez, foram identificadas três diferentes configurações, em função dos tópicos e subtópicos discursivos de cada ata. Sendo a maioria das atas dessa vila com o tópico *nada a requerer* (macroestrutura 1), as demais dividem-se entre a macroestrutura 3, contendo dois temas distintos (SbT1 e SbT2, por exemplo), e a macroestrutura 4, em que o segundo tema é um desdobramento do primeiro (SbT1a e SbT1b, por exemplo).

A grande diferença entre as atas das duas vilas está em que nas de Jundiaí o tópico principal é sempre inserido na parte do *texto*, tendo esse tópico um desdobramento ou não. Nas atas da Câmara de Mogi das Cruzes, é mais frequente o tópico central (*texto*) ser inserido após o *protocolo final* e introduzido pela fórmula *Elogo na mesma Camara*. Essa mesma TD está presente nas atas da Câmara de Jundiaí, mas com função distinta: a de introduzir um novo subtópico ou o desdobramento do subtópico colocado no *texto*, como se vê no exemplo a seguir:

(5) Aos quatro dias domes dejunho dahera de mil E | sseis sentos Essesenta Essete annos nesta villa | fermoza de nossa senhora do destero dejhundiahi | naCaza deputada p*ara* ssefazer breanssa afal | ta deCaza doComsselho fizeram ajunto os ofissi | ais daCamera os abaCho asinados p*ar*a saver doBem | ECumun deste povo Enella prezidio ojuis ordina | rio pasCoal dias Rodriges por Estar seu parsei | ro Em dis posto Epello Breador mais velho joã | Leme doprado foipreguntado aoproCurador do | Consselho joã mendes dematos ssetinha q*ue* | Requerer p*ar*a oBem ECumun deste povo o fizesse disse Edeu por Reposta EReque | rio **asuas merses q*ue* mandasemChamar os | tarbeneiros q*ue* nesta villa aviam p*ar*a delles areCadarem | os sussi dios das aguardentes Evinhos**

> **quehelles | tem vendidos fora doEsCrito do aLmotassa | ria q*ue* oEsCrivão dalmotassaria daConta Eque | lhe desemjura mento dosantos Evangelhos | pa*r*a ssua aLma a que mostrem EdemConta | do que venderão sem aLmotasar** de que | fiz Este termo Em que os ditos senhores | ofissiais daCamera sseassinarão Eu p*edr*oAl | veres B*ez*e*r*ra EsCrivão daCamera oEsCrevy | João Leme Doprado+ AlvaroAnriques | Rodriges joão mendesdematos | [ ] | **ELoguo nomesmo dia mes Eanno E na mesma | Camera forão Chamados os taberneiros q*ue*nesta | villa avia q*ue* foi jasinto nogueira Eestevão ma | ssiel Eanbos de dous juntos lheforão dados juram*en*tos | dos Santos Evangelhos Em que puzerão sua mão | direita Eprometerão desCruvir aberdade doque | venderão Epello juis ordinario pasCoal dias Ro | driges lhe foi dado juramento EheLes deserão q*ue* não | venderã mais q*ue* valhia dehúa pataqua queven | deram sem aLmotasar por Estar auzente o al | motassêe** deque fizerão Emandaram fazer | Este termo Em quesseassinarão Eup*edr*oAlveres | B*ez*e*r*ra EsCrivão daCamera oEsCrevy Estevaõmassiel | Doprado Crus+ | Rod*rige*s dejasinto nogueira Anriques | Matos (Ata da Câmara de Jundiaí, 04/06/1667, Morais 2014: 22-3, grifos nossos)

Ainda que as atas de câmara sejam documentos mais sintéticos, quando comparados a processos, testamentos ou mesmo cartas, são portadoras de TD que se repetem até hoje, como a datação, identificação do local e das pessoas presentes nas reuniões (protocolo inicial e preâmbulo). Mas assim como outros tipos de texto, também são passíveis de inovação ao longo do tempo, seja por mudanças sociais, políticas e jurídicas, como as mudanças nas funções das câmaras a partir do século XIX, seja pelas mudanças na própria língua.

Processos-crime

Processos em geral servem de base para estudos no campo de História, sobretudo quando se referem a réus escravos e negros no século XIX. No campo da Linguística Histórica, são poucos ainda os trabalhos que se dedicaram à edição e ao estudo desse tipo de texto (cf. Queiroz e Silva, 2012; Queiroz e Salomão, 2011).

Ao considerar *processos* como textos interessantes aos estudos linguísticos, uma questão que se coloca geralmente é se todo o processo deve ser editado e analisado ou partes dele e, assim, quais partes. Essa pergunta deve ser respondida do ponto de vista do analista: se se quer estudar determinado item linguístico, talvez nem todo o processo seja relevante. Mas se a análise envolver questões discursivas, semânticas e argumentativas, talvez o processo em sua totalidade deva ser considerado.

Como o PHPP tem várias frentes de pesquisa, não podemos privilegiar este ou aquele tema, assim consideramos o que Bellotto (2002: 80-1, grifo nosso) coloca para a descrição do processo como espécie documental:

> PROCESSO – documento não diplomático informativo. Desenvolvimento de um expediente, incluindo tipos diversos de documentos e que, recebendo informações, pareceres e despachos tramita até que se cumpra o ato administrativo que gerou a sua criação. *Unidade documental em que se reúnem oficialmente documentos de natureza diversa no decurso de uma ação administrativa ou judiciária, formando um conjunto materialmente indivisível.*

Concordamos com a autora quanto ao processo ser um *conjunto materialmente indivisível*, pois todos os documentos gerados ao longo das ações tomadas por cada instância envolvida representam as seguintes tarefas comunicativas: ordenar, acusar, requerer, narrar, obedecer, confirmar, acatar e refutar. Dessa forma, teremos vários tipos de documentos, mas igualmente necessários para que a conclusão seja válida, satisfatória e justa.

Atreladas às tarefas comunicativas estão as pessoas envolvidas em todo o processo e suas respectivas funções jurídico-sociais: juiz, delegado, réu, testemunhas, promotor, defensor etc. Cada um desses papéis terá graus diferentes de "vozes" (diretas ou indiretas), e assim podem ser representadas por diferentes estruturas linguísticas.

Analisando os documentos que compõem um processo-crime do século XIX, Dias (2016) observou que alguns deles vêm rotulados no manuscrito, como *publicação*, *juntada*, *conclusos* etc. Outros são colocados somente a partir de fórmulas, como é o caso dos *mandados*. Por outras palavras, só se sabe que se trata de um *mandado* pela tarefa comunicativa de *ordenar* e pela assinatura, que representa a autoridade máxima naquela situação comunicativa, no caso, o delegado de polícia.

Mesmo que algumas partes do processo sejam mais suscetíveis à variação de estruturas, como se esperaria em autos de perguntas feitas ao réu e às testemunhas, por exemplo, não quer dizer que essas partes não obedeçam ao protocolo da lei vigente. Para ilustrar, observemos o exemplo a seguir:

(6) [19,2 PRCR SP] Test*emunha Segunda* | **Emilia Rosa de Souza** - viuva, | residente nesta Cidade, d'onde | é natural. Aos costumes | disse nada. Jurou aos San - | tos Evangelhos na forma da - | lei, eprometeo diser aver - | dade doque soubesse eper - | guntado lhe fosse. **Pergun - | tado** pela denuncia, disse | que Manoel Floriano do Espiri - | to Santo eque este moço | foi para sua casa depois | de ter-se tratado com - | o Doutor Cuvillom, e Lopes, - [...] (Processo-crime de Campinas, 1871, Dias 2016, linhas 563-578)

A fórmula *perguntado se/pela denúncia* se repete ao longo de todo o processo quando se reporta a "fala" das testemunhas, independentemente de serem homens ou mulheres. A comparação deste processo com outros contemporâneos e de outras épocas poderá revelar em que medida as regras de concordância são ou não aplicadas, por exemplo, além de outras estruturas que se repetem e/ou se variam.

Testamentos

Sendo um dos primeiros documentos lavrados no Brasil, os testamentos podem ser estudados sob diversos pontos de vista. A descrição geral fornecida por Bellotto (2002: 89) aplica-se a todos os documentos editados no âmbito do PHPP e aos volumes editados pelo Apesp:

> TESTAMENTO – documento diplomático testemunhal de assentamento, horizontal, notarial. Disposição ou declaração solene da vontade do testador sobre aquilo que deseja que se faça, depois da sua morte, com seus bens e fortuna.

Dentre os testamentos editados, o PHPP conta com 37 documentos da cidade de Taubaté datados de 1651 a 1700, editados por Monteiro (2014). Segundo a autora, esses testamentos seguem a configuração tradicional vigente no século XVII, ou seja, as partes que compõem os testamentos e suas respectivas fórmulas: protocolo inicial, em que há invocação de apelo religioso (*Em nome de Deus*), o texto contendo as disposições testamentárias (entre outras subpartes) e o protocolo final em que consta a assinatura de quem lavrou o documento (geralmente um tabelião).

Semelhantemente às atas de câmara do século XVII, descritas na seção "Atas de câmara", os testamentos inserem-se na tipologia de documentos jurídicos, considerados os mais conservadores quanto às partes que os compõem e às tradições discursivas (cf. Kabatek, 2006).

Analisando testamentos paulistas e norte-rio-grandenses, Castilho da Costa (2014: 8) identificou algumas mudanças no gênero *testamento* em documentos dos séculos XVII a XX quanto à macroestrutura:

> Muitos dos elementos de cunho religioso/soteriológico deixam de ocorrer [no século XX] (como, por exemplo, o *invocatio*); outros sofrem alterações. Uma alteração relevante é a introdução de partes do *corroboratio* já no protocolo inicial, de modo a assegurar a validade do documento desde seu princípio, com a indicação de que determinadas solenidades externas ao testamento foram obedecidas e de que determinações legais foram cumpridas.

A autora demonstra ainda que a estrutura do *texto* também apresenta mudanças comparando-se os testamentos dos séculos XVII, XVIII e XIX aos do século XX. Segundo ela, deixam de aparecer os atos de fala "encomendar a alma" e "fazer pedidos pios", "encomendar missas" e "ordenar a forma de sepultamento", cristalizados na tradição romana jurídico-religiosa e normatizados pelos manuais de bem morrer (2014: 9).

Para cada uma das macroestruturas dos testamentos analisados, Castilho da Costa (2014: 19-24) observou a repetição de formas linguísticas, como preposições complexas (*em nome de*, *no ano de*, *na forma seguinte*, *a rogo de* etc.), uso de verbos *dicendi* (*mandar*, *declarar*), reduzidas de gerúndio para justificar a produção do testamento (*temendo*, *desejando*, *estando* doente etc.), redobramento (*todos estes filhos e filhas casamos em <u>sua</u> vida <u>della</u> dita mulher*), entre outras estruturas.

Embora esses documentos apresentem alto grau de conservadorismo em sua estruturação e fórmulas, são textos potenciais para a análise de diversos fenômenos linguísticos, como as formas citadas anteriormente, e também a concordância estudada por Moraes de Castilho (2009, 2011). A autora encontrou dados como nos exemplos (7) e (8):

(7) [17,2 T/I SP DAESP 46] # Antonio **legitima** de idade de hũm anno pouco mais ou menos (Moraes de Castilho, 2009: 341; grifos da autora)

(8) [17,2 T/I SP DAESP 46: 177] # **forão avaliados** tres fosse piquenas hũa ja quebrada pelo alvado... (Moraes de Castilho, 2009: 346; grifos da autora)

Exemplos semelhantes foram encontrados pela autora também em *inventários* (*corpus* diferencial). Nesse caso, não há diferença entre as listas de bens presentes nos dois tipos de documento. O que difere o *testamento* de um *inventário* diz respeito a outros fatores linguísticos, como a estrutura discursiva e respectivas fórmulas, e extralinguísticos, como a função jurídica do autor e a sequência temporal dos fatos: Moraes de Castilho (2009, 2011).

CORPUS COMUM MÍNIMO IMPRESSO DO PHPP

A formação de um *corpus* para o PHPB teve início justamente com documentos impressos, nomeadamente de jornais brasileiros do século XIX. O primeiro resultado foi a coleta de *anúncios* de jornais (Guedes e Berlinck, 2000), seguindo-se as *cartas de leitores* (Barbosa e Lopes, 2006) e *cartas de redatores* em jornais do mesmo século (Barbosa e Lopes, 2002). O interesse nesses textos se deu, primeiramente, pelo fato de não haver cortes e edição nos jornais do século XIX, como ocorre em jornais atuais. Na maioria dos volumes de ensaios do PHPB encontram-se várias pesquisas dos mais variados fenômenos linguísticos com base nesses três gêneros, como Pessoa (2001), Torres Morais (2002), Martelotta e Leitão (2002), Duarte (2002), Alkmim (2002), Simões (2006), Castilho (2006, 2007), Oliveira (2007), Viaro (2007), Kewitz (2007b), Romero (2007), Cyrino (2007), para citar alguns.

Num estudo amplo das mudanças de alguns gêneros jornalísticos, Castilho da Costa (2010) analisou edições completas de dois jornais paulistanos dos anos de 1854, 1875 e 1901, *O Correio Paulistano* e a *Província de São Paulo*, nome original de *O Estado de S. Paulo*. Aos três gêneros anteriormente mencionados, acrescentou-se a *notícia*, passando a configurar entre os tipos de texto do *corpus* mínimo impresso do PHPP. Além das mudanças na própria confecção dos jornais (tamanho da folha, número de páginas, segmentação dos assuntos por cadernos, especialização dos profissionais do jornal etc.), destacamos alguns resultados apresentados por Castilho da Costa (2010: 267). Um deles, referente ao gênero *notícia*,

> [...] está relacionado aos aspectos tradicionais da constituição da notícia no século XIX que atravessam todas estas variantes: a determinação exterior, a mistura de informação e opinião, a ausência de diferenciação entre a nota e a notícia, as fórmulas de introdução de texto e a voz do leitor presente nos textos noticiados. Esses aspectos tradicionais estão ligados a aspectos sintático-semânticos dessas notícias. A determinação exterior (notícias advindas de fontes secundárias), por exemplo, está ligada à expressão de uma responsabilidade enunciativa distanciada, com a utilização de estratégias de apagamento de sujeito (voz passiva, construções com *-se*, posposição do sujeito com verbos ergativos) e a utilização do pretérito imperfeito.

A autora identificou ainda a presença de vários gêneros jurídicos administrativos nos jornais do século XIX, como despacho, acórdão, sentença, declaração, circular, ofício, ata de assembleia provincial etc., ausentes nos jornais atuais. Segundo ela, *a linguagem jurídica exerceu influência na constituição dos gêneros textuais como a notícia e o anúncio publicitário* (2010: 270), demonstrando uma intersecção entre os domínios do Direito, Jornalismo e Publicidade, que gradualmente vão se desvinculando nos jornais do século XX.

Mais recentemente, foram coletados e editados editoriais do jornal *A Província de São Paulo* (séc. XIX)/*O Estado de S. Paulo* (séc. XX) com o objetivo de verificar mudanças nos processos constitutivos do texto (Lopes-Damásio, Jubran et al., 2010), cartas do editor/editorial de uma revista feminina da segunda metade do século XIX (Medeiros, Araújo e Gonçalves Segundo, 2015a), anúncios de revistas paulistanas da primeira metade do século XX (Medeiros, Araújo e Gonçalves Segundo, 2015b) e anúncios de emprego em jornais paulistanos do século XIX (Oliveira, 2012).

CORPUS DIFERENCIAL DO PHPP

Neste conjunto inserem-se tipologias textuais diversas, tanto impressas quanto manuscritas, além de inquéritos orais; ora são exclusivas de uma região, ora começam a aparecer em determinada época.

Dentre os textos impressos estão os editoriais de jornais de bairros paulistanos, datados de 1973 a 1991, editados por Gonçalves Segundo (2011), e o folhetim *A Justiça dos Bohemios*, de Ponson du Terrail, cuja tradução para o português foi publicada sequencialmente em várias edições de um jornal paulistano de 1884 (Módolo e Silva, 2010). Duas peças teatrais de autores paulistas foram editadas para compor parte do *corpus* diferencial: *Sangue Limpo*, de Paulo Eiró (1863) e *As Noivas*, do santista Paulo Gonçalves (década de 1920/30), editadas ambas por Módolo e Santos (2010).

O material manuscrito compõe a maior parte do conjunto de textos do *corpus* diferencial: *diários de viagem, memórias históricas, descrições de municípios paulistas* e *documentos portugueses*. A edição desses textos está relacionada à pesquisa específica de alguns autores, como resultado de teses e dissertações, e à pesquisa de alguns subprojetos do PHPP em sua segunda fase, como é o caso dos documentos portugueses,[3] descritos na próxima seção. Os *diários de viagem* e as *memórias históricas* são examinados em conjunto, dadas as tradições discursivas que os entrelaçam, seguidos das *descrições dos municípios paulistas*. Por fim, apontamos os inquéritos orais, completando assim os materiais do *corpus* diferencial do PHPP.

Documentos portugueses

No conjunto de *corpus* diferencial do PHPP foram inseridos documentos portugueses por duas razões: (a) compunham objeto de edição e estudo de pesquisadores dos subprojetos do PHPP e (b) servem de base para os estudos do português médio.

No primeiro caso, temos as cartas escritas por Morgado de Mateus quando governador da capitania de São Paulo no século XVIII (Munhoz, 2009). No segundo caso, retomamos as palavras de Moraes de Castilho (2001: 58-9, grifos nossos) sobre a importância do português médio para a formação do PB nos primeiros séculos:

> A língua que se apresenta em *textos quatrocentistas* mostra uma quantidade enorme de variantes, o que caracteriza uma época em ebulição, *em que se documentam muitas tentativas de solução para uma mesma estrutura sintática* [...]. Essas muitas variantes talvez mostrem que estavam em curso alterações profundas na língua [...]. A língua dos textos quinhentistas já é diferente, [...] mais regrada, não havendo tantas variantes. A modalidade escrita do português quinhentista, como se sabe, passou por um processo de normatização.

Cardeira (2005, 2013) vem estudando esse período a partir de fenômenos fonológicos e morfológicos e constata o seguinte:

> [...] é neste período que se definem *seleções e mutações que irão conferir ao português uma determinada personalidade*: é a elaboração do português do século XV que permitirá a sua gramaticalização a partir do século seguinte. Assim, o português médio, mais do que um "período de transição", pode definir-se com um "período crítico", crucial na história da língua portuguesa. (Cardeira, 2005: 292; grifos nossos)

O ano de 1536, data da impressão da gramática de Fernão de Oliveira, é considerado simbólico pela autora como uma fronteira entre o português médio e o português clássico, dadas as alterações profunda na língua a caminho de certa estabilização. Esse período, segundo a autora, não foi ainda estudado sistematicamente (cf. Cardeira, 2013).

A partir das sugestões de Castro (2012), foi proposta uma nova linha de pesquisa de fenômenos sintáticos, tomando como ponto de partida o século XV por levar-se em conta que os primeiros navegadores que aqui chegaram adquiriram sua gramática antes de 1500 (Kewitz e Paixão de Sousa, 2011). Por isso, os documentos portugueses foram incluídos no *corpus* do PHPP, em sua segunda fase, para complementar o que já está disponível no *corpus* do projeto Thyco-Brahe e no *Corpus* Informatizado do Português Medieval (CIPM). Até 2016, contamos com dois documentos: um contrato datado de 1506 (do ANTT, Fachin e Monte, 2015) e uma crônica anônima do século XVI (Lombardo, 2015), códice 13282 da Biblioteca Nacional de Portugal, intitulada *Sumario de todas as cousas succedidas em Berberia desde o tempo que começou a reinar o Xarife Mulei Mahamet no anno de 1573 te o anno de sua morte 1578 no dia da batalha d'Alcaçer Quibir, em que se perdeo Dom Sebastiam Rey de Portugal.*

Diários de viagem, memórias históricas e descrições de municípios paulistas

A ideia de incorporar *diários de viagem*, *memórias históricas* e *descrições de municípios* aos *corpora* históricos do PHPB advém do entendimento de que é altamente relevante levar em conta textos cuja orientação principal seja a descrição e a narratividade. A análise contrastiva do gênero textual *memória histórica* e de seus subgêneros análogos (*dissertações, notícias práticas, diários de viagem, descrições* e *relações*) escritos por portugueses, brasileiros e espanhóis como relatos históricos da colonização da América permite entrever os movimentos que a norma culta dessas línguas (do PE e também do espanhol) operou sobre o PB ao longo dos séculos.

Simões (2007) defende a hipótese de que tradições discursivas ligadas ao universo discursivo da História (Schlieben-Lange, 1983) contribuíram para a circulação e *habitualização* (Koch, 2008) de rotinas textuais, modelos estruturais da arquitetura dos textos históricos que circulavam tanto em língua espanhola como em língua portuguesa e serviram como modelos dessas mesmas rotinas para a construção das *memórias históricas*.

Vários paulistas dedicaram-se à tarefa de relatar viagens, sobretudo encomendadas por algum superior em Portugal durante o período colonial. O paulista Francisco José de Lacerda e Almeida (1753-1798) teve a incumbência de demarcar as fronteiras entre o Brasil e a América espanhola. A viagem, que durou cerca de dez anos, passando por Pará, Mato Grosso e São Paulo, foi relatada em seu *Diário de Viagem*, de 1780 a 1790. Além dessa viagem, Lacerda e Almeida foi mandado também para a África numa expedição científica. Alguns desses diários foram publicados nos séculos XIX e XX, mas outros manuscritos carecem ainda de edição semidiplomática para os estudos linguísticos. Dentre elas, temos a edição do *Diario de viagem, que de Villa Bella deMatto-Grosso fis para a Cidade deSaõPaulo pelas ordinarias derrotas de terra, eRios que delle constar no anno de 1788*, a partir do manuscrito da Biblioteca Nacional de Lisboa (BNL PBA 642), editado por Simões, Manoel e Morais (2013a).

As *memórias históricas* diferem dos *diários de viagem* quanto à temática e à estruturação da narrativa. Nos *diários*, os fatos e a descrição de tudo o que foi feito, visto, falado, etc. pelo(s) viajante(s) são relatados passo a passo (dia a dia, muitas vezes). Nas *memórias históricas*, há, em geral, um tópico central e subtópicos vinculados. No caso das *memórias* paulistas editadas, listadas no Quadro 2 a seguir, o tema centra-se na história da capitania de São Vicente (depois chamada de São Paulo) desde os primeiros anos do século XVI até o momento da produção da memória, todas datadas da segunda metade do século XVIII. Além do critério temático, a seleção desses manuscritos se deu também em função da origem dos autores, todos nascidos em São Paulo, exceto Marcelino Pereira Cleto (português).

Quadro 2 – Relação de *memórias históricas* do *corpus* diferencial do PHPP

Título	Autor	Ano	Arquivo-Localização	Editor
Dissertaçaõ sobre as Capitanias de Santo Amaro e Saõ Vicente	Frei Gaspar da Madre de Deus	1780a	Arquivo Nacional da Torre do Tombo Códice 9, Avulsos, 3	Simões, Manoel; Morais (2013b)
Dissertaçaõ sobre as Capitanias de Santo Amaro e Saõ Vicente	Frei Gaspar da Madre de Deus	1780b	Biblioteca Nacional de Lisboa (BNL) Ref. COD 11107	Simões, Manoel; Morais (2013c)
Fundação da Capitania deS. Amaro no tempo do Governo de Pedro Lopes de Souza, contendas que houverão sobre os seus limites, ecomo passou para a Coroa	Marcelino Pereira Cleto	1788	Arquivo Nacional da Torre do Tombo ANTT PB, Cód 13	Simões, Manoel; Morais (2013d)
Dizertação a respeito da Capitania de São Paulo e sua decadência	Marcelino Pereira Cleto	178?	Biblioteca Nacional de Lisboa PBA 686 Cód 12	Simões, Manoel; Morais (2013e)
Memória Histórica da Capitania de São Paulo e todos os seus Memoráveis Sucessos desde o anno de 1531 thé o prezente de 1796	*Manuel Cardoso de Abreu*	1796	Arquivo Público do Estado de São Paulo Códice E11571	Costa (2007)

Conforme exposto no capítulo anterior, a constituição dos gêneros textuais é fruto de adaptações e inovações de outros gêneros. De acordo com Koch (1997), o *avviso* da tradição epistolar italiana dividiu-se em *notícia* e *romance epistolar*. Destes surgiram os *diários de navegação* ao final do século XV e a partir do XVI, dando conta aos monarcas dos novos descobrimentos. Na tradição portuguesa, das *cartas notícia* e dos *diários,* como é o caso da *Carta de Pero Vaz de Caminha* (1500) e do *Diário de Viagem de Pero Lopes* (1530), chegamos às *notícias práticas*, relatos escritos por bandeirantes e outros desbravadores, que registravam a progressão de suas viagens e seus feitos, numa mescla entre *carta* e *diário*. Paralelamente, à medida que se constituía uma nova identidade luso-brasileira, foi preciso registrar os fatos históricos que demarcavam eventos e feitos significativos da história do Brasil. Nesse momento surgem as *memórias históricas*, algumas ufanistas, como as de frei Gaspar da Madre de Deus (1780) e Manoel Cardoso de Abreu (1796), outras mais críticas, como a *Dissertação* de Marcelino Pereira Cleto (1788): Simões (2007).

A existência de cópias de um mesmo manuscrito levanta questões relacionadas à história da língua, às tradições discursivas, além dos aspectos ligados à Crítica Textual. Algumas dessas questões são:

1. Em que medida elementos discursivos da tradição epistolar permeiam as *memórias históricas*?
2. É possível identificar uma rota de influência interdiscursiva espanhol > português ou português > espanhol a partir da observação das pressões internas e externas da história social que operaram sobre as comunidades linguísticas nas quais estes textos circulavam?
3. É possível identificar pistas linguísticas dessa rota de influência interdiscursiva?
4. Quanto dessa influência interdiscursiva contribui para a mudança linguística do PE e do PB?
5. Em que lugar do *continuum* de oralidade/escrituralidade (Koch e Oesterreicher, 1990a) encontram-se essas *memórias históricas*, de forma que se possa fazer asserções acerca da constituição de uma norma culta vigente no século XVIII?
6. As diversas cópias de *memórias históricas* que versam sobre um mesmo conteúdo, por exemplo a história da capitania de São Paulo, podem conter registros de níveis de linguagem distintos, denunciando algumas pistas de norma cotidiana nas cópias-rascunho?

Na perspectiva contrastiva, a análise dos elementos constitutivos do gênero *memória histórica* e seus subgêneros, escritos em espanhol e português, pode ajudar a reconstituir traços de norma culta do português brasileiro em seu processo de elaboração, no sentido klossiano de *Abstandsprache* (língua de distanciamento), uma vez que serviram de base para posterior publicação impressa. Entre os traços linguísticos que podem ser ali evidenciados, destacam-se as seguintes características:

a. Embora as *memórias* e os *diários de viagem* tenham se tornado públicos através de sua impressão, até o final do século XIX tinham em vista um leitor a quem a obra era oferecida. Porém, é natural supor que eram fruto de uma produção mais controlada e passível de revisões. Além disso, o fato de ser um produto linguisticamente controlado aproxima o documento da norma culta padrão de cada sincronia a ser analisada.

b. As *memórias* e os *diários de viagem* escolhidos para o conjunto de textos do *corpus* diferencial do PHPP têm como fio condutor a história da capitania de São Paulo, como já afirmamos. A ideia de manter o foco sobre a história do território de São Paulo tem por objetivo a uniformidade na centração tópica para poder controlar melhor a análise de determinados fenômenos linguísticos presentes nesse tipo de texto (cf. Simões, 2007 e Kewitz, 2007), além da naturalidade dos autores.

Por serem textos narrativos e descritivos, bastante extensos, pode-se lançar a hipótese de que darão margem ao aparecimento de vários fenômenos linguísticos (cf. Jacob, 2001), ainda que se caracterizem no polo da escrituralidade conceptual, conforme apontado em (a). Comparando dados de expressões espaciais em diversos tipos de texto (diários, memórias históricas, cartas, inquéritos orais, cartas de leitor e anúncios de jornais etc.), Kewitz (2010, 2011) constatou que essas expressões são mais variadas e quantitativamente significativas nas memórias históricas e nos diários de viagem. Esses textos dão margem a descrições da localização e do movimento no espaço de forma mais detalhada, como a expressão concomitante do ponto de partida, do percurso e do ponto de chegada de um deslocamento, conforme o exemplo (9):

(9) [18,2 DV SP] Mas antes de passar adiante darei uma breve relação da origem e situação de Vila Bela, **de onde parti neste dia para a do Cuiabá pelo caminho de terra**, e dos rios que banham os seus territórios, das suas produções, etc. (Diário de Viagem de Francisco Lacerda e Almeida, versão impressa, Kewitz, 2011: 103)

Costa (2007) elenca alguns fenômenos gráficos, fonológicos e sintáticos na *memória histórica* de Manoel Cardoso de Abreu (1796), dos quais destacamos o uso dos pronomes relativos *cujo* e *o qual* (exemplos 10 e 11) e a concordância zero (exemplos 12 e 13):

(10) [18,2 M SP] [...] com os nomes dosSantos, **cujos** araõ os dias, [...] (Costa, 2007: 131, grifo da autora)

(11) [18,2 M SP] [...] fazer obem deSeu direito, ejustiça em razão dosditos | Reverendos Padres neste Colegio, **o qual** concerto, e renun= | ciaçaõ [...] (Costa, 2007: 131, grifo da autora)

(12) [18,2 M SP] [...] eabriraõ <u>os alicerse</u> daSua nova Caza (Costa, 2007: 131, grifo da autora)

(13) [18,2 M SP] [...] bastantes lavradores <u>nosfundo</u> della (Costa, 2007: 133, grifo da autora)

Pelos exemplos podemos afirmar que, embora sejam textos mais controlados e passíveis de revisão, há alguns dados que demonstram ou a(s) norma(s) vigente(s) ou "deslizes" do autor quando de sua produção. Na próxima subseção, apresentamos alguns fenômenos linguísticos que reforçam essa afirmação em textos da segunda metade do século XIX. Mesmo havendo relação com as *memórias históricas* e *diários de viagem* descritos aqui, decidimos tratar as *descrições* a seguir separadamente por serem documentos ainda em fase de edição e análise e serem mais amplos quanto à temática.

DESCRIÇÃO DE MUNICÍPIOS PAULISTAS

Na Biblioteca Nacional do Rio de Janeiro encontram-se descrições de municípios brasileiros datadas sobretudo do ano de 1881. Trata-se de uma encomenda feita às câmaras municipais brasileiras pelo então diretor Benjamim Franklin Ramiz Galvão, com o objetivo de reunir dados para a exposição *História do Brasil* em homenagem a D. Pedro II. Patriótico, Ramiz Galvão preocupava-se em construir o passado do Brasil: Caldeira (2010: 65). Segundo a mesma autora (2010: 77, grifo nosso),

> [...] aos governos provinciais, foi solicitado que mandassem informações sobre as circunstâncias topográficas e históricas de seus municípios. Embora muitas províncias tenham ignorado os apelos de Galvão por notícias, outras, no entanto, empenharam-se em responder às solicitações da Biblioteca Nacional. Foi o caso, por exemplo, da Câmara Municipal da cidade de Santa Cruz do Corumbá, no Mato Grosso, que chegou a nomear uma comissão para preparar um relatório em que constassem todas as características históricas e geográficas do município, como o seu *relevo, ilhas, madeira, frutas, animais, população, agricultura, indústria fabril, curiosidades naturais, além dos fatos históricos mais notáveis* [...].

Pelo o que se pode depreender desses manuscritos e das referências ao ofício enviado por Ramiz Galvão, a descrição deveria se basear num questionário contendo justamente o que Caldeira (2010) exemplifica para Corumbá. A exposição foi de fato realizada no dia do aniversário do imperador, em 2 de dezembro de 1881. No discurso de abertura, Galvão proferiu as seguintes palavras:

> Pela primeira vez na América e talvez no mundo, um grupo de trabalhadores realiza a exposição de tudo o que se concerne à história pátria, oferecendo a seus concidadãos em um só e amplo quadro copiosa fonte de ensino do que foi, e calorosa animação para o que há de vir. A Exposição de História do Brasil é, portanto, senhores, uma ressurreição do passado e uma previsão do futuro. (Discurso de Ramiz Galvão proferido da abertura da Exposição de História do Brasil. *Jornal do Commercio*, p. 1, 3 dez. 1881, apud Caldeira, 2010: 60)

De acordo com as informações obtidas no catálogo on-line da BNRJ, foram enviadas cerca de 140 descrições, acompanhadas de ofício de encaminhamento a Ramiz Galvão. Poucos estão digitalizados (somente alguns de Pernambuco), e a maioria conta com 5 a 10 páginas em média. Boa parte dos estados estão representados com a descrição de pelo menos um município, como Santa Catarina (Laguna) e Mato Grosso (Corumbá). Outros estados contêm maior número de descrições, a exemplo de Minas Gerais, com 19 municípios, assim como São Paulo, conforme se vê no quadro a seguir:

Quadro 3 – Municípios paulistas que enviaram suas descrições ao diretor da BNRJ em 1881 (cf. Catálogo de Manuscritos da BNRJ: www.bn.br)

Municípios	Nº de págs.
Cajuru, comarca de Batatais	4
São João do Capivari	5
Cruzeiro, comarca de Lorena	6
Rio Verde, comarca da Faxina	5
Cunha, comarca de Guaratinguetá	19
Ubatuba	18
Bananal	7
Itatiba, comarca de Jundiaí	12
Santa Branca, comarca de Jacareí	6
São Carlos do Pinhal, comarca de Rio Claro	10
São José dos Campos	11
Porto Feliz, comarca de Capivari	10
São Sebastião	9
Bragança	8
Xiririca	32
Santo Antônio de Apiaí, comarca de Xiririca	61
Caraguatatuba, comarca de São Sebastião	5
Santa Isabel, comarca de Jacareí	4
Santos	15
19 municípios	**247 págs.**

Dessa relação, começamos pela digitalização e edição semidiplomática das descrições dos municípios de Santo Antônio do Apiaí e de Xiririca (atual Eldorado), ambas no Vale do Ribeira, uma das regiões mais antigas do estado de São Paulo. Ambos escritos em 1881, são, de longe, os mais extensos e contêm informações ricas para diversas áreas do conhecimento, como Botânica, Biologia, Agronomia, História, Geografia, Geologia etc. No ofício de encaminhamento, a Câmara Municipal de Apiaí esclarece que a descrição "*é producto do trabalho de muitos redigin-*

do alguns artigos completos e muitos outros respondendo as perguntas que se lhes faziaõ" (Kewitz, Araújo e Berto, 2016a). Acrescentam que não seguiram à risca o questionário de Ramiz Galvão, porque entendiam que "*lemitando-nos no modelo enviado naõ se poderia formar uma completa idea deste Municipio*" (Kewitz, Araújo e Berto, 2016a), o que pode explicar o detalhamento na relação de plantas, animais, minerais etc. e sua descrição.

Nos itens que seguem, apresentamos alguns fenômenos linguísticos identificados na *Descrição do Município de Apiaí*, datada de 24 de maio de 1881:

(14) Uso da preposição complexa *debaixo de* introduzindo sintagmas nominais abstratos (cf. Kewitz et al., capítulo sobre as preposições, vol. 5 desta coleção):
[...] *o terreno que se acha acima da serra* [...] *geralmente conhecido* ***de baixo da*** *denominação _ Serra cima _* [...] (linhas 56-61)

(15) Concordância zero:

a. ***E' desconhecida*** *nesta villa, as febres imtermitentes, bixigas, dysenterias, e tetanos*. (linhas 196-198)

b. *as veses reunidas em* ***grande*** *porçoẽs,* (linhas 788-789)

c. *Bernes,* ***ataca*** *o gado* [...] (linha 856)

d. [...] *para o que cha_| mou a seus escravos que eraõ mais de | cem para o acompanharem, os vé | lhos escravos* ***foi preciso ficar****, indo | com elle os moços,* [...] (linhas 905-909)

e. *que os mi_ | neiros naõ sejem presos por dividas nem |* ***penhorado*** *seus bens*. (linhas 1226-28)

f. ***Acha****_se tambem res | tos de uma Capella e grande numero de | restos de telhas*. (linhas 1284-86)

g. ***Existe*** *nos Mattos do Municipio differentes | plantas muito proprias para Jardins,* [...] (linhas 1531-2).

h. *Rato pequeno,* ***emigraõ*** *em grande porçaõ, atravessando os rios, segundo a opiniaõ a emmigraçaõ* ***fazem*** *no tempo em que floresem as taquaras, e isto* ***fazem*** *de 30 em 30 annos* (linhas 635-639)

i. *Tangará* ***andam*** *em bandos* ***formaõ*** *uma dança* [...] (linhas 750-751)

(16) Concordância por reanálise:

a. *O rheumatismo* ***saõ motivados*** *das muitas chuvas* [...] (linhas 222-223)

b. *<u>Cobra Cabello</u>, chama_se assim a um animal envertebrado parecido com uma cobra* [...] ***acham_se*** *as veses* ***reunidas*** *em grande porçoẽs, corre a fama de que* ***saõ*** *venenosas e que se formaõ de cabellos humanos e pellos de animaes* (linhas 785-792)

(17) Uso categórico das formas *seje* e *esteje*:

a. *Na Capella da Ribeira ou* ***seje*** *no terreno ribeirino* [...] (linhas 229-230)

b. *Talves* ***seje*** *este | mesmo sujeito aquelle que reffere_se* [...] (linhas 1124-5)

c. *Um escripto em que ordena que os mi_ | neiros naõ* ***sejem*** *presos por dividas nem | penhorado seus bens.* (linhas 1226-28)

d. *Naõ deve ser este o elemento da prospe_ | ridade do Apiahÿ pois embora* ***esteje*** *| provado que este ouro acha_se muito | abundante, temos outras riquesas que | o rodeiam.* (linhas 1953-57)

(18) Expressão do OD:

a. *Defficil enpresa é escrever a historia par_ | ticular do Apiahÿ pela grande defficul_| dade de reunir os dados precisos e co_ | ordenar* ***elles*** *de uma forma regular.* (linhas 873-876)

b. [...] *e ten_| do perto de si uma espingarda de dois | canos pegou_****a*** *e disparou matando |* ***a*** *<u>um dos ameaçadores</u>.* (linhas 889-902)

(19) Uso do pronome *lhe*:

a. *Infelismente encontrou_se com | uma onça que matou_****lhe*** *o seu cachor_ | ro de nome _Trovaõ_ que muito apre_ | ciava.* (linhas 936-939)

b. [...] *achou a onça que | comia o seu Cachorro, matou a e | tirou_****lhe*** *o couro,* [...] (linhas 945-947).

(20) Falsos começos (sentenças sem verbo):

Naõ cons_ | ta que fossem agredidos por bugres, | pois existiam poucos e <u>estes errantes</u> ***Ø*** *| como attesta a falta de utencilios acha_ | dos nestes logares. Taõ somente o Senhor* [...] (linhas 971-5)

(21) Uso do gerúndio para introduzir novo tópico:

Agora ***passando*** *da tradicçaõ aos escrip_| tos achamos um de 1788 assignado por* [...] (linhas 981-2).

(22) Estruturas relativas: abundante uso do pronome *cujo*, mas há também casos de relativa não padrão:

Destrebuia | receitas ***que*** *cobrava 2000* ***por cada uma*** [...] (linhas 1507-8).

Pelos fenômenos exemplificados anteriormente é possível observar que, de um lado, há pistas de menor grau de planejamento do texto, até mesmo talvez pela pressa em mandar a descrição ao diretor da BN, Ramiz Galvão, em tempo para a exposição da História do Brasil. Essas mesmas pistas podem indicar a presença da norma cotidiana já vigente em textos escritos nessa época. De outro lado, vê-se a grande quantidade de termos científicos de plantas e animais, demonstrando que o escriba se inseria na elite local, mais culta. Na descrição de Apiaí há, inclusive, a lista de obras de referência de História Natural em latim, francês e espanhol, nas quais os autores se basearam para realizar o levantamento e descrição das espécies.

Esses dados são comprovados também pelos cargos que ocupavam nos municípios: o autor da descrição de Xiririca, José Martins Ribeiro, era 1º juiz de paz e promotor de Capellas; os autores que assinam o ofício de Apiaí ocupavam o cargo de juiz municipal, vereador, subdelegado, além de acumularem outros cargos no comércio local (confeiteiro, negociante de secos e molhados, sapateiro etc.) (cf. Seckler, 1888: 297-300).

Inquéritos orais

Os primeiros projetos de coleta, edição e análise de inquéritos orais já estão bem documentados, a exemplo dos trabalhos do Projeto Nurc e do Projeto da Gramática do Português Falado: Castilho (1990), entre outros. A importância da oralidade para os estudos linguísticos não caberá aqui examinar, mas vale lembrar duas abordagens decorrentes dos estudos da língua falada (culta) no Brasil, nomeadamente a abordagem multissistêmica (Castilho, 2006a, b; 2007a, b, c, 2010) e a perspectiva textual-interativa (Jubran, 2006, 2015).

Outros tantos projetos se formaram, particularizando ora uma determinada região brasileira, ora certas classes sociais e/ou níveis de escolaridade, entre outros.

No âmbito do PHPP, foram levantados inquéritos orais de falantes analfabetos ou com pouca escolaridade, residentes em comunidades da Grande São Paulo, reunidos em Rodrigues (2013). Várias pesquisas são decorrentes especificamente desse material, a exemplo dos trabalhos de Kobashi (2004, 2011, 2013), Pereira (2007), Rodrigues (2004), Pereira e Rodrigues (2011), entre outros. Simões (2007) e Kewitz (2007) completaram o *corpus* de suas respectivas pesquisas com esse material.

No final dos anos 1990, Megale (2000) empreendeu um projeto de coleta de gravações em regiões ocupadas ou trilhadas pelos bandeirantes, denominado Projeto Filologia Bandeirante (Filoband). Como parte do levantamento de *corpus*, realizaram cerca de 16 entrevistas com falantes com mais de 60 anos de idade, analfabetos ou com pouca escolaridade, nascidos nas regiões rurais de São Paulo, Minas Gerais, Goiás e Mato Grosso. Os inquéritos referentes aos falantes paulistas foram incorporados ao *corpus* do PHPP recentemente, complementando assim o material referente à chamada norma popular.

Nos dois casos, as transcrições foram feitas de acordo com as normas propostas por Rodrigues e Ferreira Netto (2000), com acomodações fonéticas utilizando a ortografia convencional, permitindo entrever fenômenos fonológicos, além dos sintáticos, lexicais, semânticos e discursivos. Para ilustrar, reproduzimos a seguir o trecho de uma entrevista editada em Rodrigues (2013: 42):

(23) [20,2 IO SP]
Doc *mesmu cum a criançada?*
Inf *mesmu ca criançada miorô mais um pocu pra mim... né?... du que essis lugá tudu du lugá qui eu nasci até u paral u paraná qui eu... fil morei essi tempu né? eu achu qui aqui pra mim... eul pra* MIM *eu achu né? agora prus otrus eu num achu né?... agora pra minha pessoa eu achu qui pra mim mi controlei mais um poquinhu né?* [Informante B – Inq. Nº 8b]

Da primeira metade do século XX há ainda poucas gravações, ora pela sua raridade, ora por depender da coleta em acervos específicos (como o Museu da Imagem e do Som de São Paulo, entre outros), tarefa essa ainda não empreendida. Temos, até o momento, uma gravação com a entrevista de Monteiro Lobato, realizada na Rádio Record em 1948. A gravação está disponível na internet e foi transcrita por Kewitz (2013). Nessa gravação especificamente, é possível observar o recorrente uso de parentetização pelo autor, o que pode ser explicado, talvez, pelo fato de ter sido preso duas vezes antes da entrevista e, assim, recear tocar em assuntos delicados para a época, como o petróleo, a política da ditadura do governo Gaspar Dutra etc.

CONSIDERAÇÕES FINAIS

Neste capítulo, apresentamos um panorama de textos que compõem os três *corpora* do português paulista – *mínimo manuscrito, mínimo impresso* e *diferencial* – quanto à diversidade de gêneros textuais: suas tradições discursivas e suas potencialidades para os estudos linguísticos. Esse olhar sobre a constituição de um *corpus* representa bem o que disse Rodolfo Ilari, a propósito das atividades do Projeto de Gramática do Português Falado (c.p.): *estamos construindo o barco e navegando ao mesmo tempo*.

A caracterização das potencialidades dos documentos, especificamente, envolveu tanto o exame das macroestruturas dos textos, quanto dos fenômenos que podem ser ou já foram analisados mais detalhadamente, como a concordância, uso de pronomes pessoais e de tratamento, estratégias de junção, expressão do objeto direto e do sujeito, além do objeto de estudo da Fonologia, Morfologia, Discurso, Semântica etc.

Embora bastante diversificado, o que apresentamos a partir dos documentos constantes na página do PHPP na internet (www.phpp.fflch.usp.br/corpus) corresponde ao que Mattos e Silva (2006: 33-4, grifos nossos) bem coloca sobre o labor da Linguística Histórica:

> A documentação escrita em português arcaico só pode ser avaliada na sua totalidade aproximada por hipóteses que se coloquem a partir do que permaneceu e de informações indiretas que o historiador pesquise.
>
> Assim o conhecimento de qualquer estágio passado de qualquer língua – se ela é documentada por algum tipo de escrita ou inscrição – *é sempre fragmentado*, porque *fragmentário é o espólio* de que dispõe o pesquisador. O investigador [...] terá de condicionar a seleção de seus dados à documentação remanescente. [...] Daí Labov ter definido muito adequadamente os estudos diacrônicos ao longo dos séculos [...] como "*a arte de fazer o melhor uso de maus dados*". Maus dados porque "os fragmentos da documentação escrita que permanecem são o resultado de acidentes históricos para além do controle do investigador".

O que mostramos neste capítulo, no entanto, demonstra que é possível fazer um bom uso dos bons dados.

ANEXO[4]

CORPUS HISTÓRICO DO PORTUGUÊS PAULISTA								
SÃO PAULO	séc. XVII 1601-1650	séc. XVII 1651-1700	séc. XVIII 1701-1750	séc. XVIII 1751-1800	séc. XIX 1801-1850	séc. XIX 1851-1900	séc. XX 1901-1950	séc. XX 1951-2000
CORPUS COMUM MÍNIMO – MANUSCRITOS								
1. Inventários e Testamentos	**Castilho da Costa (2013)** *Testamentos Paulistas* **Simões (2016, ed.)** *Inventário de Pedro Leme* (1600) **Simões (2016a, ed.)** *Testamento de Antônia de Chaves* (1610) **Simões (2016b, ed.)** *Testamento de Gaspar Fernandes* (1600)	**Castilho da Costa (2013)** *Testamentos Paulistas* **Oliveira (2014)** *Minha alma no caminho da salvação: testamentos do Arquivo Histórico Municipal Felix Guisard Filho - Taubaté/SP* (1651-1700) **Simões (2016c, ed.)** *Testamento de Diogo Lopes do Amaral* Santana do Parnaíba (1653)	**Lopes, Oliveira, Simões (2016)** *Testamento de Henrique da Cunha Gago* Itu (1703)	**Oliveira, Lopes, Simões (2016)** *Testamento de Isabel Cardoso* Santana de Parnaíba (1757) **Simões (2016d, ed.)** *Testamento de José Vieira Nunes* Sorocaba (1789)	**Simões (2016e, ed.)** *Testamento de Antônio Cordeiro da Silva* São Luis do Paraitinga (1816)	**Simões (2016f, ed.)** *Testamento de Maria do Carmo e Menezes* Santana de Parnaíba (1857)		

2. Processos-Crime				**Módolo, Fernandes (2010)** *Processos-crime do Arquivo do Tribunal de Justiça do Estado de São Paulo* séc. XVIII	**Módolo, Fernandes (2010)** *Processos-crime do Arquivo do Tribunal de Justiça do Estado de São Paulo* séc. XIX	**Módolo, Fernandes (2010)** *Processos-crime do Arquivo do Tribunal de Justiça do Estado de São Paulo* séc. XIX **Dias, Kewitz (2016)** *Processo crime de feitiçaria e homicídio – Campinas* (1871)	**Módolo, Fernandes (2010)** *Processos-crime do Arquivo do Tribunal de Justiça do Estado de São Paulo* séc. XX	

SÃO PAULO	séc. XVII 1601-1650	séc. XVII 1651-1700	séc. XVIII 1701-1750	séc. XVIII 1751-1800	séc. XIX 1801-1850	séc. XIX 1851-1900	séc. XX 1901-1950	séc. XX 1951-2000
CORPUS COMUM MÍNIMO – MANUSCRITOS								
3. Atas de Câmara	**Ferreira, Morais, Kewitz (2015 [2008])** *Atas da vereança de Mogi das Cruzes do século XVI* (1612 a 1650)	**Morais, Kewitz (2014/2016)** *Atas da Câmara de Jundiaí* (1663 e 1669)						
4. Cartas Particulares				**Módolo, Souza (2010)** *Cartas de Alexandre de Gusmão, Arquivo da Cúria Metropolitana de São Paulo* (séc. XVIII) **Simões (Org. 2015b)** *Carta de Francisco Antonio de Santana Galvão* – de Frei Francisco Antonio de Santa Anna Galvão (1797) **Simões (Org. 2015d)** *Carta familiar de Francisco Antonio de Santana Galvão. Dá notícias de diversas pessoas de Cuyabá,* *Paraty* (1797)	**Módolo, Romero, Simões (2006)** *Cartas Paulistas da BNRJ: Correspondência Passiva de José Bonifácio de Andrada e Silva* (1801-1822) **Módolo, Marques (2010)** *Correspondências particulares do Fundo Rafael Tobias de Aguiar - Museu Paulista*	**Kewitz, Simões (2006)** Correspondência Passiva de Washington Luís (1897-1900)	**Kewitz (Org. 2016)** *Cartas familiares:* em torno de Washington Luís. *Cartas pessoais* (1ª met. séc. XX)	**Kewitz (2016)** *Cartas pessoais entre primas paulistas* (2ª met. séc. XX) **Kewitz, Berto (2016)** *De fã para fã: edição de cartas pessoais* (2ª met. séc. XX)

SÃO PAULO	séc. XVII 1601-1650	séc. XVII 1651-1700	séc. XVIII 1701-1750	séc. XVIII 1751-1800	séc. XIX 1801-1850	séc. XIX 1851-1900	séc. XX 1901-1950	séc. XX 1951-2000
CORPUS COMUM MÍNIMO – MANUSCRITOS								
5. Cartas da Administração Privada			**Simões, Kewitz (2006)** *Aldeamento de Índios* (1701-1750)	**Simões, Kewitz (2006)** *Aldeamento de Índios* (1751-1800) **Monte (2013)** *Correspondências paulistas de circulação pública* (1765-1775) **Simões (Org. 2015e)** *Carta de Frei Gaspar da Madre de Deus a Bernardo José de Lorena, sobre a administração da capitania de S. Paulo, estado do porto de Santos* – de Frei Gaspar da Madre de Deus (1792)	**Simões, Kewitz (2006)** *Aldeamento de Índios* (1801-1810) **Mota (2007)** *Edição de documentos oitocentistas e estudo da variedade linguística em Santana de Parnaíba* (séc. XIX) **Silva Pires (2008)** *Formação e expansão da cultura e do dialeto caipira na região de Piracicaba* (séc. XIX) **Oliveira, Lopes, Simões (2015)** *Cartas Andradinas* (1820-1828)	**Mota (2007)** *Edição de documentos oitocentistas e estudo da variedade linguísticas em Santana de Parnaíba.* (séc. XIX) **Silva Pires (2008)** *Formação e expansão da cultura e do dialeto caipira na região de Piracicaba* (séc. XIX)	**Abuquerque, Ferreira, Kewitz (2015)** *Correspondência de Fernando Prestes de Albuquerque e Julio Prestes a Washington Luís* (1ª metade do séc. XX) **Araujo, Kewitz (2015)** *Cartas de um comerciante do Vale do Ribeira* (1940-1950)	**Araujo, Kewitz (2015)** *Cartas de um comerciante do Vale do Ribeira* (1951-1978)

SÃO PAULO	séc. XVII 1601-1650	séc. XVII 1651-1700	séc. XVIII 1701-1750	séc. XVIII 1751-1800	séc. XIX 1801-1850	séc. XIX 1851-1900	séc. XX 1901-1950	séc. XX 1951-2000
				***CORPUS* COMUM MÍNIMO – MANUSCRITOS**				
6. Cartas Oficiais			**Simões (2007)** *Cartas oficiais* (séc. XVIII)	**Simões (2007)** *Cartas oficiais* (séc. XVIII) **Garcia (2009)** *Para o estudo da formação e expansão do dialeto caipira na região de Capivari* (séc. XVIII) **Simões (Org. 2015c)** *Carta do juiz de fora de Santos, Representaçaõ daCamara daVila deSantos a SuaMagestade* - de Marcelino Pereira Cleto (1783) **Araujo, Kewitz, Berto (2016)** *Cartas oficiais e de administração privada do Vale do Ribeira*	**Simões (2007)** *Cartas oficiais* (séc. XIX) **Garcia (2009)** *Para o estudo da formação e expansão do dialeto caipira na região de Capivari* (séc. XVIII) **Mota (2007)** Edição de documentos oitocentistas *e estudo da variedade linguística em Santana de Parnaíba.* (séc. XIX) **Almeida (2007)** Edição de documentos *do século* XIX *para o estudo da variedade linguística em* Porto- Feliz (séc. XIX) **Silva Pires (2008)** Formação e expansão da cultura e do *dialeto caipira na região de* Piracicaba (séc. XIX)	**Simões (2007)** *Cartas oficiais* (séc. XIX) **Garcia (2009)** *Para o estudo da formação e expansão do dialeto caipira na região de Capivari* (séc. XVIII) **Mota (2007)** Edição de documentos oitocentistas *e estudo da variedade linguística em Santana de Parnaíba.* (séc. XIX) **Almeida (2007)** Edição de documentos do século XIX *para o estudo da variedade linguística* em Porto-Feliz (séc. XIX) **Silva Pires (2008)** Formação *e expansão da cultura e do dialeto caipira na região de* Piracicaba (séc. XIX)		

SÃO PAULO	séc. XVII 1601-1650	séc. XVII 1651-1700	séc. XVIII 1701-1750	séc. XVIII 1751-1800	séc. XIX 1801-1850	séc. XIX 1851-1900	séc. XX 1901-1950	séc. XX 1951-2000
CORPUS COMUM MÍNIMO – IMPRESSOS								
7. Cartas de Redatores/ Editoriais	**n.a.**	**n.a.**	**n.a.**	**n.a.**	**Castilho et. al. (2004, Org.)** *Cartas em jornais oitocentistas de São Paulo* **Rodrigues (2008)** *Cartas de editores em jornais paulistas do século* XIX *ao início do século* XX	**Castilho et. al. (2004, Org.)** *Cartas em jornais oitocentistas de São Paulo* **Rodrigues (2008)** *Cartas de editores em jornais paulistas do século* XIX *ao início do século* XX **Castilho da Costa (2010, Ed.)** *Corpus de jornais paulistas dos séculos* XIX *e* XX **Lopes-Damásio, Jubran et al. (2013, Org.)** *A Província O Estado de São Paulo* **Medeiros, Araujo, Gonçalves-Segundo (2015)** Edição de Cartas do editor/Editoriais da Revista *Album de Meninas* séc. 19,2	**Rodrigues (2008)** *Cartas de editores em jornais paulistas do século* XIX *ao início do século* XX	

SÃO PAULO	séc. XVII 1601-1650	séc. XVII 1651-1700	séc. XVIII 1701-1750	séc. XVIII 1751-1800	séc. XIX 1801-1850	séc. XIX 1851-1900	séc. XX 1901-1950	séc. XX 1951-2000
CORPUS COMUM MÍNIMO – IMPRESSOS								
8. Cartas de Leitores	**n.a.**	**n.a.**	**n.a.**	**n.a.**	**Castilho et. al. (2004, Org.)** *Cartas em jornais oitocentistas de São Paulo* **Castilho da Costa (2010, Ed.)** Corpus *de jornais paulistas dos séculos XIX e XX* **Medeiros, Araujo, Gonçalves-Segundo (2015)** *Edição de cartas do leitor dos Jornais Aurora Paulistana e O Publicador Paulistano séc. 19,1*	**Castilho et. al. (2004, Org.)** *Cartas em jornais oitocentistas de São Paulo* **Castilho da Costa (2010, Ed.)** Corpus *de jornais paulistas dos séculos XIX e XX* **Medeiros, Araujo, Gonçalves-Segundo (2015)** *Edição de cartas do leitor dos Jornais Aurora Paulistana e O Publicador Paulistano séc. 19,2*	**Castilho da Costa (2010, Ed.)** Corpus *de jornais paulistas dos séculos XIX e XX*	
9. Anúncios	**n.a.**	**n.a.**	**n.a.**	**n.a.**	**Guedes, Berlinck (2000, Orgs.)** *E os Preços eram Commodos - Anúncios de Jornais Brasileiros do séc. XIX*	**Guedes, Berlinck (2000, Orgs.)** *E os Preços eram Commodos - Anúncios de Jornais Brasileiros do séc. XIX* **Castilho da Costa (2010, Ed.)** Corpus *de jornais paulistas dos séculos XIX e XX* **Oliveira (2012)** Anúncios de Emprego (1854 a 1900) em jornais paulistanos do séc. XIX	**Castilho da Costa (2010, Ed.)** Corpus *de jornais paulistas dos séculos XIX e XX* **Medeiros, Araujo, Gonçalves-Segundo** (2015) *Edição de anúncios de Revista Feminina, A Cigarra e Vida Paulistana séc. XX*	

SÃO PAULO	séc. XVII 1601-1650	séc. XVII 1651-1700	séc. XVIII 1701-1750	séc. XVIII 1751-1800	séc. XIX 1801-1850	séc. XIX 1851-1900	séc. XX 1901-1950	séc. XX 1951-2000
CORPUS COMUM MÍNIMO – IMPRESSOS								
10. Notícias	**n.a.**	**n.a.**	**n.a.**	**n.a.**		**Castilho da Costa (2010, Ed.)** *Corpus de jornais paulistas dos séculos XIX e XX*	**Castilho da Costa (2010, Ed.)** *Corpus de jornais paulistas dos séculos XIX e XX* **Torres Morais (2012)** Edição do jornal de Campinas *O Getulino* (1923-1926)	

SÃO PAULO	séc. XVII 1601-1650	séc. XVII 1651-1700	séc. XVIII 1701-1750	séc. XVIII 1751-1800	séc. XIX 1801-1850	séc. XIX 1851-1900	séc. XX 1901-1950	séc. XX 1951-2000
CORPUS DIFERENCIAL								
11. Memórias/ Relatos Históricos e Diários de Viagem	**n.a.**	**n.a.**	**n.a.**	**Simões, Manoel, Morais (2013)** *Edição de Memórias Históricas e Diários de Viagem:* Fr. Gaspar da Madre de Deus (1780a); Fr. Gaspar da Madre de Deus (1780b); Francisco José de Lacerda e Almeida (1788); Marcelino Pereira Cleto (178?) e Marcelino Pereira Cleto (1781) **Costa, Renata Ferreira (2007)** *Edição semi-diplomática de Memória Histórica da Capitania de São Paulo e todos os seus Memoráveis Sucessos desde o anno de 1531 thé o prezente de 1796, de Manuel Cardoso de Abreu* (1796?) **Borges (2011)** *Diário da Navegação de Teotônio José Juzarte* (1769)	**Simões (2007)** *Memoria economica e metallurgica sobre a fabrica de ferro de Ipanema Sorocaba de José Bonifácio de Andrada e Silva* (1820)	**Araújo, Berto, Kewitz (2016a)** *Discripção do Municipio de Santo Antonio de Apiahy* (1881) **Araújo, Berto, Kewitz (2016b)** *Discripção do Municipio de Xiririca* (1881)	**n.a.**	**n.a.**

SÃO PAULO	séc. XVII 1601-1650	séc. XVII 1651-1700	séc. XVIII 1701-1750	séc. XVIII 1751-1800	séc. XIX 1801-1850	séc. XIX 1851-1900	séc. XX 1901-1950	séc. XX 1951-2000
CORPUS DIFERENCIAL								
11. Memórias / Relatos Históricos e Diários de Viagem (cont.)	**n.a.**	**n.a.**	**n.a.**	**Simões (Org. 2015f)** *Notícia prática: em que dá notícia de se haver descoberto caminho da nova colonia para a capitania de* S. Paulo - de Manoel Luiz Ferraz (1737) **Simões (Org. 2015g)** *Edital de Villa Bella desoprimeiro descobrimento deste Certaõ doMatto Grosso,*– de Francisco Caetano Borges (1754) **Simões *et al.* (2016)** *História das Minas do Brasil, 1597-1772* de Pedro Taques de Almeida Paes Leme (1779 [1874]) **Simões, Puglieri, Nishimaru Neves (2016)** *Diário da viagem: de Vila Bela de Mato Grosso e Cuiabá, até a cidade de São Paulo* de Francisco José de Lacerda e Almeida (1789)	**cont.**	**cont.**	**n.a.**	**n.a.**

SÃO PAULO	séc. XVII 1601-1650	séc. XVII 1651-1700	séc. XVIII 1701-1750	séc. XVIII 1751-1800	séc. XIX 1801-1850	séc. XIX 1851-1900	séc. XX 1901-1950	séc. XX 1951-2000
CORPUS DIFERENCIAL								
12. Entremezes e Outros Textos Teatrais	n.a.	n.a.	n.a.	n.a.	n.a.	**Módolo, Santos (2010)** *Sangue Limpo* de Paulo Eiró (1863)	**Módolo, Santos (2010)** *As Noivas* de Paulo Gonçalves (1897-1927 [1929?]	n.a.
13. Inquéritos Orais	n.a.	n.a.	n.a.	n.a.	n.a.	n.a.	**Kewitz (2013)** *Entrevista* de Monteiro *Lobato* (1948)	**Preti, Castilho et al. (199?)** *Projeto Nurc São Paulo D2-SP DID-SP EF-SP* **Megale (1998, Org.)** *Filologia Bandeirante* **Rodrigues (2013)** *Português Popular Brasileiro em São Paulo*
14. Editoriais	n.a.	n.a.	n.a.	n.a.	n.a.	n.a.	**Módolo, Marques (2010)** *Jornais paulistas do século XX*	**Gonçalves Segundo (2010)** *Editoriais da imprensa paulistana de bairro séc. XX e XXI*
15. Folhetim	n.a.	n.a.	n.a.	n.a.	n.a.	**Módolo, Silva (2010)** *A Justiça dos Bohemios* de Ponson *du Terrail* (1884)	n.a.	n.a.
16. Cartas de Data	n.a.	**Morais, Kewitz (2016)** *Cartas de Datas* de *Jundiaí* (1657)	n.a.	n.a.	n.a.	n.a.	n.a.	n.a.

Documentos Portugueses						
	séc. XVI **1501-1550**	**séc.** XVI **1551-1600**	**séc.** XVII **1601-1650**	**séc.** XVII **1651-1700**	XVIII **1701-1750**	**séc.** XVIII **1751-1800**
CORPUS COMUM MÍNIMO DIFERENCIAL – MANUSCRITOS						
6. Cartas Oficiais	**n.a.**	**n.a.**	**n.a.**	**n.a.**	**n.a.**	**Munhoz (2009)** *Correspondência oficial para o Morgado de Mateus – edição do livro 170 do AESP* (1767-1775)
11. Memórias / Relatos Históricos e Diários de Viagem	**n.a.**	**Lombardo (2015)** *Do 'Grande Incendio que com tam raro movimento a berberia perturbou': crônica portuguesa anônima* (séc. XVI)	**n.a.**	**n.a.**	**n.a.**	**n.a.**
16. Contrato	**Fachin, Monte (2015)** *Contrato entre o cabido e o abade de Ronfe sobre o casal da vila Juste da dita freguesia.* (1506)	**n.a.**	**n.a.**	**n.a.**	**n.a.**	**n.a.**

Diacronia Diferencial	
	séc. XXI
14. **Inquéritos Orais**	**Lima-Hernandes et al. (2012)** *A língua portuguesa falada em São Paulo: amostra da variedade culta do século XXI* Inquéritos Orais **Garcia (2015)** *Inquéritos orais do dialeto caipira do Médio Tietê (Santana de Parnaíba, Pirapora do Bom Jesus, Tietê, Itu, Piracicaba, Capivari e Porto Feliz) e inquéritos orais do Norte de Portugal (Braga, Bragança e Vila Real) séc. XXI.* Inquéritos Orais **Frugiuele (2015)** *Estudo do vocabulário do samba rural paulista: entrevistas livres e semidirigidas e produções lítero-musicais.* Inquéritos Orais

NOTAS

1 O projeto temático História do Português Paulista (Fapesp, Processo Nº 11/51787-5) envolve diversos pesquisadores empenhados na edição de documentos impressos, manuscritos e orais, distribuídos em dez subprojetos. Alguns documentos dos três conjuntos descritos neste capítulo foram incorporados ao *corpus* do PHPP, como resultado de teses e dissertações; outros materiais foram selecionados e editados pela equipe que compõe o subprojeto Formação de *Corpora* do Português Paulista, sob coordenação de José da Silva Simões (USP), do qual participam também Verena Kewitz (USP) e Alessandra Castilho da Costa (UFRN) como pesquisadoras e orientadoras de pesquisa de iniciação científica, mestrado e doutorado.

2 Embora Washington Luís tenha nascido em Macaé (RJ), fez toda sua carreira em São Paulo (vários cargos) e casou-se com Sophia de Oliveira Barros, de família tradicional paulista.

3 Especificamente os subprojetos *Vésperas brasilianas: uma agenda para os estudos sintáticos do português nos primeiros séculos* (coord. de Verena Kewitz, USP) e *Fontes para a história da língua portuguesa: edição de manuscritos dos períodos médio e clássico* (coord. Sílvio de A. Toledo Neto, USP).

4 O anexo reproduz a constituição do ***corpus* histórico do português paulista** ao final do ano de 2016. No quadro, as células marcadas com *n.a.* [*não se aplica*] indicam i) para o ***corpus* mínimo de manuscritos e impressos**: a inexistência de materiais produzidos em São Paulo para estes períodos, como é o caso da ausência de a) textos jornalísticos impressos no Brasil até a 2ª metade do séc. XVIII (*cartas de redatores/editores*, *cartas de leitores*, *anúncios*, *folhetins*), b) *editoriais* até a 2ª metade do séc. XIX, c) *textos teatrais/entremezes* exclusivamente paulistas até a 2ª metade do séc. XVIII e d) *inquéritos orais* anteriores à 1ª metade do séc. XX, e ii) para o ***corpus* diferencial**: a opção de não se coletar documentos para esta célula. As células preenchidas para as tipologias deste grupo representam materiais diferenciais cedidos por membros do PHPP em função de sua pesquisa específica, ou ainda se referem a materiais específicos de São Paulo face aos *corpora* do PHPB, como é o caso das *memórias históricas* e *diários de viagem*.

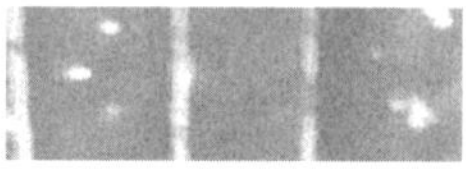

REFLEXÕES SOBRE A CONSTITUIÇÃO E ANÁLISE DE *CORPORA* LINGUÍSTICOS HISTÓRICOS E SOBRE A IDENTIFICAÇÃO DE PERFIS SOCIAIS DE REDATORES DO PASSADO

Tânia Lobo
Zenaide Novais Carneiro

Para Klebson Oliveira,
amigo e inspiração

SUMÁRIO

APRESENTAÇÃO

A renovação do interesse pela Linguística Histórico-Diacrônica, que se verificou de forma crescente, no Brasil, a partir da segunda metade da década de 1980, se deu sob o influxo de dois modelos teóricos então hegemônicos: a Teoria da Variação e Mudança e a Teoria Gerativa, especificamente, na sua versão de Princípios e Parâmetros.

Em meados da década de 1990, já sob o impacto de uma agenda de pesquisa definida pela chamada Sociolinguística Paramétrica,[1] que refletiu, no país, segundo Roberts (1993: 410), "*uma ênfase cada vez maior na relevância de análises quantitativas aos estudos enquadrados nos termos de Princípios e Parâmetros*", uma nova geração de investigadores que se formava no âmbito do recém-criado projeto Para a História do Português Brasileiro (PHPB) enfrentou o desafio de adentrar arquivos, com o objetivo de constituir *corpora* linguísticos históricos, *corpora* esses cujos textos deveriam não só passar pelo crivo filológico, sendo editados em moldes semidiplomáticos, mas também atentar para questões mais gerais, relativas, dentre outros aspectos, ao contexto multilíngue em que se constituiu o português brasileiro.

Grosso modo, foi esta a "cena científica" que guiou o olhar dos pesquisadores nas origens do PHPB, quando, então, se definiram coletivamente três campos ou frentes inter-relacionadas de investigação: a) um *campo histórico-filológico*, visando à constituição dos referidos *corpora*, a serem integrados por documentos de natureza vária, escritos no Brasil, a partir do século XVI; b) um *campo gramatical*, visando ao estudo de mudanças linguísticas depreendidas nas análises dos *corpora* constituídos e c) um *campo de história social linguística*, visando à reconstrução mais ampla da história social linguística do Brasil e, de modo particular, do português brasileiro, com foco em dois tópicos principais, a saber, a história das sucessivas distribuições das populações e das suas línguas e a história da distribuição social da leitura e da escrita.

É a partir da experiência direta em arquivo dos autores de três teses de doutorado – Tânia Lobo (2001a), Zenaide Carneiro (2005) e Klebson Oliveira (2006) –, cujas pesquisas buscaram inter-relacionar os três campos anteriormente referidos, que este texto fará um relato breve e parcial da contribuição da equipe baiana do PHPB para o início específico do desenvolvimento do *campo (a)*, quando, então, os possíveis aportes teórico-metodológicos da Teoria da Variação e Mudança e da Teoria Gerativa, no que tange à constituição de *corpora* linguísticos históricos, estavam em discussão, o que conduziu a desafios, mas, certamente também, a possíveis equívocos.

A PESQUISA EM ARQUIVOS SOB A ÉGIDE DA TEORIA DA VARIAÇÃO E MUDANÇA

Um dos pontos de partida, o da Teoria da Variação e Mudança, que define como "*objeto de descrição linguística [...] a gramática da comunidade de fala: o sistema de comunicação usado na interação social*" (Labov, 1982: 18), e sob cuja égide estavam os pesquisadores, apontava para as dificuldades de análises linguísticas em tempo real, tendo em vista o fato de estarem estas incontornavelmente subordinadas aos textos escritos que remanesceram do passado da língua. Apesar de a Teoria da Variação e Mudança ter desenvolvido uma metodologia bem assentada para análises linguísticas a partir de amostras de fala, tal metodologia, por razões óbvias, não seria transponível à constituição de amostras de língua do passado. A este respeito, são bem conhecidos os problemas apontados por Labov para a interpretação de dados históricos, condensados na sua afirmação exaustivamente citada, segundo a qual a Linguística Histórica seria "*a arte de fazer o melhor uso de maus dados*":

> A força principal da Linguística Histórica reside em sua habilidade de identificar muitas mudanças linguísticas ao longo de um período de tempo. Esta ampla perspectiva temporal serve para isolar os linguistas históricos das incertezas acadêmicas do presente. Tendo à vista de dez a vinte séculos de desenvolvimento linguístico, eles podem sentir-se mais seguros que os formalistas, que são guiados maiormente por suas intuições pessoais a respeito do estado presente da língua. Os linguistas históricos permanecem firmemente apoiados nos dados objetivos e de largo espectro de seus dados.
>
> Mas os dados – que são tão ricos em certas situações – podem mostrar-se pobres em outras. Os documentos históricos sobrevivem por acaso, não por um desígnio, de sorte que as seleções disponíveis resultam de uma série imprevisível de acasos históricos. As formas linguísticas disponíveis nesses documentos são frequentemente muito distintos da fala vernacular dos escritores; no lugar disso, elas refletem esforços para capturar um dialeto normativo que nunca foi a fala nativa de qualquer um dos falantes (envolvidos na pesquisa). Em resultado disso, muitos documentos se

> transformam em enigmas, dado o efeito da hipercorreção, das misturas dialetais, e dos erros do escriba. Além disso, os documentos históricos só podem oferecer evidências positivas. Evidências negativas a respeito do que não é gramatical só podem ser inferidas de eventuais falhas na informação, e quando os materiais que sobreviveram são fragmentos, tais falhas resultam mais provavelmente do acaso. (Labov, 1994: 10-1, tradução nossa)[2]

Outros aspectos eram ainda apontados por Labov (1994: 11, tradução e grifos nossos), para reforçar a ideia de que o estudo da língua no passado seria deficitário em relação ao estudo da língua no presente:

> A Linguística Histórica pode, portanto, ser pensada como a arte de fazer o melhor uso de maus dados. Essa mestria é altamente desenvolvida, mas algumas limitações dos dados não podem ser compensadas. Com exceção dos tempos mais recentes, gravações fonéticas não são disponíveis para a execução de medições instrumentais. *Sabemos muito pouco sobre a posição social dos autores, e não muito mais a respeito da estrutura social da comunidade.* Embora saibamos que o texto foi escrito, nada sabemos sobre o que era entendido; não podemos desenvolver experimentos controlados sobre a compreensão interdialetal. Nosso conhecimento a respeito do que era distintivo e do que não o era é fortemente limitado, visto que não podemos usar o conhecimento de falantes nativos para diferenciar variantes não distintivas das distintivas.[3]

Embora não alheios a ela, não é propósito das autoras deste texto referir toda a discussão epistemológica e metodológica travada sobre a possibilidade de extensão da Teoria da Variação e Mudança a outros níveis de análise para além do fonológico, bem como à análise histórico-diacrônica das línguas; para tal discussão, remete-se, dentre outros, a Lavandera (1978), Romaine (1982) e Labov (1994). O objetivo deste capítulo é bem mais singelo e restrito a um relato breve e parcial da experiência da equipe baiana do PHPB na organização de *corpora* linguísticos históricos, com destaque para um aspecto: a pesquisa histórica para identificação de perfis sociais daqueles que escreveram no passado.

Dos problemas apontados por Labov, o "*sabermos geralmente muito pouco sobre as posições sociais dos escritores*" ganhou evidência ainda maior, dada a condição multiétnica e, no passado, generalizadamente multilíngue da sociedade brasileira. Apesar de ser óbvio que, quanto mais se avança em direção ao início da colonização, as práticas de leitura e escrita não se distribuíam igualmente entre indivíduos dos diversos estratos socioculturais e étnico-linguísticos da população (sendo esperado que homens escrevessem mais que mulheres, que, entre os homens, a pena tenha corrido mais entre os brancos, sobretudo portugueses, e, que, entre os brancos portugueses, os da elite tenham sido mais alfabetizados e letrados), indivíduos integrantes de outros estratos e não só falantes do português como L1 (quer o português europeu que se transplantava em sucessivas vagas, quer o português brasileiro que se constituía) também deixaram registros escritos. À partida, era, portanto, fundamental considerar a necessidade de distinguir textos escritos por portugueses, textos escritos por brasileiros e textos escritos por indivíduos cuja língua materna não fosse o português europeu nem o brasileiro. Note-se, a este respeito, a seguinte observação de Mattos e Silva (2002: 22-3):

> Não se tinha nesse tempo – dos inícios do período arcaico ao século XVI em Portugal – um problema crucial da documentação que, a partir da colonização – pelos meados do século XVI em diante –, ocorrerá na documentação escrita no Brasil. A pergunta a seguir não se colocaria nesse tempo, acima sintetizado em Portugal: a documentação escrita no Brasil, a partir da colonização, foi escrita por portugueses ou por indivíduos de naturalidade brasileira que estudaram em Portugal ou por outros habitantes no Brasil, aqui literatizados? Quanto aos "letrados (ou literatados)" do Brasil colonial, vale lembrar, segundo Houaiss, ao iniciar-se o século XIX, não seriam mais que 0.5% (1985: 137), aí incluídos portugueses, brasileiros descendentes de portugueses e, possivelmente, índios e africanos e seus descendentes, mestiços ou não.

E, como as três teses puderam revelar, ao menos no século XIX, na Bahia, os que escreveram foram não só *ilustres*, mas também *anônimos*, integrantes alguns até, e surpreendentemente, dos grupos sociais mais subalternizados, como o foram os africanos. A complexidade das situações de contato linguístico havidas no Brasil, aliada à constatação de que práticas de escrita estavam difundidas (ainda que não na mesma intensidade) entre indivíduos dos extremos da hierarquia social, alguns dos quais, inclusive, como se disse, escrevendo em português como L2, levou Lobo (2001b: 109) a propor que a arquitetura de um *corpus* linguístico geral para o estudo da constituição histórica do português brasileiro deveria idealmente contemplar textos integrantes de sub*corpora* que permitissem conhecer:

1. as variedades do português europeu transplantadas para o Brasil;
2. as variedades do português falado como segunda língua pelos aloglotas (índios, negros e, posteriormente ao período colonial, também imigrantes);
3. as variedades do português brasileiro que paulatinamente se iam constituindo:
   a. as socialmente mais prestigiadas – urbanas, supostamente mais unitárias e supostamente descendentes diretas do português europeu, além de moldadas sob o influxo do padrão normativo de escrita difundido via escolarização –; e
   b. as socialmente mais estigmatizadas – rurais, supostamente mais diversificadas e supostamente descendentes diretas do português falado como segunda língua por índios e negros, os quais, juntamente a seus descendentes, do século XVI a meados do XIX, sempre constituíram o segmento maioritário da população brasileira e até aproximadamente meados do século XX estiveram, em sua maioria, à margem do sistema formal de escolarização.

Assim, da motivação de "fazer o melhor uso de maus dados" e até, talvez, de "obter dados não tão maus", desenvolveu-se, paralelamente ao trabalho de prospecção arquivística e ao trabalho propriamente filológico de edição semidiplomática dos textos, toda uma competência de investigação histórica, buscando minorar os problemas apontados por Labov, especificamente em relação ao conhecimento acerca da *posição social dos escritores* e, consequentemente, acerca da *estrutura social da comunidade*. As teses de doutorado de Lobo (2001a), Carneiro (2005) e Oliveira (2006), brevemente apresentadas a seguir, retratam esta fase inicial e progressivamente menos ingênua de construção de uma metodologia "para" uma Sociolinguística Histórica.

A primeira tese, Lobo (2001a)

A primeira tese, intitulada *Para uma sociolinguística histórica do português no Brasil: edição filológica e análise linguística de cartas particulares do Recôncavo da Bahia, século XIX*, apresenta, como *corpus* para a análise da sintaxe dos clíticos, 158 cartas particulares manuscritas, escritas por portugueses e brasileiros, no Recôncavo da Bahia, entre 1818 e 1886 e preservadas no

Convento de Santa Clara do Desterro, o primeiro convento feminino do Brasil, fundado em Salvador, no ano de 1677. As 158 cartas distribuem-se entre 27 destinatários, sendo 115 remetidas a 7 abadessas do referido convento e 43, a 20 outros destinatários.

As clarissas viviam sob estrito regime de clausura, porém não eram as únicas mulheres a habitar o Convento do Desterro, considerado, segundo a historiadora Anna Amélia Vieira do Nascimento (1994: 105), "*uma cópia do modelo social da cidade [do Salvador]*". Em Santa Clara, a reprodução das hierarquias socioeconômicas e étnicas da cidade transparecia através da forma como se estruturava a hierarquia funcional do convento, composta pelos seguintes estratos de mulheres: religiosas de véu preto, religiosas de véu branco, educandas, recolhidas, servas da comunidade e servas particulares. As religiosas de véu preto ocupavam o lugar mais elevado e, portanto, mais cobiçado, dentro da organização social do convento. Dentre elas, elegia-se a abadessa, que, possuindo um mandato renovável de três anos, além de concentrar em sua pessoa uma autoridade inquestionável, tinha a responsabilidade de zelar pela administração das finanças de Santa Clara.

A fundação do Convento de Santa Clara do Desterro no final do século XVII veio atender aos apelos da elite da então capital da Colônia, que, através do Senado da Câmara, já desde 1646, insistia junto ao rei de Portugal e a seus conselheiros para que se construísse um convento feminino em terras brasileiras, onde as suas filhas pudessem ser abrigadas, evitando-se, assim, mandá-las para os conventos portugueses (em Portugal e nas Ilhas). Trata-se de um convento de elite, criado, porém, não apenas por motivos religiosos, mas também por demandas de ordem econômica e social: na sociedade patriarcal baiana de então, a entrada como religiosa no Convento de Santa Clara dependia da doação do dote de freira, opção, para muitos pais, preferível, por ser o seu valor bem menor que o do dote de noiva.

O tema mais recorrente das cartas, remetidas, como se viu, em sua maioria, justamente a 7 abadessas, são os negócios, a vida financeira da instituição. Vivendo em estado de clausura, mas tendo de gerir os seus negócios, as abadessas comunicavam-se com uma rede de procuradores que as representavam nos espaços extramuros. *Grosso modo*, são as 158 cartas uma amostra de correspondência particular, não oficial – por oposição a pública, oficial – e não íntima, formal, o que se pode atestar através do uso de um índice estilístico: 138 cartas (84,1%) fizeram uso de pronomes indicadores de tratamento formal entre remetente e destinatário (*Vossa Senhoria*, *Vossa Excelência*, *Vossa Excelentíssima*, *Vossa Reverendíssima*, *Vossa Senhoria* alternando com *Vossa Excelência* e *Vossa Senhoria* alternando com *Vossa Reverendíssima*), 10 cartas apresentaram o pronome de tratamento *Vossa Mercê* e, finalmente, em 3 cartas, se atestou a ocorrência de *Você*.

A segunda tese, Carneiro (2005)

A segunda tese – *Cartas brasileiras (1809-1904): um estudo linguístico-filológico* – apresenta, também para a análise da sintaxe dos clíticos, um *corpus* constituído igualmente por cartas particulares manuscritas, integrado, contudo, por um conjunto numericamente já bastante mais significativo e diversificado de 500 cartas, escritas por brasileiros entre 1809 e 1904, em diversas áreas do território brasileiro (Mato Grosso, Maranhão, Pernambuco, Bahia, Minas Gerais, Rio de Janeiro, São Paulo, Santa Catarina e Rio Grande do Sul) e também do exterior, sendo uma parte proveniente de países da América do Sul (Argentina e Paraguai) e outra da Europa (Portugal, França, Itália, Inglaterra, Áustria e Rússia). Tais cartas não estão preservadas em uma só instituição, mas se distribuem entre o Instituto Geográfico e Histórico da Bahia, o Arquivo Público do Estado da Bahia, o Centro de Estudos Feirenses da Universidade Estadual de Feira de Santana e o Centro de Documentação da Fundação Clemente Mariani (Fundo Arquivo Barão de Jeremoabo).

Foram as 500 cartas escritas para os seguintes destinatários: 190 para Cícero Dantas Martins, o Barão de Jeremoabo; 102 para Severino Vieira, que foi governador da Bahia, e 208 para os seguintes diversos destinatários, majoritariamente, *ilustres*, a saber: 81 cartas para o Conselheiro Ângelo Muniz da Silva Ferraz, 20 para Coronel Exupério Pinheiro Canguçu, 16 para Frutuoso Moreira Maia, 14 para Manuel Ignácio da Cunha e Meneses, 8 para Conselheiro Martim Francisco Ribeiro de Andrada (2º), 8 para Dr. Gonçalo Moniz Sodré de Aragão, 7 para Alexandre Gomes Ferrão Argollo, o Marechal Barão de Cajaíba, 6 para Dr. Frederico Lisboa, 5 para o João José de Almeida Couto, 3 para José de Góis Siqueira, 3 para Maria Augusta Argollo Saldanha da Gama, filha do Barão da Cajaíba, 2 para Dr. Egas Carlos Muniz Sodré de Aragão, 2 para Dr. Jerônimo Sodré Pereira e 33 para destinatários diversos.[4]

Quanto ao tema, há uma grande diversidade, que varia desde assuntos pessoais mais íntimos (tais como pedidos, agradecimentos, detalhes da vida cotidiana urbana e rural, doenças etc.), assuntos profissionais, negócios familiares, estágios de estudo no Brasil e no exterior, viagens nacionais e internacionais, missões diplomáticas, chegando até assuntos políticos de relevância nacional, tais como a Guerra do Paraguai, a abolição da escravatura e a Guerra de Canudos. Também são essas 500 cartas uma amostra de correspondência particular, não oficial – por oposição a pública, oficial –, havendo, porém, desde cartas íntimas a cartas (relativamente) formais, o que se pode atestar através da ampla variação de uso de formas de tratamento: *amigo, velho amigo, amigo e colega, respeitoso amigo, patrício amigo, parente e amigo, patrício e correligionário, conterrâneo, compadre amigo, amigo e admirador, padrinho, compadre, primo compadre, velho primo, tu, você, vós, senhor(a), Vossa Mercê, Vossa Excelência, Vossa Senhoria.*

A terceira tese, Oliveira (2006)

A terceira tese – *Negros e escrita no Brasil do século* XIX*: sócio-história, edição filológica de documentos e estudo linguístico* – não apresenta cartas, mas 290 textos de outra natureza, sendo 273 atas/termos de reuniões, 4 comunicados, 4 apresentações de projetos e propostas, 4 circulares, 2 discursos, 1 carta, 1 contraprotesto e 1 solicitação, todos parte integrante do raríssimo acervo de documentos escritos por negros livres e libertos na Bahia do século XIX e preservados na própria instituição que os gerou, a Irmandade de Nossa Senhora Amparo dos Desvalidos, posteriormente Sociedade Protetora dos Desvalidos, uma irmandade negra, fundada tardiamente em Salvador, no ano de 1832. Foram as atas escritas entre as décadas de 1830 e 1890, por 30 redatores, sendo uma parte deles "pretos", designação comum para africanos, e a outra parte "crioulos", designação comum para negros nascidos no Brasil. Diferentemente das duas teses anteriores, esta não se dedicou à análise de um aspecto sintático do português, mas à análise da segmentação gráfica (um traço de aquisição de escrita), das grafias para sílabas complexas e de fenômenos gráficos e marcas da oralidade na escrita no plano da fonética/fonologia.

Não só o Convento de Santa Clara do Desterro era uma instituição de elite: também o era a Irmandade de Nossa Senhora Amparo dos Desvalidos, porém de uma "elite negra". As irmandades proliferaram no Brasil colonial e, segundo Reis (1997: 12), a cor da pele em combinação com a nacionalidade teria sido o principal critério de identidade dessas organizações. Ainda conforme esse autor, distinguiam-se irmandades de brancos, de mulatos e de negros, podendo as de branco ser de portugueses ou de brasileiros. As de negros, por sua vez, podiam ser de negros nascidos no Brasil ou de africanos e, por fim, as de africanos podiam distinguir-se de acordo com as etnias de origem, tendo havido as de angolanos, benguelas, jejes, nagôs etc.

Aborda-se, a seguir, a questão relativa ao *quem*.

SOBRE A IDENTIFICAÇÃO DO *QUEM*

A pesquisa para identificação de *quem* escreveu os documentos integrantes dos *corpora* linguísticos das três teses se constituiu do levantamento de uma enormidade de dados extraídos de fontes diversas, distinguindo-se fontes primárias – podendo ainda as primárias ser nucleares ou auxiliares – e fontes secundárias ou bibliográficas.

As fontes primárias nucleares foram ou as próprias 158 cartas de Lobo (2001a), ou as próprias 500 cartas de Carneiro (2005) ou, finalmente, os próprios 290 textos, sobretudo atas, de Oliveira (2006). O microcosmo evidenciado pela leitura, edição e análise das fontes primárias nucleares de cada tese apontou, num segundo plano, para a busca de informações que deveriam ser perseguidas em fontes primárias auxiliares, que tanto podiam estar circunscritas ao(s) arquivo(s) onde estavam preservados os textos que integraram os *corpora* linguísticos, como em arquivos diversos ou ainda em fontes secundárias. Para não exaurir o leitor com repetição de situações muitas vezes análogas, serão apresentados dois exemplos da pesquisa realizada.

Primeiro exemplo: imigrantes portugueses

Das 158 cartas editadas por Lobo (2001a), um indivíduo apenas – João Pinto Leite – foi autor de 51. O exame das suas cartas revelou um índice de natureza linguística que, apesar de pouquíssimo recorrente, era extremamente significativo. Trata-se do "erro ortográfico" coloquialmente descrito como "a troca do v pelo b", apenas verificável entre falantes de áreas dialetais de betacismo, ou seja, no caso de Portugal, correspondente "à região setentrional (constituída pelo Minho, pelo norte de Trás-os-Montes, pelo Douro e pela Beira Litoral) onde esses dois fonemas [/b/ e /v/] dificilmente se distinguem, fundindo-se normalmente num único, /b/ oclusivo, com possível articulação espirantizada [β]" (Castro, 1991: 29). O referido "erro ortográfico" levantou a suspeita de que João Pinto Leite seria português, e não nascido no Brasil, o que se confirmou com a localização da sua certidão de óbito no acervo do Arquivo da Santa Casa de Misericórdia da Bahia. Em tal certidão de óbito, lê-se (Lobo, 2001a: 129):

> *FREGUEZIA DE SÃO PEDRO/ Vai ser sepultado no Cemitério do Campo Santo o cadáver/ de João Pinto Leite/ Qualidade Branco/ Naturalidade Portugal/ Idade 64 anos/ Estado Viúvo/ Condição Livre/ Profissão Negociante/ Moléstia Hydropsia de peito/ Morada Coqueiro/ Hora do falecimento [?] horas da tarde de 26/ Bahia 27 de fevereiro de 1863.*

Ao cabo da investigação sobre o conjunto dos remetentes das cartas, concluiu Lobo (2001a: 154) sobre *quem* era João Pinto Leite:

> Dos 54 remetentes, 5 foram identificados como de nacionalidade portuguesa [...]. Desses, o mais plenamente identificado e também o autor do maior número de cartas por remetente foi João Pinto Leite, nascido no ano de 1799 e natural do Porto. Foi João Pinto Leite um negociante e residiu na Freguesia de Nossa Senhora da Conceição da Praia, que, além de área comercial, era também área residencial, ocupada, principalmente, pelas famílias de comerciantes e caixeiros portugueses. Não se pôde precisar com que idade chegou ao Brasil, mas, em 1832, portanto aos 33 anos, já batizava um filho aqui nascido. Casou-se com Ana Josefa Teixeira de Sá, cujo pai, João de Sá, no ano de 1832, residia na Vila de Alvarenga, em Portugal; será, pois, a sua esposa, muito provavelmente, ou filha de português nascida no Brasil ou portuguesa. Era pai de dois filhos brasileiros – Aurélio Pinto Leite e Margarida Pinto Leite –, ambos bem situados socialmente: Aurélio Pinto Leite era Bacharel e Irmão da Venerável Ordem Terceira Secular de São Francisco da Bahia, e Margarida Pinto Leite, ou Margarida de Maria Santíssima, foi a última religiosa a receber o véu preto, correspondente ao mais alto grau da hierarquia social do Convento do Desterro. Ao morrer, aos 64 anos, deixou poucos bens, mas, ao que tudo indica, terá sido, ao longo da sua vida, um negociante português bem situado socialmente.

Note-se que, apesar de a história do Convento de Santa Clara do Desterro ter sido tratada, de forma abrangente e aprofundada, na obra *Patriarcado e religião: as enclausuradas clarissas do Convento do Desterro da Bahia, 1677-1890*, não foi através dela que se pode concluir ser João Pinto Leite português. Na obra, sua autora, a historiadora Anna Amélia Vieira do Nascimento (1994), apresenta a filiação das religiosas do Convento do Desterro, contudo diz ser desconhecida a naturalidade do pai de Margarida Pinto Leite, ou Margarida de Maria Santíssima.

Ainda percorrendo as sendas de Holmes, vale também narrar, no âmbito deste primeiro exemplo, a história da identificação de *quem* era Manuel Pinto Leite, autor de 1 das 158 cartas e cuja vida se entrelaça à de João Pinto Leite. Sobre ele, informa Lobo (2001a: 137-8):

> Localizaram-se duas fontes com informações relativas a esse remetente – o seu Registro de Matrícula no Tribunal de Comércio e uma Escritura. O segundo documento não faz referência à sua nacionalidade, mas, no segundo, lê-se: "Manuel Pinto Leite, cidadão brasileiro, domiciliado nesta praça, com seu negócio de comissões, conta própria e descontos, apresentou, na data à margem, a sua Carta de Comerciante, matriculado de grosso trato nos ditos ramos, passada pelo Tribunal do Comércio desta Província, a fim de ser registrada."
>
> À primeira vista, seria, indiscutivelmente, um indivíduo de nacionalidade brasileira. Trata-se, porém, de um português que adotou a nacionalidade brasileira. Manuel Pinto Leite é irmão de João Pinto Leite, o que se afirma não apenas pela coincidência dos sobrenomes, mas porque ambos assim se identificam nas suas respectivas cartas. Sendo João Pinto Leite, indiscutivelmente, de nacionalidade portuguesa, haveria a possibilidade de o seu irmão ter nascido no Brasil, hipótese que, todavia, se descartou.
>
> Segundo Monteiro (1982: 76), na Bahia dos anos 50 do século XIX, era alto o número de grandes negociantes portugueses. Analisando uma lista de portugueses que eram possuidores de fortuna acima de 50$000, requisitada pelo Ministro de Negócios Estrangeiros de Portugal, constata que, de 146 nomes, 115 (79%) eram negociantes e 31 (21%) se classificavam como "proprietários" ou "capitalistas"/"proprietários". Além disso, constata também que 87 deles (59,5%) são apresentados como "brasileiros adotivos" e 04 (2,7%) como "naturalizados brasileiros". Ou seja, mais de 60% dos portugueses que, na Bahia, na década de 50 do século XX, eram possuidores de grande fortuna se naturalizaram brasileiros, o que, segundo a autora (1982: 77), seria explicável por "questões práticas, inclusive

> de sobrevivência para os que enfrentavam o antilusitanismo brasileiro do pós-Independência." Analisando outro tipo de fonte – uma série de 368 testamentos de portugueses, abertos na Bahia entre 1852 e 1889 –, [Monteiro] vai observar também que a maioria dos que deixaram testamentos eram comerciantes, sendo baixíssimo o índice de proprietários rurais e que, dos 368 portugueses, 12% se declararam "cidadãos brasileiros". Dos remetentes aqui analisados, este foi o caso de Felizardo José de Faria, em cujo inventário é apresentado como "natural de Portugal" e "cidadão brasileiro". Comparando os dois tipos de fontes analisados por Monteiro, é possível concluir que foi prática entre negociantes/comerciantes portugueses na Bahia, no pós-Independência, a adoção da cidadania brasileira e que tal prática parece ter sido ainda bem mais amplamente difundida entre os negociantes/comerciantes possuidores de grandes fortunas. O caso de Manuel Pinto Leite, comerciante matriculado como "cidadão brasileiro", é, portanto, um testemunho dessa prática. Assim, para este estrato profissional – negociantes/comerciantes –, a localização de uma fonte com a indicação "cidadão brasileiro" não pode ser tomada como suficiente para se determinar a nacionalidade do remetente como sendo brasileira.

Como se pôde ver, o traçado do perfil social dos dois irmãos portugueses mobilizou não só informações extraídas de fontes primárias nucleares e auxiliares diversas – certidão de óbito, registro de matrícula no Tribunal de Comércio, escritura etc. –, mas também interpretadas à luz da pesquisa historiográfica sobre a imigração portuguesa à Bahia no século XIX, destacando-se, no caso específico, o contributo dado por Monteiro (1982), com a pesquisa intitulada *Portugueses na Bahia na segunda metade do século XIX: imigração e comércio*.

Segundo exemplo: africanos e negros brasileiros

Passa-se, a seguir, à apresentação do itinerário percorrido por Oliveira (2006) para a identificação de *quem* eram os negros livres e libertos redatores das atas de reuniões da Sociedade Protetora dos Desvalidos.

Como esclarece o autor, a pesquisa propriamente dita para a identificação do perfil social dos redatores das atas foi precedida do trabalho relativamente complexo de agrupamento das atas segundo quem as escreveu, tal como a seguir descrito (Oliveira, 2006: 200-1):

> As atas primeiro, porque apresentam situações variadas. Há aquelas em que se assinam vários indivíduos, aquelas em que um único indivíduo assina por todos, aquelas assinadas por um único indivíduo e aquelas em que não consta nenhuma assinatura. Para todos os casos, o mesmo método para a identificação dos autores: comparar a caligrafia do documento com as das assinaturas ou, principalmente, com a de outros documentos, mesmo quando estava em causa a terceira situação. E a análise a que se procedeu a esse respeito revelou que, de fato, para muitos textos, o indivíduo que se identificou como escrivão ou como secretário era, efetivamente, o seu autor. Para outros, observou-se claramente que a caligrafia do texto não era a mesma da do membro que se assinava como escrivão ou secretário, que poderia, inclusive, somente finalizá-lo. O método se estendeu para os demais documentos.
> Feito o trabalho de reconhecimento dos autores, agruparam-se os documentos pelos indivíduos que os escreveram e não pela ordem em que apareciam nos livros. Adita-se ainda o fato de que um documento escrito por um indivíduo, mas assinado por outro, foi colocado, naturalmente, como de autoria daquele que o redigira.

Agrupadas as atas, o passo seguinte foi o de tentar localizar no âmbito da própria Sociedade Protetora dos Desvalidos fontes que revelassem o perfil social dos redatores das atas de reuniões da instituição. Destacaram-se, para esta finalidade, os requerimentos através dos quais os candidatos a sócios se apresentavam. Em tais requerimentos, para além do nome, geralmente constavam a idade, a naturalidade, o estado civil, a profissão/ocupação e, às vezes, até o endereço residencial do candidato. Através dos requerimentos, Oliveira (2006: 206) pôde aproximar-se do perfil social de 10 redatores de atas, todos, como se pode ver a seguir, nascidos no Brasil: Antônio José Bracete: natural da Bahia, solteiro, 20 anos e oficial de marceneiro; Faustino Joaquim de Santana Trindade Cisne: natural da Bahia, crioulo, casado, 30 anos e oficial de alfaiate; Felipe Benício: natural desta cidade, crioulo, solteiro, 32 anos e carpinteiro, mas, no momento, empregado na casa comercial do Senhor Coronel Aristides Novis; Florêncio da Silva Friandes: brasileiro, de cor preta, solteiro, 27 anos, marceneiro, morador da Freguesia de São Pedro, na Rua dos Currais; João Teodoro da Soledade: natural da Bahia, solteiro, 25 anos e oficial de marceneiro; Júlio Capitolino da Boa Morte: natural da Bahia, casado, 25 anos e carapina; Luciano da Silva Serra: de cor preta, viúvo, com 1 filha, carapina e morador da Rua da Lama, na Freguesia da Sé; Manuel Anastácio Cajueiro: natural da Bahia, solteiro, 20 anos e oficial de marceneiro; Saturnino Francisco da Rocha: natural da Bahia, crioulo, solteiro, 32 anos e oficial de carapina; Saturnino Rodrigues da Silveira: natural desta cidade, crioulo, solteiro, 30 anos e marceneiro.

A pesquisa estendeu-se ainda ao Arquivo Público do Estado da Bahia, tendo sido encontrados, na Seção Judiciária, os inventários de Feliciano Primo Ferreira e de Marcos José do Rosário, bem como o testamento de José Pedro da Silva Paraguaçu. Assim narra Oliveira (2006: 207-8) o resultado da sua investigação:

> O inventário de Feliciano Primo Ferreira data de 1868/1869. Assim como o de Marcos José do Rosário e o testamento de José Pedro da Silva Paraguassu, se encontra na seção judiciária do Apeb. O seu número de identificação dentro do arquivo é 07/2859/0/3. Bastante danificado, o inventário de Feliciano Primo Ferreira contém 84 fólios e, em anexo, estão o seu testamento e vários outros documentos dando conta do seu falecimento. Foi do testamento e desses documentos que se tiraram as informações mais relevantes sobre o autor. Era filho de Úrsula de Tal que, à época do falecimento de Feliciano, foi julgada mentecapta e, portanto, não pôde assumir os bens do filho. Em documento escrito na Subdelegacia da Conceição da Praia, de 17 de junho de 1868, em que se notifica o seu falecimento, o Juiz de Órfãos Tomás de Aquino Jurema identifica-o como crioulo, designação esta que mostra que Feliciano Primo Ferreira era um negro nascido no Brasil. Se não o fosse, certamente designá-lo-ia de preto que, no século XIX, era a maneira de se referir aos africanos. Nesse mesmo documento, o Juiz de Órfãos diz estarem em seu poder as chaves de dois armazéns de madeira pertencentes a Feliciano. Essa informação aponta para o fato de que era um comerciante de madeira.
>
> O número de identificação do inventário de Marcos José do Rosário no Apeb é 07/3079/18 e contém 146 fólios. Datado de 1860/1870, encontra-se, dos fólios 03 a 06, uma cópia do seu testamento de onde se tiraram os dados para a sua identificação. O autor diz-se "natural dessa cidade", o que indica ser ele baiano e, consequentemente, brasileiro. Era filho legítimo de Januário Ferreira de Santo Estevão e Gertrudes Maria de Jesus, já falecidos à época da escrita do testamento. Possuía o autor uma barraca de louças, indicando que, como Feliciano Primo Ferreira, era também ele comerciante. Teve, quando solteiro, um filho de nome José Maria do Rosário a quem instituía como seu herdeiro universal, haja visto que, àquela altura, já estava viúvo.

> Quanto ao testamento de José Pedro da Silva Paraguassu, foi ele escrito em 1874. O seu número de identificação no Apeb é 05/2181/2650/8 e possui apenas 4 fólios. O autor identifica-se como natural dessa cidade, portanto é baiano, por conseguinte brasileiro. Declara como sua mãe Ana Maria da Penha, já falecida à época em que fez o seu testamento. Não faz qualquer menção à sua profissão e é, dos que se identificaram através dessas fontes primárias, o único que se refere à Sociedade Protetora dos Desvalidos, deixando para ela as suas imagens, bem como, depois de cinco anos de sua morte, todos os seus outros bens.

Embora a Sociedade Protetora dos Desvalidos tenha sido fundada no ano de 1832, os requerimentos mais recuados preservados no acervo do seu arquivo datam de finais da década de 1840, não tendo sido possível, portanto, através deles, identificar nem os fundadores da instituição nem seus primeiros sócios. Neste ponto, recorreu Oliveira (2006) a fontes secundárias, bibliográficas, dentre as quais destacou *Fluxo e refluxo: do tráfico de escravos entre o Golfo do Benin e a Bahia de Todos os Santos, dos séculos* XVII *a* XIX, de Pierre Verger. Embora sem mencionar as fontes em que se baseou, oferece Verger um perfil dos fundadores da Sociedade, dentre os quais seis – Manuel Vítor Serra, Manuel da Conceição, Luís Teixeira Gomes, Gregório Manuel Bahia, Manuel do Sacramento e Conceição Rosa e José Fernandes do Ó –, todos africanos, aprenderam a ler e escrever e foram redatores de atas de reuniões da Sociedade. Diz o etno-historiador francês (1987: 517-8):

> Ela [a SPD] foi fundada por iniciativa de Manoel Victor Serra, africano, "ganhador" no "canto" chamado Preguiça. Ele convidou alguns de seus amigos a participar, em 10 de setembro de 1832, de uma reunião na Capela dos Quinze Mistérios onde, após discussão, foi decidido reunirem-se de novo no dia 16 de setembro para fundar uma junta que levaria a [*sic*] nome de Irmandade de Nossa Senhora da Soledade Amparo dos Desvalidos.
>
> Dezenove africanos alforriados foram os fundadores daquela instituição: Victor Serra era nomeado juiz fundador, Manoel da Conceição (marceneiro) era tesoureiro e Luiz Teixeira Gomes (pedreiro) era o encarregado da escrita; os três tinham uma das chaves de um cofre que não podia ser aberto a não ser que as três estivessem sendo utilizadas ao mesmo tempo. O mesmo cofre estava colocado na casa do vigário da paróquia de Santo Antônio, o reverendo Padre Joaquim José de Sant'Anna, de quem um empregado, José Maria Vitela, fazia parte do comitê administrativo [da SPD].

> Os outros membros fundadores eram Gregório M. Bahia, marceneiro, cuja reputação era tal que diziam que as pessoas que possuíam cadeiras por ele feitas não as cederiam por cincoenta contos de réis; Ignácio de Jesus e Barnabé Álvaro dos Santos, cuja profissão não conhecemos; Bernardino S. Souza e Pedro Fortunato de Farias, pedreiros; Gregório de Nascimento, carroceiro, que era rico; Balthazar dos Reis e Manoel Sacramento Conceição Roza, marceneiros; Theotônio de Souza que fazia vinagre; Francisco José Pepino, calafate; Daniel Correa, do "canto" do Pilar; Roberto Tavares, que era carregador de água e possuía um asno para transportá-la; José Fernandes do Ó, vendedor de toucinho e, enfim, Manoel Martins do Santo, que trabalhava no "porto da lenha"
>
> O número de associados não era limitado, deviam ser exclusivamente de cor preta.

Para finalizar este item, vale destacar que os remetentes das 500 editadas por Carneiro (2005), foram exaustivamente investigados, permitindo que fossem identificados como majoritariamente brasileiros, nascidos entre 1724 e 1880, em diversas regiões do Brasil, em áreas urbanas e rurais, com graus distintos de letramento (variando do mais alto ao mais baixo) e provenientes de distintas classes sociais, com idade, quando da escrita das cartas, entre 13 a 65 anos. A situação dos três acervos que compõem o *corpus* da sua tese é a seguinte:

a. Acervo *Cartas para vários destinatários* (1809-1904): 208 cartas – 114 remetentes (111 homens e 3 mulheres). Há 38 baianos, 9 cariocas, 8 pernambucanos, 7 mineiros, 6 gaúchos, 5 paulistas, 2 paraenses, 2 maranhenses, 2 capixabas, 1 piauiense, 1 alagoano, 2 brasileiros sem identificação de naturalidade e 16 brasileiros (por inferência). Há 5 estrangeiros: Conde d'Eu, francês; Dário Rafael Callado, uruguaio; Joaquim Pereira Marinho, português; Silva Lima, português e o Visconde do Abaeté, português. Há ainda 1 remetente filho de brasileiro, nascido na França durante o exílio do pai, mas educado no Brasil, Martim Francisco de Andrade Segundo. Apenas 7 remetentes não foram identificados. Os remetentes são oriundos, em sua maioria, da classe social mais alta e, sobretudo, constituem uma elite letrada.
b. Acervo *Cartas para Severino Vieira* (1901-1902): 102 cartas – 60 remetentes (57 homens e 3 mulheres). São 8 baianos, 1 goiano, 1 mineiro, 1 paraibano, 1 paraense, 1 pernambucano, 1 piauiense, 8 cariocas, 1

potiguar e 1 sergipano, 2 brasileiros sem especificação de naturalidade e 16 brasileiros por inferência. E, ainda, 2 estrangeiros: John T. Lewis e M. Wicks. 16 remetentes não identificados. Aqui, os remetentes integram, predominantemente uma classe social imediatamente inferior à primeira, mas, ainda, letrada e, sobretudo, citadina.

c. Acervo *Cartas para Cícero Dantas Martins, Barão de Jeremoabo* (1880-1903): 190 cartas – 43 baianos/43 remetentes (42 homens e 1 mulher). São nascidos ou radicados nas seguintes localidades: 1 (Abobreira), 2 (Bom Conselho, atual Cícero Dantas), 2 (Bonfim), 1 (Conde), 1 (Patrocínio do Coité, atual Paripiranga), 1 (Cumbe, atual Euclides da Cunha), 1 (Fazenda Cortiço, atual Euclides da Cunha), 1 (Fazenda Ilha, atual Euclides da Cunha), 10 (Itapicuru), 9 (Jeremoabo), 1 (Monte Alegre), 1 (Monte Santo), 3 (Ribeira do Pombal), 1 (Santa Rita do Rio Preto), 1 (Serrinha), 5 (Tucano) e 2 outros baianos, por inferência. Representam uma classe rural pouco letrada.

Ainda que a busca por responder ao conjunto mínimo de questões – o *que* foi escrito, *quando* foi escrito, *onde* foi escrito, *quem* escreveu, *para quem* escreveu e *por que* o fez – possa ter tornado os "dados não tão maus", minimizando as limitações de uma apreensão, em perspectiva histórica, da *gramática da comunidade de fala*, do *sistema de comunicação usado na interação social*, persiste, porém, o problema central para quem analisa a mudança sintática, relativo a *como apreender as mudanças nas gramáticas através da análise dos textos escritos*, problema cuja solução, até o momento, encontrou sua melhor formulação, como se verá a seguir, em Anthony Kroch (1989, 1994, 2001), com a noção de competição de gramáticas.

O OLHAR SOBRE OS *CORPORA* SOB A ÉGIDE DA TEORIA DOS PRINCÍPIOS E PARÂMETROS

O modelo de Princípios e Parâmetros (Chomsky, 1981, 1986, entre outros), sob cuja égide, como dito anteriormente, também estavam os pesquisadores do PHPB, em meados da década de 1990, não só colocou em evidência os estudos diacrônicos, como também trouxe novos desafios metodológicos para o estudo do passado de uma língua, ao possibilitar uma interpretação da mudança sintática como resultante de alterações paramétricas, decorrentes de falhas de transmissão linguística, durante o processo de aquisição da linguagem por crianças (língua materna ou L1) ou por adultos em situação de contato linguístico (segunda língua ou L2). E, aqui, cabe destacar que as situações variadas de multilinguismo e contatos linguísticos intensos pelas quais passou o Brasil entre o século XVI e o XIX são ambientes férteis e desafiadores para o estudo de mudanças resultantes de causas exógenas.

Entretanto, se, por um lado, um dos principais desafios teóricos consistia em tentar compreender como o cérebro marca os valores que determinam a aquisição de uma língua particular ou língua-I, ou gramática interna,[5] por outro lado, a relação entre mudança paramétrica e aquisição da linguagem trouxe a necessidade de elaboração de uma teoria de mudança que viesse a dar uma resposta adequada a um dos problemas cruciais da Teoria Gerativa: o que leva uma criança a marcar diferentemente dos seus pais ou da geração anterior os parâmetros da língua que lhe serviu de *input*? Destacam-se as contribuições de Lightfoot (1979, 1991, 1999), Kroch (1989, 1994, 2001) e Roberts (1993), entre outros.[6]

Para os gerativistas, a mudança paramétrica é, por definição, abrupta, catastrófica, no que se opõem a interpretações tradicionais da Linguística Histórica, que afirmam ser a mudança de natureza lenta e gradual, expressa através de processos de coexistência e concorrência das formas variantes no período que a antecede. Para resolver tal impasse, propôs-se que a mudança seria gradual nos textos, porém a mudança paramétrica seria concebida como o fim de um processo.

Por sua vez, Kroch (1989, 1994, 2001, entre outros), ao associar a relação entre língua-I e alterações de frequência, defende que o que se vê nos textos é a tensão entre a gramática nova e a gramática antiga – uma competição de gramáticas, portanto –, captada através de alterações na frequência, que atingem um conjunto de propriedades associadas a um determinado parâmetro. Segundo essa assunção, o que aparece nas amostras de língua-E é apenas o efeito da mudança. O autor, ao defender a origem externa da mudança, a partir da interação entre fatores ambientais e princípios da Gramática Universal, tanto durante a aquisição de língua materna, quanto de segunda língua, em situação de contato linguístico, aponta, portanto, para uma nova perspectiva de análise da dinâmica da mudança instanciada em textos escritos, a partir da noção de competição de gramáticas.

Foi esse modelo de interpretação do efeito da mudança linguística evidenciado nos textos do passado de uma língua que foi considerado por Carneiro (2005) para dar conta da exuberante variação na ordem dos clíticos em todos os contextos sintáticos observados nos 3.196 dados extraídos dos textos do século XIX por ela editados. Como resultado final mais importante da sua tese, há a identificação de um interessante processo de competição de gramáticas em textos escritos por brasileiros nascidos entre fins do século XVIII e meados do século XIX. Atestam-se três padrões distintos na colocação dos clíticos: 1) construções equivalentes à escrita do português europeu em sua fase clássica; 2) construções que refletem as mudanças em direção ao português europeu moderno e 3) construções que definem o português brasileiro. Esses padrões mostram o efeito nos documentos de duas mudanças, diferentemente do que comumente tem sido demonstrado.

Como não é propósito deste texto enveredar por uma análise de cunho sintático, remete-se, para além da própria tese de Carneiro (2005), a Carneiro e Galves (2010), para o detalhamento da análise feita.[7]

CONSIDERAÇÕES FINAIS

As diversas questões tratadas ao longo deste texto com relação à experiência da equipe baiana do PHPB na constituição de *corpora* linguísticos escritos evidenciam o quão complexo é construí-los e também analisá-los.

Um *corpus* escrito é, por definição, sempre deficitário e somente permite aproximações; há, porém, como maximizar a lente e atenuar sua opacidade. Se ao filólogo cabe a preocupação com a história da transmissão textual, com a autenticidade do(s) texto(s), com sua localização espacial e temporal etc., ao linguista, que não pode estar alheio às questões filológicas, cabe averiguar, dentre outras questões relevantes, se os textos analisados são escritos na língua materna do redator ou numa segunda língua, uma vez que se defende que a gramática é construída durante a aquisição da linguagem. O conhecimento prévio do que determina uma mudança paramétrica é também crucial para que as construções que a representam, normalmente pouco observáveis nos textos, não sejam ignoradas, principalmente em se tratando de amostras de língua escrita, por natureza conservadora e que podem estar refletindo a norma ou a tradição escrita de um dado período. Além disso, a identificação de usos provocados por influências artificiais, como, por exemplo, as de cunho estilístico ou discursivo, ou estritamente de tradição discursiva, é não menos importante.

NOTAS

1 Cf. Tarallo, 1987; Tarallo e Kato, 1989; Kato, 1999.

2 "The principle strength of historical linguistics lies in its ability to trace many linguistics changes over long periods of time. This broad temporal perspective serves to insulate historians from the academic uncertainties of the present. With ten to twenty centuries of language development in view, historians can feel more secure than formal linguistics, who are guided chiefly by their personal intuitions about present state of the language. Historical linguistics rests firmly on the objective and wide-ranging character of its data.
But the data that are rich in so many ways are impoverished in others. Historical documents survive by chance, not by design, and the selection that is available is the product of AN unpredictable series of historical accidents. The linguistic forms in such documents are often distinct from the vernacular of the writers, and instead reflect efforts to capture a normative dialect that never was any speaker's native language. As a result, many documents are riddled with the effects of hypercorrection, dialect mixture, and scribal error. Furthermore, historical documents can only provide positive evidence. Negative evidence about what is ungrammatical can only be inferred from obvious gaps in distribution, and when the surviving materials are fragmentary, these gaps are most likely the result of chance."

3 "Historical linguistics can then be thought of as the art of making the best use of bad data. The art is a highly developed one, but there are some limitations of the data that cannot be compensated for. Except for very recent times, no phonetic records are available for instrumental measurements. We usually know very little about the social positions of the writers, and not much more about the social structure of the community. Though we know what was written, we know nothing about what was understood, and we are in no position to perform controlled experiments on cross-dialectal comprehension. Our knowledge of what was distinctive and what was no tis severely limited, since we cannot use the knowledge of native speakers to differentiate nondistinctive from distinctive variants."

4 Trata-se daquelas cartas em que não foi possível identificar o nome do destinatário ou quando o mesmo, quando identificado, recebeu apenas 1 correspondência.

5 A língua-I define-se como o estado final da capacidade inata para a linguagem, resultante da marcação de parâmetros, durante a aquisição da linguagem, a partir da exposição a amostras de língua-E. A língua-E, por sua vez, define-se como o produto cotidianamente exteriorizado em situações de uso e que ativa essa capacidade inata. Já a referência à gramática de determinado período, ao longo deste texto, é entendida como padrões convergentes de gramáticas individuais.

6 A mudança é interpretada como proveniente de diglossia interna para Lightfoot (1999) ou de competição de gramáticas nos termos de Kroch (1989 e outros textos que tratam de desenvolvimentos teóricos mais recentes).

7 A primeira versão deste texto, intitulada "Clitic-Placement in the History of Brazilian Portuguese: a Case of Three-Grammar Competition", foi apresentada como comunicação no 9th Diachronic Generative Syntax Conference, em Trieste, Itália, em junho de 2006 (http://www2.units.it/~digs9).

REFERÊNCIAS BIBLIOGRÁFICAS

Critérios de indexação:

(1) As entradas vêm pelo sobrenome, em sequência alfabética e cronológica, do texto mais antigo para o texto mais recente.
(2) Em caso de mais de um autor, um ponto e vírgula separa os nomes.
(3) A data de publicação aparece no final do verbete. Sempre que possível, indica-se entre colchetes a data da primeira edição.
(4) Nos textos publicados em coletâneas, remete-se apenas aos organizadores, data e páginas, entre parênteses. Para a obtenção dos dados bibliográficos completos, procure pelo sobrenome do organizador e data da publicação.

ABAURRE, Maria Bernadete; PAGOTTO, Emílio. Palatalização das oclusivas dentais: uma abordagem não linear. In: M. B. Abaurre e A. Rodrigues (Orgs. 2002).

ABAURRE, Maria Bernadete; RODRIGUES, Ângela C. S. (Orgs.). *Gramática do português falado.* Vol. VIII. Novos estudos descritivos. Campinas: Editora da Unicamp, 2002.

AGARD, Frederick B. *A Course in Romance Linguistics.* Vol. I: A Synchronic View. Vol. II: A Diachronic View. Washington: Georgetown University Press, 1984.

AGRELO, Ana Isabel Boullón (Ed.). *Novi te ex nomin:* estudos filolóxicos ofrecidos ao prof. dr. Dieter Kremer. Coruña: Fundación Pedro Barrié de la Maza, 2004.

AGUILERA, Vanderci de Andrade. Um estudo lexical em documentos notariais paranaenses. In: M. E. L. Duarte e D. Callou (Orgs. 2002: 223-35).

AGUILERA, Vanderci de Andrade (Org.). *Para a história do português brasileiro.* Vol. VII: Vozes, veredas, voragens. 2 t. Londrina: Editora da Universidade Estadual de Londrina, 2009.

AGUILERA, Vanderci de Andrade. Estudos lexicográficos de línguas naturais: o que se fez e o que se faz no Paraná In: M. Ferreira (Org. 2015: 69-82).

AGUILERA, Vanderci de Andrade et al. *Manuscritos do Paraná (1721-1827).* Projeto Nacional PHPB – Equipe do Paraná. CD-ROM. s/d.

AGUILERA, Vanderci de Andrade; ALTINO, Fabiane Cristina. Léxico histórico do português brasileiro. In: D. da Hora e C. Rosa. (Orgs. 2010: 240-253).

AGUILERA, Vanderci de Andrade; BARONAS, Joyce Elaine de Almeida (Orgs.). *Scripturae nas Villas de São Luiz de Goaratuba e Antonina.* Manuscritos setecentistas e oitocentistas. Londrina: Universidade Estadual de Londrina/Fundação Araucária, 2007.

AGUILERA, Vanderci de Andrade; VASCONCELOS, Celciane (Orgs.). *Scripturae na villa de Pernagoa*: manuscritos setecentistas. Londrina: Editora da Universidade Estadual de Londrina, 2007.

ALARCOS LLORACH, Emilio. *Fonología española.* Madrid: Editorial Gredos, 1991 [1964/1986].

Albrecht, Jörn; Lüdtke, Jens; Thun, Harald (Eds.). *Energeia und Ergon.* Sprachliche Variation – Sprachgeschichte – Sprachtypologie. Studia in honorem Eugonio Coseriu. 3 v. Tübingen: Gunter Narr, 1988 [Tübinger Beiträge zur Linguistik, 300].

Albuquerque, Cássio de; Ferreira, Rafael R.; Kewitz, Verena. Edição de cartas de Paulo de Moraes Barros a Washington Luís. Cartas de administração privada (1ª metade do século xx). 2014. Disponível em: < http://phpp.fflch.usp.br/sites/phpp.fflch.usp.br/files/CAP%20Edicao%20completa_Corresp%20Paulo%20M%20Barros%20a%20WL_XX%201.pdf>. Acesso em: 28 set. 2018.

Albuquerque, Cássio de; Ferreira, Rafael Rodrigo; Kewitz, Verena. Edição da correspondência de Fernando Prestes de Albuquerque e Julio Prestes de Albuquerque a Washington Luís (1ª metade do século xx). 2015. Disponível em: < http://phpp.fflch.usp.br/sites/phpp.fflch.usp.br/files/CAP%20WL%20Julio%20e%20Fernando%20Prestes_FINAL.pdf>. Acesso em: 28 set. 2018.

Alden, Dauril. *Royal Government in Colonial Brazil, with Special Reference to the Administration of the Marquis of Lavradio, Vicereoy, 1769-1779.* Berkeley: University of California Press, 1968.

Aldrigue, Ana Cristina de Sousa; Nicolau, Roseane Batista Feitosa (Orgs.). *Quem o pretender comprar dirija-se a...*: coletânea de anúncios paraibanos do século xix. João Pessoa: Ideia Editora/Edições ProLING, 2009.

Alkmim, Mônica. *Negativas sentenciais:* uma abordagem sociolinguística. Tese de Doutorado – Universidade Federal de Minas Gerais, 2001.

Alkmim, Mônica. Estruturas negativas em Anúncios de Jornais do séc. xix. In: T. Alkmim (Org. 2002: 177-196).

Alkmim, Tânia. A variedade linguística de negros e escravos: um tópico da história do português no Brasil. In: R. V. Mattos e Silva (Org. 2001, t. 2: 317-336).

Alkmim, Tânia (Org.). *Para a história do português brasileiro.* Vol. iii. Novos estudos. São Paulo/Campinas: Humanitas/Instituto de Estudos da Linguagem, 2002.

Altino, Fabiane Cristina (Org.). *Múltiplos olhares sobre a diversidade linguística*: nos caminhos de Vanderci de Andrade Aguilera. Londrina: Midiograph, 2012.

Altino, Fabiane Cristina; Cunha, Cláudio de Assis da. Os dicionários: fontes, métodos e novas tecnologias. *Cahiers de Lexicologie* (Paris), 1: 235, 2012.

Altino, Fabiane Cristina; Vasconcelos, Celciane Alves. Projeto phpp: balanço geral e banco de dados. In: Tânia Lobo, Zenaide Carneiro, Juliana Soledade, Ariadne Almeida e Silvana Ribeiro. (Org. 2012, v. 1, p. 1766-1788).

Allwood, Jens. *Linguistica*: Communication as Action and Cooperation. A Study in Pragmatics. Tese de Doutorado – Universidade de Goeteborg, 1976.

Almeida Nogueira, Batista Caetano de. *Rascunhos sobre a grammatica da lingua portugueza.* Rio de Janeiro: Typ. de Antonio dos Santos, 1881.

Almeida, Norma L. F. de. *Sujeito nulo e morfologia verbal no português falado por três comunidades do interior da Bahia.* Tese de Doutorado – Universidade Estadual de Campinas, 2005.

Almeida, Norma L. F. de. A criação de escolas a partir de critérios demográficos na Bahia do séc. xix: uma viagem ao interior. In: T. Lobo et al. (Orgs. 2006, t. 2: 549-674).

Almeida, Norma L. F. de; Carneiro, Zenaide de Oliveira Novais (Orgs.). *Variação linguística no semiárido baiano.* Feira de Santana: Universidade Estadual de Feira de Santana, 2011.

Álvarez, Rosario et al. (Orgs.). *Ao sabor do texto.* Estudos dedicados a Ivo Castro. v. 1. Santiago de Compostela: Universidade de Santiago de Compostela/Servizo de Publicacións e Intercambio Científico, 2013.

Andrade, A. M.; Tatto, N. *Inventário cultural de quilombos do Vale do Ribeira.* São Paulo: Instituto Socioambiental, 2013.

Andrade, Elias Alves de; Santiago-Almeida, Manoel Mourivaldo; Baronas, Roberto Leiser (Orgs.). *Plano de guerra da capitania de Mato Grosso.* Janeiro de 1800. Cuiabá: Editora da Universidade Federal de Mato Grosso, 2012.

Andrade, Maria Lúcia C. V. O. Marcas de interação na correspondência publicada em jornais. In: J. Ramos e M. Alkmin (Orgs. 2007: 507-543), 2007a.

Andrade, Maria Lúcia C. V. O. Referenciação e gênero textual: estudo de um ensaio jornalístico. In: L. C. Travaglia, L. H. B. Finotti e E. M. C. de Mesquita (Orgs. 2007: 45-65), 2007b.

Andrade, Maria Lúcia C. V. O. O ensaio jornalístico e o processo de referenciação. In: G. Micheletti (Org. 2008: 76-91), 2008a.

Andrade, Maria Lúcia C. V. O. (Des)cortesia e contestação em interações escritas. In: D. Preti (Org. 2008: 193-214), 2008b.

Andrade, Maria Lúcia C. V. O. Cartas do leitor: a interatividade na correspondência publicada em jornais. *Revista da Anpoll,* 25: 139-165, 2008c.

ANDRADE, Maria Lúcia C. V. O. Cartas do editor em revistas femininas: relações de poder e cumplicidade. In: Z. G. de Aquino (Org. 2008a), 2008d.

ANDRADE, Maria Lúcia C. V. O. Tradições Discursivas em cartas de leitores na imprensa paulista: estudo dos papéis sociais e formas de tratamento numa perspectiva diacrônica. 2008e.

ANDRADE, Maria Lúcia C. V. O. Trajetórias femininas: estudo de Tradições Discursivas em cartas da editora de revistas produzidas por mulheres em São Paulo no século XIX. In: M. A. Torres Morais e M. L. C. V. O. Andrade (Orgs. 2009: 373-390).

ANDRADE, Tânia; PEREIRA, Carlos Alberto Claro; ANDRADE, Márcia Regina de Oliveira. (Eds.). *Cadernos Itesp 3*. Negros do Ribeira: reconhecimento étnico e conquista do território. 2. ed. São Paulo: Páginas & Letras, 2000.

ANDRADE, Vanderci Aguilera de et al. *Manuscritos do Paraná (1721-1827)*. Projeto Nacional PHPB – Equipe Paraná. CD-ROM. 2008.

AQUINO, Zilda Gaspar Oliveira de. (Org.). *Atas do VIII Enil Encontro Nacional de Interação em Linguagem Verbal e Não Verbal e II Simpósio Internacional de Análise Crítica do Discurso*. São Paulo: Universidade de São Paulo, 2008a. CD-ROM.

AQUINO, Zilda Gaspar Oliveira de. Cortesia e descortesia em debates radiofônico: um estudo das sequências indicativas de desacordo. In: D. Preti (Org. 2008: 355-375), 2008b.

AQUINO, Zilda Gaspar de (Org.) *Atas do II Simpósio Internacional de Análise Crítica do Discurso e do VIII Encontro Nacional de Interação em Linguagem Verbal e Não Verbal*. São Paulo: Universidade de São Paulo, 2009. CD-ROM.

AQUINO, Zilda Gaspar Oliveira de; GIL, B. (Orgs.). *Estudos do discurso*: diferentes perspectivas. São Paulo: Ideia, 2009. CD-ROM.

ARAÚJO, Leandro S.; KEWITZ, Verena. Edição semidiplomática de cartas de e para um comerciante do Vale do Ribeira, século XX. São Paulo: Universidade de São Paulo/Programa Aprender com Cultura e Extensão, 2015. Manuscrito.

ARAÚJO, M. F. Ribeiro de. *A alternância /ei/-/e/ no português falado na cidade de Caxias, MA*. Dissertação de Mestrado – Universidade Estadual de Campinas, 1999.

ARAÚJO, Gabriel Antunes de (Org.). *O acento em português*: abordagens fonológicas. v. 1. São Paulo: Parábola Editorial, 2007.

ARAÚJO, Gabriel Antunes de; SANTIAGO-ALMEIDA, Manoel Mourivaldo; ZAMBOTTO-LIMA, Criseida Rowena. O vigor do rotacismo na Baixada Cuiabana. In: M. A. Torres Morais; M. L. C. V. O. Andrade (Orgs. 2009: 487-493).

ARDEN, Mathias; MÄRZHÄUSER, Christina; MEISNITZER, Benjamin. (Orgs.). *Linguística do português*: rumos e pontes. Munique: Martin Meidenbauer, 2011.

AREÁN-GARCÍA, Nilsa. *Estudo comparativo de aspectos semânticos do sufixo -ista no português e no galego*. 2 v. Dissertação de Mestrado – Universidade de São Paulo, 2007a.

AREÁN-GARCÍA, Nilsa. *O sufixo -ista na formação de gentílicos*: uma perspectiva histórica no português. VIII Seminário Internacional do PHPP – Projeto Para a História do Português Paulista/III Colóquio sobre Os Estudos Lexicais em Diferentes Perspectivas, 2007b.

AREÁN-GARCÍA, Nilsa. *Aspectos semânticos e paradigmáticos do sufixo -ístico(a) no português e no galego*. Tese de Doutorado – Universidade de São Paulo, 2007c.

AREÁN-GARCÍA, Nilsa. A internacionalidade do sufixo *-ista*. In: M. A. Torres Morais e M. L. C. V. O. Andrade (Orgs. 2009: 465-486).

ARONNE, Alessandra. Características fonéticas do falar de fronteira – MG e de São José do Rio Preto – SP. In: M. A. Torres Morais; M. L. C. V. O. Andrade (Orgs. 2009: 487-493).

ASTON, G. Small and Large *Corpora* in Language Learning. Palc Conference, University of Lodz, Poland, 1997.

ATAÍDE, Cleber Alves de. *Da esquerda para a direita*: descrição e uso das cláusulas VS em textos pernambucanos dos séculos XVIII, XIX e XX. Tese de Doutorado – Universidade Federal da Paraíba, 2013.

ATAÍDE, Cleber Alves de; SOARES, Thiago Nunes. Aspectos sócio-históricos e linguísticos em cartas administrativas do período colonial e republicano de Pernambuco. In: V. S. Gomes e T. N. Soares (Orgs. 2012: 25-32).

AUTOS DA DEVASSA DA CONSPIRAÇÃO DOS ALFAIATES. 2 v. Salvador: Arquivo Público do Estado da Bahia, 1998.

AVELAR, Juanito Avelar; CYRINO, Sonia Maria Lazzarini. Sobre constituintes locativos pré-verbais: paralelismos entre o português brasileiro e as língua bantu. In: M. A. Torres Morais; M. L. C. V. O. Andrade (Orgs. 2009: 249-262).

AVERBUG, Mayra C. Objeto direto anafórico: variação na produção oral e escrita e influência do ensino. *Anais do VII Congresso da Assel-Rio*: 680-687, 1998.

AYROSA, Plínio. Subsídios para o estudo da influencia do tupi na fonologia portuguesa. *Anais do Primeiro Congresso da Língua Nacional Cantada*, São Paulo, Departamento de Cultura de São Paulo: 681-696, 1938.

BACELAR, Bernardo de Lima e Melo. *Grammatica philosophica e orthographia racional da lingua portugueza, para se pronunciarem e escreverem com acerto os vocabulos d'este idioma.* Lisboa: S.T. Ferreira, 1783.

BACELLAR, Carlos de Almeida Prado. O processo de povoamento do território paulista, séculos XVI a XX. In: M. de Oliveira (Org. 2009: 137-150). *450 Anos de língua portuguesa em São Paulo.* São Paulo: Humanitas, 2005. Republicado com alterações em A.T. de Castilho (Org. 2009: 137-150), 2009.

BAKER, Paul. Corpora and Sociolinguistic Variation. In: *Sociolinguistics and* Corpus *Linguistics.* Edinburgh: Edinburgh University Press, 31-56, 2010.

BALTIN, Mark; COLLINS, Chris (Eds.). *The Handbook of Contemporary Syntactic Theory.* Oxford: Blackwell, 2001.

BALTOR, Cristiane da S. *Estudo variacionista do objeto direto de terceira pessoa em série anafórica no falar pessoense.* Dissertação de Mestrado – Universidade Federal da Paraíba, 2003.

BARATA, Carlos Eduardo; BUENO, Antônio Henrique Cunha. *Dicionário das famílias brasileiras.* São Paulo: Originis-X, 2001.

BARBOSA, Afranio G. *Para uma história do português colonial:* Aspectos linguísticos em Cartas de Comércio. Tese de Doutorado – Universidade Federal do Rio de Janeiro, 1999.

BARBOSA, Afranio G. O contexto dos textos coloniais. In: T. Alkmin (Org. 2002: 421-431).

BARBOSA, Afranio G. Demografia histórica e história da língua portuguesa no Brasil-colônia: reflexões sobre o fim dos setecentos. *Revista Linguística da Alfal*, 17: 75-94, 2005.

BARBOSA, Afranio G. Tratamento dos *corpora* de sincronias passadas da língua portuguesa: recortes grafológicos e linguísticos. In: T. Lobo et al. (Orgs. 2006, t. 2: 761-780).

BARBOSA, Afranio G. Normas cultas e normas vernáculas: a encruzilhada histórico-diacrônica nos estudos sobre português brasileiro. In: A. T. de Castilho et al. (Orgs. 2007: p. 483-498), 2007.

BARBOSA, Afranio G. Novos *corpora* para estudos diafásicos*:* cartas pessoais e cartas publicadas em jornais do séc. XIX. Comunicação ao I Encontro Internacional do Projeto Processos Urbanos. 2008a.

BARBOSA, Afranio G. Fontes escritas e história da língua portuguesa no Brasil: as cartas de comércio no século XVIII. In: I. S. Lima e L. do Carmo (Orgs. 2008b: 181-211).

BARBOSA, Afranio G. Novos *corpora* para estudos diafásicos*:* cartas pessoais e cartas publicadas em jornais do séc. XIX. *Veröffentlichungsreihe des Studienbereiches Neue Romania des Instituts für RomanischePhilologie*, Berlin, Freie Universität, 39: 197-218, 2009.

BARBOSA, Afranio G. Linguística de *Corpus*: metodologias para a história do português brasileiro. Comunicação ao IX Seminário Nacional do Projeto Para a História do Português Brasileiro (PHPB). Maceió: Universidade Federal de Alagoas, out. 2013.

BARBOSA, Afranio G. O controle de marcas de inabilidade na escrita alfabética e a identificação das mãos inábeis em *corpora* histórico-diacrônicos. *Revista da Abralin*, 16/2: 19-43, 2017.

BARBOSA, Afranio; LOPES, Célia; CALLOU, Dinah (Orgs.). *Corpora.* CNPq/Faperj, 2000. CD-ROM.

BARBOSA, Afranio G.; LOPES, Célia Regina dos Santos; CALLOU, Dinah. Organização dos *corpora* diacrônicos do PHPB-RJ na rede mundial de computadores. In: M. E. L. Duarte e D. Callou (Orgs. 2002: 29-38).

BARBOSA, Afranio G.; LOPES, Célia Regina dos Santos (Orgs.). *Edição de cartas de leitores e de redatores em jornais brasileiros do século XIX.* Rio de Janeiro: Universidade Federal do Rio de Janeiro, 2002. CD-ROM.

BARBOSA, Afranio G.; LOPES, Célia Regina dos Santos (Orgs.). *Críticas, queixumes e bajulações na imprensa brasileira do século XIX.* Rio de Janeiro: Universidade Federal do Rio de Janeiro /Faperj, 2006.

BARONAS, Joyce E. de Almeida. Manuscritos do séc. XVIII e produções textuais do séc. XXI: pontos de encontro. *Signum: Estudos da Linguagem*, 13.(2): 131-145, dez. 2010.

BARRETO, Therezinha Maria Mello. *Gramaticalização das conjunções na história do português.* Tese de Doutorado – Universidade Federal da Bahia, 1999.

BARRETO, Therezinha Maria Mello. Esboço de estudo multissistêmico do item conjuncional 'conforme'. In: S. B. B. Costa e A. V. L. Machado Filho (Orgs. 2004: 13-30).

BARROS, João de. *Grammatica da lingua portugueza.* Lisboa: Olyssiponne. Apud Ludouicum Totorigiu Typographum, 1540.

BARROSO, Paulo Henrique de Oliveira. Os estágios de gramaticalização do verbo *procurar*. In: *Anais do I Seminário de Linguística da Unicsul*, São Paulo, 2006.

BARROSO, Paulo Henrique de Oliveira. O verbo *buscar* em processo de gramaticalização – sua recategorização. *Estudos Linguísticos*, São Paulo, 36: 248-257, 2007a.

BARROSO, Paulo Henrique de Oliveira. Análise multissistêmica do verbo *buscar*. In: *V Congresso Internacional da Associação Brasileira de Linguística – Caderno de Resumos*, Belo Horizonte: 361-362, 2007b.

BARROS, João. *Gramática da Língua Portuguesa:* cartinha, gramática, diálogo em louvor de nossa linguagem, diálogo da viciosa vergonha. Reprodução fac-similada, leitura, introdução e anotações por Maria Leonor C. Buescu. Lisboa: Faculdade de Letras, 1971 [1. ed. 1539-1540].

BASSANEZI, M. S.; BOTELHO, T. R. B. (Orgs.). *As atas paroquiais dos setecentos e oitocentos*: linhas e entrelinhas (as diferentes leituras). Campinas: Nepo/IFCH/Núcleo de Estudos de População/Programa de Pós-Graduação em Demografia, 2007.

BASSETTO, Bruno Fregni. *Elementos de filologia românica.* Vol. II. História interna das línguas românicas. São Paulo: Edusp, 2010.

BASTOS, A. K. P. H.; MACHADO, A. C. R.; CARVALHO, N. M. Análise dos anúncios de imóveis nos jornais do Recife. *Revista de Letras*, Fortaleza, 1/2: 21-27, 2006.

BASTOS, A. K. P. H.; MACHADO, A. C. R. Anúncios de imóveis na imprensa do Recife: do século XIX aos dias atuais. *Confluência*, Rio de Janeiro, 32: 73-87, 2006.

BATTAGLIA, Maria Helena; NOMURA, Masa (Orgs.). *Estudos linguísticos contrastivos em alemão e em português do Brasil.* São Paulo: Editora Annablume, 2008.

BATTYE, Adrian; ROBERTS, Ian (Eds.). *Clause Structure and Language Change.* New York: Oxford University Press, p. 110-139, 1995.

BAXTER, Alan N.; LUCCHESI, Dante. Processos de descrioulização no sistema verbal de um dialeto rural brasileiro. *Papia – Revista de Crioulos de Base Ibérica*, Brasília, 2.(2): 59-71, 1993.

BAXTER, Alan; LUCHESI, Dante. A relevância dos processos de pidgnização e crioulização na formação da língua portuguesa no Brasil. *Estudos Linguísticos e Literários*, Salvador, n. especial: 65-83, 1997.

BEAUREPAIRE-ROHAN, Henrique de. *Dicionário de vocábulos brasileiros.* 2. ed. Fac-similada. Salvador: Livraria Progresso Editora, 1956 [1. ed. 1889].

BELLOTTO, Heloísa Liberalli. *Como fazer análise diplomática e análise de documento de arquivo.* São Paulo: Arquivo do Estado e Imprensa Oficial do Estado, 2002. Coleção Como Fazer, v.8.

BEALS, K. et al. (Eds.). *Papers from the 30th Regional Meeting of the Chicago Linguistics Society:* Parasession on Variation and Linguistic Theory. v. 2. Chicago: Chicago Linguistic Society, 1994.

BENATTI, Pe. Mário. *Aculturação linguística numa colônia de imigrantes italianos de Santa Catarina, Brasil.* Lorena: Faculdade Salesiana de Filosofia, 1974.

BERBER SARDINHA, T. B. Linguística de *Corpus*: histórico e problemática. D.E.L.T.A., 16.2: 323-367, 2000a.

BERBER SARDINHA, T. O que é um *corpus* representativo? *DIRECT Papers 44*, 2000b.

BERBER SARDINHA, T. 25 Years Later: Comparing Internet and Pre-Internet Registers. In: T. Berber Sardinha e M. Veirano Pinto (Eds. 2014: 81-105).

BERBER SARDINHA, T.; KAUFFMANN, C.; ACUNZO, C. M. A Multidimensional Analysis of Register Variation in Brazilian Portuguese. *Corpora*, 9.(2): 239-271, 2014 a.

BERBER SARDINHA, T., KAUFFMANN, C; ACUNZO, M. Dimensions of Register Variation in Brazilian Portuguese. In: T. Berber Sardinha e M. Veirano Pinto (Eds. 2014: 35-80), 2014b.

BERBER SARDINHA, T.; PINTO, M. Veirano (Eds.). *Multi-Dimensional Analysis, 25 Years On*: A Tribute to Douglas Biber. Amsterdam/Philadelphia: John Benjamins, 2014.

BERBER SARDINHA, T.; SÃO BENTO FERREIRA. (Eds.). *Working with Portuguese* Corpora. London/New York: Bloomsbury/Continuum, 2014.

BERBER SARDINHA, T.; SÃO BENTO FERREIRA, T.; TEIXEIRA, R. d. B. S. Lexical Bundles in Brazilian Portuguese. In: T. Berber Sardinha e T. São Bento Ferreira (Eds. 2014: 33-68).

BERBER SARDINHA, T.; MAYER ACUNZO, C.; SÃO BENTO FERREIRA, T. Dimensions of Collocation in Brazilian Portuguese: Exploring the Brazilian *Corpus* on SketchEngine. In: M. Diab; Villavicencio (Eds., no prelo).

BERLINCK, Rosane de Andrade. Sobre a realização do objeto indireto no português do Brasil. Comunicação ao II Encontro do Círculo de Estudos Linguísticos do Sul, Florianópolis, 1997.

BERLINCK, Rosane de Andrade. Complementos preposicionados. Variação e mudança no português brasileiro. 2000a. Manuscrito.

BERLINCK, Rosane de Andrade. Complementos preposicionados no português paulista do século XIX. 2000b. Manuscrito.

BERLINCK, R.; GONÇALVES-SEGUNDO, P. (Orgs.) *História do potrtuguês paulista.* Vol. VI. Série Estudos. No prelo.

BERTOLDO, Sandra Regina F. O léxico no distrito de Nossa Senhora da Guia. In: A. T. de Castilho (Org. 2009: 763-772).

BIBER, Douglas; CONRAD, Susan. *Register, Genre, and Style.* Cambridge: Cambridge University Press, 2009.

BISOL, Leda. *Harmonização vocálica*: uma restrição variável. Tese de Doutorado – Universidade Federal do Rio de Janeiro, 1981.

BISOL, Leda. O ditongo na fonologia atual. *D.E.L.T.A*, 5.2: 188-224, 1989.

BISOL, Leda. O ditongo em português. *Revista da Abralin*, 11: 51-58, 1991.

BISOL, Leda. Ditongos derivados. *D.E.L.T.A*, 10: 123-140, 1994.

BISOL, Leda. *Introdução a estudos de fonologia do português brasileiro*. 2. ed. revista e ampliada. v. 1. Porto Alegre: Editora da Católica Universidade do Rio Grande do Sul, 1999.

BISOL, Leda; BRESCANCINI, C. *Fonologia e variação*: recortes do português brasileiro. Porto Alegre: Editora da Pontifícia Universidade Católica do Rio Grande do Sul, 2002.

BLANCH, Juan Lope. Proyeto de estudio del habla culta de las principales ciudades de hispanoamérica. In: D. Preti e H. Urbano (Orgs. 1990: 167-173).

BLAKE, Augusto Victorino Alves Sacramento. *Diccionario bibliographico brazileiro*. 7 v. Rio de Janeiro: Imprensa Nacional, 1902.

BOLFARINE, H; BUSSAB, W. O. *Elementos de amostragem*. São Paulo: Editora Edgard Blücher, 2005.

BOPP, Franz. *Grammaire comparée des langues indoeuropéennes*. 5 v. 2. ed. Paris: Imprimerie Nationale, 1875 [1. ed. 1833].

BORBA, Francisco da Silva. Esboço de fonologia diacrônica. *Alfa*, 18/19: 245-274, 1972-1973.

BORTONI-RICARDO, Stella Maris. *The Urbanization of Rural Dialect Spearkers*. Cambridge: Cambridge University Press, 1985. Trad. para o português: *Do campo para a cidade*. Estudo sociolinguístico de migração e redes sociais. São Paulo: Parábola, 2011.

BOSCO, H.; JORDÃO NETTO, A. *Migrações*. Estudo especial sobre as migrações internas para o estado de São Paulo e seus efeitos. São Paulo: Setor de Estudos e Pesquisas Sociológicas do Departamento de Imigração e Colonização da Secretaria da Agricultura do estado de São Paulo, 1967.

BOSCOLI, José Ventura. *Grammatica portugueza*. Corrigida e aumentada. S/e.: 1899.

BRACHET, Auguste. *Grammaire historique de la langue française*. Paris: J. Hetzel, 1867.

BRAGA, Theóphilo. *Gramática portugueza elementar*. Porto: Typographia de Antonio José da Silva, 1876.

BRANDÃO, H. H. N. Etnocentrismo e alteridade indígena: ambiguidades do discurso colonial jesuítico. *Filologia e Linguística Portuguesa*, 9: 185-199, 2007a.

BRANDÃO, H. H. N. Escravos em anúncios de jornais brasileiros do século XIX: discurso e ideologia. In: J. M. Ramos e M. A. Alkmin (Orgs. 2007: 485-505), 2007b.

BRANDÃO, H. H. N. Gêneros discursivos no jornalismo impresso. In: M. C. Chaparro (2008), 2008a.

BRANDÃO, H. H. N. Discurso, gênero e cenografia enunciativa. In: G. Micheletti (Org. 2008: 28-43), 2008b.

BRANDÃO, H. H. N. Discurso e tradição em anúncios da imprensa brasileira: da informação à sedução – imagens do cotidiano. In: M. A. Torres Morais e M. L. C. V. O. Andrade (Orgs. 2009: 349-372).

BRANDÃO, H. H. N.; ANDRADE, M. L. V.; AQUINO, Z. Cartas da administração privada e cartas particulares: estudo da organização discursiva. In: A. T. de Castilho (Org. 2009b: 721-736), 2009.

BRANDÃO, Sílvia Figueiredo; CALLOU, Dinah Isensee; DUARTE, Maria Eugênia Lamoglia. As estruturas de complementação na fala *standard* e *não standard* do Rio de Janeiro. In: S. Grosse e K. Zimmermann (Eds. 2000: 189-206).

BRANDÃO, Silvia Figueiredo; VIEIRA, Silvia Rodrigues (Orgs.). *Ensino de gramática*: descrição e uso. v. 1. São Paulo: Contexto, 2007.

BRITO, Belkis Wey Berti. Resistência feminina no século XX: o ensino na capital paulista. In: A. T. de Castilho (Org. 2009b: 159-164), 2009.

BROWN, Roger; GILMAN, Albert. The Pronouns of Power and Solidarity. In: T. A. Sebeok (1960: 253-276).

BUENO, Francisco da Silveira. *A formação histórica da língua portuguesa*. 2. ed. rev. Rio de Janeiro: Livraria Acadêmica, 1958 [1954].

BUENO, Francisco da Silveira. *Estudos de filologia portuguesa*. 3. ed. São Paulo: Saraiva, 1959 [1946].

BUENO, Antonio Henrique da Cunha; BARATA, Carlos Eduardo de Almeida. *Dicionário das famílias brasileiras*. v. 1-2. São Paulo: Ibero-América, 2001.

BYNON, Theodora. *Linguística histórica*. Trad. José L. Melena. Madrid: Editorial Gredos, 1981.

BRESCANCINI, Cecília; MONARETTO, Valéria. Os róticos no sul do Brasil: panorama e generalizações. *Revista Signum*, 11.2: 51-66, 2008.

CABREIRA, Silvio Henrique. *A monotongação dos ditongos orais decrescentes em Curitiba, Florianópolis e Porto Alegre*. Dissertação de Mestrado – Pontifícia Universidade do Rio Grande do Sul, 1996.

CAFEZEIRO, Edwaldo (Org.). *Teatro de França Junior*. Rio de Janeiro: SNT/Funarte, 1980.

CAFEZEIRO, Edwaldo. Sobre o nexo em alguns textos do português colonial. In: M. E. L. Duarte e D. Callou (Orgs. 2002: 207-222).

CALDAS AULETE, Francisco Julio. *Grammatica nacional.* Lisboa: Imprensa Nacional, 1864.

CALDEIRA, Ana Paula Sampaio. A Biblioteca Nacional nos tempos de Ramiz Galvão. *Anais da Bilioteca Nacional,* 130: 9-109, 2010.

CALLOU, Dinah M. Isensee. *Variação e distribuição da vibrante na fala urbana culta do Rio de Janeiro.* Tese de Doutorado – Universidade Federal do Rio de Janeiro, 1987.

CALLOU, Dinah M. Isensee. Um estudo em tempo real em dialeto rural brasileiro: questões morfossintáticas. In: S. Grosse e K. Zimmermann (Eds. 1998: 255-172).

CALLOU, Dinah M. Isensee et al. Variação e diferenciação dialetal: a pronúncia do /r/ no português do Brasil. In: I. G. V. Koch (Org. 1996: 465-493).

CALLOU, Dinah M. Isensee. O falar do Rio de Janeiro: da história social à história linguística. In: Cornelia Deu, Sybille Grosse, Christine Hundt e Axel Schoenberger (Hrsg. 2010: 57-78).

CALLOU, Dinah M. Isensee; AVELAR, Juanito Ornelas de. Subsídios para uma história do falar carioca: mobilidade social no Rio de Janeiro do século XIX. In: D. M. I. Callou; M. E. L. Duarte (Orgs. 2002: 95-113), 2002.

CALLOU, D. M. I.; BARBOSA, Afranio G.; CARMO, Laura do (Orgs.). *A norma brasileira em construção*: cartas a Rui Barbosa (1866 a 1899). Rio de Janeiro: Fundação Casa de Rui Barbosa, 2011.

CALLOU, Dinah M. Isensee; DUARTE, Maria Eugênia Lamoglia; AVELAR, Juanito Ornelas de. As estruturas de complementação na fala culta do Rio de Janeiro: análise em tempo real de curta duração. In: R. V. Mattos e Silva (Org. 2001, t. 1: 251-263).

CALLOU, Dinah M. Isensee; DUARTE, Maria Eugênia Lamoglia (Orgs.). *Para a história do português brasileiro.* Notícias de *corpora* e outros estudos. Vol. IV. Rio de Janeiro: Universidade Federal do Rio de Janeiro/Faperj, 2002.

CALLOU, Dinah M. Isensee; LEITE, Yonne. As vogais pretônicas do falar carioca. *Estudos Linguísticos e Literários,* 5: 1986.

CALLOU, Dinah M. Isensee; LEITE, Y; MORAES, J. Processo(s) de enfraquecimento consonantal no português do Brasil. In: M. B. Abaurre e A. Rodrigues (Orgs. 2002: 537-556).

CÂMARA JR., Joaquim Mattoso. *Ele* como acusativo no português do Brasil. In: *Dispersos.* Seleção e introdução de C. E. F. Uchôa. Rio de Janeiro: Fundação Getúlio Vargas, 1975

CÂMARA JR., Joaquim Mattoso. A linguística brasileira, 1968. In: Anthony J. Naro (Org. 1976: 45-66).

CÂMARA JR., Joaquim Mattoso. *Dicionário de linguística e gramática.* 25. ed. Petrópolis/Rio de Janeiro: Vozes, 2004.

CAMBRAIA, César Nardelli. Subsídios para a fixação de normas de transcrição de textos para estudos linguísticos – I. In: R. V. Mattos e Silva (Org. v. II, t. 2, 2002: 531-534).

CAMPBELL, Lyle. *Historical Linguistics.* An Introduction. Cambridge: MIT Press, 1999.

CARDEIRA, Esperança. Do português médio ao clássico: o cancioneiro geral de Garcia de Resende. In: E. C. Herrero e C. C. Rigual (Eds. 2013: 543-554).

CARDEIRA, Esperança. *Entre o português antigo e o português clássico.* Lisboa: Imprensa Nacional/Casa da Moeda, 2005.

CARDOSO, Suzana Alice Marcelino; MOTA, Jacyra A.; MATTOS E SILVA, Rosa Virgínia (Orgs). *Quinhentos anos de história linguística do Brasil.* Salvador: Fundo de Cultura da Bahia, 2006.

CARENO, Mary F. Processos formais da produção da negativa em discurso oral. *Alfa,* 37: 117-126, 1993.

CARENO, Mary F. Nhunguara: uma comunidade rural do Vale do Ribeira. *Revista de História,* 132: 59-67, 1995.

CARENO, Mary Francisca. *Vale do Ribeira.* A voz e a vez das comunidades negras. São Paulo: Editora Arte & Ciência, 1997.

CARNEIRO, Zenaide de Oliveira Novais. *Cartas brasileiras (1808-1904)*: um estudo linguístico-filológico. 4 v. Tese de Doutorado – Universidade Estadual de Campinas, 2005.

CARNEIRO, Zenaide de Oliveira Novais (Org.). *Cartas brasileiras (1809-2000)*: coletânea de fontes para o estudo do português. Vol. 1 (1809-1904). Feira de Santana: Editora Universidade Estadual de Feira de Santana, 2011a. 3 CD-ROMS.

CARNEIRO, Zenaide de Oliveira Novais (Org.). Cartas para vários destinatários (1809-1904): edição fac-similada. In: Zenaide de Oliveira Novais Carneiro (Org. 2011a), 2011b. CD-ROM 1.

CARNEIRO, Zenaide de Oliveira Novais (Org.). Cartas para Severino Vieira, governador da Bahia (1901-1902): edição fac-similada. In: In: Zenaide de Oliveira Novais Carneiro (Org. 2011a), 2011c. CD-ROM 2.

CARNEIRO, Zenaide de Oliveira Novais (Org.). Cartas para Cícero Dantas Martins, Barão de Jeremoabo (1880-1903): edição fac-similada. In: Zenaide de Oliveira Novais Carneiro (Org. 2011a), 2011d. CD-ROM 3.

CARNEIRO, Zenaide de Oliveira Novais (Org.). *Cartas brasileiras (1809-1904)*: um estudo linguístico-filológico. v. 1. Feira de Santana: Editora da Universidade Estadual de Feira de Santana, 2016.

CARNEIRO, Zenaide de Oliveira Novais; ALMEIDA, Norma Lúcia Fernandes de. Arquivos públicos municipais do interior da Bahia: fontes para a história do português brasileiro. In: R. V. Mattos e Silva (Orgs. v. II, t. 2, 2001: 505-530).

CARNEIRO, Zenaide de Oliveira Novais; ALMEIDA, Norma Lúcia Fernandes de. Informes sobre *corpus* em fase de conclusão: cartas de homens "ilustres" do século XIX (PHPB-BA). In: M. E. L. Duarte e D. Callou (Orgs. 2002: 61-76).

CARNEIRO, Zenaide de Oliveira Novais; GALVES, Charlotte. Variação e gramática: colocação de clíticos na história do português brasileiro. *Revista de Estudos da Linguagem*, 18:2, 7-38, 2010.

CARNEIRO, Zenaide de Oliveira Novais et al. (Orgs.). Cartas do acervo Dantas Jr. (1902-1962): edição fac-similada. In: Zenaide de Oliveira Novais Carneiro, Mariana Fagundes de Oliveira e Norma Lucia Fernandes de Almeida (Org. 2011). CD-ROM 1.

CARNEIRO, Zenaide de Oliveira Novais; OLIVEIRA, Mariana Fagundes de; ALMEIDA; Norma Lucia Fernandes de (Orgs.). *Cartas brasileiras (1809-2000)*: coletânea de fontes para o estudo do português. Vol. 2 (1902-1993). Feira de Santana: Editora da Universidade Estadual de Feira de Santana, 2011. 3 CD-ROMS.

CARNEIRO, Zenaide de Oliveira Novais; OLIVEIRA, Mariana Fagundes de (Orgs.). *Publica-se em Feira de Santana.* Das cartas de leitores e redatores e dos anúncios em O Progresso e na Folha do Norte (1901-2006). Feira de Santana: Editora da Universidade Estadual de Feira de Santana, 2012a.

CARNEIRO, Zenaide de Oliveira Novais; OLIVEIRA, Mariana Fagundes de. Cartas de Leitores e Redatores em o Progresso e na Folha do Norte (1908-1997). In: Zenaide de Oliveira Novais Carneiro e Mariana Fagundes de Oliveira (Orgs. 2012), 2012b. CD-ROM 1.

CARNEIRO, Zenaide de Oliveira Novais; SANTIAGO, Huda da Silva; OLIVEIRA, Klebson (Orgs.). *Cartas brasileiras (1809-2000)*: coletânea de fontes para o estudo do português. Vol. 3 (1906-2000). Feira de Santana: Editora da Universidade Estadual de Feira de Santana, 2011. 3 CD-ROMS.

CARNEIRO, Zenaide de Oliveira Novais; SANTOS, Maria Rosane Passos dos; BATISTA, Priscila Starline Estrela Tuy; MASCARENHAS, Anderléia de Jesus (Org.). Cartas baianas (1911-1958): o acervo do João da Costa Pinto Victorio. In: Zenaide de Oliveira Novais Carneiro, Mariana Fagundes de Oliveira e Norma Lucia Fernandes de Almeida (Org. 2011). CD-ROM 2.

CARVALHO, Gislaine A. de. *A realização do sujeito na fala do araguaiense*. Dissertação de Mestrado – Universidade Estadual Paulista, 2005.

CAVALCANTE, M. Auxiliadora. *O sujeito pronominal em Alagoas e no Rio de Janeiro:* um caso de mudança em progresso. Tese de Doutorado –Universidade Federal de Alagoas, 2001.

CARVALHO, Cristina dos Santos. (Contra)evidências empíricas de pressupostos da gramaticalização. In: A. T. de Castilho (Org. 2009b: 351-358).

CARVALHO, Lucirene da Silva. *Os róticos em posição de coda*: uma análise variacionista do falar piauinse. Tese de Doutorado – Universidade Federal da Paraíba, 2008.

CARVALHO, N. (Org.). *O texto publicitário na sala de aula*. v. 1. São Paulo: Contexto, 2014.

CARVALHO, N. M.; BASTOS, A. K. P. H.; MACHADO, A. C. R. Os anúncios de imóveis na imprensa do Recife. *Investigações*, Recife, 19: 61-78, 2007.

CARVALHO, N. M.; BASTOS, A. K. P. H; MACHADO, A. C. R.; OLIVEIRA, R. L. S.; LUNA, T. S. E.; KRAMER, R. Anúncios de imóveis na imprensa: ontem e hoje. In: N. Carvalho (Org. 2014: 89-100).

CASIMIRO, Ana Palmira Bittecourt Santos. Constituições primeiras do arcebispado da Bahia: educação, lei, ordem e justiça no Brasil Colonial. In: José Claudinei Lombardi, Dermeval Saviani e Maria Isabel Moura Nascimento (Orgs. 2006).

CASTILHO, Ataliba T. de. A descrição do português culto. *Letras de Hoje*, Porto Alegre, 4.1.: 117-123, 1969.

CASTILHO, Ataliba T. de (Org.) *Gramática do português falado*. Volume I: A ordem. Campinas: Editora da Universidade Estadual de Campinas/Fapesp, 1990a.

CASTILHO, Ataliba T. de. Apresentação do projeto gramática do português falado. In: Ataliba T. de Castilho (Org. 1990a: 9-27), 1990b.

CASTILHO, Ataliba T. de. A gramaticalização. *Estudos Linguísticos e Literários*, 19: 25-63, 1997a.

CASTILHO, Ataliba T. de. Língua falada e gramaticalização. O caso de *mas*. *Filologia e Linguística Portuguesa*, 1: 107-120, 1997b.

CASTILHO, Ataliba T. (Org.). *Para a história do português brasileiro*. Vol. I, Primeiras ideias. São Paulo: Humanitas/ Fapesp, 1998a.

CASTILHO, Ataliba T. de. Projeto de história do português de São Paulo. In: A. T. de Castilho (Org. 1998a: 61-78), 1998b.

CASTILHO, Ataliba T. Para um programa de pesquisas sobre a história social do português de São Paulo. In: Rosa V. Mattos e Silva (Org. 2001, t. II: 337-369).

CASTILHO, Ataliba T. de. Historiando o português brasileiro. História das línguas: variedades, gramaticalização, discursos. Comunicação ao seminário Aspectos Sincrônicos e Diacrônicos do Português Brasileiro. Blaubeuren, Tuebingen Universität. 2003.

CASTILHO, Ataliba T. *Abordagem da língua como um sistema complexo.* Novas tendências da Linguística Histórica. Universidade de São Paulo. 2006a. Manuscrito.

CASTILHO, Ataliba T. de. Proposta funcionalista de mudança linguística: os processos de lexicalização, semanticização, discursivização e gramaticalização na constituição das línguas. In: T. Lobo et al. (Orgs., 2006, t. 1: 223-296), 2006b.

CASTILHO, Ataliba T. de. Abordagem da língua como um sistema complexo. Contribuições para uma nova Linguística Histórica. In: A. T. de Castilho et al. (Orgs. 2007: 329-360), 2007a.

CASTILHO, Ataliba T. de. Análise multissistêmica das preposições do eixo transversal no português brasileiro: espaço /anterior/ ~ /posterior/. In: J. Ramos e M. Alkmim (Orgs. 2007: 53-132), 2007b.

CASTILHO, Ataliba T. de. An Approach to Language as a Complex System. In: A. T. de Castilho (Org. 2009: 119-136), 2009a.

CASTILHO, Ataliba T. de (Org.). *História do português paulista.* Série Estudos, vol. 1. Campinas: Fapesp/Setor de Publicações do Instituto de Estudos da Linguagem da Universidade Estadual de Campinas, 2009b.

CASTILHO, Ataliba T. de. *Nova gramática do português brasileiro.* São Paulo: Editora Contexto, 2010.

CASTILHO, Ataliba T. de et al. História do português de São Paulo. Paleografia e agenda. *Estudos Linguísticos [Anais do Grupo de Estudos Linguísticos do Estado de São Paulo]*, 27: 190-198, 1998.

CASTILHO, Ataliba T. de. et al. (Orgs.). *Descrição, história e aquisição do português brasileiro.* Homenagem a Mary A. Kato. Campinas: Pontes /Fapesp, 2007.

CASTILHO DA COSTA, Alessandra F. Tradições discursivas da mídia impressa: critérios de análise. In: Zilda Gaspar de Aquino (Org. 2007).

CASTILHO DA COSTA, Alessandra F. Tradições discursivas em *A província de São Paulo* (1875): gêneros textuais e sua constituição. In: *Anais do I Simelp*. 2008.

CASTILHO DA COSTA, Alessandra F. Redes de gêneros discursivos na análise de TD da mídia impressa a exemplo do *Correio Paulistano* (1856). In: Vanderci de Andrade Aguilera (Org. 2009, t. II: 699-738), 2009a.

CASTILHO DA COSTA, Alessandra F. Transformação de gêneros discursivos em uma perspectiva diacrônica: o exemplo da notícia. In: A. T. de Castilho (Org. 2009: 637-664), 2009b.

CASTILHO DA COSTA, Alessandra F. Tradições discursivas no gênero textual 'anúncio publicitário' em jornais paulistas do século XIX. In: M. A. Torres Morais; M. L. C. V. O. Andrade (Orgs. 2009: 325-348), 2009c.

CASTILHO DA COSTA, Alessandra F. Tradições discursivas da mídia impressa no português brasileiro: gênese, formação e transformação de gêneros discursivos em uma perspectiva diacrônica. Relatório final de pesquisa de Pós-Doutorado, Universidade de São Paulo/Fapesp, 2010.

CASTILHO DA COSTA, Alessandra F. "Por quanto esta he minha ultima vontade do modo que tenho dito": tradições discursivas, textuais e linguísticas em testamentos brasileiros dos séculos XVII a XX. Universidade Federal do Rio Grande do Norte, 2014. Manuscrito.

CASTILHO DA COSTA, Alessandra F. "Por quanto esta he minha ultima vontade do modo que tenho dito": tradições discursivas, textuais e linguísticas em testamentos norte-rio-grandenses dos séculos XVIII a XX. In: Esme Winter-Froemel et al. (Orgs. 2015: 285-316).

CASTILHO DA COSTA, Alessandra F.; SIMÕES, José da Silva. As atas paroquiais de batismo, casamento e óbito como gêneros discursivos. In: M. S. Beozzo Bassanezi e T. R. Botelho (Orgs. 2007: 35-68).

CASTILHO DA COSTA, Alessandra; SIMÕES, José da Silva. Transposição da oralidade à escrituralidade na tradução: edição crítica da Textlinguistik de Eugenio Coseriu em português. *Pandaemonium Germanicum*, São Paulo, 18. 26: 2015.

CASTRO, Eugênio de. *Geografia linguística e cultura brasileira* (ensaio). Rio de Janeiro: Graphica Sauer, 1937.

CASTRO, Ivo. *Curso de história da língua portuguesa.* Lisboa, Universidade Aberta, 1991.

CASTRO, Ivo. Vésperas Brasilianas. In: M. M. Lima-Hernandes e M. M. Santiago-Almeida (Orgs. 2012: 45-72).

CASTRO, Yedda P. *Falares africanos na interação social do Brasil-Colônia.* Salvador: Universidade Federal da Bahia, 1980.

CASTRO, Yedda P. *Falares africanos na Bahia*: um vocabulário afro-brasileiro. Rio de Janeiro: Academia Brasileira de Letras /Topbooks, 2001.

CATACH, Nina. (Org.). *Para uma teoria da língua escrita.* São Paulo: Ática, 1996.

CAVALCANTE, M. Auxiliadora. *O sujeito pronominal em Alagoas e no Rio de Janeiro*: um caso de mudança em progresso. Tese de Doutorado – Universidade Federal de Alagoas, 2001.

CAVALIERE, Ricardo Stavola. *Fonologia e morfologia na gramática científica brasileira.* Niterói: Editora da Universidade Federal Fluminense, 2000.

CAVALCANTE, Sílvia Regina de Oliveira. O sujeito indeterminado na escrita dos séculos XIX e XX: uma mudança encaixada? In: R. V. Mattos e Silva (Org., 2001a, tomo 1: 233-250).

CHAPARRO, Manuel Carlos. *Sotaques d'aquém e d'além mar*: travessias para uma nova teoria de gêneros jornalísticos. São Paulo: Summus, 2008.

CHAVES, E. *Cartas do século XIX:* edição semidiplomática e fac-similar. Belo Horizonte: Universidade Federal de Minas Gerais, 2006a.

CHAVES, E. *Cartas do século XVIII.* edição semidiplomática e fac-similar. Belo Horizonte: Universidade Federal de Minas Gerais, 2006b.

CHAVES, E. *Cartas do século XX.* edição semidiplomática e fac-similar. Belo Horizonte: Universidade Federal de Minas Gerais, 2013.

CHAVES DE MELO, Gladstone. *A língua do Brasil.* Rio de Janeiro: Agir, 1946.

CHOMSKY, Noam. *Linguagem e pensamento.* Petrópolis: Vozes, 1971.

CHOMSKY, Noam. *Lectures on Government and Binding.* Dordrecht: Foris, 1981.

CHOMSKY, Noam. *Knowledge of Language.* New York: Praeger, 1986.

CHRISTINO, Beatriz. *Português de gente branca?* Certas relações entre língua e raça na década de 1920. Dissertação de Mestrado – Universidade de São Paulo, 2001.

CIAPUSCIO, Guiomar et al. (Orgs.). *Sincronia y diacronia*: de tradiciones discursivas en Latinoamérica. Frankfurt: Vervuert/Bibliotheca Ibero-Americana, 2006.

CLARK, Robin; ROBERTS, Ian. A Computational Model of Language Learnability and Language Change. *Linguistic Inquiry*, 24: 299-345, 1993.

COELHO, Francisco Adolfo. *Noções elementares de grammatica portugueza.* Porto: Lemos, 1891.

COELHO, Olga Ferreira. *A anguzada lexicográfica luso-bundo-americana*: língua e identidade nacional na segunda metade do século XIX. Tese de Doutorado – Universidade de São Paulo, 2003.

COELHO, Olga Ferreira. Os nomes da língua: configuração e desdobramento do debate sobre a língua brasileira no século XIX. *Revista do IEB*, São Paulo, 47: 140-160, 2008.

COHEN, M. A.; RAMOS, Jânia (Orgs.). *O dialeto mineiro e outras falas.* Belo Horizonte: Faculdade de Letras da Universidade Federal de Minas Gerais, 2002.

CONSTÂNCIO, Francisco Solano. *Gramamtica analytica da língua portugueza, offerecida a mocidade estudiosa de Portugal e do Brasil.* Paris: Officina Typographica de Casimiro, 1831.

CORRÊA, Vilma R. *Objeto direto nulo no português do Brasil.* Dissertação de Mestrado – Universidade Estadual de Campinas, 1991.

CORTINA, Arnaldo; NASSER, Silvia Maria Gomes da Conceição (Orgs.). *Sujeito e linguagem:* séries trilhas linguísticas. Araraquara: Cultura Acadêmica, 2009.

COSERIU, Eugenio. *Textlinguistik. Eine Einführung.* Tübingen: Gunter Narr, 1981/1994.

COUTO, Hildo Honório do. *Linguística, ecologia e ecolinguística.* Contato de línguas. São Paulo: Editora Contexto, 2009.

COSTA, Renata Ferreira. *Edição semidiplomática de "Memória histórica da capitania de São Paulo", códice E11571 do Arquivo do Estado de São Paulo.* Dissertação de Mestrado – Universidade de São Paulo, 2007.

COSTA, Sônia Bastos Borba; MACHADO FILHO, Américo Venâncio Lopes (Orgs.). *Do Português Arcaico ao Português Brasileiro.* Salvador: Editora da Universidade Federal da Bahia, 2004.

COUTO, Letícia Rebollo; LOPES, Célia Regina dos Santos. (Orgs.). *As formas de tratamento em português e em espanhol*: variação, mudança e funções conversacionais. Niterói: Editora da Universidade Federal Fluminense, 2011.

CUNHA, Anna Carla de Oliveira Dini. *Uma historia de constituição de gênero discursivo em sala de aula: cartas.* Dissertação de Mestrado – Universidade Estadual de Campinas, 2005.

CUNHA, Celso. *O cancioneiro de Martin Codax.* Rio de Janeiro: s. e., 1956.

CUNHA, Celso. Os estudos filológicos no Brasil, 1963. In: *Estudos de filologia e linguística.* Rio de Janeiro/Brasília: Grifo/Instituto Nacional do Livro, 117-176, 1975.

CUNHA, Celso. *A unidade linguística do Brasil* (condicionamentos geoeconômicos). Rio de Janeiro: Padrão, 1979.

CUNHA, Celso. O nosso primeiro filólogo. *Scripta,* Belo Horizonte, 2.4: 171-188, 1999.

CYRINO, Sonia Maria Lazzarini. Observações sobre a mudança diacrônica no português do Brasil: objeto nulo e clíticos. In: I. Roberts e M. A. Kato (Orgs. 1993: 163-184).

CYRINO, Sônia Maria Lazzarini. *O objeto nulo no português do Brasil* – um estudo sintático-diacrônico. Tese de Doutorado – Universidade Estadual de Campinas, 1994.

CYRINO, Sônia Maria Lazzarini. *O objeto nulo no português do Brasil* – um estudo sintático-diacrônico. Londrina: Editora da Universidade Estadual de Londrina, 1997.

CYRINO, Sônia Maria Lazzarini. Uma proposta para o estudo da sintaxe diacrônica do português brasileiro. In: A. T. de Castilho (Org. 1998a: 89-100), 1998.

CYRINO, Sônia Maria Lazzarini. O objeto direto nulo no português brasileiro. In: E. Gärtner, C. Hundt e A.Schönberger (Eds. 2000, v. II: 61-74).

CYRINO, Sônia Maria Lazzarini. Elementos nulos pós-verbais e a categoria "INFL (flexão)" no português do século XVI. In: R. V. Mattos e Silva (Org. 2001a, t. 1: 205-232).

CYRINO, Sônia Maria Lazzarini; DUARTE, M. Eugênia L.; KATO, Mary A. Visible Subjects and Invisible Clitics in Brazilian Portuguese. In: Mary A. Kato e Esmeralda V. Negrão (Eds. 2000: 55-104).

CYRINO, Sônia Maria Lazzarini; REICH, Uli. Uma visão integrada do objeto nulo no português brasileiro. *Romanistisches Jahrbuch*, 52: 360-386, 2001.

CYRINO, Sônia Maria Lazzarini; BARRICHELLO, Jerusa; FIGUEIREDO DE PAULA, Flávia. Formação de um banco de documentos paranaenses: primeiros resultados. In: M. E. L. Duarte e D. Callou (Orgs. 2002: 77-86).

CYRINO, Sônia Maria Lazzarini. O objeto nulo nas cartas de leitores publicadas na imprensa brasileira do século XIX. In: J. Ramos e M. Alkmim (Orgs. 2007: 283-316).

DANNA, Stela M. D. G. *Metalinguagem e 'escolha de retórica' em Bello (1853[1847]) e Said Ali (1919[1908])*: faces dos estudos gramaticais na América do Sul. Dissertação de Mestrado – Universidade de São Paulo, 2014.

DAUPIÁS, Jorge Guimarães. *O dialecto capiau*. Rio de Janeiro: Empresa de Publicações Modernas, 1922.

DAVET, Julie Cristiane Teixeira. *Estudo da concordância verbal de segunda pessoa do singular em Florianópolis-SC*: algumas implicações identitárias. Dissertação de Mestrado – Universidade Federal de Santa Catarina, 2013.

DEFENDI, Cristina Lopomo. Repetição, redobro e reduplicação em uma perspectiva histórica. *Domínios de Linguagem – Revista Eletrônica de Linguística*. 2: 1-12, 2007.

DEFENDI, Cristina Lopomo. A reduplicação no português culto falado em São Paulo: possível gramaticalização. In: M. A. Torres Morais e M. L. C. V. O. Andrade (Orgs. 2009: 123-140), 2009a.

DEFENDI, Cristina Lopomo et al. Análise multissistêmica das palavras: *atrás*, *fora*, *onde* e *afinal*. In: A.T. de Castilho (Org. 2009: 359-382), 2009b.

DEU, Cornelia; GROSSE, Sybille, HUNDT, Christine; SCHOENBERGER, Axel (Hrsg.). *De Arte Grammatica*. Festschrift für Eberhard Gartner zu seinem 65. Geburtstag. Frankfurt am Main: Valentia, 2010.

DIAB, M.; VILLAVICENCIO (Eds). *Essays in Lexical Semantics in Honor of Adam Kilgarriff*. Springer: Berlin/New York, no prelo.

DIAS, Carla Regiane. *Edição Fac-similar e semidiplomática de um processo-crime de feitiçaria e homicídio de Campinas* – 1871. Rev. Carla Regiane Dias e Verena Kewitz. São Paulo, 2016a. Disponível em: <http://phpp.fflch.usp.br/sites/phpp.fflch.usp.br/files/Processo%20crime%20Carla%20Dias%202016_para%20site.pdf>. Acesso em: 02 out. 2018.

DIAS, Carla Regiane. *E morreo curado por pózez e raízes*: edição semidiplomática e estudo de um processo-crime de feitiçaria e homicídio no Brasil Império (século XIX). Dissertação de Mestrado – São Paulo: Universidade de São Paulo, 2016b.

DIAS, Marieta Prata de Lima (Org.). *Língua e literatura:* discurso pedagógico. v. 1. São Paulo: Ensino Profissional, 2007.

DIAS, Nilza Barrozo. As "pequenas cláusulas" nas construções apositivas. In: A. T. de Castilho (Org. 2009: 559-570).

DIETRICH, Wolf; NOLL, Volker (Orgs.). *O Português do Brasil*. Perspectivas da pesquisa atual. Madrid/Frankfurt: Iberoamericana/Vervuert, 2004.

DUARTE, Antonio da Costa. *Compendio de grammatica philosophica da lingua portugueza, escolhido pela congregação do Lyceu do Maranhão para uso do mesmo Lyceu e das aulas de primeiras letras da província*. Maranhão: Typographia de J-C Marques da Cunha Torres, 1829.

DUARTE, Maria Eugênia L. Clítico acusativo, pronome lexical e categoria vazia no português do Brasil. In: F. Tarallo (Org. 1989: 55-104).

DUARTE, Maria Eugênia L. Do pronome nulo ao pronome pleno: a trajetória do sujeito no português do Brasil. In: I. Roberts e M. A. Kato (Orgs. 1993: 107-128).

DUARTE, Maria Eugênia L. *A perda do princípio "Evite Pronome" no português brasileiro*. Tese de Doutorado – Universidade Estadual de Campinas, 1995.

DUARTE, Maria Eugênia L. O sujeito nulo no português do Brasil: de regra obrigatória a regra variável. In: S. Grosse e K. Zimmermann (Eds. 1998: 189-202).

DUARTE, Maria Eugênia L. Sociolinguística Paramétrica: perspectivas. In: D. da Hora e E. Christiano (Orgs. 1999: 107-114).

DUARTE, Maria Eugênia L. Construções com se apassivador e indeterminador em anúncios do século XIX. In: T. Alkmim (Org. 2002: 155-176).

DUARTE, Maria Eugênia L. A evolução na representação do sujeito pronominal em dois tempos. In: M. C. de Paiva; M. E. L. Duarte (Orgs. 2003: 115-128), 2003.

DUARTE, Maria Eugênia L.; CALLOU, Dinah. (Orgs.). *Para a história do português brasileiro*: Notícias de *corpora* e outros estudos. Vol. IV. Rio de Janeiro: UFRJ/Letras/Faperj, 2002.

DUARTE, Maria Eugênia Lamoglia; LOPES, Célia Regina dos Santos. Realizaram, realizou-se ou realizamos...? As formas de indeterminação do sujeito em cartas de jornais do século XIX. In: M. E. L. Lopes e D. Callou (Orgs. 2002: 155-166).

DUCHOWNY, A. T.; COELHO, S. M. Documentos mineiros setecentistas: termos de devassa e de admoestação. In: J. P. da Silva (Org. 2012: 163-179).

DUCHOWNY, A. T.; COELHO, S. M. *Edição semidiplomática e fac-similar de documentos adamantinos setecentistas*. v. 2. Belo Horizonte: Laboratório de Edição da Faculdade de Letras da Universidade Federal de Minas Gerais, 2013.

DUCHOWNY, A. T.; COELHO, S. M.; FIGUEIREDO, B. M.; LONGO, D. S. Vocabulários de compromissos e estatuto adamantinos. v. 1. São Paulo: Arquivos do Nehilp – Universidade de São Paulo, 2015.

DUTRA, Rosália. *O falante gramático*: introdução à prática do estudo e ensino do português. Campinas: Mercado de Letras, 2003.

ELIZAINCIN, Adolfo. Estado actual de los estudios del fronterizo uruguayo-brasileño. *Cuadernos del Sur*, 12: 119-140, 1979b.

ELIZAINCIN, Adolfo. *Dialectos en contacto*. Español y Portugués en España y América. Montevideo: Arca, 1992.

ELIZAINCIN, Adolfo; BEHARES, Luis; BARRIOS, Gabriela. *Nós falemo brasilero*. Dialectos portugueses en Uruguay. Montevideo: Amesur, 1987.

FACHIN, Phablo; MONTE, Vanessa. *Contrato entre o cabido e o abade de Ronfe sobre o casal da vila Juste da dita freguesia (1506)*. São Paulo: Universidade de São Paulo, 2015. Disponível em: < http://phpp.fflch.usp.br/sites/phpp.fflch.usp.br/files/Contrato%20quinhentista%20-%201506%20-%20Vanessa%20e%20Phablo.pdf>. Acesso em: 03 out. 2018.

FARACO, Carlos Alberto. O tratamento *Você* em português: uma abordagem histórica. *Fragmenta*, Curitiba, Editora da Universidade Federal do Paraná, 13: 51-82, 1996.

FARACO, Carlos Alberto. *História sociopolítica da língua portuguesa*. São Paulo: Parábola, 2016.

FERREIRA, Andréa Hitos. *Atas da vereança de Mogi das Cruzes do século XVII (1612 a 1692)*: edição semidiplomática, glossário e descrição dos manuscritos. Dissertação de Mestrado – Universidade de São Paulo, 2007.

FERREIRA, Andrea Hitos; MORAIS, Kathlin; KEWITZ, Verena. *Atas da vereança de Mogi das Cruzes (1612 a 1646)*. São Paulo: Universidade de São Paulo, 2015. Disponível em: < http://phpp.fflch.usp.br/sites/phpp.fflch.usp.br/files/HITOS%20MORAIS%20KEWITZ%20%282015%20%5B2007%5D%29%20-%20Atas%20de%20Mogi%20das%20Cruzes_Revisadas%20Kathlin%20Morais%202015.pdf>. Acesso em: 03 out. 2018.

FERREIRA, Címtia C. *A variação do pronome sujeito na fala da comunidade Kalunga*. Dissertação de Mestrado – Universidade de Brasília, 2003.

FERREIRA, C. et al. (Orgs.). *Diversidade do português no Brasil*: estudos de dialetologia rural e outros. Salvador: Centro Editorial e Didático da Universidade Federal da Bahia, 1988.

FERREIRA, Marília (Org.). *Descrição e ensino de línguas*. Campinas: Pontes Editores, 2015.

FIGUEIRA, Servulo Augusto (Org.). *Psicanálise e Ciências Sociais*. Rio de Janeiro: Francisco Alves, 1980.

FIGUEIREDO SILVA, M. Cristina de. *O Objeto direto anafórico no dialeto rural afro-brasileiro*. Dissertação de Mestrado – Universidade Federal da Bahia, 2004.

FONSECA, Maria Cristina de Assis Pinto (Org.). *Cartas oficiais da Paraíba dos séculos XVIII e XIX*. João Pessoa: Ideia, 2010. CD-ROM.

FRAGA, Rose Mary. *Cartas em jornais brasileiros do século XIX*: marcas de envolvimento. Dissertação de Mestrado – Universidade Federal de Pernambuco, 2001.

FRAGA, Rose Mary. A Revolução Praieira na imprensa da segunda metade do século XIX. Tese de Doutorado – Universidade Federal de Pernambuco, 2005.

FRAGA, Rose Mary. Anúncios: o comércio de coisas e de gente. In: V. S. Gomes e T. N. Soares (Orgs. 2012: 25-32).

FRANK, Barbara; HAYE, Thomas; TOPHINKE, Doris (Hrgb.). *Gattungen mittelalterlicher Schriftlichkeit*. Tübingen: Gunter Narr, 1997 [ScriptOralia/ 99].

FREIRE, Gilson. *Os clíticos de terceira pessoa e as estratégias para sua substituição na fala culta brasileira e lusitana*. Dissertação de Mestrado – Universidade Federal do Rio de Janeiro, 2000.

FREIRE, Francisco José (Cândido Lusitano). *Reflexões sobre a lingua portugueza*. Lisboa: Typ. Soc. Propagadora dos Conhecimentos Úteis, 1842.

FREIRE DA SILVA, Augusto. *Rudimentos da grammatica portuguesa*. São Paulo: Jorge Seckler, 1875.

FREITAS, Érica Santos Soares de. *Em busca do mento perdido*. Análise semântico-diacrônica do sufixo *-mento*, no português. Dissertação de Mestrado –Universidade de São Paulo, 2008.

FRUGIUELE, Mário Santin. *Estudo do vocabulário do samba rural paulista*: entrevistas livres e semidirigidas e produções lítero-musicais. São Paulo: Universidade de São Paulo, 2015.

FURLAN, Oswaldo Antônio. *Influência açoriana no português do Brasil*. Florianópolis: Editora da Universidade Federal de Santa Catarina, 1989.

GALVES, Charlotte. Pronomes e categorias vazias em português do Brasil. *Cadernos de Estudos Linguísticos*, 7: 107-136, 1984

GALVES, Charlotte. O enfraquecimento da concordância no português brasileiro. In: I. Roberts e M. A. Kato (Orgs. 1993: 185-206).

GALVES, C.; BRITTO, H.; SOUSA, M. C. P. de. The Change in Clitic Placement from Classical to Modern European Portuguese: Results from the Tycho Brahe *Corpus*. *Journal of Portuguese Linguistics*, 4.(1): 39-67, 2005.

GANDRA, Ana Sartori. *Cartas de amor na Bahia do século XX*: normas linguísticas, práticas de letramento e tradições do discurso epistolar. Dissertação de Mestrado – Universidade Federal da Bahia, 2010.

GANDRA, Ana Sartori. *Pela pena do Santo Ofício*: difusão social da escrita nas capitanias de Pernambuco, Itamaracá e Paraíba em finais de Quinhentos. Tese de Doutorado – Universidade Federal da Bahia, 2016.

GARCIA, Rosicleide. *Para o estudo da formação e expansão do dialeto caipira em Capivari*. Dissertação de Mestrado – Universidade de São Paulo, 2009. Edição semidiplomática de cartas oficiais de Capivari. Disponível em www.phpp.fflch.usp.br/corpus, 2012.

GARCIA, Rosicleide Rodrigues. *Inquéritos orais do dialeto caipira do Médio Tietê (Santana de Parnaíba, Pirapora do Bom Jesus, Tietê, Itu, Piracicaba, Capivari e Porto Feliz) e inquéritos orais do Norte de Portugal (Braga, Bragança e Vila Real)*. séc. XXI. São Paulo: Universidade de São Paulo, 2015.

GÄRTNER, Eberhard. *Brasilianisches Portugiesisch*: Geschichte, System und Variation. Frankfurt: Valentia Verlag, 2009.

GÄRTNER, Eberhard; HUNDT, Christine; SCHÖNBERGER, Axel (Eds.). *Estudos de sociolinguística brasileira e portuguesa*. Frankfurt am Main: TFM, 2000.

GIL, Beatriz Daruj; CARDOSO, Elis de Almeida; CONDÉ, Valéria Gil (Orgs.). *Modelos de análise linguística*. São Paulo: Editora Contexto, 2009.

GOFFMAN, Erving. A elaboração da face – uma análise dos elementos rituais da interação social. In: S. A. Figueira. (Org. 1980: 76-114).

GOMES, Alfredo. *Grammatica portugueza*. Rio de Janeiro: Francisco Alves, 1887. [14. ed.: Rio de Janeiro: Livraria Francisco Alves; 18. ed.: Francisco Alves, 1920; 19. ed. 1924.]

GOMES, Valéria Severina. História do editorial jornalístico em Pernambuco: aspectos formais e funcionais desta tradição discursiva. In: C. R. dos S. Lopes et al. (Eds. 2006: 187-214).

GOMES, Valéria Severina. *Traços de mudança e de permanência em Editorais de jornais pernambucanos:* da forma ao sentido. Berlim: De Gruyter, 2010.

GOMES, Valéria Severina; SOARES, Thiago Nunes (Orgs.). *Identidade e memória em manuscritos e impressos pernambucanos*: língua, história e cultura através de textos. Recife: Ed. Cepe, 2012.

GOMES, Valéria Severina. SOARES, Thiago Nunes (Orgs.). Banco de dados com documentos manuscritos e impressos de Pernambuco. s/d.

GOMES, Valéria Severina; LOPES, Célia Regina dos Santos. Formas tratamentais em cartas escritas em Pernambuco (1869-1969): tradição discursiva e sociopragmática. *Revista de Linguística*, 24.1: 157-189, 2016.

GONÇALVES, Maria Filomena. *As ideias ortográficas em Portugal*: de Madureira Feijó a Gonçalves Viana (1734-1911). Lisboa: Fundação Calouste Gulbenkian/Fundação para a Ciência e a Tecnologia, 2003.

GONÇALVES, Uilton dos Santos; FERREIRA, Permínio de Souza. Aventura no reino das traças: contribuindo para uma história linguística da Bahia. In: R. V. Mattos e Silva (Org. 2001, t. 2: 483-504).

GONÇALVES, Sebastião C. L. *Gramaticalização, modalidade epistêmica e evidencialidade*: um estudo de caso no Português do Brasil. Tese de Doutorado – Universidade Estadual de Campinas, 2003.

GONÇALVES, Sebastião C. L. Aspectos da subordinação sentencial sob uma perspectiva diacrônica: o caso das orações em posição argumental de sujeito. In: A. T. de Castilho (Org. 2009: 585-594).

GONÇALVES, Sebastião C. L.; LIMA-HERNANDES, Maria Célia; CASSEB-GALVÃO, Vânia Cristina (Orgs.). *Introdução à gramaticalização*. Em homenagem a Maria Luiza Braga. São Paulo: Parábola Editorial, 2007.

GONÇALVES, Sebastião C. L. et al. Tratado geral sobre gramaticalização. In: S. C. Gonçalves, M. C. Lima-Hernantes e V. C. Casseb-Galvão (Orgs. 2007: 15-66), 2007a.

GONÇALVES, Sebastião C. L. et al. Estudos de caso. In: S. C. Gonçalves, M. C. Lima-Hernantes e V. C. Casseb-Galvão (Orgs. 2007: 91-156), 2007b.

GONÇALVES, Sebastião C. L. et al. As rotas de gramaticalização de *diz que* e *tipo* no português do Brasil. In: Ronald Beline Mendes (Org. 2007: 105-122), 2007c.

GONÇALVES, Sebastião C. L. et al. Graus de expansão de orações reduzidas de infinitivo. *Revista Factus*, 6: 141-150, 2007d.

GONÇALVES SEGUNDO, Paulo Roberto. O papel da modalidade no processo de exortação em editoriais da imprensa de bairro paulistana In: Zilda Gaspar de Aquino (Org. 2008).

GONÇALVES SEGUNDO, Paulo Roberto. Envolvimento e oralidade em editoriais da imprensa paulistana de bairro. *Simelp*. Simpósio 38. Língua Falada e Análise da Conversação. 2009a.

GONÇALVES SEGUNDO, Paulo Roberto. Tradições discursivas em editoriais da imprensa paulista de bairro. In: M. A. Torres Morais e M. L. C. V. O. Andrade (Orgs. 2009: 391-406), 2009b.

GONÇALVES SEGUNDO, Paulo Roberto. *Tradição, dinamicidade e estabilidade nas práticas discursivas*: um estudo da negociação intersubjetiva na imprensa paulistana. Tese de Doutorado – Universidade de São Paulo, 2011.

GREGIS, H. *O apagamento da vibrante pós-vocálica em Porto Alegre*. Dissertação de Mestrado – Pontifícia Universidade Católica do Rio Grande do Sul, 2002.

GRIVET, Charles Adrien Olivier. *Nova grammatica analytica da lingua portugueza*. Rio de Janeiro: Leuzinger, 1881 [1876].

GROPPI, Mirta. Problemas e perspectivas para um estudo da situação linguística de São Paulo no século XVIII. In: R. V. Mattos e Silva (Org. 2001, t. 2: p. 371-390).

GROSSE, Sybille; ZIMMERMANN, Klaus (Eds.). *"Substandard" e mudança no português do Brasil*. Frankfurt am Main: TFM, 1998.

GROSSE, Sybille; ZIMMERMANN, Klaus (Eds.). *O português brasileiro*: pesquisas e projetos. Frankfurt am Main: TFM, 2000.

GUEDES, Marymárcia; BERLINCK, Rosane Andrade (Orgs.). *E os preços eram commodos...* Anúncios de jornais brasileiros do século XIX. São Paulo: Humanitas, 2000. Série Diachronica, v. 2.

GUEDES, Marymárcia; BERLINCK, Rosane de Andrade; MURAKAWA, Clotilde de Almeida Azevedo (Orgs.). *Teoria e análise linguísticas*: novas trilhas. Araraquara: Laboratório Editorial Unesp-Araraquara/Cultura Acadêmica Editora, 2006.

GUÉRIOS, Mansur. *Tabus linguísticos*. São Paulo: Companhia Editora Nacional, 1956/1979.

GUY, Gregory R. *Linguistic Variation in Brazilian Portuguese*: Aspects of Phonology, Syntax and Language History. PhD Dissertation – University of Pennsylvania, 1981.

GUY, Gregory R. On the Nature and Origins of Popular Brazilian Portuguese. In: *Estudios sobre español de América y lingüística afroamericana*. Bogotá: Intituto Caro y Cuervo, 226-244, 1989.

HAMEISTER, Martha Daisson: Felícia, o Padre, o Etíope Resgatado e o Arcebispado da Bahia: uma parábola sobre liberdade e cativeiro no extremo-sul da América lusa (Rio Grande, 1745). In: *3º Encontro Escravidão e Liberdade no Brasil Meridional, 2 a 4 de maio de 2007*. Florianópolis: Universidade Federal de Santa Catarina (Laboratório de História Social do Trabalho e da Cultura), 2007.

HEINE, Bernd; MIYASHITA, Hiroyuki. Gramaticalização e contacto linguístico: a auxiliarização nas línguas da Europa. In: A. T. de Castilho (Org. 2009: 103-118).

HENNE, Helmut; REHBOCK, Helmut. *Einführung in die Geschprächsanalyse*. Berlin: de Gruyter (Sammlung Göschen), 1982.

HENSEY, Frederick H. *Linguistic Consequences of Natural Contact in a Border Community*. PhD Dissertation – University of Texas, 1967.

HENSEY, Frederick H. *The Sociolinguistics of the Uruguayan-Brazilian Border*. The Hague: Mouton, 1972.

HENSEY, Frederick H. The Sociolinguistics of the Brazilian-Uruguayan Border. *Language*, 51: 476-478, 1975.

HENSEY, Frederick H. Spanish, Portuguese and Fronteiriço: Languages Contact in North Uruguay. *International Journal of the Sociology of Language*, 34: 7-23, 1982.

HERRERO, E. C.; RIGUAL, C. C. (Eds.). *Actas del XXVI Congreso Internacional de Linguística y de Filologia Románicas (Valencia 2010)*. Vol. I. Berlin: De Gruyter, 2013.

HERNÁNDEX-CAMPOY, J. M.; CONDE-SILVESTRE, J. C. *The Handbook of Historical Sociolinguistics*. Hoboken: Wiley Blackwell, 2014 [1. ed. 2006].

HERNÁNDEZ-CAMPOY Juan Manuel; SCHILLING, Natalie. The Application of the Quantitative Paradigm to Historical Sociolinguistics: Problems with the Generalizability Principle. In: J. M. Hernándex-Campoy e J. C. Conde-Silvestre (Orgs. 2014: 63-79).

HOPPER, Paul J. On Some Principles of Grammaticization. In: E. C. Traugott e B. Heine (Eds. 1991).

HORA, Dermeval da A palatalização das oclusivas dentais: uma abordagem não linear. *D.E.L.T.A*, 9.2: 175-193, 1993.

HORA, Demerval da (Org.). *Diversidade linguística no Brasil.* João Pessoa: Ideia, 1997.

HORA, Dermeval da (Org.). *Estudos sociolinguísticos*: perfil de uma comunidade. João Pessoa: CNPq/Ilapec/ Valpb, 2004.

HORA, Dermeval da. Variação fonológica: consoante em coda silábica. In: L. C. Travaglia (Org. 2006).

HORA, Dermeval da; CHRISTIANO, Elizabeth. (Orgs.). *Estudos linguísticos*: realidade brasileira. João Pessoa: Ideia, 1999.

HORA, Dermeval da; PEDROSA, Juliene Lopes Ribeiro (Orgs.). *Projeto variação linguística no estado da Paraíba*. 5 v. João Pessoa: Ideia, 2001.

HORA, Dermeval da; COLLISCHONN, Gisela (Orgs.). *Teoria linguística.* Fonologia e outros temas. Homenagem à Profa. Leda Bisol. João Pessoa: Editora Universitária, 2003.

HORA, Dermeval da; MONARETTTO, Valéria. O enfraquecimento e apagamento dos rótico. In: D. da Hora e G. Collishon (Orgs. 2003: 114-143).

HORA, Dermeval da; BALTOR, C. Estudo variacionista do objeto anafórico no falar pessoense. In: A. T. de Castilho et al. (Orgs. 2007: 49-60).

HORA, Dermeval da; PEDROSA, J. L; CARDOSO, W. Status da consoante pós-vocálica no português brasileiro: coda ou onset? *Letras de Hoje*, 1.45: 71-89, 2010.

HORA, Dermeval da; SILVA, Camilo Rosa. (Orgs.). *Para a História do Português Brasileiro*: abordagens e perspectivas. Vol. VIII. João Pessoa: Ideia, 2010.

HORA, Dermeval da; WETZELS, Leo. Róticos: uma *porta* entre paraibanos e paulistanos. *Revista Linguística*, 24: 51-76, 2010.

HORNSTEIN, N.; LIGHTFOOT, D. (Eds.). *Explanation in Linguistics.* London: Longmann, 1981.

HORTA, Brandt. *Noções de gramática histórica da língua portuguesa.* Rio de Janeiro: Editora JR. de Oliveira, s.d. [1930?].

HOUAISS, Antônio. *O português no Brasil.* Rio de Janeiro: Unibrade, 1985.

HOVELACQUE, Abel. *La Linguistique.* Paris: C. Reinwalt, 1877.

IGLA, B.; STOLZ, T. (Hrg.). *Was Ich noch sagen wollte...*: a Multilingual Festschrift for Norbert Boretzky on Occasion of his 65th Birthday. Berlin: Akademie Verlag, 2001.

IL sECRETARIO aLLA mODA/[Jean Puget de LaSerre]. *Portato dal francese da Livio Alessandri . Con un aggiunta di lettere morali e complimenti. All' ... Andrea Dolfino.* [S.l.]: Hertz, 1673.

IL sECRETARIO DI cORTE, O LE mANIERE DI sCRIVERE aLLA mODERNA /del Signor della Serre. *Trasportati nel linguaggio Italiano da Girolamo Brusoni.* Venetia, 1675.

ILARI, Rodolfo. *Linguística românica.* São Paulo: Ática, 1989 [3. ed.: 2004].

ILARI, Rodolfo. O estruturalismo linguístico: alguns caminhos. In: F. Mussalim; A. C. Bentes (Orgs. 2001: 53-91), 2001a.

ILARI, Rodolfo. *Introdução à semântica.* Brincando com a gramática. 5. ed. São Paulo: Contexto, 2001b.

ILARI, Rodolfo. *Introdução ao estudo do léxico.* Brincando com as palavras. São Paulo: Contexto, 2002.

ILARI, Rodolfo. Linguagem – atividade constitutiva. (Ideias e leituras de um aprendiz). *Revista Letras*, 61: 45-76, 2003.

ILARI, Rodolfo; BASSO, Renato. *O português da gente.* A língua que estudamos. A língua que falamos. São Paulo: Contexto, 2006.

ILARI, Rodolfo. Projeto de Natal. Cuiabá, 2012. Manuscrito.

ILARI, Rodolfo. Anotações ao jornal *Brado Conservador, RN, edição de 3 de agosto de 1877.* Campinas: Universidade Estadual de Campinas, 2013. Manuscrito.

ILARI, Rodolfo (Org.). *Palavras de classe aberta.* Gramática do Português Culto Falado no Brasil. Vol. 3. São Paulo: Editora Contexto, 2014 [2. ed. rev. de R. Ilari e M. H. M. Neves (Orgs. 2008)].

ILARI, Rodolfo (Org.). *Palavras de classe fechada.* Gramática do Português Culto Falado no Brasil. Vol. 4. São Paulo: Editora Contexto, 2015 [2. ed. rev. de R. Ilari e M. H. M. Neves (Orgs. 2008)].

ILARI, Rodolfo et al. A preposição. In: R. Ilari (Org. 2015: 163-310).

INVENTÁRIOS E TESTAMENTOS. São Paulo: Divisão do Arquivo do Estado, 1998. Vol. 46.

JACOB, Daniel. ¿Representatividad lingüística o autonomía pragmática del texto antiguo? El ejemplo del pasado compuesto. In: D. Jacob e J. Kabatek (Eds. 2001).

JACOB, Daniel; KABATEK, J. (Eds.). *Lengua medieval y tradiciones discursivas en la Península Ibérica.* Descripción gramatical – pragmática histórica – metodología. Frankfurt am Main: Vervuert/ Madrid: Iberoamericana, 2001.

JEROSLAV, Elizabeth Helen McKinney. *Rural Cearense Portuguese*: a Study of One Variety of Nonstandard Brazilian Speech. PhD Dissertation – Cornell University, 1974.

JESUS, Lavínia Rodrigues de. *O relativo* cujo *em documentos do século XIX.* Dissertação de Mestrado – Salvador: Universidade Federal da Bahia, 2002.

JONES, Charles (Ed.). *Historical Linguistics.* Problems and Perspectives. London/New York: Longman, 1993.

JUBRAN, Clélia Cândida S. Tópico discursivo. In: C. Jubran e I. Koch (Orgs. 2006: 89-132).

JUBRAN, Clélia Cândida S. A perspectiva textual-interativa. In: C. Jubran e I. Koch (Orgs. 2006: 27-36).

JUBRAN, Clélia Cândida S. Modalidades de metadiscurso em cartas e artigos científicos. In: *Anais do XV Congreso Internacional de la Asociación de Lingüística y Filologia de la América Latina.* Montevidéu: Universidad de la República, 2008. CD-ROM.

JUBRAN, Clélia Cândida S. Procedimentos metadiscursivos em cartas de aldeamento de índios. In: M. A. Torres Morais e M. L. C. V. O. Andrade (Orgs. 2009: 309-324).

JUBRAN, Clélia Cândida S. (Org.). *A construção do texto falado.* 2. ed. São Paulo: Contexto, 2015.

JUBRAN, Clélia et al. Relatório final de pesquisa do subprojeto Diacronia dos processos constitutivos do texto. São Paulo, Fapesp, 2011. Manuscrito.

JUBRAN, Clélia; KOCH, I. (Orgs.). *Gramática do português culto falado no Brasil*: a construção do texto falado. Campinas: Editora da Universidade Estadual de Campinas, 2006.

JUCÁ FILHO, Cândido. *Língua nacional* – As diferenciações entre o português de Portugal e o do Brasil autorizam a existência de um ramo dialetal do português peninsular? Rio de Janeiro: s.e., 1937.

JUCÁ FILHO, Cândido. *Gramática brasileira do português contemporâneo.* Rio de Janeiro: Editora Pan-Americana, 1943.

JUCÁ FILHO, Cândido. *Gramática histórica do português contemporâneo.* Rio de Janeiro: Epasa, 1945.

KABATEK, Johannes. ¿Cómo investigar las tradiciones discursivas medievales? El ejemplo de los textos jurídicos castellanos. In: D. Jacob e J. Kabatek (Eds. 2001: 97-132).

KABATEK, Johannes. *Tradiciones discursivas y cambio lingüístico.* Comunicação ao Seminario de Historia de la Lengua Española: Nuevas Perspectivas. 2003.

KABATEK, Johannes. Sobre a historicidade de textos. Trad. José da Silva Simões. *Linha d'Água*, 17: 159-172, 2005.

KABATEK, Johannes. Tradições discursivas e mudança linguística. In: T. Lobo et al. (Orgs. 2006: 505-527).

KABATEK, Johannes (Org.). *Sintaxis histórica del español y cambio lingüístico*: nuevas perspectivas desde las Tradiciones Discursivas. Madrid: Iberoamericana, 2008.

KAJITA, Angela Satomi. *A segmentação inábil*: um estudo da segmentação ortográfica não canônica. Dissertação de Mestrado – Universidade Estadual de Campinas, 2009.

KATO, Mary A. Apresentação: como, o que e por que escavar? In: Ian Roberts e M. A. Kato (Orgs. 1993: 13-30).

KATO, Mary A. Os frutos de um projeto herético: parâmetros na variação intralinguística. In: D. da Hora e E. Christiano (Orgs. 1999: 95-106).

KATO, Mary A. O sujeito nulo referencial no português brasileiro. In: M. A. Torres Morais e M. L. C. V. O. Andrade (Orgs. 2009: 61-82).

KATO, Mary A.; TARALLO, Fernando. Restrictive *vs* Syntax in Brazilian Portuguese: Its Correlation with Invisible Clitics and Visible Subjects. Comunicação ao Georgetown Round Table in Languages and Linguistics 1988. Washington, D.C., 1988.

KATO, Mary A.; RAMOS, Jânia. Trinta anos de sintaxe gerativa no Brasil. *D.E.L.T.A.*, 15: 105-146, 1999.

KATO, Mary A.; NEGRÃO, Esmeralda V. (Eds.). *Brazilian Portuguese and the Null Subject Parameter.* Frankfurt: Vervuert /IberoAmericana, 2000.

KATO, Mary A. et al. Português brasileiro no fim do século XIX e na virada do milênio. In: S. A. M. Cardoso, J. A. Mota e R. V. Mattos e Silva (Orgs. 2006: 413-438).

KEMMLER, Rolf. Para uma história da ortografia portuguesa: o texto metaortográfico e a sua periodização do século XVI até à reforma ortográfica de 1911. *Lusorama: Revista de Estudos sobre os Países de Língua Portuguesa*, Portugal, Instituto Camões, 47-48: 130-319, out. 2001.

KEWITZ, Verena. *A gramaticalização de* ser *e* estar *no português medieval e no séc. XIX*. Dissertação de Mestrado – Universidade de São Paulo, 2002a.

KEWITZ, Verena. Os verbos 'ser' e 'estar' plenos no português arcaico. *Estudos Linguísticos*, 31: 2002b. CD-ROM.

KEWITZ, Verena. *Gramaticalização e semanticização das preposições* a *e* para *no português brasileiro (sécs. XIX a XX)*. Tese de Doutorado – Universidade de São Paulo, 2007a.

KEWITZ, Verena. A gramaticalização da preposição *entre* no português brasileiro do século XIX. In: J. Ramos e M. Alkmim (Orgs. 2007: 169-180), 2007b.

KEWITZ, Verena. A paleografia e a história da língua. Comunicação ao Seminário Paleografia: a Arte de Decifrar. 2008.

KEWITZ, Verena. Gramaticalização, semanticização e discursivização das preposições *a* e *para* no português brasileiro (séculos XIX e XX). In: A. T. de Castilho (Org. 2009: 603-636), 2009a.

KEWITZ, Verena. A representação do espaço no Português Paulista numa abordagem sociocognitiva. In: M. A. Torres de Morais e M. L. C. V. O. Andrade (Orgs. 2009: 181-196), 2009b.

KEWITZ, Verena. Mudança linguística e gêneros textuais. In: Z. G. O. de Aquino e B. Gil (Orgs. 2009), 2009c.

KEWITZ, Verena. Double Path: a Typology of Brazilian Portuguese. In: A. S. Silva et al. (Orgs. 2010: 153-168).

KEWITZ, Verena. Pontos do percurso de um evento de deslocamento no espaço físico: que tendências apresenta o português paulista? In: Mathias Arden, Christina Märzhäuser e Benjamin Meisnitzer (Orgs. 2011: 339-358). 2011a.

KEWITZ, Verena. A representação de movimento no português paulista. *Filologia e Linguística Portuguesa*, 13: 89-125, 2011b.

KEWITZ, Verena. Entrevista com Monteiro Lobato. Transcrição da gravação de 1948. São Paulo: Universidade de São Paulo. 2013. Disponível em: < http://phpp.fflch.usp.br/sites/phpp.fflch.usp.br/files/KEWITZ%20%282014%29%20Entrevista%20com%20Monteiro%20Lobato%201948.pdf>. Acesso em: 03 out. 2018.

KEWITZ, Verena (Org.). Cartas familiares: em torno de Washington Luís. Edição semidiplomática de cartas particulares da 1ª metade do século XX (1901-1950). São Paulo: Universidade de São Paulo, 2016a. Disponível em: <http://www.phpp.fflch.usp.br/sites/phpp.fflch.usp.br/files/KEWITZ%202016%20-%20WL%20Cartas%20Pessoais%20XX_1_FINAL.pdf>. Acesso em: 03 put. 2018.

KEWITZ, Verena. Edição semidiplomática de cartas pessoais entre primas paulistas (2ª metade do XX). São Paulo: Universidade de São Paulo, 2016b. Manuscrito.

KEWITZ, Verena; ALMEIDA, Maria Lúcia Leitão. As preposições. In: D. da Hora e C. R. Silva (Orgs. 2010: 126-134).

KEWITZ, Verena; ARAUJO, Leandro S.; BERTO, Eloane L. Discripção do Municipio de Santo Antonio de Apiahy (1881). São Paulo: Universidade de São Paulo, 2016a. Disponível em: <http://www.phpp.fflch.usp.br/sites/phpp.fflch.usp.br/files/DISCRIPCAO%20DO%20MUNICIPIO%20DE%20APIAI_1881%20com%20apresentacao.pdf>. Acesso em: 03 out. 2018.

KEWITZ, Verena; ARAUJO, Leandro S.; BERTO, Eloane L. Discripção do Municipio de Xiririca (1881). São Paulo: Universidade de São Paulo, 2016b. Disponível em: <http://www.phpp.fflch.usp.br/sites/phpp.fflch.usp.br/files/DESCRIPCAO%20DE%20XIRIRICA_com%20apresentacao.pdf>. Acesso em: 03 out. 2018.

KEWITZ, Verena; BERTO, Eloane L. *De fã para fã*: edição semidiplomática de cartas pessoais da 2ª metade do século XX. São Paulo: Universidade de São Paulo/Programa Aprender com Cultura e Extensão, 2016. Disponível em: < http://www.phpp.fflch.usp.br/sites/phpp.fflch.usp.br/files/KEWITZ%20BERTO%202016%20-%20De%20fa%20para%20fa_cartas%20pessoais%20da%202a%20metade%20do%20XX.pdf>. Acesso em: 03 out. 2018.

KEWITZ, Verena; PAIXÃO DE SOUSA, Maria Clara. Vésperas Brasilianas: uma agenda para os estudos sintáticos do português brasileiro nos primeiros séculos. *Revista Portuguesa de Humanidades. Estudos Linguísticos*, 15: 67-92, 2011.

KEWITZ, Verena; SIMÕES, José da Silva. A tensão entre tradição e inovação nos textos: reflexões para a constituição de corpora do português brasileiro. Comunicação ao Projeto 3 – História do português brasileiro – desde a Europa até a América (XV Congresso Internacional da Alfal), 2008.

KILGARRIFF, A. et al. PtTenTen: a *Corpus* for Portuguese Lexicography. In: T. Berber Sardinha e T. São Bento Ferreira (Eds. 2014: 111-130).

KOBASHI, Celso Massato. *Língua falada* – a ordem das orações no período condicional no Português Popular Brasileiro: implicações semânticas e gramaticalização. Dissertação de Mestrado – Universidade de São Paulo, 2004.

KOBASHI, Celso Massato. Semanticização e discursivização das construções condicionais no português popular falado na cidade de São Paulo. *Filologia e Linguística Portuguesa*, 13.(1): 127-145, 2011.

KOBASHI, Celso Massato. *Semanticização e sintaticização das construções de dupla conjunção no português brasileiro*. Tese de Doutorado – Universidade de São Paulo, 2013

KOCH, Ingedore G. Villaça (Org.). *Gramática do português falado*. v. VI. Campinas: Editora da Unicamp, 1996.

KOCH, Peter. Norm und Sprache. In: J. Albrecht, J. Lüdtke e H. Thun (Eds. 1988: 327-354).

KOCH, Peter. Diskurstraditionen: zu ihrem sprachtheoretischen Status und zu ihrer Dynamik. In: Barbara Franck, Thomas Haye e Doris Tophinke (Hrgb. 1997: 43-80).

KOCH, Peter. Tradiciones discursivas y cambio lingüístico: el ejemplo del tratamiento *vuestra merced* en español. In: Johannes Kabatek (Org. 2008: 53-88).

KOCH, Peter; OESTERREICHER, Wulf. *Geschprochene Sprache in der Romania*: Französisch, Italienisch, Spanisch. Tübingen: Niemeyer, 1990a.

KOCH, Peter; OESTERREICHER, Wulf. Sprache der Nähe-Sprache der Distanz. Mündlichkeit und Schriftlichkeit im Spannungsfeld von Sprachtheorie. *Romanistisches Jahrbuch*, 36, 15-34, 1990b.

KOCH, Peter; OESTERREICHER, Wulf. Zur Fundierung von Diskurtraditionen. In: Barbara Franck; Thomas Haye; Doris Tophinke (Hrgb. 1990). *Gattungen mittelalterlicher Schriftlichkeit*. Tübingen: Narr, pp. 19-42. (ScriptOralia; 99), 1990c.

KOCH, Peter; OESTERREICHER, Wulf. *Lengua hablada em la Romania:* español, francés, italiano. Trad. Araceli Lópes Serena. Madrid: Gredos, 2006a.

KOCH, Peter; OESTERREICHER, Wulf. Oralidad y escrituralidad a la luz de la teoría del lenguaje. In: P. Koch e W. Oesterreicher (2006), 2006b.

KOTSCHI, Thomas; OESTERREICHER, Wulf; ZIMMERMANN, Klaus (Eds.). *El español hablado y la cultura oral en España e Hispanoamérica*. Madrid: Vervuert Iberoamericana, 1996.

KROCH, Anthony. Reflexes of Grammar in Patterns of Language Change. *Language Variation and Change*, 1, 199-244, 1989.

KROCH, Anthony. Morphosyntactic Variation. In: K. Beals et al. (Eds. 1994: 180-201).

KROCH, Anthony. Syntactic Change. In: M. Baltin e C. Collins (Eds. 2001: 699-729).

LABOV, William. *Field Methods of the Project on Linguistic Change and Variation*. Austin: Southwest Educational Development Laboratory, 1981.

LABOV, William. Building on Empirical Foundations. In: W. P. Lehmann e Y. Malkiel (Eds. 1982: 17-92).

LABOV, William. *Principles of Linguistic Change*. Vol. I. Internal Factors. Oxford: Basil Blackwell, 1994.

LABOV, William. *Principles of Linguistic Change*. Vol. II. Social Factors. Oxford: Basil Blackwell, 2001.

LABOV, William. *Padrões sociolinguísticos*. São Paulo: Parábola, 2008.

LABOV, William. *Principles of Linguistic Change*. Vol. III. Cognitive and Cultural Factors. Oxford: Basil Blackwell, 2010.

LACOTIZ, Andréa. *Estudo diacrônico da função e dos valores semânticos dos sufixos -ança/-ença/-ância/-ência no português*. Dissertação de Mestrado – Universidade de São Paulo, 2007.

LAGE, José Gonçalves. *Novíssima grammatica portugueza*. Coimbra: Manoel de Almeida Cabral, 1882.

LAPERUTA, Maridelma. A *realização do sujeito pronominal*: um estudo sociolinguístico paramétrico para a cidade de Londrina – norte do Paraná. Tese de Doutorado – Universidade Estadual Paulista, 2003.

LAVANDERA, Beatriz R. Where Does the Sociolinguistic Variable Stops? *Language in Society*, 7: 171-183, 1978.

LAYTANO, Dante de. Os africanismos do dialecto gaucho. *Revista do Instituto Historico e Geografico do Rio Grande do Sul*, Porto Alegre, XVI: 1936.

LAYTANO, Dante de. *Vocabulário dos pescadores do Rio Grande do Sul* – Etimologia dos têrmos praieiros usados na Costa do Nordeste. Porto Alegre: Globo, 1937.

LESA, João. *A chimera da lingua brasileira*. Manaus: S. ed., 1939.

LEHMANN, W. P.; MALKIEL, Y. (Eds.). *Perspectives on Historical Linguistics*. Amsterdam/Philadelphia: John Benjamins, 1982.

LEITE, Solidônio. *A lingua portuguesa no Brasil*. Rio de Janeiro: Editores J. Leite e Cia, 1922.

LE NOUVEU SECRETAIRE DU CABINET. Amsterdam: Pierre Paupiér, 1739.

LE SÉCRÉTAIRE INCOGNU: CONTENANT DES LETRES SUR DIVERSES SORTES DE MATIÈRES/par B.Pielat. - Amsterdam: Waesberge, 1671.

LEITE DE VASCONCELOS, José. *Estudos de filologia portuguesa*. Pref. Serafim da Silva Neto. Rio de Janeiro: Livros de Portugal, 1911/1926. [3. ed.: 1988].

LEMLE, Miriam. *Guia teórico do alfabetizador*. São Paulo: Ática, 1991.

LEOPOLDINO, Everton Altmayer. Infuências lexicais do português caipira no dialeto trentino da comunidade tirolesa de Piracicaba. In: M. A. Torres Morais e M. L. C. V. O. Andrade (Orgs. 2009: 437-444).

LEROY, Christian. Thomas Morus ou Le Triomphe de la foi et de la constance de Puget de La Serre (1641): la première tragédie en prose française. *Études Épistémè*, 2: 250-268, 2002.

LIGHTFOOT, David. *Principles of Diachronic Syntax*. Cambridge: Cambridge University Press, 1979.

LIGHTFOOT, David. Explaining Syntactic Change. In: N. Hornstein e D. Lightfoot (Eds. 1981: 209-240).

LIGHTFOOT, David. *How to Set Parameters*: Arguments from Language Change. Cambridge: MIT Press, 1991.

LIGHTFOOT, David. *The Development of Language*. Acquisition, Change and Evolution. Maryland: Blackwell Publishers Inc., 1999.

LIGHTFOOT, David. *How New Languages Emerge*. Cambridge: Cambridge University Press, 2006.

LIMA, Alexandre Xavier. *Crítica textual e corpora para a linguística histórica*: Padrões ortográficos oitocentistas em folhetins (crônicas) e França Junior. Dissertação de Mestrado – Universidade Federal do Rio de Janeiro, 2010.

LIMA, Alexandre Xavier. *Descrição da ortografia portuguesa*: a inserção do princípio etimológico na prescrição e na prática gráficas oitocentistas. Tese de Doutorado – Universidade Federal do Rio de Janeiro, 2014.

LIMA, Ivana Stolze; CARMO, Laura do (Orgs.). *História social da língua nacional*. Rio de Janeiro: Edições Casa de Rui Barbosa, 2008.

LIMA COUTINHO, Ismael de. *Pontos de gramática histórica*. 4. ed. rev. e aumentada. Rio de Janeiro: Livraria Acadêmica, 1958 [1938].

LIMA-HERNANDES, Maria Célia. Condicionadores de apagamento do fonema /s/ e processamento da concordância nominal: contraste entre normas da língua falada na cidade de São Paulo. *Revista Epistème*, São Paulo, 3: 1997.

LIMA-HERNANDES, Maria Célia. *Gramaticalização de combinação de cláusulas*: orações de tempo no português do Brasil. Dissertação de Mestrado – Universidade de São Paulo, 1998.

LIMA-HERNANDES, Maria Célia. O português de contato falado pelos Kamayurás. *Revista Dialogia*, 1: 18-24, 2001.

LIMA-HERNANDES, Maria Célia. *A interface sociolinguística/gramaticalização*: estratificações de usos de *tipo*, *feito*, *igual* e *como*, sincronia e diacronia. Tese de Doutorado – Universidade Estadual de Campinas, 2005.

LIMA-HERNANDES, Maria Célia. Two Principles, One Path: Relationships Between Unidirectionality and Iconicity in Linguistic Processing. In: A. T. de Castilho (Org. 2009: 479-494), 2009a.

LIMA-HERNANDES, Maria Célia. Trajetória da elite acadêmica na cidade de São Paulo. In: A. T. de Castilho (Org. 2009: 173-184), 2009b.

LIMA-HERNANDES, Maria Célia. Prontuários médico e *corpus* do português de São Paulo: vestígios da história social feminina na primeira metade do século XX. In: M. A. Torres Morais e M. L. C. V. O. Andrade (Orgs. 2009: 273-292), 2009c.

LIMA-HERNANDES, Maria Célia; VICENTE, Renata Barbosa (Orgs.). *A língua falada em São Paulo*: amostras da variedade culta do séc. XXI. São Paulo: Universidade de São Paulo, 2012.

LIMA-HERNANDES, Maria Célia; SANTIAGO-ALMEIDA, Manoel Mourivaldo (Orgs.). *História do português paulista*. Vol. 3. Série Estudos. Campinas: Setor de Publicações do Instituto de Estudos da Linguagem da Universidade Estadual de Campinas, 2012.

LIMA SOBRINHO, Barbosa. *A língua portuguesa e a unidade do Brasil*. 2. ed. Rio de Janeiro, 2000.

LISANTI FILHO, Luís. *Negócios coloniais* – uma correspondência comercial do século XVIII. Brasília: Ministério da Fazenda, 1973.

LITTRÉ, Émile. *Histoire de la langue française*. Paris: Didier, 1863.

LOBATO, Antonio José dos Reis. *Arte da grammatica da língua portugueza*. Lisboa: Typographia rollandiana, 1770.

LOBO, Tânia Conceição Freire. *Para uma sociolinguística histórica do português no Brasil*. Edição filológica e análise linguística de cartas particulares do Recôncavo da Bahia, século XIX. 4 v. Tese de Doutorado – Universidade de São Paulo, 2001a.

LOBO, Tânia Conceição Freire (Org.). *Cartas baianas setecentistas*. Coord. Permínio Souza Ferreira, Klebson Oliveira e Oliveira e Uilton Santos Gonçalves. São Paulo: Humanitas, 2001b [Série Diachronica, v. 3].

LOBO, Tânia Conceição Freire. Arquivos, acervos e a reconstrução histórica do português brasileiro. In: K. Oliveira, J. Soledade e H. Fernandes (Orgs. 2009: 305-327).

LOBO, Tânia Conceição Freire; OLIVEIRA, Klebson. Ainda aos olhos da Inquisição: novos dados sobre níveis de alfabetização na Bahia em finais de quinhentos. In: R. Álvarez et al. (Orgs. 2013: 10-25).

LOBO, Tânia; OLIVEIRA, Klebson; CARNEIRO, Zenaide de Oliveira Novais. Metodologias para a identificação de perfis sócio-culturais de redatores em *corpora* históricos. Comunicação ao VIII Seminário do Projeto Para a História do Português Brasileiro: Abordagens e Perspectivas. 2010.

LOBO, Tânia C. F. et al. (Orgs.). *Para a história do português brasileiro*. Vol. VI: Novos dados, novas análises. 2 t. Salvador: Editora da Universidade Federal da Bahia, 2006.

LOBO, Tânia C. F. et al. (Orgs.). *ROSAE: Linguística histórica, história das línguas e outras histórias*. Salvador: Editora da Universidade Federal da Bahia, 2012.

LOMBARDI, José Claudinei; SAVIANI, Dermeval; NASCIMENTO, Maria Isabel Moura (Orgs.). *Navegando pela história da educação brasileira.* Campinas: Gráfica da Faculdade de Educação da Universidade Estadual de Campinas, 2006. CD-ROM.

LOMBARDO, Elena. *Do 'Grande Incendio que com tam raro movimento a berberia perturbou'*: Estudo e edição diplomática de uma crônica portuguesa anônima do século XVI. Dissertação de Mestrado – Universidade de São Paulo, 2015.

LONGHIN-THOMAZI, Sanderléia Roberta. A relevância dos tipos de contexto para o processo histórico de constituição de "porém". In: J. Magalhães e L. Travaglia (Orgs. 2008: 2701-2709).

LONGHIN-THOMAZI, Sanderléia Roberta. Grammaticalization of Conjunctions. In: A. T. de Castilho (Org. 2009: 577-584).

LOPES, Raquel. A realização variável dos ditongos [ow] e [ej] no português falado em Altamira PA. Dissertação de Mestrado – Universidade Federal do Pará, 2002.

LOPES, Célia Regina dos Santos. *A inserção de a gente no quadro pronominal do português*: percurso histórico. Tese de Doutorado – Universidade Federal do Rio de Janeiro, 1999. [Publicada como *A inserção de 'a gente' no quadro pronominal do português.* Frankfurt/Madrid: Vervuert/Iberoamericana, 2003.]

LOPES, Célia Regina dos Santos. O percurso de *a gente* em tempo real de longa duração. In: R. V. Mattos e Silva (Org. 2001a, t. 1: 127-148).

LOPES, Célia Regina dos Santos. De 'gente' para 'a gente': o século XIX como fase de transição. In: T. Alkmim (Org. 2002: 25-46).

LOPES, Célia Regina dos Santos. (Org.). *A norma brasileira em construção.* Fatos linguísticos em cartas pessoais do século 19. Rio de Janeiro: Universidade Federal do Rio de Janeiro/Faperj, 2005.

LOPES, Célia Regina dos Santos. Correlações histórico-sociais e linguístico-discursivas das formas de tratamento em textos escritos no Brasil – séculos XVIII e XIX. In: G. Ciapuscio et al (Orgs. 2006: 187-214).

LOPES, Célia Regina dos Santos. A gramaticalização de 'a gente' em português em tempo real de longa e de curta duração: retenção e mudança na especificação dos traços intrínsecos. *Fórum Linguístico*, Universidade Federal de Santa Catarina, 4: 47-80, 2007a.

LOPES, Célia Regina dos Santos. Pronomes pessoais. In: S. F. Brandão e S. R. Vieira (Orgs. 2007: 103-114), 2007b.

LOPES, Célia Regina dos Santos. Retratos da variação entre "você" e "tu" no português do Brasil: sincronia e diacronia. In: C. Roncarati e J. Abraçado (Orgs. 2008: 55-71).

LOPES, Célia Regina dos S. Retratos da mudança no sistema pronominal: o tratamento carioca nas primeiras décadas do século XX. In: A. Cortina e S. M. G. da C. Nasser (Orgs. 2009: 47-74).

LOPES, Célia Regina dos S. A persistência e a decategorização nos processos de gramaticalização In: L. Vitral e S. Coelho (Orgs. 2010: 275-314), 2010a.

LOPES, Célia Regina dos Santos et al. Metodologias para a identificação de perfis sócio-culturais de redatores em corpora históricos. Comunicação ao VIII Seminário do Projeto Para a História do Português Brasileiro: Abordagens e Perspectivas. 2010b.

LOPES, Célia Regina dos Santos. Tradição Discursiva e mudança no sistema de tratamento do Português brasileiro: definindo perfis comportamentais no início do século XX. *Alfa: Revista de Linguística*, 55: 361-392, 2011.

LOPES, Célia Regina dos Santos. Tradição textual e mudança linguística: aplicação metodológica em cartas de sincronias passadas. In: M. A. Martins e M. A. Tavares (Orgs. 2012).

LOPES, Célia Regina dos Santos; BARBOSA, A. G. A expansão dos jornais no Brasil: o início da história. In: A. Barbosa e C. Lopes (Orgs. 2006: 7-12).

LOPES, Célia Regina dos Santos; BARBOSA, A. G.; CALLOU, D. M. I. Cartas em jornais oitocentistas do Rio de Janeiro. In: A. Barbosa e C. Lopes (Orgs. 2006: 185-224).

LOPES, Célia Regina dos Santos et al. Reflexões metodológicas para a análise sociocultural de redatores em corpora históricos. *Gragoatá*, Universidade Federal Fluminense, 29: 239-253, 2010.

LOPES, Célia Regina dos Santos et al. (Orgs.). *Sincronía y diacronía*: de tradiciones discursivas en Latinoamérica. Frankfurt: Vervuert/Bibliotehca Ibero-Americana, 2006.

LOPES, Célia Regina dos Santos et al. Sobre norma e tratamento em cartas a Rui Barbosa. In: V. Aguilera (Org. 2009, v. 7: 45-92).

LOPES, Célia Regina dos S., CAVALCANTE, S. R. A cronologia do voceamento no português brasileiro: expansão de você-sujeito e retenção do clítico-te. *Linguística*, Madrid, 25: 30-65, 2011.

LOPES, Célia Regina dos S.; DUARTE, M. E. L. Formas nominais e pronominais de tratamento em português – séculos XVIII e XIX. Comunicação ao XIII Congreso Internacional de la Asociación de Lingüística y Filología de América Latina, 2002.

LOPES, Célia Regina dos S.; DUARTE, M. E. L. Notícias sobre o tratamento em cartas escritas no Brasil dos séculos XVIII e XIX. In: J. Ramos e M. A. Alkmim (Orgs. 2007: 28 e ss.).

LOPES, Célia Regina dos Santos et al. A configuração da norma brasileira no século XIX: análise de cartas pessoais dos avós Ottoni. In: T. Lobo et al. (Orgs. 2006, t. 2: 781-818).

LOPES, Célia Regina dos Santos; GARCIA, L. R.; SILVA, A. De formas nominais a formas pronominais de tratamento: uma abordagem preliminar em textos brasileiros e portugueses dos séculos XVIII e XIX. Comunicação ao IV Congresso dos Estudantes de Letras do Estado do Rio de Janeiro, 2001.

LOPES, Célia Regina dos Santos et al. Reflexões metodológicas para a análise sociocultural de redatores em corpora históricos. *Gragoatá*, Universidade Federal Fluminense, 29: 239-253, 2010.

LOPES, Célia Regina dos Santos et al. Quem está do outro lado do túnel? *Tu* ou *você* na cena urbana carioca. *Veröffentlichungsreihe des Studienbereiches Neue Romania des Instituts für Romanische Philologie der Freie Universität*, Berlin, 39: 49-66, 2009.

LOPES, Célia Regina dos Santos; MONTEIRO, Flavia; COUTO, L. R. Perdón, desculpa, desculpa aí. La expresión de las disculpas en el cine iberoamericano. *Gragoatá*, 22: 253-272, 2007.

LOPES, Célia Regina dos Santos; REICH, Uli (Orgs.). Processos urbanos I: variação linguística em megalópoles latino-americanas. *Neue Romania*, 39: 2009.

LOPES, Célia Regina dos Santos; RUMEU, Márcia Cristina de Brito. O quadro de pronomes pessoais do português: as mudanças na especificação dos traços intrínsecos. In: A. T. de Castilho et al. (Orgs. 2007: 419-436).

LOPES, Célia Regina dos Santos; RUMEU, Márcia Cristina de Brito; MARCOTULIO, Leonardo Lennertz. Pronomes e determinantes: a reestruturação do paradigma pronominal no português brasileiro pelo viés da gramaticalização. In: D. da Hora e C. R. Silva (Orgs. 2010: 122-124).

LOPES, Célia Regina dos Santos; RUMEU, Márcia Cristina de Brito; MARCOTULIO, L. L. O tratamento em bilhetes amorosos no início do século XX: do condicionamento estrutural ao sócio-pragmático. In: L. R. Couto e C. R. dos S. Lopes (Orgs. 2011: 315-348).

LOPES, Célia Regina dos S.; SILVA, Bianca G. O papel da frequência na gramaticalização do "que": análise das estratégias de relativização no português do Brasil. *Veredas*, Universidade Federal de Juiz de Fora, 1: 60-80, 2007.

LOPES, Célia Regina dos Santos; SOUZA, Janaina Pedreira Fernandes. Os caminhos trilhados por *você*... em cartas cariocas (século XIX-XX). In: LOBO, Tânia et al. (Orgs. 2012).

LOPES, Mariana de Souza Guimarães; OLIVEIRA, Tábata Augusta (Eds.). *Edição semidiplomática das Cartas Andradinas*. São Paulo: Universidade de São Paulo/História do Português Paulista, 2015.

LOPES, Mariana de Souza; SIMÕES, José da Silva. *Edição do Testamento de Henrique da Cunha Gago – Itú, 1703*. São Paulo: Arquivo Público do Estado de São Paulo, 2015. Disponível em: <http://www.arquivoestado.sp.gov.br/uploads/acervo/textual/juizo_residuos/BR_SP_APESP_JR_C0242a_D015.pdf>. Acesso em: 25 out. 2015.

LOPES ROSSI, M. A. Estudo diacrônico sobre as interrogativas do português do Brasil. In: I. Roberts e M. A. Kato (Orgs. 1993: 307-342).

LOPES ROSSI, M. A. *As orações interrogativas-Q no português do Brasil:* um estudo diacrônico. Tese de Doutorado – Universidade Estadual de Campinas, 1996.

LOPES-DAMÁSIO, Lucia; JUBRAN, Clélia et al. (Orgs.). *Editoriais dos jornais: A Província O Estado de São Paulo*. 2010. Manuscrito.

LUCCHESI, Dante. Variação e norma: elementos para a caracterização sociolinguística do português do Brasil. *Revista Internacional de Língua Portuguesa*, Lisboa, 12: 17-28, 1994.

LUCCHESI, Dante. A constituição histórica do português brasileiro como um processo bipolarizador: tendências atuais de mudança nas normas culta e popular. In: S. Grosse e K. Zimmermann (Eds. 1998: 73-100).

LUCHESI, Dante. As duas grandes vertentes da história sociolinguística do Brasil (1500-2000). *D.E.L.T.A*, 17 (1): 97-130, 2001.

LUÍZE, Terezinha B. *Entre o PE e o PB*: o falar açoriano de Florianópolis. Dissertação de Mestrado – Universidade Federal de Santa Catarina, 1997.

LUNGUINHO, Marcus Vinicius. Um aspecto da configuração diacrônica do português paulista: a variação entre *ter de* e *ter*. In: M. A. Torres Morais e M. L. C. V. O. Andrade (Orgs. 2009: 197-216).

LYONS, John. *Semantics*. 2 v. London: Longmans, 1977. [Trad.: *Semântica estrutural*. Lisboa: Editorial Presença, 1984.]

MACEDO SOARES, Antônio Joaquim de. *Diccionario brasileiro da língua portuguesa*. Rio de Janeiro: Typ. De G. Leuzinger & Filhos, 1889 [1875-1888].

MACEDO SOARES, Antônio Joaquim de. *Estudos lexicográficos do dialeto brasileiro*. Org. dr. Julião Rangel de Macedo Soares. Rio de Janeiro: Publicação da Revista do Instituto Histórico e Geográfico Brasileiro, 1942 [1874-1891].

MACHADO, Charliton José dos Santos, NUNES, Maria Lúcia, SANTIAGO, Idalina Maria Freitas Lima (Orgs.). *Olhares*: gênero, sexualidade e cultura. João Pessoa: Editora da Universidade Federal da Paraíba, 2011.

MACHADO DE ASSIS, J. Notícia da atual literatura brasileira – Instinto de nacionalidade. In: *Obra completa*. v. 3. Rio de Janeiro: José Aguilar Editora, 801-809, 1973.

MACHADO FILHO, Aires da Mata. *Pequena história da língua portuguesa*. Rio de Janeiro: Ministério da Educação e Cultura/Campanha Nacional de Educação de Adultos, 1961.

MACIEL, Maximino de Araújo. *Grammatica analytica*. Rio de Janeiro: Francisco Alves, 1887.

MACIEL, Maximino de Araújo. *Grammatica descriptiva*. Rio de Janeiro: Typ. De Pazo & C., 1894. [9. ed.: Rio de Janeiro: Livraria Francisco Alves, 1925.]

MAGALHÃES, José; TRAVAGLIA, Luiz (Orgs.). *Múltiplas perspectivas em linguística*. Uberlândia: Editora da Universidade Federal de Uberlândia, 2008.

MAGNE, Augusto. *A demanda do Santo Graal*, 3 v. Rio de Janeiro: Imprensa Nacional, 1944.

MAIA, Clarinda de Azevedo. *História do galego-português*. Estudo linguístico da Galiza e do noroeste de Portugal desde o século XIII ao século XVI. Coimbra: Instituto Nacional de Investigação Científica, 1986.

MAIA, Zillah do Paço Mattoso. *Grammatica da lingua portugueza*. Rio de Janeiro, 1899.

MALVAR, Elisabete da S. *A realização do objeto direto de 3a. pessoa em cadeia anafórica no português do Brasil*. Dissertação de Mestrado – Universidade de Brasília, 1992.

MARAFONI, Renata L. *A realização do objeto direto anafórico:* um estudo em tempo real de curta duração. Dissertação de Mestrado – Universidade Federal do Rio de Janeiro, 2004.

MARÇALO, Maria João. Formação de palavras: sintemas e frasemas. In: A. T. de Castilho (Org. 2009: 745-762), 2009.

MARCOTULIO, Leonardo Lennertz. *Língua e História*: o 2º marquês do Lavradio e as estratégias linguísticas no Brasil Colonial. v. 1. Rio de Janeiro: Ítaca Comunicações /Faperj/Conselho Nacional de Pesquisas, 2010.

MARCOTULIO, Leonardo Lennertz; CONCEIÇÃO, Adriana Angelita da. História e linguagem: um diálogo sobre o tratamento na prática epistolar luso-brasileira setecentista. In: L. R. Couto e C. R. dos S. Lopes (Orgs. 2011: 213-242).

MARCUSCHI. Luiz Antônio. A repetição na língua falada como estratégia de formulação textual. In: I. G. V. Koch (Org. 1996: 95-129).

MARIANI, Bethania. *Colonização linguística*. Línguas, política e religião no Brasil (séculos XVI a XVIII) e nos Estados Unidos da América (século XVIII). Campinas: Pontes, 2004.

MARQUES, Xavier. *Cultura da lingua nacional* – Com uma coletanea de especimens da lingua escrita no Brasil. Bahia: Escola de Aprendizes Artífices, 1933.

MARQUILHAS, Rita. *A faculdade das letras*: leitura e escrita em Portugal no séc. XVII. Lisboa: Imprensa Nacional/ Casa da Moeda, 2000.

MARQUILHAS, Rita. "O preço da ilegibilidade". Nota em defesa das edições interpretativas, seguida de edição de cartas privadas e de cartas testemunhais portuguesas (séc. XVII). In: A. I. B. Agrelo (Ed. 2004: 721-747).

MARROQUIM, Mário. *A lingua do Nordeste* (Alagoas e Pernambuco). São Paulo: Cia. Editora Nacional, 1934.

MARTELOTTA, Mário E.; LEITÃO, Marcio M. A posição de advérbios qualitativos, intensificadores e locativos em anúncios do século XIX. In: T. Alkmim (Org. 2002: 127-154).

MARTELOTTA, Mário Eduardo; BARBOSA, Afrânio; LEITÃO, Márcio Martins. Ordenação de advérbios intensificadores e qualitativos em *-mente* em cartas de jornais do séc. XIX: bases para uma análise diacrônica. In: M. E. L. Duarte e D. Callou (Orgs. 2002: 167-176).

MARTELOTTA, Mário Eduardo. *Mudança linguística*. Uma abordagem baseada no uso. São Paulo: Cortez Editora, 2011.

MARTINET, André. *Économie des changements phonétiques*. Berne: A. Francke, 1955.

MARTINS, Marco Antonio. *A colocação dos pronomes clíticos na escrita brasileira*. Para o estudo das gramáticas do português. Natal: Editora da Universidade Federal do Rio Grande do Norte, 2012.

MARTINS, Jaime de Sousa. *Elementos de gramática histórica*. São Paulo: Companhia Editora Nacional, s.d. [1937?].

MARTINS, Marco Antonio; TAVARES, Maria Alice (Orgs.). *História do português brasileiro no Rio Grande do Norte*. Análise linguística e textual da correspondência de Luís da Câmara Cascudo a Mário de Andrade – 1924-1944. Natal: Editora da Universidade Federal do Rio Grande do Norte, 2012.

MASSINI-CAGLIARI, Gladis (Org.). *Anais do II Encontro de Estudos Diacrônicos do Português*. Araraquara: Unesp, 2002.

MASSINI-CAGLIARI, Gladis et al. (Orgs.). *Estudos de linguística histórica do português*. Araraquara: Cultura Acadêmica Editora/Laboratório Editorial da Unesp-Araraquara, 2005.

MASSINI-CAGLIARI, Gladis et al. (Orgs.). *Trilhas de Mattoso Câmara e outras trilhas*: fonologia, morfologia, sintaxe. Araraquara: Editora Cultura Acadêmica, 2007.

MATTOS E SILVA, Rosa Virgínia. Sobre a mudança linguística: uma revisão histórica. *Boletim de Filologia*, XXVI: 83-99, 1981.

MATTOS E SILVA, Rosa Virgínia. Fluxo e refluxo: uma retrospectiva da linguística histórica no Brasil. D.E.L.T.A., 4.(1): 85-113, 1988.

MATTOS E SILVA, Rosa Virgínia. *Estruturas trecentistas*: elementos para uma gramática do português arcaico. Lisboa: Imprensa Nacional/Casa da Moeda, 1989.

MATTOS E SILVA, Rosa Virgínia. *Português arcaico*: fonologia. São Paulo: Contexto, 1991.

MATTOS E SILVA, Rosa Virgínia. *Português arcaico*: morfologia e sintaxe. São Paulo: Contexto, 1993.

MATTOS E SILVA, Rosa Virgínia (Org.). *A carta de Caminha, testemunho linguístico de 1500*. Salvador: Editora da Universidade Federal da Bahia, 1997.

MATTOS E SILVA, Rosa Virgínia. Ideias para a história do português brasileiro: fragmentos para uma composição posterior. In: A. T. de Castilho (Org. 1998: 21-52).

MATTOS E SILVA, Rosa Virgínia. Para uma compreensão histórica do português brasileiro: velhos problemas revisitados. Conferência no concurso para professor titular de língua portuguesa. Salvador: Instituto de Letras/ Universidade Federal da Bahia, 1999. Manuscrito.

MATTOS E SILVA, Rosa Virgínia. Sobre desencontros e reencontros: filologia e linguística no Brasil do século XX. Comunicação ao XI Encontro Nacional da Anpoll. [*Boletim do GT Historiografia da Linguística Brasileira – Plano Bienal 1998-2000*. São Paulo: Humanitas, 17-36, 1999.

MATTOS E SILVA, Rosa Virgínia. Orientações atuais da linguística histórica brasileira. D.E.L.T.A., 15: 147-166, 1999.

MATTOS E SILVA, Rosa Virgínia. Uma interpretação para a generalizada difusão da língua portuguesa no território brasileiro. *Gragoatá*, 9: 1-248, 2000.

MATTOS E SILVA, Rosa Virgínia (Org.). *Para a História do Português Brasileiro*. Vol. II. Primeiros estudos. 2 t. São Paulo: Humanitas/Fapesp, 2001a.

MATTOS E SILVA, Rosa Virgínia. De fontes sócio-históricas para a história social linguística do Brasil: em busca de indícios. In: R. V. Mattos e Silva (Org., 2001, 275-302), 2001b.

MATTOS E SILVA, Rosa Virgínia. O português brasileiro: sua formação na complexidade multilinguística do Brasil colonial e pós-colonial. Comunicação ao Simpósio O Universo da Língua Portuguesa: Diversidade e Inovação. 2001c.

MATTOS E SILVA, Rosa Virgínia. Para a história do português culto e popular brasileiro: sugestões para uma pauta de pesquisa. In: T. Alkmim (Org. 2002: 443-464), 2002a.

MATTOS E SILVA, Rosa Virgínia. Fatores sócio-históricos condicionantes na formação do português brasileiro: em questão o propalado conservadorismo da língua portuguesa no Brasil. Comunicação ao XIII Congresso Internacional da Alfal. 2002b.

MATTOS E SILVA, Rosa Virgínia. Reflexões e questionamentos para a constituição de *corpora* para o Projeto para a história do português brasileiro. In: D. Callou e M. E. L. Duarte (Orgs. 2002: 17-28), 2002c.

MATTOS E SILVA, Rosa Virgínia. Sobre o 'Programa para a história da língua portuguesa' (PROHPOR) e sua inserção no projeto nacional 'Para a história do português brasileiro' (PHPB). In: C. Roncarati e J. Abraçado (Orgs. 2003: 30-38).

MATTOS E SILVA, Rosa Virgínia. *Ensaios para uma sócio-história do português brasileiro*. São Paulo: Parábola Editorial, 2004.

MATTOS E SILVA, Rosa Virgínia. Desenvolvimentos recentes no Brasil dos estudos histórico-diacrônico sobre o Português. In: A. M. S. Ziles (Org. 2005: 39-54).

MATTOS E SILVA, Rosa Virgínia. *O português arcaico*: fonologia, morfologia e sintaxe. São Paulo: Contexto, 2006.

MATTOS E SILVA, Rosa Virgínia. *O português arcaico*: uma aproximação. 2 v. Lisboa: Imprensa Nacional – Casa da Moeda, 2008a.

MATTOS E SILVA, Rosa Virgínia. *Caminhos da linguística histórica*. São Paulo: Parábola Editorial, 2008b.

MATTOS E SILVA, Rosa Virgínia; MACHADO FILHO, Américo Venâncio Lopes (Orgs.). *O português quinhentista*. Estudos diacrônicos. Salvador: Editora da Universidade Federal da Bahia/Universidade Estadual de Feira de Santana, 2002.

MAURER JR., Theodoro Henrique. *Gramática do latim vulgar*. Rio de Janeiro: Acadêmica, 1959.

MAURER JR., Theodoro Henrique. *O problema do latim vulgar*. Rio de Janeiro: Livraria Acadêmica, 1962.

MAURER JR., Theodoro Henrique. Linguística histórica. *Alfa – Revista de Linguística*, São Paulo, 11: 19-42, 1967.

Maurer Jr., Theodoro Henrique. *Infinitivo flexionado português*: estudo histórico-descritivo. São Paulo: Editora Nacional/Edusp, 1968.

Medeiros, Joice de; Araújo, Maria Cristina Lopes; Gonçalves-Segundo, Paulo Roberto. *Edição de cartas do editor/Editoriais da revista Album de Meninas.* séc. *xix-2.* São Paulo: Universidade de São Paulo. 2015. Disponível em: <http://phpp.fflch.usp.br/sites/phpp.fflch.usp.br/files/MEDEIROS%20%20ARAUJO%20%20 GON%C3%87ALVES-SEGUNDO%20%282015%29%20-%20Cartas%20do%20editor_Editoriais%20 -%20sumario%20completo%20-%208962%20palavras%20-%20XIX_2.pdf>. Acesso em: 05 out. 2018.

Medeiros, Joice de; Araújo, Maria Cristina Lopes; Gonçalves-Segundo, Paulo Roberto. *Edição de cartas do leitor do jornal 'O Observador Paulistano' – 1838-1841.* São Paulo: Universidade de São Paulo. Disponível em http://phpp.fflch.usp.br/corpus. Acesso em 25.10.2015.

Medeiros, Joice de; Araújo, Maria Cristina Lopes; Gonçalves-Segundo, Paulo Roberto. *Edição de cartas do leitor do jornal 'O Observador Paulistano' – 1852-1858.* São Paulo: Universidade de São Paulo. Disponível em http://phpp.fflch.usp.br/corpus. Acesso em 25.10.2015.

Medeiros, Joice de; Araújo, Maria Cristina Lopes; Gonçalves-Segundo, Paulo Roberto. *Edição de anúncios de Revista Feminina, A Cigarra e Vida Paulistana.* séc. *xx.* São Paulo: Universidade de São Paulo. 2015. Disponível em: < http://phpp.fflch.usp.br/sites/phpp.fflch.usp.br/files/MEDEIROS%20%20ARAUJO%20 %20GON%C3%87ALVES-SEGUNDO%20%282015%29%20-%20Anuncios%20-%20sumario%20 completo%20-%2022.100%20palavras%20-%20XX_1.pdf> . Acesso em: 05 out. 2018.

Megale, Heitor. A leitura do texto antigo: variação linguística em manuscritos. *Estudos Linguísticos*, xxviii: 175-205, 1999.

Megale, Heitor (Org.). *Filologia bandeirante.* Vol. i. Estudos. São Paulo: Humanitas, 2000.

Megale, Heitor. Subsídios para a fixação de normas de transcrição de textos para estudos linguísticos – ii. In: R. V. Mattos e Silva (Org. 2001, v. ii, t. 2: 535-538).

Megale, Heitor; Cambraia, César Nardelli. Filologia portuguesa no Brasil. *d.e.l.t.a.*, 15: 1-22, 1999.

Megale, Heitor; Toledo Neto, Sílvio de A. *Por minha letra e sinal.* Documentos do ouro do século xvii. São Paulo: Ateliê Editorial/Fapesp, 2006.

Megale, Heitor; Toledo Neto, Sílvio de A.; Fachin, Phablo Roberto M. *Caminhando mato dentro.* Documentos do ouro do século xviii. São Paulo: Espaço Editorial/Fapesp, 2009.

Meillet, Antoine. L'évolution des formes grammaticales. *Scientia (Rivista di Scienza)*, 12.(26): 6-12, 1912.

Melo, Carlos Augusto de. et al (Orgs.). *Linguagem, educação e tecnologias*: implicações para o ensino. João Pessoa: Editora Universitária da Universidade Federal da Paraíba, 2013.

Melo, Gladstone Chaves de *A língua do Brasil.* Rio de Janeiro: Fundação Getúlio Vargas, 1946. [2.ed. melhorada e aumentada, 1971.]

Melo, Gladstone Chaves de. *Alencar e a "língua brasileira".* 2. ed. corrigida e aumentada. Rio de Janeiro: José Olímpio, 1951. [Introdução ao vol. xv, *Senhora,* dos romances de José de Alencar.]

Melo, Gladstone Chaves de. *Iniciação à filologia portuguesa.* 2. ed. Rio de Janeiro: Livraria Acadêmica, 1957.

Mello, Beliza Áurea de Arruda. Manuscritos culinários de 1900 a 1950: memória urbana de mulheres pessoenses. *Revista do Gelne*, ufc, 8: 31-41, 2007.

Mello, Beliza Áurea de Arruda. Cartografias dos cadernos de receitas: volúpias em banho-maria. In: M. G. Ribeiro (Org. 2009: 9-27).

Mello, Beliza Áurea de Arruda; Sá Júnior, Lucrécio Araújo de. Manuscritos populares em canto. *Revista do Gelne*, ufc, 1: 119-125, 2009.

Mello, Beliza Áurea de Arruda. Cadernos de receitas: "librillos" da memória. In: C. J. dos S. Machado, M. L. Nunes e I. M. F. L. Santiago (Orgs. 2011: 217-230), 2011a.

Mello, Beliza Áurea de Arruda. Nomadismo dos folhetos de cordel: da feira pública à Ciberfeira. In: M. de F. B. B. de Mesquita (Org. 2011: 69-80), 2011b.

Mello, Beliza Áurea de Arruda. *Caleidoscópio da literatura portuguesa*: do medieval ao contemporâneo. João Pessoa: Editora do ccta, 2013.

Mello, Beliza Áurea de Arruda. Encantos avernais nas narrativas populares. In: B. Á. de A. Mello, M. C. A. de A. Silveira e A. C. de S. Aldrigue (Orgs. 2013: 201-245), 2013a.

Mello, Beliza Áurea de Arruda. "Movência" de paradigmas no cordel: do canto ao ciberespaço. In: Lucrécio Araújo de Sá Júnior; Andrey Pereira de Oliveira (Orgs. 2013: 165-178), 2013b.

Mello, Beliza Áurea de Arruda. A voz e o corpo: performance do poeta de cordel. *Revista do Gelne*, ufc, 15: 285-301, 2013c.

MELLO, B. A. A.; LEITE, J. C. A voz da poesia de folhetos de cordel. In: M. de F. B. de M. Barbosa et al. (Orgs. 2011: 33-36).

MELLO, B. A. A.; SILVEIRA, Maria Claurênia Abreu de A; ALDRIGUE, Ana Cristina de Sousa. *No reino encantado das vozes*. João Pessoa: Editora Universitária da Universidade Federal da Paraíba, 2013.

MELLO, B. A. A.; SANTOS, Gilvan M. Escrituras nômades do cangaço: entre folhetos, filmes e a identidade nacional. In: A. de P. D. da Silva e M. G. Ribeiro (Orgs. 2013: 253-266).

MELLO, Heliana; HOLM, John. Interpretação das origens do português vernáculo à luz de uma análise sociolinguística de dados demográficos. In: B. Igla and T. Stolz (Hrg. 2001: 223-236).

MENDES, Ronald Beline (Org.). *Passando a palavra*: uma homenagem a Maria Luiza Braga. São Paulo: Paulistana Editora, 2007.

MENDES, Ronald Beline. *Estar* + gerúndio: um auxiliar, uma perífrase, duas gramaticalizações. In: A. T. de Castilho (Org. 2009: 571-577).

MENDONÇA, Renato. *A influência africana no português do Brasil.* São Paulo: Cia. Editora Nacional, 1935 [1933].

MENDONÇA, Renato. *O português do Brasil* – Origens – Evoluções – Tendências. Rio de Janeiro: Civilização Brasileira, 1936.

MENDONÇA, Valdenice de A. *A língua falada na cidade de Mata Grande*: a variação do objeto direto. Dissertação de Mestrado – Universidade Federal de Alagoas, 2002.

MESQUITA, Maria de Fátima Batista Barbosa de. et al (Orgs.). *Estudos em literatura popular II*. João Pessoa: Editora da Universidade Federal da Paraíba, 2011.

MEYER, Marlyse. *Folhetim:* uma história. São Paulo: Companhia das Letras, 1996.

MICHELETTI, Guaraciaba (Org.). *Enunciação e gêneros discursivos*. São Paulo: Cortez, 2008.

MIOTO, Carlos; SILVA, Maria Cristina Figueiredo; LOPES, Ruth Elizabeth Vasconcelos. *Novo manual de sintaxe*. 2. ed. Florianópolis: Editora Insular, 2005 [1999].

MODESTO, Marcelo. Null Subjects in Brazilian Portuguese: Critique of Two Possible Analyses. In: M. A. Torres Morais e M. L. C. V. O. Andrade (Orgs. 2009: 99-122).

MÓDOLO, Marcelo. *Um* corpus *para a diacronia do português de São Paulo*. Dissertação de Mestrado – Universidade de São Paulo, 1998.

MÓDOLO, Marcelo. *Gramaticalização e discursivização das conjunções correlativas*. Tese de Doutorado – Universidade de São Paulo, 2004.

MÓDOLO, Marcelo. A estrutura correlativa alternativa *quer...quer* de uma perspectiva multissistêmica. In: A. T. de Castilho (Org. 2009: 465-478), 2009.

MÓDOLO, Marcelo; MARQUES, Alexandra de Souza. *Correspondências particulares do Fundo Rafael Tobias de Aguiar* – Museu Paulista. 2010. Disponível em: <http://phpp.fflch.usp.br/sites/phpp.fflch.usp.br/files/M%C3%93DOLO-MARQUES%20%282010%29%20Correspond%C3%AAncias%20particulares%20do%20Fundo%20Rafael%20Tobias%20de%20Aguiar%20editadas%2C%20Museu%20Paulista.pdf>. Acesso em: 05 out. 2018.

MÓDOLO, Marcelo et al. Edição de processos crimes dos séculos XVIII, XIX e XX. Disponível em: <www.phpp.fflch.usp.br/corpus>. Acesso em: 7 nov. 2018.

MÓDOLO, Marcelo; SANTOS, Vinícius G. As Noivas *de Paulo Gonçalves (1897-1927 [1929?])*. 2010. Disponível em: <http://phpp.fflch.usp.br/sites/phpp.fflch.usp.br/files/M%C3%93DOLO-SANTOS%20%282010%29%20Edi%C3%A7%C3%A3o%20de%20As%20Noivas%20de%20Paulo%20Gon%C3%A7alves%20%281897-1927%29%20%281929%29.pdf>. Acesso em: 05 out. 2018.

MÓDOLO, Marcelo; SILVA, Camila Téo da. A Justiça dos Bohemios *de Ponson du Terrail (1884)*. 2010. Disponível em: <http://phpp.fflch.usp.br/sites/phpp.fflch.usp.br/files/M%C3%93DOLO-SILVA%20%282010%29%20A%20Justi%C3%A7a%20dos%20Bohemios%20%28Folhetim%29%20de%20autoria%20de%20Ponson%20du%20Terrail%201884.pdf>. Acesso em: 05 out. 2018.

MONARETTO, V. N. O. *Um reestudo da vibrante*: análise variacionista e fonológica. Tese de Doutorado – Pontifícia Universidade Católica do Rio Grande do Sul, 1997.

MONARETTO, V. N. O. O apagamento da vibrante pós-vocálica na fala das capitais do sul do Brasil. *Letras de Hoje*, 35.1: 275-284, 2000.

MONARETTO, V. N. O. A vibrante pós-vocálica em Porto Alegre. In: L. Bisol e C. Brescancini (Orgs. 2002).

MONTE, Vanessa Martins do. *Correspondências paulistas*. As formas de tratamento em cartas de circulação pública (1765-1775). São Paulo: Humanitas/Fapesp, 2015.

Monteiro, Amanda Valéria. *Minha alma no caminho da salvação*: edição semidiplomática de testamentos do Arquivo Histórico Municipal Felix Guisard Filho – Taubaté/SP (1651-1700). Dissertação de Mestrado – Universidade de São Paulo, 2014.

Monteiro, Tânia Penido. *Portugueses na Bahia na segunda metade do século XIX*: imigração e comércio. Dissertação de Mestrado – Universidade Federal da Bahia, 1982.

Moraes, Luiz Carlos de. *Vocabulário sul-rio-grandense*. Porto Alegre: Globo, 1935.

Moraes de Castilho, Célia Maria. Seria quatrocentista a base do português brasileiro? In: R. V. Mattos e Silva (Org. 2001a, t. 1: 57-90), 2001.

Moraes de Castilho, Célia Maria. Diacronia do dequeísmo: o clítico locativo medieval *en* e o dequeísmo nas orações relativas. *Linguística*, 15/16: 123-160, 2004a.

Moraes de Castilho, Célia Maria. Locativos, fóricos, articuladores discursivos e conjunções no português medieval. Gramaticalização de *ende/en* e *porende/porém*. *Filologia e Linguística Portuguesa*, 6: 53-100, 2004b.

Moraes de Castilho, Célia Maria. *O processo de redobramento sintático no português medieval*. A formação das perífrases com *estar*. Tese de Doutorado – Universidade Estadual de Campinas, 2005.

Moraes de Castilho, Célia Maria. A categoria funcional AGR nos inventários e testamentos de 1578 a 1600. Comunicação ao V Congresso Internacional da Associação Brasileira de Linguística. 2007.

Moraes de Castilho, Célia Maria. Estrutura discursiva dos inventários e testamentos de São Paulo (sécs. XVI-XVII). Em A. T. de Castilho (Org. 2009: 665-698), 2009a.

Moraes de Castilho, Célia Maria. A linguagem dos inventários e testamentos. Lendo nas entrelinhas. In: M. S. Bassanezi e T. R. B. Botelho (Orgs. 2009: 257-272), 2009b.

Moraes de Castilho, Célia Maria. A concordância nos Inventários do séc. XVII. Primeiras investigações. In: A. T. de Castilho (Org. 2009: 333-350), 2009c.

Moraes de Castilho, Célia Maria. Inventários e testamentos como documentos linguísticos. *Filologia e Linguística Portuguesa*, 13.(1): 261-285, 2011.

Moraes de Castilho, Célia Maria. *Formação do português caipira*: mudança gramatical e sócio-história do português de São Vicente e São Paulo nos séculos XVI e XVII. Relatório final de pesquisa de Pós-Doutoramento. São Paulo: Universidade de São Paulo/Fapesp, 2011. Manuscrito.

Morais, Kathlin C. de. *Atas da vereança de Mogi das Cruzes do século XVI (1612 a 1650)*. São Paulo: Universidade de São Paulo. 2015. Disponível em: <http://phpp.fflch.usp.br/sites/phpp.fflch.usp.br/files/HITOS%20MORAIS%20KEWITZ%20%282015%20%5B2007%5D%29%20-%20Atas%20de%20Mogi%20das%20Cruzes_Revisadas%20Kathlin%20Morais%202015.pdf>. Acesso em: 05 out. 2018.

Morais, Kathlin C. de; Kewitz, Verena. *Atas da Câmara de Jundiaí (1663 e 1669)*. 2013. Pesquisa de Iniciação Científica – Universidade de São Paulo. Disponível em: <http://phpp.fflch.usp.br/sites/phpp.fflch.usp.br/files/Atas%20de%20Jundiai_XVII_revisao%20completa_2016.pdf>. Acesso em: 05 out. 2018.

Morais, Kathlin C. de; Kewitz, Verena. As macroestruturas de atas de câmara do século XVII: estudo comparativo das tradições discursivas em documentos de Jundiaí e de Mogi das Cruzes. In: R. Berlinck; P. Gonçalves-Segundo (Orgs. no prelo).

Mota, Jacyra. Variação entre /ei/ e /e/ em Sergipe. In: C. Ferreira et al. (Orgs. 1988).

Moura, Adivânia F. de. *Tradições discursivas*: inovações e conservadorismos em atas de câmara paraibanas dos séculos XIX, XX e XXI. Dissertação de Mestrado – Universidade Federal da Paraíba, 2011.

Moura, Denilda (Org.). *Resquícios de Palmares*. O que uma comunidade quilombola nos diz. Maceió: Editora da Universidade Federal de Alagoas, 2009.

Munhoz, Renata. *Correspondência oficial para o Morgado de Mateus*: Transcrição semidiplomática do Livro 170 do Aesp (de 1767 a 1775). Dissertação de Mestrado – Universidade de São Paulo, 2009.

Mussa, A. B. N. *O Papel das línguas africanas na história do português do Brasil*. Dissertação de Mestrado – Universidade Federal do Rio de Janeiro, 1995.

Naro, Anthony J. (Org.). *Tendências atuais da linguística e da filologia no Brasil*. Rio de Janeiro: Francisco Alves, 1976.

Naro, Anthony J.; Votre, José Sebastião. Mecanismos funcionais do uso da língua: função e forma. *D.E.L.T.A.*, 8.(2): 285-290, 1992.

Nascimento, Anna Amélia Vieira. *Patriarcado e religião*: as enclausuradas clarissas do Convento do Desterro da Bahia, 1677-1890. Bahia: Conselho Estadual de Cultura, 1994.

Negri, Lígia et al. (Orgs.). *Sentido e significação*. Em torno da obra de Rodolfo Ilari. São Paulo: Contexto, 2004.

Neiva, Arthur. *Estudos da Língua Nacional*. São Paulo/Rio de Janeiro/Recife/Porto Alegre: Cia. Editora Nacional, 1940.

Neiva, Nordélia Costa. *Objeto direto anafórico de 3ª pessoa na fala culta de Salvador*: o clítico em desuso. Dissertação de Mestrado – Universidade Federal da Bahia, 2007.

NICOLAU, R. B. F. *Forma e sentido*: a arquitetônica dos anúncios na imprensa paraibana dos séculos XIX e XX. João Pessoa: Marca de Fantasia, 2013.

NICOLAU, R. B. F. Linguagem, Tradição discursiva e ensino: novas abordagens sob a ótica sincrônica e diacrônica. In: C. A. de Melo et al (Orgs. 2013).

NICOLAU, R. B. F; CARNEIRO, A. A. A evolução histórico-discursiva das atas de câmaras municipais da Paraíba do século XX ao século XXI. *Temática*, João Pessoa, 1: 1-37, 2013.

NICOLAU, R. B. F. Estudo dos Apedidos presentes em jornais paraibanos do século XIX sob a ótica da teoria da enunciação. *Temática*, João Pessoa, VI: 4, 2010.

NICOLETTE, Carlos Eduardo; SIMÕES, José da Silva. Cultura letrada do século XVIII: o caso de Marcelino Pereira Cleto. Comunicação ao IV Seminário do Projeto de História do Português Paulista II. 2014a.

NICOLETTE, Carlos Eduardo; SIMÕES, José da Silva. Cultura letrada do século XVIII: o caso de Marcelino Pereira Cleto. Resumo apresentado no 22º Simpósio Internacional de Iniciação Científica da USP (Siicusp). 2014b.

NOGUEIRA, Amábile Bianca. Aspectos lexicais da variante açoriana catarinense. In: M. A. Torres Morais e M. L. C. V. O. Andrade (Orgs. 2009: 425-436), 2009.

NOLL, Volker. *O português brasileiro*. Formação e contrastes. Trad. Mário Viaro. São Paulo: Globo, 2008.

O ESTADO DE S. PAULO. Suplemento do centenário. Cem anos de língua portuguesa no Brasil. 1-31 de janeiro de 1976: 61-64; 2-07 de fevereiro de 1976: 55-60, 1976.

OESTERREICHER, Wulf. Lo hablado en lo escrito: reflexiones metodológicas y aproximación a una tipologia. In: T. Kotschi, W. Oesterreicher e K. Zimmermann (Eds. 1996).

OESTERREICHER, Wulf. Zur Fundierung von Diskurtraditionen. In: B. Franck, T. Haye e D. Tophinke (Hrg. 1997: 19-42).

OESTERREICHER, Wulf. Dinámica de estructuras actanciales em los Siglos de Oro: el ejemplo del verbo *encabalgar*. In: J. Kabatek (Org. 2008).

OLINDA, Sílvia Rita Magalhães. *A colocação dos pronomes no português brasileiro, sécs. XVIII e XIX:* a questão revisitada. Tese de Doutorado – Universidade Federal da Bahia, 2002.

OLIVEIRA, Kelly Cristina. *Jornal Correio Paulistano* – Constituição e mudança do gênero anúncio de emprego (1854 a 1900) sob a perspectiva crítico-discursiva. Tese de Doutorado – Universidade de São Paulo, 2012.

OLIVEIRA, Klebson. *Textos escritos por africanos e afro-descendentes na Bahia do século XIX*: fontes do nosso latim vulgar? Dissertação de Mestrado –Universidade Federal da Bahia, 2003.

OLIVEIRA, Klebson. *Negros e escrita no Brasil do séc. XIX:* sócio-história, edição filológica de documentos e estudo linguístico. 3 v. Tese de Doutorado – Universidade Federal da Bahia, 2006.

OLIVEIRA, Klebson; LOBO, Tânia Conceição Freire. O nome dela era Rosa: epistolografia de uma ex-escrava no Brasil do século XVIII. In: T. Lobo et al. (Orgs. 2012: 788-813).

OLIVEIRA, Klebson; SOLEDADE, Juliana; FERNANDES, Hirão (Orgs.). *Do português arcaico ao português brasileiro*: outras histórias. Salvador: Editora da Universidade Federal da Bahia, 2009.

OLIVEIRA, Marco Antonio de. The Neogrammarian Controversy Revisited. *International Journal of Sociology of Language*, Berlin, 89.1: 93-105, 1991.

OLIVEIRA, Marco Antônio de. Reanalisando o processo de cancelamento de [r] em final de sílaba. *Revista de Estudos da Linguagem*, 2: 32-68, 1997.

OLIVEIRA, Marilza de. *Frases Assertivas e sua variação nas línguas românicas*: seu papel na aquisição. São Paulo: Humanitas, 2000.

OLIVEIRA, Marilza de. Mudança gramatical: programa de estudos. In: R. V. Mattos e Silva (Org. 2001a, t. 1: 39-56).

OLIVEIRA, Marilza de. *Amare aveva* or *amare iva*? A New Look at the Grammaticalization of Portuguese Conditional. *Linguística*, 15/16: 175-184, 2003/2004.

OLIVEIRA, Marilza de. Nós se cliticizou-se? In: T. Lobo et al. (Orgs. 2006, t. 1: 413-424).

OLIVEIRA, Marilza de (Org.). *Língua portuguesa em São Paulo*: 450 anos. São Paulo: Humanitas, 2006.

OLIVEIRA, Marilza de. Complementos verbais introduzidos pela preposição 'a'. In J. Ramos e M. Alkmim (Orgs. 2007: 197-234).

OLIVEIRA, Marilza et al. Perfil das escolas paulistas: fins do XIX e início do XX. In: V. Aguilera (Org. 2009, t. 2: 601-630).

OLIVEIRA, Marilza de. Para a história social da língua portuguesa em São Paulo: séculos XVI-XVIII. In: A. T. de Castilho (Org. 2009b: 185-208).

OLIVEIRA, Tábata; LOPES, Mariana de Souza; SIMÕES, José da Silva. *Cartas Andradinas (1820-1828)*. São Paulo: Universidade de São Paulo. 2015. Disponível em: <http://phpp.fflch.usp.br/sites/phpp.fflch.usp.br/files/SIM%C3%95ES%20OLIVEIRA%20SOUZA%202015%20CARTAS%20ANDRADINAS.pdf>. Acesso em: 05 out. 2018.

OLIVEIRA Tábata; SIMÕES, José da Silva, *Edição do Testamento de Isabel Cardoso – Santana de Parnaíba, 1757*. São Paulo: Arquivo Público do Estado de São Paulo. Disponível em: <http://www.arquivoestado.sp.gov.br/uploads/acervo/textual/juizo_residuos/BR_SP_APESP_JR_C05471_D003.pdf>. Acesso em: 25 out. 2015.

OLIVEIRA E SILVA, G. de; SCHERRE, Maria M. P. (Orgs.). *Padrões sociolinguísticos*: análise de fenômenos variáveis do português falado na cidade do Rio de Janeiro. Rio de Janeiro: Tempo Brasileiro, 1996.

OMENA, Nelize P. de. *Pronome pessoal de terceira pessoa*: suas formas variantes em função acusativa. Dissertação de Mestrado – Pontifícia Universidade Católica do Rio de Janeiro, 1978.

O SECRETÁRIO BRAZILEIRO, Contendo 306 Modelos de Cartas sobre Todos os Assuntos e um Formulário de Requerimentos e Memoriaes. Rio de Janeiro/Paris: Typographia H. Garnier, s/d.

PAIVA, Maria da Conceição de. Supressão das semivogais nos ditongos decrescentes. In: G. de Oliveira e Silva e Maria M. P. Scherre (Orgs. 1996: 217-238).

PAIVA, Maria da Conceição de. O percurso da monotongação de [ey]: observações no tempo real. In: M. da C. de Paiva e M. E. L. Duarte (Orgs. 2003: 31-46).

PAIVA, Maria da Conceição de; DUARTE, M. E. L. (Orgs.). *Mudança linguística em tempo real*. Rio de Janeiro: Contra Capa/Faperj, 2003.

PAGOTTO, Emílio G. *A posição dos clíticos em português*: um estudo diacrônico. Dissertação de Mestrado – Universidade Estadual de Campinas, 1992.

PAGOTTO, Emílio G. Clíticos, mudança e seleção natural. In: I. Roberts e M. Kato (Orgs. 1993: 185-206).

PAGOTTO, Emílio G. *Variação e (') identidade*. Maceió: Editora da Universidade Federal de Alagoas, 2004.

PALMER, Leonard R. *Introdución crítica a la linguística descriptiva y comparada*. Trad. José L. Melena. Madrid: Gredos, 1975.

PARÁ, Mara L. D. *Estratégias de representação do objeto direto correferencial*: um estudo variacionista. Dissertação de Mestrado – Universidade Federal do Rio de Janeiro, 1997.

PAREDES SILVA, Vera L. É isso aí: verbo *ser* e demonstrativos em função coesiva no português. Pontifícia Universidade Católica do Rio de Janeiro/Universidade Federal do Rio de Janeiro, 1985. Manuscrito.

PAREDES SILVA, Vera L. *Cartas cariocas*: a variação do sujeito na escrita informal. Tese de Doutorado – Universidade Federal do Rio de Janeiro, 1988.

PAREDES SILVA, Vera L. Motivações funcionais no uso do sujeito pronominal: uma análise em tempo real. In: M. da Conceição Paiva e M. E. L. Duarte (Orgs. 2003: 97-114).

PARREIRA, Andressa D. *Contribución a la historia de la gramática brasileña del siglo XIX*. Tese de Doutorado – Universidad de Salamanca, 2011.

PEDERNEIRAS, Raul. *Geringonça carioca* – verbêtes para um diccionario da giria. Rio de Janeiro: Officinas Graphicas do Jornal do Brasil, 1922.

PEDREIRA DE CASTRO, Pe. Jerônimo. *Segundo Livro de Zélia (Irmã Maria do Santíssimo Sacramento)*. Seus escritos espirituais, cartas e exemplos. Petrópolis: Editora Vozes. 1943.

PEDREIRA DE CASTRO, Pe. Jerônimo. *Zélia ou Irmã Maria do SS. Sacramento*. Vida exemplar de uma mãe cristã, que terminou seus dias junto a Jesus Sacramentado. 7. ed. Petrópolis: Editora Vozes, 1960.

PEREIRA, Deize Crespim. *Variação e mudança no uso dos pronomes reflexivos no português popular da capital paulista*: uma abordagem funcionalista e cognitivista. Tese de Doutorado – Universidade de São Paulo, 2007.

PEREIRA, Deize Crespim. Funções semântico-cognitivas, sintáticas e discursivas favorecedoras e desfavorecedoras do uso do pronome reflexivo no português popular de São Paulo. In: M. A. Torres Morais e M. L. C. V. O. Andrade (Orgs. 2009: 141-180).

PEREIRA, Deize Crespim; RODRIGUES, Angela C. *Todos são* x *tudo é*: os usos do pronome *tudo* no português popular falado em São Paulo. *Filologia e Linguística Portuguesa*, 13.(1): 207-246, 2011.

PEREIRA, Helcius Batista. A gramaticalização de *sequer* no português brasileiro. In: A. T. de Castilho (Org. 2009: 405-416).

PEREIRA, Regina Celi M. A harmonização vocálica e a variação das médias pretônicas. In: D. da Hora (Org. 2004: 111-128).

PESSOA, Marlos de Barros. *Formação de uma variedade urbana e semioralidade na primeira metade do século XIX*. O caso do Recife, Brasil. Tübingen. Dissertation, 1997.

PESSOA, Marlos de Barros. Periodização do português brasileiro: o problema dos critérios. In: Eberhard Gärtner, Christine Hundt e Axel Schönberger (Eds. 2000: 145-151).

PESSOA, Marlos de Barros. Oralidade concepcional na imprensa do Recife no século XIX. In: R. V. Mattos e Silva (Org. 2001a, t. 1, 25-38).

PESSOA, Marlos de Barros. Da carta e outros gêneros textuais. In: M. E. L. Duarte e D. Callou (Orgs. 2002: 197-206), 2002a.

PESSOA, Marlos de Barros. *O gênero notícia no Brasil*: notas para uma história. Comunicação ao V Seminário do Projeto PHPB. 2002b.

PESSOA, Marlos de Barros. *Formação de uma variedade urbana e semi-oralidade*. O caso do Recife, Brasil. Tuebingen: Max Niemeyer Verlag, 2003.

PESSOA, Marlos de Barros (Org.). *Língua, textos e história*: manuscritos e impressos na história do português brasileiro. Recife: Programa de Pós-Graduação da Universidade Federal de Pernambuco, 2005.

PESSOA, Marlos de Barros. O primeiro número do Diário de Pernambuco: tradições discursivas e gramática. In: Guiomar Ciapuscio et al. (Eds. 2006).

PESSOA, Marlos de Barros. *Do oral e do escrito desde os gregos até a geografia linguística*. Recife: Editora da Universidade Federal do Recife, 2010.

PETTER, M.; ZANONI, D. Quilombos do Vale do Ribeira: variação e mudança na concordância de gênero e de número. *Papia: Revista Brasileira de Estudos Crioulos e Similares*, 15: 61-71, 2005.

PIMENTEL, R. M. *A variação linguística do fonema /r/ na posição pós vocálica*. Dissertação de Mestrado – Pontifícia Universidade Católica do Rio Grande do Sul, 2003.

POGGIO, Rosauta Maria Galvão Fagundes. *Processos de gramaticalização de preposições do latim ao português*. Uma abordagem funcionalista. Salvador: Editora da Universidade Federal da Bahia, 2002.

PONTES, Hildebrando Araújo. Influencia da linguagem africana do negro na formação do "dialecto capiau". *Jornal do Commercio*, Rio de Janeiro, 24 de agosto, 1921.

PRETI, Dino. *Sociolinguística*. Os níveis de fala. 7. ed. rev. e modernizada. São Paulo: Editora da Universidade de São Paulo,1994.

PRETI, Dino. *Cortesia verbal*. São Paulo: Humanitas, 2008.

PRETI, Dino; URBANO, Hudinilson (Orgs.). *A linguagem falada culta na cidade de São Paulo*. v. 4. São Paulo: TAQueirós/Fapesp, 1990 [1987].

QUEIROZ, Rita de Cássia.R. de; SALOMÃO, Jacilene M. Documentos manuscritos de Feira de Santana: edição semidiplomática e análise do discurso de dois autos de defloramento. *Cadernos do CNLF*, Rio de Janeiro, CiFEFiL, XV.5, 2011.

QUEIROZ, Rita de Cássia. R. de; SILVA, Daianna Q. S. S. da. Maria Possidonia, "a menor ofendida e enoudada de sangue": edição semidiplomatica e estudo léxico-semântico de um processo crime do inicio do século XX. *Cadernos do CNFL*, XVI.4, 2012.

RAMOS, Jânia. Mudança sintática e teoria gramatical. *Cadernos de Estudos Linguísticos*, 20: 23-32, 1991.

RAMOS, Jânia. *Marcação de caso e mudança sintática no português brasileiro:* uma abordagem gerativa e variacionista. Tese de Doutorado – Universidade Estadual de Campinas, 1992.

RAMOS, Jânia. Um plano para a sintaxe diacrônica do português brasileiro. In: A. T. de Castilho (Org. 1998: 79-88).

RAMOS, Jânia. O surgimento de um novo clítico no português brasileiro: análise quantitativa e qualitativa da forma *cê*. In: E. Gärtner, C. Hundt e A. Schönberger (Eds. 2000: 181-190).

RAMOS, Jânia. Equacionando a implementação. Comunicação ao II Encontro de Estudos Diacrônicos do Português, 2001a.

RAMOS, Jânia. Projeto Para a História do Português Brasileiro: breve histórico e desenvolvimentos. Palestra realizada na Universidade de Tübingen, Alemanha, 2001b.

RAMOS, Jânia. Novos clíticos do português brasileiro: resultados e perspectivas. Palestra realizada na Universidade de Tübingen, Alemanha, 2001c.

RAMOS, Jânia. Formas de tratamento no português brasileiro. Palestra realizada na Universidade de Tübingen, Alemanha, 2001d.

RAMOS, Jânia. Seleção do *corpus* para o estudo da língua portuguesa na capitania de Minas Gerais no século XVIII. In: R. V. Mattos e Silva (Org. 2001, v. 2, t. 2: 423-434), 2001e.

RAMOS, Jânia. A alternância *não* e *num* no dialeto mineiro. In: M. A. Cohen e J. Ramos (Orgs. 2002: 155-168), 2002a.

RAMOS, Jânia. Sintagmas possessivos: o percurso diacrônico de perda de [aNP] pleno no português brasileiro. In: G. Massini-Cagliari (Org. 2002), 2002b.

RAMOS, Jânia; ALCKMIM, Mônica A. (Orgs.). *Para a História do Português Brasileiro*. Vol. V: Estudos sobre mudança linguística e história social. Belo Horizonte: Faculdade de Letras da Universidade Federal de Minas Gerais, 2007.

RAMOS, J. Corpus de língua falada em Minas Gerais. Transcrição de 120 entrevistas. Disponível em: <http://portalminas.letras.ufmg.br>. Acesso em: 7 nov. 2018, s/d (1).

RAMOS, J. *Corpus do projeto para a história do português brasileiro:* anúncios e cartas de leitores em Minas no século XX. Disponível em: <http://portalminas.letras.ufmg.br>. Acesso em: 7 nov. 2018, s/d (2).

RASO, T.; MELLO, H. *C-ORAL-Brasil I* – Corpus *de referência do português brasileiro falado informal*. Belo Horizonte: Editora da Universidade Federal de Minas Gerais, 2011.

RAYMUNDO, Jacques. *O elemento afro-negro na língua portuguesa*. Rio de Janeiro: Renascença, 1933.

RAYMUNDO, Jacques. *A língua portuguesa no Brasil* (expansão, penetração, unidade e estado atual). Rio de Janeiro: Imprensa Nacional, 1941.

REIS, Francisco Sotero dos. *Postilas de Grammatica Geral*. Maranhão: Typ. de R. d'Almeida & C., 1870.

REIS, Francisco Sotero dos. *Grammatica portuguesa accommodada aos principios geraes da palavra seguidos de immediata applicação pratica*. Maranhão: Typ. de R. d'Almeida & C., 1871. [3. ed. Maranhão: Livraria de Magalhães & C., 1877.]

REIS, João José. Identidade e diversidade étnicas nas irmandades no tempo da escravidão. *Tempo*, Rio de Janeiro, 2:3 7-33, 1997.

RIBEIRO, Ilza. A formação dos tempos compostos: a evolução histórica das formas *ter*, *haver* e *ser*. In: I. Roberts e M. A. Kato (Orgs. 1993: 343-386).

RIBEIRO, Ilza. *A sintaxe da ordem no português arcaico:* o efeito V2. Tese de Doutorado – Universidade Estadual de Campinas, 1995a.

RIBEIRO, Ilza. Evidence for a Verb-Second Phase in Old Portuguese. In: A. Battye e I. Roberts (Eds. 1995: 110-139), 1995b.

RIBEIRO, Ilza. A mudança sintática do português brasileiro é mudança em relação a que Gramática? In: A. T. de Castilho (Org. 1998: 101-120).

RIBEIRO, Ilza (Org.). *Projeto cartas de 1860-1863*. Contribuições para a história da Santa Casa de Misericórdia de Salvador. Universidade de Salvador, 1999-2000.

RIBEIRO, Ilza. Sobre a perda da inversão do sujeito no português brasileiro. In: R. V. Mattos e Silva (Org. 2001, t. 1: 91-126).

RIBEIRO, Ilza. Quais as faces do português culto brasileiro? In: T. Alkmin (Org. 2002: 369-382).

RIBEIRO, Ilza. O sujeito nulo referencial do português popular brasileiro. In: M. A. Torres Morais e M. L. C. V. O. Andrade (Orgs. 2009: 83-99), 2009.

RIBEIRO, Ilza; REBOUÇAS, Soraia. As cartas da Santa Casa de Misericórdia – 1860 a 1863. In: M. E. L. Duarte e D. Callou (Orgs. 2002: 49-60).

RIBEIRO, Ilza; LOBO, Tânia Conceição Freire. A realização do sujeito na escrita de Gregório Joaquim de Santana Gomes Ferrão. In: V. Aguilera. (Org. 2009: 265-284).

RIBEIRO, João. *Grammatica portugueza*: curso superior. 2. ed. Rio de Janeiro: Livraria Classica Alves & Comp., 1888 [1. ed. 1887]. [13. ed., 1907; 17. ed., 1914.]

RIBEIRO, João. *Grammatica portugueza*: curso primario. 9. ed. Rio de Janeiro: Livraria Classica de Alves e C., 1894. [14. ed., 1897; 57. ed., 1911; 89. ed., 1926.]

RIBEIRO, Julio. *Grammatica portugueza*. São Paulo: Teixeira & Irmãos Editores, 1881. [2. ed.,1885; 11. ed., 1913; 12. ed., 1914.]

RIBEIRO, Maria Goretti (Org.). *Ensaios sobre psicologia e crítica da cultura*. v. 1. Olinda: Livro Rápido, 2009.

RIBEIRO, Rafaela Baracat. Escolhas lexicais e referenciação em carta ao leitor numa perspectiva semântico-pragmática. In: M. A. Torres Morais e M. L. C. V. O. Andrade (Orgs. 2009: 407-424).

ROBERTS, Ian. *Verbs and Diachronic Syntax*: a Comparative History of English and French. Dordrecht: Kluwer, 1993.

ROBERTS, Ian. A generalização de Taraldsen e a mudança linguística: dois modos de perder sujeitos nulos. In: M. A. Torres Morais e M. L. C. V. O. Andrade (Orgs. 2009: 27-60).

ROBERTS, Ian; KATO, Mary Aizawa (Orgs.). *Português brasileiro*. Uma viagem diacrônica. Campinas: Editora da Unicamp, 1993.

ROBERTS, Ian; KATO, Mary Aizawa (Orgs.). *Português brasileiro*. Uma viagem diacrônica. 2. ed. São Paulo: Editora Contexto, 2018.

ROBOREDO, Amaro de. *Método gramatical para todas as línguas*. Lisboa: Pedro Craesbeeck, 1881 [1. ed. 1619].

ROCHA, Ana Paula. Mudanças semânticas apresentadas por conjunções adversativas em português: o papel da categoria espaço. In: A. T. de Castilho (Org. 2009: 239-254).

RODRIGUES, Ângela Cecília de Souza. Concordância verbal, sociolinguística e história do português brasileiro. *Forum Linguístico*, Florianópolis, 4.1: 115-145, 2004.

RODRIGUES, Angélica. *Ir* e *pegar* nas construções do tipo *foi fez*: gramática de construções e contexto de gramaticalização. In: A. T. de Castilho (Org. 2009: 267-278).

RODRIGUES, Ângela Cecília de Souza. *Português popular brasileiro em São Paulo*: materiais para seu estudo. 2013.

RODRIGUES, Ângela Cecília de Souza; FERREIRA NETTO, Waldemar. Transcrição de inquéritos: problemas e sugestões. In: H. Megale (Org. 2000: 171-193).

RODRIGUES, Ângela C. S.; LIMA-HERNANDES, Maria Célia; SPAZIANI, Lídia. Graus de imperatividade em cartas brasileiras. In: A. T. de Castilho (Org. 2009: 255-266).

ROMAINE, Suzanne. Socio-Historical Linguistics: Its Status and Methodology. Cambridge: Cambridge University Press, 1982.

ROMERO, Nanci. Gramaticalização da preposição "com" no português brasileiro do século XIX. In: J. Ramos e M. Alkmim (Orgs. 2007: 155-168).

ROMERO, Nanci. Gramaticalização, lexicalização e semanticização de *com* e *sem*. In: A. T. de Castilho (Org. 2009: 519-558).

RONCARATI, Cláudia; ABRAÇADO, Jussara (Orgs.). *Português brasileiro*: contato linguístico, heterogeneidade e história. v. 1. Rio de Janeiro: 7Letras/Faperj, 2003.

RONCARATI, Cláudia; ABRAÇADO, Jussara (Orgs.). *Português brasileiro II*: contato linguístico, heterogeneidade e história. Niterói: Editora da Universidade Federal Fluminense, 2008.

ROORYCK, Johan. On Two Types of Underspecification: Towards a Feature Theory Shared by Syntax and Phonology. *Probus, International Journal of Latin and Romance Linguistics*, Berlin/New York, 6: 207-233, 1994.

ROSSI, Nelson et al. *Atlas prévio dos falares baianos*: introdução, questionário comentado, elenco de respostas transcritas. Rio de Janeiro: Instituto Nacional do Livro, 1965.

ROSSI, Nélson. O relatório de Nélson Rossi. In: PRETI, Dino; URBANO, Hudinilson (Orgs. 1990: 176-182).

RUBIM, B. C. *Vocabulário brasileiro para servir de complemento aos dicionários da língua portuguesa*, Rio de Janeiro: Dous de Dezembro, 1853.

RUMEU, Márcia Cristina de Brito. *Para uma história do português no Brasil*: formas pronominais e nominais de tratamento em cartas setecentistas e oitocentistas. Dissertação de Mestrado – Universidade Federal do Rio de Janeiro, 2004.

RUMEU, Márcia Cristina de Brito. Para uma história do português no Brasil: edição de cartas setecentistas e oitocentistas. In: T. Lobo et al. (Orgs. 2006, t. 2: 819-844).

RUMEU, Marcia Cristina de Brito. *A implementação do 'Você' no português brasileiro oitocentista e novecentista*: um estudo de painel. Tese de Doutorado – Universidade Federal do Rio de Janeiro, 2008.

RUMEU, Márcia Cristina de Brito. *Língua e sociedade*: a história do pronome 'Você' no português brasileiro. Rio de Janeiro: Ítaca/Fapesp, 2013.

SÁ JÚNIOR, Lucrécio Araújo de; OLIVEIRA, Andrey Pereira (Orgs.). *Literatura e ensino*: reflexões e propostas. Natal: Editora da Universidade Federal do Rio Grande do Norte, 2013.

SAID ALI, Manuel de. *Dificuldades da língua portuguesa*. 5. ed. Rio de Janeiro: Livraria Acadêmica, 1957 [1908].

SAID ALI, Manuel de. *Gramática secundária e gramática histórica da língua portuguesa*. Ed. rev. e atualizada. Brasília: Editora Universidade de Brasília, 1964.

SALLES, Miguel. Arquivos paulistanos de interesse para a história do português de São Paulo. In: R. V. Mattos e Silva (Org. 2001, v. 2, t. 2: 435-442).

SALLES, Miguel. *Pronomes de tratamento do interlocutor no português brasileiro*: um estudo de pragmática histórica. Tese de Doutorado – Universidade de São Paulo, 2001.

SALLES, Miguel. Algumas formas de tratamento do interlocutor no português brasileiro de São Paulo no séc. XIX. In: A. T. Castilho (Org. 2009: 495-518).

SAMPAIO, Teodoro. A língua portuguesa no Brasil. *Revista de Philologia e de História – Archivo de Estudos sobre Philologia, Historia, Ethnographia, Folclore e Critica Literaria*, I. IV: 465-472, 1931.

SANCHES, Edgard. *Língua brasileira*. São Paulo/Rio de Janeiro/Recife/Porto Alegre: Cia. Editora Nacional, 1940.

SANCHEZ, A. Definición e historia de los corpus. In: A. Sanchez et al. (Orgs. 1995).

SANCHEZ, A. et al (Org.). *CUMBRE* – Corpus Linguistico de Espanol Contemporaneo. Madrid: SGEL, 1995.

SANTANA, Bárbara Bezerra de; QUEIROZ, Rita C. R. O Olhar filológico sobre registros escritos do sertão baiano: apresentação das primeiras atas da câmara de vereadores do município de Tucano. *Cadernos do CNLF*, CiFEFil, XV: 2184-2191, 2011.

SANTIAGO, Huda da Silva. *Um estudo do português popular brasileiro em cartas pessoais de "mãos cândidas" do sertão baiano*. 2 v. Dissertação de Mestrado – Universidade Estadual de Feira de Santana, 2012

SANTIAGO-ALMEIDA, Manoel Mourivaldo. Fontes manuscritas e impressas: reflexos da nossa base cultural e linguística. In: M. P. de L. Dias. (Org. 2007: 131-140), 2007a.

SANTIAGO-ALMEIDA, Manoel Mourivaldo. O acento segundo Fernão de Oliveira. In: G. A. de Araújo (Org. 2007: 11-20), 2007b.

SANTIAGO-ALMEIDA, Manoel Mourivaldo; ARAÚJO, G. A. O ditongo nasal /ãw/ no falar cuiabano. No prelo.

SANTIAGO-ALMEIDA, Manoel Mourivaldo; ARAÚJO, G. A. Rastro fonológico no *rastrum* filológico. *Filologia e Linguística Portuguesa*, 10: 190-200, 2008.

SANTIAGO-ALMEIDA, Manoel Mourivaldo; COX, Maria Inês P. (Orgs.). *Vozes cuiabanas*: estudos linguísticos em Mato Grosso. Cuiabá: Cathedral Publicações, 2005.

SANTOS, E. C. et al. Análise multissistêmica dos verbos *buscar*, *esperar*, *querer* e *vir*. In: A. T. Castilho (Org. 2009: 383-398).

SAPIR, Edward. *A linguagem*. Introdução ao estudo da fala. Trad. J. Mattoso Câmara Jr. Rio de Janeiro: Instituto Nacional do Livro, 1954 [1921].

SARTIN, Elisângela Baptista de Godoy. Análise multissistêmica de orações complexas: estruturas *para* + infinitivo no português culto. In: A. T. de Castilho (Org. 2009: 399-404).

SAUSSURE, Ferdinand de. *Curso de linguística geral*. São Paulo: Cultrix, 1970 [1917].

SCHMIDT-RIESE, Roland. Periodização e português brasileiro: algumas considerações. In: M. E. L. Duarte e D. Callou (Orgs. 2002: 179-196).

SCHLIEBEN-LANGE, Brigitte. *Traditionen des Sprechens*. Elemente einer pragmatischen Sprachgeschichsschreibung. Stuttgart: Kohlhammer, 1983.

SCHWARCZ, Lilia Moritz. *Retrato em preto e branco*: jornais, escravos e cidadãos em São Paulo no final do século XIX. São Paulo: Companhia das Letras, 1987.

SEBEOK, T. A. *Style in Language*. Massachusetts: MIT Press, 1960.

SECKLER, Jorge. *Almanach da província de São Paulo*. Administrativo, commercial e industrial para o anno de 1888. São Paulo: Jorge Seckler & Comp., 6º ano, 1888. Disponível em: <https://digital.bbm.usp.br/handle/bbm/568>. Acesso em: 08 out. 2018.

SEDRINS, A. P. et al. (Orgs.). *Por amor à Linguística*. Miscelânea de estudos linguísticos dedicados a Maria Denilda Moura. Maceió: Editora da Universidade Federal de Alagoas, 2012.

SENNA, Nelson de. *Africanos no Brasil* (Estudos sobre os nêgros africanos e influencias afro-nêgras sobre a linguagem e costumes do povo brasileiro). Belo Horizonte: Officinas Gráphicas Queiroz Breyner, 1938.

SILVA, Ademar da. *Alfabetização*: a escrita espontânea. São Paulo: Editora Contexto, 1994.

SILVA, Andréa de Souza e. A cidade de Recife escrita pelos sujeitos autores das cartas de leitor: uma cidade, muitas histórias. In: V. S. Gomes e T. N. Soares (Orgs. 2012: 25-32).

SILVA, Antonio de Moraes. *Diccionario da lingua portugueza*. 2. ed. Lisboa: Typ. Lacérdina, 1813.

SILVA, Antonio de Pádua Dias da, RIBEIRO, Maria Goretti (Orgs.). *Rumos dos estudos de gênero e de sexualidades na agenda contemporânea*. v. 1. Campina Grande: Editora da Universidade Estadual da Paraíba, 2013.

SILVA, Elvira Barbosa da. Resgate histórico da escolarização no Paraná e em Morretes e seus perfis sob a ótica da história das ideias linguísticas. *Boletim – Centro de Letras e Ciências Humanas*, UEL, Londrina: 203-220, 2010.

SILVA, A. S. et al. (Orgs.). *Comunicação, cognição e media*. v. 2. Braga: Aletheia/Universidade Católica Portuguesa, 2010.

SILVA, Fabiana de Souza. O processo de monotongação em João Pessoa. In: D. da Hora (Org. 2004: 29-44).

SILVA, J. P. da (Org.). *Crítica textual e edição de textos*: interagindo com outras ciências. Curitiba: Appris/Prismas, 2012.

SILVA, Lucas Pereira; SIMÕES, José da Silva. Traços de oralidade na produção de cartas e memórias: análise de hábitos de escrita no séc. XVIII na Capitânia de São Paulo – o caso da hipossegmentação de vocábulos. Comunicação ao IV Seminário do Projeto de História do Português Paulista II, 2014a.

SILVA, Lucas Pereira; SIMÕES, José da Silva. Traços de oralidade na produção de cartas e memórias: análise de hábitos de escrita no séc. XVIII na capitânia de São Paulo – o caso da hipossegmentação de vocábulos. Comunicação ao 22º Simpósio Internacional de Iniciação Científica da USP, 2014b.

SILVA, Wellington Santos da. *A linguística histórica no Brasil* (1950-1990): estudo historiográfico das continuidades e descontinuidades no tratamento da variação e da mudança linguística no português brasileiro. Dissertação de Mestrado – Universidade de São Paulo, 2016.

SILVA JUNIOR, Manuel Pacheco da. *Estudos da lingua vernacula*: phonologia. Rio de Janeiro: Imprensa Industrial, 1877.

SILVA JUNIOR, Manuel Pacheco da. *Grammatica historica da lingua portugueza*. Rio de Janeiro: Typ. A Vapor de D. M. Hazlett, 1878.

SILVA JUNIOR, Manuel Pacheco da. O dialecto brazileiro. *Revista Brasileira*, Rio de Janeiro, 5: 487-95, 1880.

SILVA JUNIOR, Manuel Pacheco da. *Noções de grammatica portugueza*. Rio de Janeiro: Typ. Evaristo Costa, 1887a.

SILVA JUNIOR, Manuel Pacheco da. *Promptuario do escriptor portuguez*. Rio de Janeiro: J. G. de Azevedo, 1887b.

SILVA JUNIOR, Manuel Pacheco da; ANDRADE, B. Lameira de. *Grammatica da lingua portugueza*. 3. ed. augment. Rio de Janeiro: Livraria Francisco Alves, 1907 [1887].

SILVA JUNIOR, Manuel Pacheco da; ANDRADE, B. Lameira de. *Grammatica da lingua portugueza*. Rio Janeiro/São Paulo: Livraria Clássica de Alves & C., 1894. [4. ed., 1913.]

SILVA NETO, Serafim da. *História da língua portuguesa*. Rio de Janeiro: Livraria Acadêmica; 3ª. ed. Rio de Janeiro: Presença / Ministério da Educação e Cultura, 1952-1957.

SILVA NETO, Serafim Pereira da. À guisa de prólogo. *Revista Brasileira de Filologia*, 1955.

SILVA NETO, Serafim da. *Fontes do latim vulgar*. 3. ed. rev. e melhorada. Rio de Janeiro: Livraria Acadêmica, 1956.

SILVA NETO, Serafim da. *Guia para estudos dialectológicos*, Belém, Conselho Nacional de Pesquisas/Instituto Nacional de Pesquisas da Amazônia, 1957 [1955].

SILVA NETO, Serafim da *Manual de filologia portuguesa*. 2. ed. Rio de Janeiro: Livraria Acadêmica, 1957.

SILVA NETO, Serafim Pereira da. *Introdução ao estudo da língua portuguesa no Brasil*. 2. ed. Rio de Janeiro: INL, 1963 [1950].

SILVA NETO, Serafim da. *Introdução ao estudo da língua portuguesa no Brasil*. 4. ed. Rio de Janeiro: Presença, 1977.

SILVEIRA, Álvaro F. de Sousa da. *Lições de português*. 8. ed. Rio de Janeiro: Livros de Portugal, 1972.

SILVEIRA, Giselle da. *O apagamento da vibrante na fala do sul do Brasil sob a ótica da palavra*. Dissertação de Mestrado – Pontifícia Universidade Católica do Rio Grande do Sul, 2010.

SIMÕES, José da Silva. Variação das orações reduzidas de gerúndio e orações desenvolvidas: sintaticização, semanticização e discursivização das orações reduzidas de gerúndio no português brasileiro. In T. Lobo et al. (Orgs. 2006: 335-386).

SIMÕES, José da Silva. *Sintaticização, discursivização e semanticização das orações de gerúndio no português brasileiro*. Tese de Doutorado – Universidade de São Paulo, 2007.

SIMÕES, José da Silva. Aspectos da gramaticalização/pragmaticalização de conjunções em marcadores discursivos no alemão e no português. *Pandaemonium Germanicum: Revista de Estudos Germânicos*, São Paulo, Departamento de Letras Modernas da Universidade de São Paulo/Humanitas, 2008a.

SIMÕES, José da Silva. Estratégias de organização tópica em textos orais de brasileiros e alemães. In: M. H. Battaglia e M. Nomura (Orgs. 2008: 151-186), 2008b.

SIMÕES, José da Silva. A gramaticalização das orações de gerúndio no português brasileiro do séc. XVIII ao séc. XX. In: A. T. de Castilho (Org. 2009: 417-464), 2009a.

SIMÕES, José da Silva. Mudança linguística e gêneros textuais: análise diacrônica de tradições discursivas. In: Z. G. de Aquino (Org. 2009: 89), 2009b.

SIMÕES, José da Silva. As entrevistas, os diálogos e as elocuções formais: aspectos de sintaxe do português culto falado no Brasil. In: B. D. Gil, E. de A. Cardoso e V. G. Condé (Orgs. 2009: 47-66), 2009c.

SIMÕES, José da Silva. Seleção de gêneros textuais segundo aportes teóricos das tradições discursivas e da linguística de *corpus*: critérios para a constituição de corpora históricos do português brasileiro. In: *Anais do VI Siget – VI Simpósio Internacional de Estudos dos Gêneros Textuais/VI International Symposium on Genre Studies*. Natal: Universidade Federal do Rio Grande do Norte, 2011.

SIMÕES, José da Silva. A importância da história dos gêneros para a constituição de corpora diacrônicos. In: M. A. Martins e M. A. Tavares. (Orgs. 2012: 55-94).

SIMÕES, José da Silva. Análise contrastiva dos gêneros textuais da epistolografia militar portuguesa hispânica. Comunicação ao Kolloquium der Stipendiaten des Iberoamerika-Zentrums. Universidade de Heidelberg, 2013a.

SIMÕES, José da Silva. Em busca de normas linguísticas do português brasileiro do séc. XVIII. Constituição de *corpora* a partir de critérios discursivo-tradicionais. Comunicação ao XXXIII Romanistentag. Universidade de Würzburg, 2013b.

SIMÕES, José da Silva. Neuere Erkenntnisse der Geschichte des brasilianischen Portugiesischen am Bespiel von einigen sprachspezifischen Phänomenen des PB. Comunicação ao Kolloquium der Doktoranden. Universidade de Heidelberg, 2013c.

SIMÕES, José da Silva. Para a organização de corpora históricos do português paulista: a seleção de gêneros textuais e suas tradições discursivas. Comunicação ao IX Semana de Filologia na USP. Universidade de São Paulo, 2014.

SIMÕES, José da Silva. O *corpus* do projeto para a história do português brasileiro: a constituição de corpora históricos baseada em critérios de tradições discursivas. Comunicação ao Simpósio *Corpus* Linguísticos e Gramática Histórica: Gallaecia – III Congresso Internacional de Linguística Histórica. Universidade de Santiago de Compostela, 2015a.

SIMÕES, José da Silva (Org.). Carta de Francisco Antonio de Santana Galvão – de Frei Francisco Antonio de Santa Anna Galvão (1797). São Paulo: Universidade de São Paulo. 2015b.

SIMÕES, José da Silva (Org.). Carta do juiz de fora de Santos, Representaçaõ daCamara daVila deSantos a SuaMagestade – de Marcelino Pereira Cleto. São Paulo: Universidade de São Paulo, 2015c.

SIMÕES, José da Silva (Org.). Carta familiar de Francisco Antonio de Santana Galvão. Dá notícias de diversas pessoas de Cuyabá, Paraty – de Frei Francisco Antonio de Santa Anna Galvão (1797). São Paulo: Universidade de São Paulo. 2015d.

SIMÕES, José da Silva (Org.). Carta de Frei Gaspar da Madre de Deus a Bernardo José de Lorena, sobre a administração da capitania de S. Paulo, estado do porto de Santos – de Frei Gaspar da Madre de Deus. São Paulo: Universidade de São Paulo. 2015e.

SIMÕES, José da Silva (Org.). Carta que escreveu Manoel Luiz Ferraz ao Conde de Assumar D. Pedro d'Almeida, no anno de 1737, em que dá notícia, entre outras, de se haver descoberto caminho da nova colonia para a capitania de S. Paulo, sendo a viagem de mais de um ano, de Manoel Luiz Ferraz. São Paulo: Universidade de São Paulo, 2015f.

SIMÕES, José da Silva (Org.). Edital de Villa Bella desoprimeiro descobrimento deste Certaõ doMatto GroSso, noanno de1734 – de Francisco Caetano BORGEZ (1754). São Paulo: Universidade de São Paulo. 2015g.

SIMÕES, José da Silva (Org.) *Edição de Testamentos para o Projeto de História do Português Paulista*. Série Testamentos, 2016 c, e, f. Disponível em: <http://phpp.fflch.usp.br/corpus>. Acesso em: 10 dez. 2018.

SIMÕES, José da Silva; CASTILHO DA COSTA, Alessandra. Formação de *Corpora* da língua portuguesa em São Paulo: a experiência do Projeto Caipira. Comunicação ao III Internationales Kolloquium zu historischen Corpora der Iberoromanischen Sprachen. Zurique: Universidade de Zurique, 2014.

SIMÕES, José da Silva; COSTA, Alessandra C. da. As atas paroquiais de batismo, casamento e óbito como gêneros discursivos. In: M. S. C. B. Bassanezi e T. R. Botelho (Orgs. 2009: 35-58).

SIMÕES, José da Silva; KEWITZ, Verena. A constituição de *corpora* diacrônicos do português brasileiro e seus traços linguístico-discursivos. Comunicação ao 6. Deutscher Lusitanistentag an der Universität Leipzig. 2005.

SIMÕES, José da Silva; KEWITZ, Verena (Orgs.). *Cartas paulistas dos séculos XVIII e XIX:* uma contribuição para os corpora do PHPB. São Paulo: Humanitas, 2006a. CD-ROM.

SIMÕES, José da Silva; KEWITZ, Verena. Traços linguístico-discursivos em *corpora* do português brasileiro. Comunicação ao 53º Seminário do GEL. Publicado em *Estudos Linguísticos XXXV*: 1018-1027. 2006b.

SIMÕES, José da Silva; KEWITZ, Verena. A constituição de *corpora* diacrônicos do português brasileiro e seus traços linguístico-discursivos. In: In: E. Gärtner (Org. 2009: 31-48), 2009a.

SIMÕES, José da Silva; KEWITZ, Verena. Tradições Discursivas e organização de *corpora*. In: V. Aguilera (Org. 2009: 467-530), 2009b.

SIMÕES, José da Silva; KEWITZ, Verena. Normas linguísticas, história social, contatos linguísticos e tradições discursivas: transformando encruzilhadas em novos caminhos para a constituição de corpora diacrônicos. In: Ataliba T. de Castilho (Org. 2009: 699-720), 2009c.

SIMÕES, José da Silva; KEWITZ, Verena. Recortes temáticos e mapeamento de Tradições Discursivas no *corpus* PHPB. Comunicação ao VIII Seminário do PHPB: Abordagens e Perspectivas. Universidade Federal da Paraíba, 2010a.

SIMÕES, José da Silva; KEWITZ, Verena. Recortes temáticos e mapeamento de Tradições Discursivas no *corpus* PHPB. In: D. da Hora e C. Rosa (Orgs. 2010: 21-28), 2010b.

SIMÕES, José da Silva; MANOEL, Patricia Ferucio; MORAIS, Priscilla (Orgs.). Edição de Memórias Históricas e Diários de Viagem: Fr. Gaspar da Madre de Deus (1780a); Fr. Gaspar da Madre de Deus (1780b); Francisco José de Lacerda e Almeida (1788); Marcelino Pereira Cleto (178?); Marcelino Pereira Cleto (1781). São Paulo: Universidade de São Paulo, 2013a. Disponível em: <http://phpp.fflch.usp.br/sites/phpp.fflch.usp.br/files/SIM%C3%95ES-MANOEL-MORAIS%20%282013%2C%20Eds.%29%20ANTT%20PB%20COD%20AVULSOS%203-9%20Frei%20Gaspar_Disserta%C3%A7%C3%A3o_1780_0.pdf>; <http://phpp.fflch.usp.br/sites/phpp.fflch.usp.br/files/SIM%C3%95ES-MANOEL-MORAIS%20%282013%2C%20Eds.%29%20BNL_COD11107_Frei%20Gaspar_Disserta%C3%A7%C3%A3o_1780.pdf>; <http://phpp.fflch.usp.br/sites/phpp.fflch.usp.br/files/SIM%C3%95ES-MANOEL-MORAIS%20%282013%2C%20Eds.%29%20BNL%20PBA%20642%201788_Francisco%20Jos%C3%A9%20de%20Lacerda%20e%20Almeida.pdf>; http://phpp.fflch.usp.br/sites/phpp.fflch.usp.br/files/SIM%C3%95ES-MANOEL-MORAIS%20%282013%2C%20Eds.%29%20BNL%20PBA%20686%20C%C3%B3d%2012%20Marcelino%20

Pereira%20Cleto%20Dizerta%C3%A7%C3%A3o%20a%20respeito%20da%20Capitania%20de%20S%C3%A3o%20Paulo%20e%20sua%20decadencia%20-%20Santos%2025%20out%201781.pdf; <http://phpp.fflch.usp.br/sites/phpp.fflch.usp.br/files/SIM%C3%95ES-MANOEL-MORAIS%20%282013%2C%20Eds.%29%20BNL%20PBA%20686%20C%C3%B3d%2012%20Marcelino%20Pereira%20Cleto%20Dizerta%C3%A7%C3%A3o%20a%20respeito%20da%20Capitania%20de%20S%C3%A3o%20Paulo%20e%20sua%20decadencia%20-%20Santos%2025%20out%201781.pdf>. Acesso em: 08 out. 2018.

SIMÕES, José da Silva; MANOEL, Patricia; MORAIS, Priscilla U. Edição semidiplomática do "Diario de viagem, que de Villa Bella deMatto-Grosso fis para a Cidade deSaõPaulo pelas ordinarias derrotas de terra, eRios que delle constar no anno de 1788 (BNL PBA 642). 2013b.

SIMÕES, José da Silva; MANOEL, Patricia; MORAIS, Priscilla U. Edição semidiplomática da Dissertaçaõ sobre as Capitanias de Santo Amaro e Saõ Vicente, de Frei Gaspar da Madre de Deus (1780a), ANTT – Códice 9, Avulsos, 3. 2013c.

SIMÕES, José da Silva; MANOEL, Patricia; MORAIS, Priscilla U. Edição semidiplomática da Fundação da Capitania deS. Amaro no tempo do Governo de Pedro Lopes de Souza, contendas que houverão sobre os seus limites, ecomo passou para a Coroa, de Marcelino Pereira Cleto (1788), ANTT PB, Cód 13. 2013d.

SIMÕES, José da Silva; MANOEL, Patricia; MORAIS, Priscilla U. Edição semidiplomática da Dizertação a respeito da Capitania de São Paulo e sua decadência, de Marcelino Pereira Cleto (178?) BNL - PBA 686 Cód 12. 2013e.

SIMÕES, José da Silva; MANOEL, Patrícia Simone Ferucio. Análise contrastiva de memórias históricas portuguesas e brasileiras do séc. XVIII: contribuições das tradições discursivas para a análise diacrônica do Português Brasileiro em São Paulo. Comunicação ao XVII Congresso Internacional da Associação de Linguística e Filologia da América Latina (Alfal), 2014.

SIMÕES, José da Silva; MANOEL, Patrícia Simone Ferucio. O português brasileiro do séc. XVIII: evidências de uma norma em construção. Comunicação ao III Congresso Internacional de Linguística Histórica, 2015.

SIMÕES, José da Silva; OLIVEIRA, Tábata; LOPES, Mariana. Cartas Andradinas (1820-1828). São Paulo: Universidade de São Paulo. 2015.

SKEETE, Nadir Arruda *Análise variável da vibrante na fala de João Pessoa*. Dissertação de Mestrado – Universidade Federal da Paraíba, 1996.

SOARES BARBOSA, Jerónimo. *Grammatica philosophica da lingua portugueza ou principios da grammatica geral applicados á nossa linguagem*. Lisboa: Typ. Da Acad. Real das Sciencias. S. L., 1822.

SOARES, Thiago Nunes; GOMES, Valéria Severina. *Identidade e memória em manuscritos e impressos pernambucanos*: língua, história e cultura através dos textos. Recife: Ed. dos Autores, 2012.

SOROMENHO, Augusto. *Origem da lingua portugueza*. Lisboa: Typ. de Francisco José da Silva, 1867.

SOTERO DOS REIS, Francisco. *Postilas de grammatica geral*. Maranhão: Typ. de R. d'Almeida & C.,1870.

SOTERO DOS REIS, Francisco. *Grammatica portugueza accommodada aos principios geraes da palavra, seguidos de immediata applicação pratica*. Maranhão: Typ. de R. de Almeida, 1866. [3. ed., 1877.]

SOUZA, Adriana dos Santos. Contribuições diacrônicas para o estudo do item *onde*. *Signum: Estudos de Linguagem*, 12: 263-281, 2009.

SOUZA, Adriana dos Santos. O problema da classificação do item *onde*: advérbio ou pronome? *Acta Scientiarum. Language and Culture*, 32: 263-270, 2010.

SOUZA, Ivan Douglas de. *Atas da Câmara de Botucatu, SP (1858-59)*: edição e estudo. Dissertação de Mestrado – Universidade de São Paulo, 2011.

SPINA, Segismundo. *Introdução à edótica*: crítica textual. 2. ed. São Paulo: Cultrix/Edusp, 1977.

SPINA, Segismundo. (Org.). *História da língua portuguesa*. Cotia: Ateliê Editorial, 2008.

TARALLO, Fernando. *Relativization Strategies in Brazilian Portuguese*. Tese de Doutorado – University of Pennsylvania, 1983.

TARALLO, Fernando. A Fênix finalmente renascida. *Boletim da Abralin*, 6: 95-103, 1984.

TARALLO, Fernando. Por uma sociolinguística românica "paramétrica": fonologia e sintaxe. *Cadernos de Linguística e Teoria Literária*, Belo Horizonte, 7.13: 51-58, 1987.

TARALLO, Fernando (Org.). *Fotografias sociolinguísticas*. Campinas: Pontes, 1989.

TARALLO, Fernando. *Tempos linguísticos*: itinerário histórico da língua portuguesa. São Paulo: Editora Ática, 1990.

TARALLO, Fernando. Diagnosticando uma gramática brasileira: o português d'aquém e d'além mar ao final do século XIX. In: I. Roberts e M. Kato (Orgs. 1993: 69-106).

TARALLO, Fernando; KATO, Mary. Harmonia transistêmica: variação intra e interlinguística. *Preedição*, Campinas, 6: 1-41, 1989.

TEIXEIRA, Eliana Pitombo. *Era uma vez Você*. Tese de Doutorado – Universidade Federal da Bahia, 2002.

TEIXEIRA, José Aparecido. O falar mineiro. Separata de *Revista do Arquivo Municipal de São Paulo*. São Paulo: Prefeitura Municipal de São Paulo, Departamento de Cultura, 1938.

TIN, Emerson (Org.). *A arte de escrever cartas*. Anônimo de Bolonha, Erasmo de Rotterdam, Justo Lípsio. Campinas: Editora da Universidade Estadual de Campinas, 2005.

TOLEDO NETO, Sílvio de Almeida. Subsídios para a fixação de normas de transcrição de textos para estudos linguísticos – III. In: R. V. Mattos e Silva (Org. 2001a, v. 2, t. 2: 539-549).

TOLEDO NETO, Sílvio de Almeida. Constituição de *corpus* de documentação dos séculos XVII, XVIII e XIX (PHPB-SP). In: M. E. L. Duarte e D. Callou (Orgs. 2002: 39-48).

TORRES MORAIS, Maria Aparecida. Para uma abordagem diacrônica do português brasileiro. In: A. T. de Castilho (Org. 1988: 121-142).

TORRES MORAIS, Maria Aparecida. *Do português clássico ao português moderno*. Um estudo da cliticização e do movimento do verbo. Tese de Doutorado – Universidade Estadual de Campinas, 1999.

TORRES MORAIS, Maria Aparecida. Aspectos da história das palavras negativas no português. In: R. V. Mattos e Silva (Org. 2001a, t. 1: 149-204).

TORRES-MORAIS, Maria Aparecida. Rastreando aspectos gramaticais e sociohistóricos do português brasileiro em anúncios de jornais do século XIX. In: T. Alkmim (Org. 2002: 69-126).

TORRES MORAIS, Maria Aparecida. O dativo de posse no português. In: G. Massini-Cagliari et al. (Orgs. 2007: 211-236).

TORRES MORAIS, Maria Aparecida; ANDRADE, Maria Lúcia C. V. O. (Orgs.). *História do português paulista*. Vol. 2. Série Estudos. Campinas: Fapesp/Setor de Publicações do Instituto de Estudos da Linguagem da Universidade Estadual de Campinas, 2009.

TORRES MORAIS, Maria Aparecida; BERLINCK, Rosane de Andrade. Em busca do português paulista. In: M. A. Torres Morais e M. L. C. V. O. Andrade (Orgs. 2009: 217-248).

TRAVAGLIA, L. C. (Org.). *Encontros da linguagem*: estudos linguísticos e literários. Uberlândia: Edufu, 2006.

TRAVAGLIA, Luiz Carlos; FINOTTI, Luisa Helena Borges; MESQUITA, Elisete Maria Carvalho de (Orgs.). *Gêneros de texto*: caracterização e ensino. Uberlândia: Editora da Universidade Federal de Uberlândia, 2007.

TRAVASSOS, Tarcísia; FERREIRA, Priscilla Elizabeth Silva Costa. Cartas particulares: história das pessoas, da sociedade e da linguagem. In: V. S. Gomes e T. N. Soares (Orgs. 2012: 25-32).

TRAUGOTT, Elizabeth Closs. Grammaticalization and Construction Grammar. In: A.T. de Castilho (Org. 2009: 91-102).

TRAUGOTT, Elizabeth Closs; HEINE, Bernd. (Eds.). *Approaches to Grammaticalization*. v. 1. Amsterdam/Philadelphia: John Benjamins Company, 1991.

ULLMAN, Stephen. *Semântica*. Uma introdução à ciência do significado. Trad. J. A. Osório Mateus. Lisboa: Fundação Calouste Gulbenkian, 1973 [1962].

VAINFAS, Ronaldo (Org.). *Dicionário do Brasil colonial (1500–1808)*. Rio de Janeiro: Ed. Objetiva, 2000.

VASCONCELLOS, António Garcia Ribeiro de. *Grammática histórica da língua portuguêsa*. Paris-Lisboa: Aillaud, 1900.

VEADO, Rosa M. A redução do ditongo – uma variável sociolinguística. *Ensaios de Linguística*, 9: 209-229, 1983.

VERGER, Pierre. *Fluxo e refluxo*: do tráfico de escravos entre o Golfo do Benin e a Bahia de Todos os Santos, dos séculos XVII a XIX. 3. ed. São Paulo: Corrupio, 1987.

VIANA, Gonçalves. *Palestras filológicas*. Lisboa: Livraria Clássica Editora, 1910.

VIARO, Mário Eduardo. *Das preposições latinas às do português e do romeno*: derivações semânticas. Dissertação de Mestrado – Universidade de São Paulo, 1994.

VIARO, Mário Eduardo. Sobre a presença de *tenus* no Ibero-Romance. *Confluência*, Assis, 4: 269-277, 1995.

VIARO, Mário Eduardo. *Por trás das palavras*. São Paulo: Globo, 2004.

VIARO, Mário E. Considerações acerca de mudanças semânticas da preposição *até* no português do século XIX. In: A. T. Castilho et al. (Orgs. 2007: 499-512).

VIARO, Mário E. Estudo diacrônico da formação e da mudança semântica dos sufixos *-eiro/-eira* na língua portuguesa. In: G. Massini-Cagliari et al. (Orgs. 2007: 45-84).

VIARO, Mário E.; GUIMARÃES FILHO, Zwinglio O. Análise quantitativa da frequência dos fonemas e estruturas silábicas portuguesas. *Estudos Linguísticos*, São Paulo, XXXVI: 28-36, 2007.

VIARO, Mário E. et al. As proparoxítonas e o sistema acentual do português. In: G. A. de Araújo (Org. 2007: 37-60).

VIARO, Mário E. Reflexões teóricas acerca da reconstrução lexical do português antigo paulista. In: A. T. de Castilho (Org., 2009: 737-744), 2009a.

VIARO, Mário E. Uma nova metodologia para dados etimológicos e diacrônicos: o problema da datação dos fenômenos. In: M. A. Torres Morais e M. L. C. V. O. Andrade (Orgs. 2009: 445-464), 2009b.

VIDAL NETO, José Bento. *A grammatica portugueza, de Julio Ribeiro*: um corte epistemológico na gramaticografia brasileira e a questão do português do Brasil. Dissertação de Mestrado – Universidade de São Paulo, 2010.

VITRAL, Lorenzo. A evolução da negação no português brasileiro: sintaxe formal e gramaticalização. In: E. Gärtner, C. Hundt e Schönberger (Eds. 2000: 175-180).

VITRAL, L. *Cartas ao Papai Noel.* Edição semidiplomática e fac-similar de 926 cartas do século XXI. Belo Horizonte: Universidade Federal de Minas Gerais, 2014.

VITRAL, Lorenzo; RAMOS, Jânia. Gramaticalização de *você*: um processo de perda de informação semântica? *Filologia e Linguística Portuguesa*, 3: 55-88, 1999.

VITRAL, Lorenzo; COELHO, Sueli. *Estudos de processos de gramaticalização em português*: metodologias e aplicações. v. 1. São Paulo: Mercado das Letras, 2010.

WINTER-FROEMEL, Esme et al. (Orgs.). *Diskurstraditionelles und Einzelsprachliches im Sprachwandel.* v. 1. Tübingen: Narr, 2015.

ZÁGARI, Mario Roberto Lobuglio. *Fonologia diacrônica do português.* Juiz de Fora: Editora da Universidade Federal de Juiz de Fora, 1988.

ZILLES, Ana Maria Stahl. (Org.). *Estudos de variação linguística no Brasil e no Cone Sul.* Porto Alegre: Editora da Universidade Federal do Rio Grande do Sul, 2005.

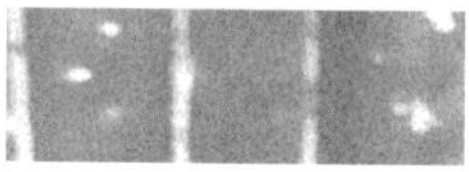

APÊNDICE

SUMÁRIO

Informa-se neste Apêndice a situação dos *corpora* regionais do PHPB tais como se apresentavam em 2016.

Inicialmente, transcreve-se a Ata da reunião da equipe de *corpus* do PHPB, realizada em João Pessoa, noticiando-se em seguida a extinção da Comissão de *Corpus* desse projeto.

A seguir, enumera-se a produção de *corpus* pelas equipes regionais, de acordo com informações enviadas por seus coordenadores. A ausência de uma dada equipe regional não significa que não tenha ocorrido levantamento de *corpus*. Apenas a informação não foi enviada até o fechamento da edição deste volume.

ATA DE REUNIÃO DA EQUIPE DE *CORPUS* DO PHPB

Ata da reunião da equipe de *corpus* do PHPB, realizada em João Pessoa, no dia primeiro de junho de 2010, das 18h30min às 21h.

Pauta

I) Definição dos conjuntos do *corpus* comum mínimo no eixo diacrônico (séc. XVIII, séc. XIX e séc. XX)
   a. *Corpus* comum mínimo – manuscritos
   b. *Corpus* comum mínimo – impressos
   c. *Corpus* comum diferencial;

II) Definição sobre número de palavras a serem coletadas;

III) Criação de fichas sociolinguísticas para cada documento, segundo os critérios sugeridos pelas equipes da Bahia, do Rio de Janeiro e de São Paulo;

IV) Siglário com orientações para a rotulação dos textos;

V) Circulação dos materiais;

VI) Tratamento computacional dos textos;

VII) Prazos para a entrega do *corpus* comum mínimo das equipes regionais.

Definição dos conjuntos do *corpus* comum mínimo

Foram contrastados os levantamentos feitos por Afranio Barbosa no volume *Para a história do português brasileiro* (Castilho e Hora, 2010, versão preliminar, pp. 35-49) do *corpus* geral do Projeto Nacional PHPB (versão junho 2009) com a proposta de Simões e Kewitz (comunicação oral no VIII Seminário do PHPB, João Pessoa). Procurou-se buscar uma convergência entre as propostas, levando também em consideração as contribuições dos GT de História Social feitas durante o referido seminário.

A partir dessas considerações, os participantes da reunião discutiram a viabilidade de distribuir a coleta de materiais respeitando a disponibilidade e representatividade das tipologias textuais em cada uma das 11 regiões [que compunham o] do Projeto PHPB [à altura]. Nesse sentido, a opção foi de compor três conjuntos de textos divididos da seguinte maneira:

a. *Corpus* comum mínimo – manuscritos
b. *Corpus* comum mínimo – impressos
c. *Corpus* comum diferencial

O grupo decidiu que haverá prioridade para a coleta dos dois primeiros conjuntos (manuscritos e impressos) para atender à agenda de análises para a publicação dos volumes do PHPB que consolidarão os trabalhos das várias equipes. Parece ser consenso que esses dois conjuntos são de fácil acesso nos arquivos para coleta e edição ou já estão editados por algumas equipes, facilitando assim o trabalho de coleta e edição desses materiais pelos novos integrantes do Projeto (= Alagoas, Rio Grande do Norte).

Descriminação das tipologias textuais que compõem cada um dos conjuntos (a, b, c):

CORPUS COMUM MÍNIMO – MANUSCRITO

1. Testamentos
2. Processos-crime
3. Atas de câmara

- Cartas

4. Particulares
5. Administração privada
6. Oficiais

CORPUS COMUM MÍNIMO – IMPRESSO

- Textos jornalísticos a partir do séc. XIX

7. Cartas de redatores/editoriais
8. Cartas de leitores
9. Anúncios

CORPUS COMUM DIFERENCIAL

10. Inventários
11. Memórias históricas e diários
12. Entremezes e outros textos teatrais
13. Inquéritos orais

Foram abordados ainda os seguintes tópicos:

a. Recolha de materiais de três séculos: séc. XVIII, séc. XIX e séc. XX; e
b. Redistribuição de determinados tipos de textos no *corpus* comum diferencial.

Em vista da dificuldade de ampliar o *corpus* comum mínimo para os séc. XVI e séc. XVII, optou-se por restringir a coleta dos materiais aos séculos XVIII, XIX e XX.

Questões levantadas:

1. A profa. Tânia Lobo (UFBA) questionou a necessidade neste momento de considerar a 2ª metade do séc. XX para o *corpus* comum mínimo (manuscritos e impressos) em função do cronograma de entrega dos materiais pelas equipes regionais.
2. O prof. Leonardo Marcotulio (UFRJ) observou que para o Rio de Janeiro é difícil identificar a nacionalidade brasileira para os autores de cartas da 1ª metade do séc. XVIII e fez a sugestão de coletar para esse período também as cartas de portugueses no Brasil.

Além disso, dada a dificuldade de encontrar (i) inventários e (ii) memórias/relatos históricos e diários históricos de viagem em todas as 11 regiões, optou-se por transferi-los para o *corpus* comum diferencial, deixando assim as equipes dispensadas da obrigação de integrá-los tanto ao *corpus* comum mínimo quanto ao *corpus* comum diferencial. Os (iii) entremezes e outros textos teatrais e (iv) os inquéritos orais (Nurc) também serão considerados no *corpus* comum diferencial, haja vista a restrição da existência das memórias em arquivos públicos e de inquéritos orais Nurc em algumas capitais.

Observou-se que, para o futuro, seria interessante prever a coleta desses materiais para incrementar o conjunto de textos para as análises.

Definição sobre número de palavras a serem coletadas

A partir da proposta acerca do número de palavras a serem coletadas por tipologia textual, decidiram-se as seguintes questões:

a. Segmentação dos séculos em dois períodos de 50 anos: 1ª e 2ª metades.
b. Número de palavras por tipos de textos em cada uma das metades dos séculos.

Dada a dificuldade de levantar grandes quantidades de textos da variada tipologia para os séculos pretéritos, decidiu-se que seriam levantadas 5 mil palavras para cada tipo de texto por cada período de 50 anos.

Questão levantada:

A profa. Sílvia Cavalcante ponderou sobre a necessidade de aumentar a quantidade de palavras recolhidas para 10 mil palavras. O prof. Ataliba Castilho manifestou-se contra esta sugestão, argumentando que o conjunto final de dados teria uma representatividade suficiente para as pesquisas.

Criação de fichas sociolinguísticas para cada documento, segundo critérios sugeridos pelas equipes da Bahia, do Rio de Janeiro e de São Paulo

Ficou acordado que serão organizadas fichas sociolinguísticas que atendam às necessidades de cada tipo de documento, conforme as reflexões pontuadas ao longo das apresentações das equipes de História Social e de Linguística de *Corpus*. Sugere-se que seja adaptada a ficha catalográfica proposta pelo prof. Afrânio Barbosa no volume *Para a história do português brasileiro* (Castilho e Hora, 2010, versão preliminar, p. 53) da qual farão parte fatores como informações sobre o letramento dos escribas, critérios objetivos de erudição como o registro ou estilo do escriba (latinismos: Barbosa, 2005), ampliação das categorias sociais (grau de parentesco ou hierarquia social entre os escribas ou interlocutores).

Siglário com orientações para a rotulação dos textos

[18,1 C AI __] [(a) (b) (c) (d) (e)]

a. as primeiras letras referem-se ao gênero textual: carta (C), peça teatral (TEA), memória histórica (M), anúncio (A), inquérito do Projeto Nurc (D2SP-330);
b. o primeiro número refere-se ao século;
c. o segundo número indica a 1ª ou 2ª metade do século em questão;
d. a notação em letras indica o documento de origem; e
e. o último campo poderá indicar uma categoria específica de maior precisão e controle do pesquisador.

Circulação dos materiais

A Profa. Maria Clara Paixão de Sousa (USP) sugeriu que a equipe de *corpus* pense em estratégias de circulação tanto dos *corpus* comum mínimo como da totalidade dos *corpora* regionais através de sua disponibilização em um portal na internet. Dessa forma todos os pesquisadores do PHPB terão acesso a todos os textos disponíveis, e não somente aos materiais do *corpus* comum mínimo.

Questão levantada: qual o tipo de acesso ao material: regulado com senha ou livre?

Tratamento computacional dos textos

Proposta da Profa. Maria Clara Paixão de Sousa (USP): dividir a equipe de *corpus* entre (a) um grupo responsável pela coleta e edição filológica de manuscritos e afins e (b) a equipe de processamento computacional dos textos que preparará os materiais para as edições anotadas morfossintaticamente.

Prazos para a entrega do *corpus* comum mínimo das equipes regionais

Tendo em vista a proposta de número de palavras para os três conjuntos de *corpora*, a Profa. Maria Clara informou que a partir da entrega da edição filológica dos materiais, a edição anotada poderia ser executada em um prazo de seis meses.

Questão levantada: que prazo definir para que as equipes regionais entreguem os materiais do *corpus* comum mínimo de manuscritos e de impressos editados filologicamente?

Proposta da Profa. Tânia Lobo (UFBA): que o volume sobre Tradições Discursivas trabalhe efetivamente sobre o que foi estabelecido pela Equipe de *Corpus*. Ou seja, é necessário conhecer as Tradições Discursivas das cartas, dos testamentos, dos processos-crime etc. Os volumes não podem ser uma coletânea de textos. É preciso preservar a organicidade da obra coletiva de 15 anos da história de um projeto de pesquisa.

Questões em aberto:

1. Que tipos de cartas de leitores e anúncios coletar para o séc. XX?
2. Não considerar os anexos dos testamentos, inventários e processos-crime com o mesmo rótulo, e sim como texto individual, p. ex., carta particular.
3. Atas de câmara e certos tipos de cartas: a partir do séc. XX esses materiais passam a ser impressos. Como considerar o registro gráfico desses materiais?

DESCENTRALIZAÇÃO DA RECOLHA DE *CORPUS*

Em carta-circular do dia 2 de abril de 2016, enviada aos coordenadores regionais do projeto Para a História do Português Brasileiro e aos coordenadores da série *História do Português Brasileiro,* foi proposta a extinção da Comissão de *Corpus* e a descentralização de suas atividades.

Justifica-se a proposta lembrando que a esta altura as equipes regionais tinham recebido treinamento para essa atividade, estavam disponibilizando em páginas próprias os resultados assim obtidos, adaptando as Normas a características encontradas nos documentos locais. Tudo isso indicava um notável amadurecimento das equipes.

A proposta foi aprovada.

CORPORA REGIONAIS DO PHPB

Ver nas referências bibliográficas os dados de imprenta.

EQUIPE DA BAHIA
Coordenadora: Tânia Lobo (Universidade Federal da Bahia)

1. *AUTOS DA DEVASSA DA CONSPIRAÇÃO DOS ALFAIATES.*
2. CARNEIRO, Z. de O. N.; ALMEIDA, N. L. F. de, 2001.
3. CARNEIRO, Z. de O. N.; ALMEIDA, N. L. F. de, 2002.
4. CARNEIRO, Z. de O. N., 2005.
5. CARNEIRO, Z. de O. N.; OLIVEIRA, M. F. de; ALMEIDA, N. L. F. de (Orgs. 2011).
6. CARNEIRO, Z. de O. N.; OLIVEIRA, M. F. de (Orgs. 2012).
7. CARNEIRO, Z. de O. N.; OLIVEIRA, M. F. de (Orgs. 2012).
8. CARNEIRO, Z. de O. N.; OLIVEIRA, M. F. de (Orgs. 2012).
9. CARNEIRO, Z. de O. N. (Org. 2011).
10. CARNEIRO, Z. de O. N. (Org. 2011).
11. CARNEIRO, Z. de O. N. (Org. 2011).
12. CARNEIRO, Z. de O. N. (Org. 2011).
13. CARNEIRO, Z. de O. N.; LISBOA, M. C. F.; CRUZ, M. A.; CERQUEIRA, D. B.; LEITE, E. de S. (Orgs. 2011).
14. CARNEIRO, Z. de O. N.; SANTOS, M. R. P. dos; BATISTA, P. S. E. T.; MASCARENHAS, A. de J. (Orgs. 2011).
15. CARNEIRO, Z. de O. N.; SANTIAGO, H. da S.; OLIVEIRA, K. (Orgs. 2011).
16. CARNEIRO, Z. de O. N.; OLIVEIRA, M. F. de (Orgs. 2012).
17. CARNEIRO, Z. de O. N. (Org. 2016).
18. GONÇALVES, U. dos S.; FERREIRA, P. de S., 2001.
19. LOBO, T. C. F. 2001.
20. LOBO, T. C. F. (Org. 2001).
21. OLIVEIRA, K., 2003.
22. OLIVEIRA, K., 2006.
23. RIBEIRO, I.; REBOUÇAS, S., 2002.

EQUIPE DE MINAS GERAIS
Coordenadora: Jânia Ramos (Universidade Federal de Minas Gerais)

1. CHAVES, E., 2006a.
2. CHAVES, E., 2006b.
3. CHAVES, E., 2013.
4. DUCHOWNY, A. T.; COELHO, S. M., 2012.
5. DUCHOWNY, A. T.; COELHO, S. M., 2013.
6. DUCHOWNY, A. T.; COELHO, S. M.; FIGUEIREDO, B. M.; LONGO, D. S., 2015.
7. RAMOS, J. 2001d.
8. RAMOS, J., s/d (1).
9. RAMOS, J., s/d (2).
10. VITRAL, L.T., 2014.

EQUIPE DA PARAÍBA
Coordenadora: Roseane Batista Feitosa Nicolau (Universidade Federal da Paraíba)

1. ALDRIGUE, A. C. S.; NICOLAU, R. B. F. (Orgs. 2009).
2. MELLO, B. A. A., 2009.
3. MELLO, B. A. A., 2011.
4. MELLO, B. A. A.; LEITE, J. C. L. 2011.
5. MELLO, B. A. A., 2011.
6. MELLO, B. A. A.; SILVEIRA, M. C. A. de A.; ALDRIGUE, A. C. de S., 2013.
7. MELLO, B. A. A., 2013.
8. MELLO, B. A. A., 2013.
9. MELLO, B. A. A.; SANTOS, G. M., 2013.
10. NICOLAU, R. B. F., 2013.
11. NICOLAU, R. B. F., 2013.

EQUIPE DO PARANÁ
Coordenadora: Vanderci Aguilera (Universidade Estadual de Londrina)

1. AGUILERA, V. de A.; ALMEIDA-BARONAS, J. E. (Orgs. 2007).
2. AGUILERA, V. de A.; VASCONCELOS, C. (Orgs. 2007).
3. AGUILERA, V. de A.; ALTINO, F. C. (2010).
4. AGUILERA, V. de A., 2015.
5. ALTINO, F. C.; VASCONCELOS, C. A., 2012.
6. ALTINO, F. C. (Org. 2012: v. 2, p. 325-345), 2012.
7. BARONAS, J. E. de A., 2010.
8. CYRINO, S. M. L.; BARRICHELLO, J.; FIGUEIREDO DE PAULA, F., 2002.
9. SILVA, E. B. da, 2010.

EQUIPE DE PERNAMBUCO
Coordenadora: Valéria Gomes (Universidade Federal Rural de Pernambuco)

1. ATAÍDE, C. A. de; SOARES, T. N., 2012.
2. BASTOS, A. K. P. H.; MACHADO, A. C. R.; CARVALHO, N. M., 2006.
3. BASTOS, A. K. P. H.; MACHADO, A. C. R., 2006.
4. CARVALHO, N. M.; BASTOS, A. K. P. H.; MACHADO, A. C. R., 2007.
5. CARVALHO, N. M.; BASTOS, A. K. P. H; MACHADO, A. C. R.; OLIVEIRA, R. L. S.; LUNA, T. S. E.; KRAMER, R., 2014.
6. FRAGA, R. M., 2001.
7. FRAGA, R. M., 2012.
8. GOMES, V. S., 2005.
9. GOMES, V. S., 2010.
10. GOMES, V. S.; SOARES, T. (Orgs. 2012), 2012.

11. GOMES, V. S.; SOARES, T. N. (Orgs. s/d), s/d.
12. GOMES, V. S.; LOPES, C. R. dos S., 2016.
13. PESSOA, M. de B., 1997.
14. PESSOA, M. de B., 1999.
15. PESSOA, M. de B., 2001.
16. PESSOA, M. de B., 2002a.
17. PESSOA, M. de B., 2002b.
18. PESSOA, M. de B., 2003.
19. PESSOA, M. de B. (Org. 2005), 2005.
20. PESSOA, M. de B., 2005.
21. SILVA, A. de S. e, 2012.
22. TRAVASSOS, T.; FERREIRA, P. E. S. C., 2012.

EQUIPE DO RIO DE JANEIRO
Coordenadora: Dinah M. I. Callou
(Universidade Federal do Rio de Janeiro)

1. BARBOSA, A. G.; LOPES, C. R.; CALLOU, D. (Orgs. 2000).
2. BARBOSA, A. G.; LOPES, C. R. dos S. (Orgs. 2006), 2005.
3. BARBOSA, A. G.; LOPES, C. R. dos S.; CALLOU, D., 2002.
4. BARBOSA, A. G, 2006.
5. BARBOSA, A. G, 2008a.
6. BARBOSA, A. G, 2008b.
7. BARBOSA, A. G, 2013.
8. CALLOU, D.; BARBOSA, A. G. (Orgs. 2011).
9. LOPES, C. R. dos S. (Org. 2005), 2005.
10. MARCOTULIO, L. L., 2010.

EQUIPE DE SÃO PAULO
Coordenador: Manoel Mourivaldo Santiago Almeida
(Universidade de São Paulo)

1. ANDRADE, E. A. de; SANTIAGO-ALMEIDA, M. M.; BARONAS, R. L. (Orgs. 2012), 2012.
2. CASTILHO, A. T. de, MÓDOLO, M.; SAGATIO, M. R.; KEWITZ, V.; PASSERI, G., 1998.
3. GUEDES, M.; BERLINCK, R. A. (Orgs. 2000).
4. KEWITZ, V.; SIMÕES, J. da S., 2008.
5. KEWITZ, V., 2008.
6. KEWITZ, V.; SIMÕES, J. da S., 2009a.
7. KEWITZ, V.; SIMÕES, J. da S. 2009b.
8. KEWITZ, V., 2009e.
9. KEWITZ, V., 2013.
10. KEWITZ, V. (Org. 2015).
11. KEWITZ, V. (Org. 2016).
12. KEWITZ, V., 2016a, b.

13. KEWITZ, V.; BERTO, E., 2016.
14. KEWITZ, V.; ARAUJO, L. S; BERTO, E., 2016a, b.
15. LIMA-HERNANDES, M. C.; VICENTE, R. B. (Orgs. 2012).
16. LOPES, M. de S. G.; OLIVEIRA, T. A. (Eds. 2015).
17. LOPES, M. de S.; SIMÕES, J. da S., 2015.
18. LOPES-DAMÁSIO, L.; JUBRAN, C. et al. (Orgs. 2010).
19. MEGALE, H.; TOLEDO NETO, S. de A., 2006.
20. MEGALE, H.; TOLEDO NETO, S. de A., 2009.
21. MÓDOLO, M., 1998.
22. MÓDOLO, M., s/d.
23. MÓDOLO, M.; SANTOS, V. S., 2010a, c.
24. MONTE, V. M. do, 2015.
25. SALLES, M., 2001.
26. SANTIAGO-ALMEIDA, M. M., 2007.
27. SIMÕES, J. da S.; KEWITZ, V. (2005b).
28. SIMÕES, J. da S.; KEWITZ, V. (Orgs. 2006).
29. SIMÕES, J. da S.; KEWITZ, V. 2006b.
30. SIMÕES, J. da S.; KEWITZ, V., 2009a, b, c.
31. SIMÕES, J. da S.; KEWITZ, V., 2010.
32. SIMÕES, J. da S., 2011.
33. SIMÕES, J. da S., 2012.
34. SIMÕES, J. da S., 2013a, b, d.
35. SIMÕES, J. da S.; MANOEL, P. S. F.; MORAIS, P. U., 2013a, b, c, d.
36. SIMÕES, J. da S., 2014.
37. SIMÕES, J. da S.; OLIVEIRA, T.; LOPES, M., 2015.
38. SIMÕES, J. da S., 2015a.
39. SIMÕES, J. da S. (Org. 2015b, c, d, e, f, g).
40. TOLEDO NETO, S. de A., 2001, 2002.

(Para mais informações sobre o *corpus* do PB de São Paulo, ver capítulo "Reflexões sobre a constituição e análise de *corpora* linguísticos históricos e sobre a identificação de perfis sociais de redatores do passado", neste volume.)

EQUIPE DE SERGIPE
Coordenadora: Renata Ferreira Costa (Universidade Federal de Sergipe)

(Esta equipe integrou-se no PHPB no último mês de 2014, tendo sido efetivamente instalada em 2015. Não há ainda, portanto, materiais de *corpus* a relacionar. Para mais informações, consulte: http://www.revistaihgse.org.br/index.php/revista/article/view/413/419.)

OS AUTORES

Ataliba T. de Castilho é graduado em Letras Clássicas pela Universidade de São Paulo (USP), em 1959. É doutor em Linguística (1966), livre-docente (1993) e professor titular (1995) em Filologia e Língua Portuguesa pela mesma universidade. Ex-professor titular da Faculdade de Filosofia de Marília (1961-1974), da Universidade Estadual de Campinas (Unicamp) (1975-1991) e da USP (1991-2007), da qual é professor emérito. Coordenador do Projeto de Estudo da Norma Urbana Culta, equipe de São Paulo, juntamente com Isaac Nicolau Salum e Dino Preti (1970-1988), Projeto de Gramática do Português Falado (1988-2002), participante do Projeto Para a História do Português Brasileiro (1987-). Ex-presidente do Grupo de Estudos Linguísticos do Estado de São Paulo (1959-1960), da Associação Brasileira de Linguística (1983-1985) e da Associação de Linguística e Filologia da América Latina (1999-2005), ex-assessor linguístico do Museu de Língua Portuguesa, de São Paulo, ex-pesquisador do CNPq. Coordenador geral da série *História do Português Brasileiro*, em 12 volumes.

Afranio Gonçalves Barbosa é graduado em Português-Literaturas pela Universidade Federal do Rio de Janeiro (UFRJ), mestre e doutor em Letras Vernáculas/Língua Portuguesa pela mesma universidade. Suas áreas de especialidade são: História da Língua Portuguesa e Filologia da Língua Portuguesa. É professor associado da Faculdade de Letras da UFRJ.

Alexandre Xavier Lima é graduado em Letras pela UFRJ, possui mestrado e doutorado em Letras Vernáculas pela mesma instituição. Investiga sobre folhetins publicados em periódicos oitocentistas e normatização gráfica. É docente de Língua Portuguesa do Colégio de Aplicação da Universidade do Estado do Rio de Janeiro (UERJ).

Huda da Silva Santiago é graduada em Letras Vernáculas pela Universidade Estadual de Feira de Santana (UEFS), mestre em Estudos Linguísticos pela mesma universidade e doutoranda em Língua e Cultura pela Universidade Federal da Bahia (UFBA). Desenvolve estudos na área de Linguística Histórica, atuando principalmente nos seguintes temas: constituição de banco de dados/*corpora*; sócio-história do português brasileiro, com ênfase para a vertente popular, e história da cultura escrita do sertão baiano. É integrante da equipe do Projeto *Corpus* Eletrônico de Documentos Históricos do Sertão, da UEFS; da equipe baiana do projeto Para a História do Português Brasileiro; do Programa para a História da Língua Portuguesa (PROHPOR), e do programa História da Cultura Escrita no Brasil, da UFBA. É professora substituta da Universidade do Estado da Bahia (Uneb).

José da Silva Simões é graduado em Língua Portuguesa e Língua e Literatura Alemã pela Universidade de São Paulo (USP). Possui mestrado em Língua Alemã e doutorado em Filologia e Língua Portuguesa pela mesma universidade, com estágio de doutorado em Romanística na Eberhard-Karls-Universität Tübingen/Alemanha. Desde 2008 é docente de Língua Alemã no Departamento de Letras Modernas da Faculdade de Filosofia Letras e Ciências Humanas da USP. Tem experiência na área de Letras, com ênfase em Língua Alemã e Língua Portuguesa, atuando principalmente nos seguintes temas: Alemão como Língua estrangeira, Aquisição/Aprendizagem/Ensino de Alemão como Língua Estrangeira, Diacronia da Língua Portuguesa, Linguística Textual e Linguística de *Corpus*.

Leonardo Lennertz Marcotulio é graduado em Letras (Português e Espanhol) pela UFRJ. Possui mestrado e doutorado em Letras Vernáculas (Língua Portuguesa) pela mesma instituição. Suas áreas de especialidade são: História da Língua Portuguesa, Linguística Histórica e Filologia. É professor adjunto de Língua Portuguesa e do Programa de Pós-Graduação em Letras Neolatinas da UFRJ.

Marcelo Módolo é graduado em Letras (Português e Francês) pela USP, possui mestrado e doutorado pela mesma instituição na área de Filologia e Língua Portuguesa. Foi editor da *Revista de Estudos Linguísticos* do Grupo de Estudos do Estado de São Paulo e, atualmente, é professor na USP. Atua nas seguintes áreas: morfossintaxe do português na perspectiva cognitivo-funcionalista, filologia de manuscritos modernos, área em que apresentou o primeiro trabalho sobre *corpus* no interior do projeto Para a História do Português Brasileiro, no qual se integrou desde o início.

Márcia Cristina de Brito Rumeu é graduada em Letras (Licenciatura em Português e Literaturas) pela UFRJ. Possui mestrado e doutorado em Letras Vernáculas (Língua Portuguesa) pela mesma universidade. Suas áreas de especialidade são: história dos pronomes pessoais do português, as formas de tratamento na dinâmica das relações sociais em sincronias passadas do português, sociolinguística histórica da língua portuguesa no/do Brasil, edição de *corpora* históricos. É professora de Língua Portuguesa, na Faculdade de Letras da Universidade Federal de Minas Gerais (UFMG).

Nei Rocha é bacharel em Estatística pela UERJ, mestrado em Estatística e doutorado em Engenharia de Produção pela UFRJ. Atualmente é professor-associado do Instituto de Matemática da UFRJ e coordenador do curso de Ciências Atuariais. Tem experiência na área de Probabilidade e Estatística, com ênfase em Probabilidade, atuando também nas seguintes áreas: Teoria de Filtragem, Processos Estocásticos, Finanças, Análise Combinatória e Educação Matemática.

Tânia Lobo é graduada em Letras pela UFBA, possui mestrado em Linguística Portuguesa Histórica pela Universidade de Lisboa e doutorado em Filologia e Língua Portuguesa pela USP. É professora-associada de Língua Portuguesa do Departamento de Letras Vernáculas da UFBA e também atua no Programa de Pós-Graduação em Língua e Cultura da mesma universidade, dedicando-se, principalmente, a investigar a história social linguística do Brasil e a história social da cultura escrita no Brasil. É coordenadora do programa Para a História da Língua Portuguesa (PROHPOR) e também coordena a equipe baiana do programa Para a História do Português Brasileiro.

Verena Kewitz é graduada pela USP, mestrado e doutorado pela mesma universidade, com doutorado-sanduíche na Universidade de Colônia (Alemanha). É docente de Graduação e Pós-Graduação na área de Filologia e Língua Portuguesa na USP. Suas pesquisas, publicações e orientações concentram-se na formação e edição filológica de *corpora* do Português Paulista e nos estudos diacrônicos sobre verbos e preposições com base no diálogo entre a Abordagem Multissistêmica, a Linguística Cognitiva e o modelo de Tradições Discursivas. É pesquisadora dos projetos Para a História do Português Brasileiro e História do Português Paulista desde 1997 e atualmente coordena o subprojeto Vésperas Brasilianas: uma Agenda para os Estudos Sintáticos do Português Paulista nos Primeiros Séculos.

Zenaide Novais Carneiro é graduada pela UEFS, mestrado em Letras e Linguística pela UFBA, doutorado em Linguística pela Unicamp. Atualmente é professora plena da UEFS, atuando em diversos programas de pós-graduação e na coordenação do Projeto CE-DOHS *Corpus* Eletrônico de Documentos Históricos do Sertão (www.uefs.br/cedohs) e no Projeto Vozes do Sertão em Dados: história, povos e formação do português brasileiro, financiados respectivamente pela Fapesp e pelo CNPq, e no PHPB desde a sua fundação, em 1997.

GRÁFICA PAYM
Tel. [11] 4392-3344
paym@graficapaym.com.br